GW01607800

Russisch
ohne Mühe heute

Die Methode für jeden Tag

Russisch ohne Mühe heute

von

Vladimir DRONOV

Professor an der russischen Universität
für Völkerverständigung in Moskau

Vladimir MATCHABELLI

Leiter des Centre Franco-Russe d'Enseignement
Supérieur des Affaires in Moskau

Françoise GALLAIS

Deutsche Übersetzung und Bearbeitung von

Susanne Gagneur

und

Radka Lemmen

Zeichnungen von J.-L. Goussé

Postfach 47
52388 Nörvenich
Deutschland

ISBN: 978-3-89625-015-5

Der Assimil-Verlag bietet folgende Sprachlernmethoden an:

Grundkurse: Reihe „ohne Mühe“

Amerikanisch • Arabisch • Bulgarisch
Chinesisch (2 Bände) • Chinesische Schrift
Dänisch • Deutsch (als Fremdsprache)
Englisch • Finnisch • Französisch
Griechisch • Hebräisch • Hindi • Italienisch
Japanisch (2 Bände) • Kanji-Schrift
Niederländisch • Norwegisch
Polnisch • Portugiesisch • Russisch
Schwedisch • Spanisch • Tschechisch
Türkisch • Ungarisch • Vietnamesisch

Vertiefungskurse: Reihe „in der Praxis“

Englisch • Französisch • Italienisch • Spanisch

Wirtschaftssprache

Englisch/Amerikanisch

Weitere Titel in Vorbereitung

Die Tonaufnahmen mit den fremdsprachigen Texten
aller Lektionen und Verständnisübungen aus diesem Buch
(insgesamt 240 Min. Spieldauer) können Sie
bei Ihrem Buchhändler bestellen:
„Русский язык сегодня“
Auf 4 Audio-CDs: ISBN 978-2-7005-1207-6
Auf einer mp3-CD: ISBN 978-2-7005-1338-7

Weitere Informationen über Assimil finden Sie unter www.assimil.de

VORWORT

Die slawische Sprachgruppe bildet einen der Hauptzweige der großen indogermanischen Sprachenfamilie. Russisch gehört zur östlichen Gruppe der slawischen Sprachen. Linguisten haben die Entwicklung der noch existierenden slawischen Sprachen rekonstruiert und sie in schriftlose Zeiten zurückverlegt. Die prähistorische Heimat der Slawen scheint im Oberlauf der Weichsel im heutigen Polen zu sein, obwohl es mehrere heftig umstrittene Theorien gibt. Die slawischen Vorfahren der Russen gehörten zu einer größeren, linguistisch homogenen Einheit. Im Verlauf der Wanderungswellen spalteten sich die Slawen in drei Hauptzweige auf, den westlichen (Polen, Tschechen, Slowaken, Sorben), südlichen (Bulgaren, Serbo-Kroaten, Slowenen) und östlichen (Russen, Weißrussen, Ukrainer).

Das Russische wird in kyrillischer Schrift, der sogenannten Kyrilliza (= nach dem Slawenmissionar Konstantin-Kyrill), seit dem 10. Jahrhundert von den griechisch-orthodoxen Slawen als alleinige Schrift geschrieben. Die Missionare Konstantin und Method benutzten für ihre Übersetzungen und bald auch für ihre eigenen Texte den südslawischen Dialekt aus dem Hinterland von Thessalonike – eine Art Altbulgarisch, das die Historiker als „Altkirchenslawisch" bezeichnen. Sie war die erste multinationale literarische Sprache Europas, abgesehen vom antiken Griechisch und Latein, und sie war die erste in der europäischen Geschichte, die bewußt geschaffen wurde.

Heute wird Russisch von etwa 150 Millionen Menschen als Muttersprache und rund 3 Millionen russischen Emigranten in Amerika und im westlichen Europa gesprochen.

Schon in den ersten Lektionen dieses Kurses werden Ihnen die Grundstrukturen der Sprache und ein moderner Grundwortschatz in idiomatischen, d.h. in der Umgangssprache gebräuchlichen Sätzen dargelegt. Die Progression, d.h. die langsame Steigerung von Tempo, Umfang und Schwierigkeit des Stoffs, wird reibungslos und auf natürliche Weise vor sich gehen – vorausgesetzt, Sie arbeiten getreu der Assimil-Methode. Was das bedeutet, wird weiter unten noch ausführlich beschrieben.

Neben der Sprachvermittlung bieten die Lektionstexte verschiedene Einblicke in das russische Alltagsleben, denn zum Sprachenlernen gehören schließlich nicht nur Wörter und grammatische Strukturen, sondern auch ein Verständnis der Kultur und Wissen über Land und Leute.

VI

INHALT

RUSSISCH OHNE MÜHE HEUTE MIT ASSIMIL

Dieser Kurs richtet sich sowohl an Personen, für die das Russische noch eine völlig unbekannte Sprache ist, als auch an Personen, die bereits über ein wenig Russischkenntnisse verfügen und diese gerne etwas auffrischen möchten. Er vermittelt in 71 Lektionen modernes und lebensnahes Russisch. Insgesamt umfaßt der Wortschatz, den Sie in diesem Kurs erlernen, ca. 3.000 Vokabeln.

Russisch ohne Mühe heute präsentiert Ihnen die Sprache so, wie man ihr im täglichen Leben begegnet. Durch den lebendigen Kontext werden Sie sich sehr schnell wohl fühlen. Die Assimil-Methode bietet eine natürliche Progression: Lassen Sie sich leiten, und Sie werden sehr bequem Ihr Ziel erreichen.

Das Geheimnis der **natürlichen Assimilierung** bei Assimil ist die **Regelmäßigkeit des Lernens**: 15-20 Minuten täglich in Gesellschaft Ihres Kurses, und Sie werden schnell Fortschritte machen. Haben Sie einmal wenig Zeit, so vermindern Sie die Lerndosis lieber, als daß Sie sie ganz streichen. Sie müssen nicht pro Tag eine Lektion durcharbeiten, sondern können eine Lektion auf zwei oder drei Tage verteilen. Lernen Sie nicht „zwischen Tür und Angel" oder wenn Sie unter Streß stehen oder zu müde sind. Wählen Sie zum Lernen einen Ort und eine Tageszeit, der bzw. die auf Ihre Lerngewohnheiten abgestimmt ist.

Lernen Sie nicht auswendig. Die bessere Art, sich eine Fremdsprache anzueignen (zu assimilieren), ist wiederholtes Lesen und vor allem Anhören der Dialoge und Übungstexte.

Lesen Sie auf jeden Fall die vorliegende Einleitung und die **Erläuterungen zur Aussprache**. Beides ist eine wichtige Ergänzung zu den Tonaufnahmen; außerdem wird hier beschrieben, wie Sie die vereinfachte Lautschrift lesen.

Vor allem in den ersten Tagen Ihres Studiums sollten Sie sich die **Lautbeschreibungen** möglichst täglich ansehen und die Laute laut und deutlich nachsprechen. Auf den Tonaufnahmen finden Sie zu Beginn, jeweils von verschiedenen weiblichen und männlichen Sprechern gesprochen, die am Ende dieser Einleitung abgedruckte Liste russischer Wörter, die Ihnen einen ersten Eindruck von der Aussprache des Russischen geben soll und die Sie in einer späteren Phase des Kurses für die Lese- und Schreibübung der kyrillischen Schreibschrift benötigen.

Sie können die Lautbeschreibungen in der vorliegenden Einleitung außerdem jederzeit zum Nachschlagen benutzen.

Im umfangreichen grammatischen Anhang können Sie ausführliche Informationen zu allen in diesem Kurs behandelten Grammatikthemen finden. Der nachfolgende grammatische Index listet alle Grammatikthemen auf, die in den Wiederholungslektionen (jede 7. Lektion) behandelt werden. Mit seiner Hilfe können Sie sich auf die Schnelle Informationen zu einem gewünschten Thema aus diesen Lektionen heraussuchen.

PASSIVE UND AKTIVE PHASE

Wie alle Assimil-Kurse gliedert sich auch dieser Kurs in eine passive und eine aktive Phase (auch „2. Welle" genannt). Bis Lektion 35 lernen Sie zunächst passiv, d.h. Sie sollen nur verstehen, was Sie lesen und hören. Sie sollen möglichst oft die Aufnahmen anhören, sich mit der Aussprache vertraut machen, die Anmerkungen lesen und die Übungen absolvieren. In dieser Phase bilden Sie noch keine eigenen Sätze, sondern sammeln lediglich passive Kenntnisse an.

Mit Lektion 36 beginnt die „aktive Phase" oder auch „2. Welle". Sie finden nun am Ende jeder Lektion den Hinweis „Zweite Welle:", gefolgt von einer Lektionsnummer. Nachdem Sie Ihre aktuelle Lektion wie gewohnt studiert haben, gehen Sie zurück zu der angegebenen Lektion und arbeiten diese aktiv durch, d.h. Sie versuchen, den deutschen Dialog auf der rechten Buchseite – wie ein Dolmetscher – auf Russisch wiederzugeben, wobei Sie die linke Buchseite zudecken. Dies üben und wiederholen Sie so lange, bis Sie den Text korrekt in die Fremdsprache übersetzen können.

Sie werden erstaunt sein, wie viele Kenntnisse Sie bis dahin, ohne Mühe und intuitiv, erworben haben.

AUFBAU DER LEKTIONEN

A. Lektionstext

Auf jeder linken Buchseite finden Sie den fremdsprachigen Lektionstext, auf der gegenüberliegenden Buchseite die deutsche Übersetzung, die eine sinngemäße Übersetzung ist. Um Ihnen vor allem am Anfang das Verständnis zu erleichtern, finden Sie an vielen Stellen auch die wörtliche Übersetzung bestimmter Satzteile in runden Klammern (...). Satzteile oder Ausdrücke im Deutschen, die im russischen Text nicht vorhanden sind, jedoch für das Verständnis oder für die syntaktische Korrektheit des Deutschen wichtig sind, sind mit eckigen Klammern versehen [...]. Eingekreiste Zahlen am Satzende im russischen Dialog verweisen auf die Anmerkungen (siehe Punkt C.).

B. Vereinfachte Lautschrift/Aussprache

In den Lektionen 1-6 finden Sie unter jedem Lektionssatz die jeweilige vereinfachte Lautschrift des russischen Satzes, ab Lektion 8 steht diese Lautschrift unter dem Lektionstext in einem separaten Absatz, der mit **ПРОИЗНОШЕ́НИЕ** [*PRrÅlSNÅSCHENjIJle*] („Aussprache") überschrieben ist und der die Transkription aller Sätze der jeweiligen Seite enthält.

Bei der Lautschrift handelt es sich *nicht* um die internationale Lautschrift, sondern eine speziell von ASSIMIL entwickelte Phonetik, die Ihnen die Aussprache des Russischen erleichtern soll. Wie Sie die Phonetik lesen, wird in der vorliegenden Einleitung im Absatz „Die Aussprache des Russischen" erläutert.

Ab Lektion 22 geben wir nur noch die Ausdrücke in vereinfachter Lautschrift wieder, deren Aussprache schwierig oder ungewöhnlich ist.

C. Anmerkungen

Eingekreiste Zahlen im russischen Lektionstext verweisen auf die Anmerkungen, die grundsätzlich auf der gleichen Buchdoppelseite zu finden sind; das erspart Ihnen umständliches Hin- und Herblättern. Die Anmerkungen enthalten in Kürze wichtige Informationen zum Verständnis des jeweiligen Satzes, eines Satzteils oder eines

Wortes bzw. deren Grammatik, ergänzenden Wortschatz, Synonyme und Antonyme zu bestimmten Wörtern und gelegentlich landeskundliche Details.

D. Verständnisübung mit Lösung

Die 1. Übung jeder Lektion ist eine aus wenigen russischen Sätzen bestehende Verständnisübung, in der das Vokabular der aktuellen Lektion und auch der letzten Lektionen wieder aufgegriffen und in einen anderen Kontext eingebettet wird. Anhand dieser Übung können Sie feststellen, ob Sie den bisher gelernten Wortschatz verstanden und assimiliert haben. Die Lösung dieser Übung finden Sie in Form der deutschen Übersetzung der Übungssätze auf der gegenüberliegenden Buchseite.

E. Lückentextübung mit Lösung

Die 2. Übung jeder Lektion ist eine Lückentextübung, die ebenfalls auf dem bislang kennengelernten Vokabular basiert. Hier sollen Sie auf der Grundlage der angegebenen deutschen Sätze in die darunter stehenden russischen Sätze fehlende Wörter einsetzen. Die „Lücken" werden durch Punkte dargestellt, wobei jeder Punkt für einen Buchstaben steht. Endet ein Satz mit einer „Lücke", so ist der Schlußpunkt des Satzes fett gedruckt. Die Lösung zu dieser Übung, d.h. die fehlenden Wörter, die Sie einsetzen müssen, finden Sie auf der rechten Buchseite.

F. Lese-/Schreibübung zur kyrillischen Schrift (Lektionen 22-35)

Bis Lektion 21 sind alle Texte in kyrillischer Druckschrift. Ab Lektion 22 sollen Sie langsam damit beginnen, sich mit der kyrillischen Schreibschrift vertraut zu machen. Hierzu wird eine neue Übungsform eingeführt, bei der Ihnen auf der linken Buchseite bekannte Sätze aus früheren Lektionen in Schreibschrift präsentiert werden. Sie sollen nun versuchen, diese Sätze zu lesen. Zur Kontrolle haben Sie die Druckschriftversion der Sätze auf der gegenüberliegenden Buchseite. Zur Unterstützung können Sie die Gegenüberstellung der kyrillischen Druck- und Schreibschriftbuchstaben in der vorliegenden Einleitung verwenden.

Für diejenigen, die außerdem das Schreiben der kyrillischen Schreibschrift üben möchten, wird ab Lektion 22 progressiv die

Schreibweise und Strichführung aller Buchstaben des kyrillischen Alphabets demonstriert. Am besten kaufen Sie sich ein Schreibheft mit passender Lineatur, um das Schreiben der Buchstaben zu üben. Außerdem steht Ihnen auf den letzten Buchseiten noch einmal Platz für Schreibübungen zur Verfügung.

G. Motivationshinweise

Gelegentlich finden Sie kleine Lernhinweise, die dazu dienen sollen, Sie zu ermuntern und zu motivieren, Sie also sozusagen „bei Laune zu halten“. Sie enthalten auch wichtige Tips für das effektive Lernen und für Situationen, in denen Sie auf Schwierigkeiten stoßen oder in denen Sie sich demotiviert fühlen.

H. Wiederholungslektionen

Jede 7. Lektion ist eine Wiederholungslektion. Hier wird in systematischer Form die Grammatik der vergangenen sechs Lektionen wiederholt, vertieft und anhand von Beispielen erläutert. In diesen Lektionen finden Sie u.a. auch Konjugations-, Deklinations- und Wortschatzlisten, die Sie vielleicht in den Lektionen vermißt haben. Zur Auflockerung enthalten einige dieser Lektionen auch landeskundliche Informationen. Die Wiederholungslektionen sind nicht auf den Tonaufnahmen enthalten; einzig der Hinweis **ПОВТОРЕ́НИЕ. Уро́к не озву́чен** „Wiederholung. Die Lektion ist nicht vertont“ wird gesprochen.

I. Illustrationen

Schenken Sie schließlich auch unseren mit viel Liebe gemachten Illustrationen ein bißchen Aufmerksamkeit. Jede Karikatur dreht sich um einen Satz aus der jeweiligen Lektion. Vielleicht helfen Ihnen die Illustrationen, sich bestimmte Wendungen oder Ausdrükke besser zu merken, weil Sie sie mit einem Bild bzw. einer Situation verbinden können.

J. Tonaufnahmen

Sie können zwar auch mit dem Buch alleine lernen, wir empfehlen Ihnen dennoch dringend, die Tonaufnahmen (vier Audio-CDs oder eine mp3-CD) zu erwerben. Sie enthalten sämtliche russischen Lektions- und Verständnisübungstexte. Professionelle Sprecherinnen und Sprecher gewährleisten eine hohe Authentizität in Aussprache, Betonung und Satzmelodie. Zu Beginn werden die Lektionstexte relativ langsam gesprochen, im Laufe der Lektionen steigert sich das Sprechtempo bis hin zu dem typischen, recht schnellen Russisch, wie Sie es in Russland und unter russischen Muttersprachlern hören.

ARBEITSWEISE

1. Lesen Sie zunächst die vorliegende Einleitung, vor allem die Lautbeschreibungen, aufmerksam durch. Hören Sie sich die russischen Beispielwörter, die am Schluß der Einleitung aufgelistet sind und die vor Lektion 1 auf den Tonaufnahmen gesprochen werden, an. Versuchen Sie zunächst nicht, diese Wörter nachzusprechen. Zu einem späteren Zeitpunkt im Kurs werden wir auf diese Wörter zurückkommen.

2. Hören Sie sich zunächst Ihre Lektion mehrmals hintereinander auf den Tonaufnahmen an, und vergleichen Sie die Aussprache mit der vereinfachten Lautschrift unter dem Lektionstext.

3. Vergleichen Sie jeden russischen Satz mit seiner Übersetzung auf der gegenüberliegenden Seite, und versuchen Sie anhand der wörtlichen Übersetzung, den russischen Satzbau nachzuvollziehen.

4. Wenn es zu einem Satz eine Anmerkung gibt, so lesen Sie diese.

5. Hören Sie sich dann die Lektion erneut an. Sie können versuchen, den russischen Text Satz für Satz laut mitzulesen, aber beachten Sie: Wenn Sie Anfänger sind, sollten Sie sich auf gar keinen Fall Streß mit der Aussprache machen! Akzeptieren Sie, daß Ihr Ohr in diesem Stadium noch nicht an die typisch russischen Laute gewöhnt ist und daß Sie einige Zeit brauchen werden, um die fremdartigen Laute auszusprechen.

6. Versuchen Sie, jeden Satz so oft laut zu lesen, bis Sie ihn wiederholen können, ohne ins Buch zu sehen. Lassen Sie sich nicht dadurch beirren, daß Ihre Aussprache nicht 100%ig mit der der Sprecher übereinstimmt.

7. Hören Sie sich die Lektion noch einmal komplett an.

8. Wenn Sie den gesamten Lektionstext verstanden, sich mit der Aussprache vertraut gemacht und die Anmerkungen gelesen haben, absolvieren Sie die Verständnisübung, am besten schriftlich.

9. Arbeiten Sie anschließend, am besten schriftlich, die Lückentextübung durch, natürlich ohne zwischendurch auf die Lösung zu sehen!

10. Gehen Sie erst dann zur nächsten Lektion über, wenn Ihnen die aktuelle Lektion keine Schwierigkeiten mehr bereitet!

DIE AUSSPRACHE DES RUSSISCHEN

1. Alphabet

Das aktuelle russische Alphabet besteht aus 33 Buchstaben. Das nach Konstantin-Kyrill benannte Alphabet hielt sich eng an das griechische Alphabet, mit etwa einem Dutzend zusätzlicher Buchstaben, um slawische Laute darzustellen, die das Griechische nicht kennt.

Das russische kyrillische Alphabet erfuhr zweimal – jeweils im Zusammenhang mit allgemeinen politischen Ereignissen – bedeutende Veränderungen: Zu Beginn des 18. Jahrhunderts wurden unter Peter dem Großen die Buchstabenformen vereinfacht und vereinheitlicht, indem einige, die nur für das Griechische typisch waren, wegfielen. Weitere überflüssige Buchstaben wurden 1918 im Zuge einer Reform getilgt.

Es folgt auf der nächsten Seite die Liste aller russischen Laute, jeweils als Groß- und als Kleinbuchstabe in Druck- und Schreibschrift mit Aussprachebeschreibung und Beispielwort sowie die Angabe des jeweiligen Lautschriftzeichens.

Beachten Sie unbedingt die im Anschluß an die Liste aufgeführten Lautbeschreibungen und Besonderheiten! Sie sind Teil der Aussprachebeschreibung und eine wichtige Ergänzung der Liste.

Zum besseren Verständnis möchten wir einige der in der Liste und in den Erklärungen enthaltenen wichtigen Ausdrücke kurz erklären:

a) Erweichen
Das Erweichen (auch „Mouillieren" oder „Palatalisieren" genannt) der russischen Vokale und Konsonanten ist ein typisches Aussprachephänomen des Russischen (und anderer slawischer Sprachen).

Es bedeutet, daß der jeweilige Laut am vorderen (harten) Gaumen (Palatum) gebildet wird und dabei mit einem [*j*]-Laut verschmilzt, d.h. die Zunge „klebt" für einen kurzen Moment an der gesamten Fläche des harten Gaumens. Das [*j*] darf aber nicht wie ein eigener Laut gesprochen werden. Ein Beispiel für eine solche Erweichung finden Sie z.B. bei der Konsonantenfolge **gn**, wenn Sie das Wort „Cognac" aussprechen. Als weiteres Beispiel für einen weichen Laut könnte das Wort „brillant" dienen.

In der Schrift wird die Erweichung durch einen speziellen Buchstaben, den Buchstaben **ь**, gekennzeichnet, der jeweils dem entsprechenden Laut folgt.

Es gibt außerdem das sog. „harte Zeichen", den Buchstaben **ъ** (nur in der Wortmitte und nur nach Konsonanten). **ъ** signalisiert, daß der vor ihm stehende Konsonant „hart" ausgesprochen werden muß. Zugleich trennt **ъ** den vor ihm stehenden Konsonanten von der folgenden Lautgruppe.

b) stimmlos/stimmhaft
Ein Laut ist **stimmlos**, wenn er nur durch Luftausstoß hervorgebracht wird und die Stimmbänder nicht vibrieren; er ist **stimmhaft**, wenn er unter Einsatz der Stimmbänder erzeugt wird und fast kein Luftausstoß erfolgt.

c) behaucht (aspiriert)
Von einem **behauchten** (oder „**aspirierten**") Laut spricht man, wenn dieser mit deutlichem Luftausstoß ausgesprochen wird; im Deutschen sind z.B. die Laute p, t und k normalerweise aspiriert.

Sehen Sie sich diese Liste, bevor Sie mit Lektion 1 beginnen, sehr gründlich an, und benutzen Sie sie vor allem in der ersten Zeit immer wieder zum Nachschlagen.

TABELLE DER LAUTE DES RUSSISCHEN

Groß-/Klein-buchstabe		Laut-schrift	Aussprachebeschreibung
А / а	А а	[*A*]	Wie *a* in „Apfel“
Б / б	Б б	[*B*]	Wie *b* in „Ball“
В / в	В в	[*W*]/[*F*]	Vor Vokal und **d** bzw. **g** wie *w* in „Wasser“, vor Konsonant wie *f* in „Fell“
Г / г	Г г	[*G*]/[*W*]/[*K*]	Am Wortanfang wie *g* in „gut“, in grammatischen Endungen wie *w* in „was“, am Wortende wie *k* in „Kirche“
Д / д	Д д	[*D*]/[*T*]	Wie *d* in „Durst“, am Wortende wie *t*
Е / е	Е е	[*JE*]/[*E*]/[*Ie*]	Wie *je* in „jetzt“, betont *e*; unbetont ein Laut zwischen *i* und *e*
Ё / ё	Ё ё	[*JO*]	Wie *jo*, immer betont wie in „jodeln“
Ж / ж	Ж ж	[*J̃*]/[*SCH*]	Am Wortanfang und in der Wortmitte wie stimmhaftes *sch* in „Etage“, am Wortende wie stimmloses *sch* in „Schule“
З / з	З з	[*S*]	Wie stimmhaftes *s* in „Rose“
И / и	И и	[*I*]	Wie *ie* in „sie“
Й / й	Й й	[*J*]	Wie *j* in „Jan“
К / к	К к	[*K*]	Wie *k* in „kalt“, jedoch nicht behaucht
Л / л	Л л	[*L*]	Wie *l* in „Lampe“
М / м	М м	[*M*]	Wie *m* in „Mann“
Н / н	Н н	[*N*]	Wie *n* in „nach“
О / о	О о	[*O*]/[*Å*]	In betonten Silben wie *o* in „oder“, unbetont ein Laut zwischen *a* und *o*

П / п	*П п*	[*P*]	Wie *p* in „Papa“, jedoch nicht bchaucht
Р / р	*Р р*	[*Rr*]	Ein mit der Zungenspitze gerolltes *r* (*) wie in ital. „Roma“
С / с	*С с*	[*ß*]	Wie *ß* in „Maß“
Т / т	*Т т*	[*T*]	Wie *t* in „Tante“, jedoch nicht behaucht
У / у	*У у*	[*U*]	Wie *u* in „Hut“
Ф / ф	*Ф ф*	[*F*]	Wie *f* in „Ferse“
Х / х	*Х х*	[*CH*]	Wie *ch* (ach-Laut) in „Kachel, noch“ (*)
Ц / ц	*Ц ц*	[*Tß*]	Wie *tß* in „Katze“
Ч / ч	*Ч ч*	[*TSCH*]	Wie *tsch* in „Peitsche“
Ш / ш	*Ш ш*	[*SCH*]	Wie *sch* in „schon“
Щ / щ	*Щ щ*	[*SCHTSCH*]	Wie ein weiches *sch* mit weichem kurzem *tsch* (*)
Ъ	*ъ*		„hartes“ Zeichen, wird nicht gesprochen (*)
Ы	*ы*	[*Ï*]	Ein Laut zwischen *ü* und *i*, der weit hinten im Rachen gesprochen wird, etwa wie in „Wirt“ oder „irgendeiner“ (*)
Ь	*ь*	[*j*]	„weiches“ Zeichen (*)
Э / э	*Э э*	[*Ä*]	Wie *ä* in „säen“ bzw. offenes *e* in „Welt“
Ю / ю	*Ю ю*	[*JU*]	Wie *ju* in „Juli“
Я / я	*Я я*	[*JA*]/[*JE*]/ [*J/e*]	In betonten Silben wie *ja* in „jagen, unbetont *je* wie in „jedoch“ oder Laut zwischen *i* und *e*

(* vgl. das nächste Kapitel „Aussprachebesonderheiten“)

Aussprachebesonderheiten

a) Vokale (Selbstlaute)

Im Russischen gibt es fünf Vokale, die durch zehn Vokalbuchstaben wiedergegeben werden. Vokalbuchstaben für „harte" Vokale sind: **а** [*A*], **о** [*O*], **у** [*U*], **э** [*Ä*], **ы** [*Ï*], **ъ**. Vokalbuchstaben für „weiche" Vokale sind: **я** [*JA*], **ё** [*JO*], **ю** [*JU*], **е** [*JE*], **и** [*I*], **ь**.

Die Buchstaben **ъ** (nur in der Wortmitte und nur nach Konsonanten) und **ь** (nur nach Konsonanten) stellen keinen eigenständigen Laut dar. **ъ** ist für die „Erhärtung" eines Lautes, **ь** für die „Erweichung" (siehe oben) zuständig.

Schwierig für die meisten Lerner des Russischen ist anfangs der Laut **ы**. Ihn richtig zu erzeugen, erfordert sorgfältiges Anhören der Tonaufnahmen. Versuchen Sie, ein [*ü*] zu sprechen und gleichzeitig die Mundwinkel ganz nach außen zu ziehen. Auf diese Weise „rutscht" der Laut in den Rachen; es ergibt sich eine Art „dunkles i".

Wichtige Anmerkung zum Buchstaben **Ё/ё** [*JO*]: Im Zuge einer Rechtschreibreform im Jahre 1999 wurde dieser Buchstabe „ausgemerzt" und durch ein einfaches **е** ersetzt, d.h. er taucht seitdem in keinem russischen Text mehr auf. Wann **ё** [*JO*] und wann es [*E*] gelesen wird, weiß oft nur der Muttersprachler. Da Sie diese Entscheidung als Lerner nicht treffen können, erleichtern wir Ihnen die Sache und verwenden das **ё** in unserem Kurs weiterhin.

b) Konsonanten

Im Russischen unterscheidet man harte und weiche („palatalisierte") Konsonanten. Die Palatalisierung (siehe oben) ist typisch für die russische Aussprache. In der Schrift wird die Erweichung von Konsonanten durch nachfolgende weiche Vokale oder durch das weiche Zeichen **ь** gekennzeichnet.

– Die Konsonanten **к** [*K*], **п** [*P*] und **т** [*T*] werden im Gegensatz zum Deutschen nicht behaucht gesprochen.

– Bei der Aussprache der weichen (palatalisierten) Konsonanten **дь** [*Dj*], **ть** [*Tj*], **нь** [*Nj*], **ль** [*Lj*] sollte die Zunge für einen Moment an der gesamten Fläche des harten Gaumens „kleben" bleiben.
– Der Laut **ж** wird wie das **g** im Wort „Eta<u>g</u>e" oder „Massa<u>g</u>e" gesprochen, aber härter.

– **Р** [*Rr*] ist ein gerolltes Zungenspitzen-r (d.h. die Zunge muß „flattern").

– **Х** [*CH*] wird wie der deutsche „ach-Laut" (z.B. in no<u>ch</u>) ausgesprochen. Es gibt auch das weiche **х** [*CH*] (z.B. mi<u>ch</u>), das aber niemals zum [*SCH*] wird!

– **Щ** [*SCHTSCH*] ist ein weicher Konsonant, der fast wie ein weiches [*SCH*] gebildet wird. Das gleiche gilt für den Konsonanten **ч** [*TSCH*].

– Die Konsonanten **ж** [*Ĵ*], **ш** [*SCH*], **ц** [*Tß*] treten nur als harte Konsonanten auf, was bewirkt, daß der nachfolgende Konsonant hart ausgesprochen wird, auch wenn es sich um einen weichen Vokalbuchstaben handelt: **маши́на** [*MASCHİNA*].

– Wenn die stimmhaften Konsonanten **б** [*B*], **в** [*W*], **д** [*D*], **з** [*S*], **ж** [*Ĵ*], **г** [*G*] am Wortende (**дру́г** [*DRrUK*] „Freund") oder innerhalb eines Wortes vor einem stimmlosen Konsonanten vorkommen, werden sie ebenfalls stimmlos: **п** [*P*], **ф** [*F*], **т** [*T*], **с** [*ß*], **ш** [*SCH*], **к** [*K*] (**бли́зко** [*BLjİßKÅ*] „nah"). Im Wortinneren werden stimmlose Konsonanten vor stimmhaften Konsonanten stimmhaft: **вокза́л** [*WÅGSAL*] „Bahnhof".

2. Akzent, Intonation (Satzmelodie)

In der russischen Sprache gibt es eine bewegliche Betonung, die lexikalische (wortschatzbezogene) oder grammatische Bedeutung haben kann (der Akzent bezeichnet die betonte Silbe):

Маши́на сто́ит на у́лице. „Das Auto steht auf der Straße."
Ско́лько сто́ит маши́на? „Wieviel kostet das Auto?"

Durch die Intonation hebt man beim Sprechen die Teile des Satzes hervor, die besonders wichtig sind bzw. die die Intention des Sprechers verdeutlichen. Die Intonation ist im Fragesatz sehr wichtig, denn nur an der Intonation kann man im Russischen den Unterschied zwischen einem Aussage- und einem Fragesatz erkennen. Beim Fragesatz steigt bei dem Wort, nach dem gefragt wird, die Stimme an.

Die **betonten** Vokale werden deutlich und lang ausgesprochen. Die unbetonten Vokale werden kurz und weniger deutlich ausgesprochen. Beachten Sie: Im russischen Text und in der Lautschrift ist der Vokal der jeweils betonten Silbe fett gedruckt, in den Anmerkungen ist er mit einem Akzent (´) versehen.

Bei der Aussprache **unbetonter** Vokale kommt es zu verschiedenen Lautveränderungen: Ein unbetontes **о** wird meistens wie ein [*Å*] gesprochen: **Москва́** [*MÅßKWA*] „Moskau". Ein unbetontes **е** wird [*Ie*] ausgesprochen: **неме́цкий** [*NjIeMETßKIJ*] „deutsch-er".

AUSSPRACHEBEISPIELE

Im folgenden finden Sie eine Liste mit Beispielwörtern, an denen Sie die oben beschriebenen Ausspracheregeln nachvollziehen können. Diese Wörter werden auf den Tonaufnahmen vor Lektion 1 jeweils von verschiedenen weiblichen und männlichen Sprechern gesprochen (zu Beginn sagt die Sprecherin **ПРОИЗНОШÉНИЕ** [*PRrÅISNÅSCH**E**NjIJIe*] („Aussprache“)).
Für jedes Wort gibt die Liste die Druckschriftversion, die vereinfachte Lautschrift, seine Übersetzung und das Wort in Schreibschrift (die Sie in einer späteren Phase des Kurses für die Lese- und Schreibübung der kyrillischen Schreibschrift heranziehen können) an.

Папа [*P**A**PA*] Papa	*Папа*	Самовар [*ßAMÅW**A**Rr*] Samowar	*Самовар*
Дама [*D**A**MA*] Dame	*Дама*	Америка [*AM**E**RrIKA*] Amerika	*Америка*
Драма [*DRr**A**MA*] Drama	*Драма*	Паспорт [*P**A**ßPÅRrT*] Pass	*Паспорт*
Доктор [*D**O**KTÅRr*] Doktor	*Доктор*	Александр [*ALjieKß**A**NDRr*] Alexander	*Александр*
Азот [*AS**O**T*] Stickstoff	*Азот*	Бар [*B**A**Rr*] Bar	*Бар*
Адрес [***A**DRrieß*] Adresse	*Адрес*	Миллион [*MILjI**O**N*] Million	*Миллион*
Акробат [*AKRrÅB**A**T*] Akrobat	*Акробат*	Лена [*Lj**E**NA*] Elena	*Лена*
Ананас [*ANAN**A**ß*] Ananas	*Ананас*	Лампа [*L**A**MPA*] Lampe	*Лампа*
Аноним [*ANÅNj**I**M*] Unbekannter	*Аноним*	Кредит [*KRrieDj**I**T*] Kredit	*Кредит*

Космос [*K**O**SMÅß*] Kosmos	*Космос*	Амфитеатр [*AMFİTjle**A**TRr*] Amphitheater	*Амфитеатр*
Иванов [*İWAN**O**F*] Ivanov	*Иванов*	Чек [*TSCHIeK*] Scheck	*Чек*
Луна [*LUN**A***] Mond	*Луна*	Физика [*F**İ**SİKA*] Physik	*Физика*
Аквариум [*AKW**A**RrİJUM*] Aquarium	*Аквариум*	Чемпион [*TSCHIeMPİ**O**N*] Champion	*Чемпион*
Атом [***A**TÅM*] Atom	*Атом*	Ключ [*KLjUTSCH*] Schlüssel	*Ключ*
Жест [*ĴEßT*] Geste	*Жест*	Шанс [*SCHANß*] Chance	*Шанс*
Жаргон [*ĴARrG**O**N*] Jargon	*Жаргон*	Шасси [*SCHAßß**İ***] Chassis, Fahrgestell	*Шасси*
Гараж [*GARr**A**SCH*] Garage	*Гараж*	Чай [*TSCHAJ*] Tee	*Чай*
Фраза [*FRr**A**SA*] Phrase	*Фраза*	Шофёр [*SCHÅFJ**O**Rr*] Chauffeur	*Шофёр*
Форма [*F**O**RrMA*] Form	*Форма*	Генерал [*GIeNjIeRr**A**L*] General	*Генерал*
Кофе [*K**O**FIe*] Kaffee	*Кофе*	Телефон [*TjleLjleF**O**N*] Telefon	*Телефон*
Париж [*PARr**İ**SCH*] Paris	*Париж*	Медицина [*MIeDjİTß**İ**NA*] Medizin	*Медицина*
Актёр [*AKTj**O**Rr*] Schauspieler	*Актёр*	Цирк [*TßİRrK*] Zirkus	*Цирк*

Роза [RrOSA] Rose	Роза	Механика [MIeCHANjIKA] Mechanik	Механика
Бригада [BRrIGADA] Brigade	Бригада	Хор [CHORr] Chor	Хор
Консул [KONßUL] Konsul	Консул	Хронометр [CHRrÅNOMIeTRr] Chronometer	Хронометр
Какао [KAKAO] Kakao	Какао	Фотография [FÅTÅGRrAFIJIe] Fotografie	Фотография
Музей [MUSjEJ] Museum	Музей	Офицер [ÅFITßERr] Offizier	Офицер
Почта [POTSCHTA] Post	Почта	Концерт [KÅNTßERrT] Konzert	Концерт
Я [JA] ich	Я	Шампань [SCHAMPANj] Champagne	Шампань
Аллея [ALjEJA] Allee	Аллея	Россия [RrÅßIJA] Rußland	Россия
Франция [FRrANTßIJIe] Frankreich	Франция	Минута [MINUTA] Minute	Минута
Альманах [ALjMANACH] Almanach	Альманах	Багаж [BAGASCH] Gepäck	Багаж
Автомобиль [AFTÅMÅBILj] Automobil	Автомобиль	Товарищ [TÅWARrISCHTSCH] Kamerad	Товарищ
Профессор [PRrÅFjEßßÅRr] Professor	Профессор	Щи [SCHTSCHI] Kohlsuppe	Щи
Хаос [CHAOß] Chaos	Хаос	Вагон [WAGON] Waggon	Вагон

Хар**а**ктер [*CHARr**A**KTjİeRr*] Charakter	Характер	Телегр**а**ф [*TİeLjİeGRr**A**F*] Telegraf	Телеграф
Вы [*WÏ*] Sie, ihr	Вы	Крокод**и**ль [*KRrÅKÅDj**İ**Lj*] Krokodil	Крокодил
Крым [*KRrÏM*] Krim	Крым	Инжен**е**р [*İNJÎeNj**E**Rr*] Ingenieur	Инженер
Газ [*GAß*] Gas	Газ	Эмигр**а**нт [*ÄMİGRr**A**NT*] Emigrant	Эмигрант
Кост**ю**м [*KÅßTjİ**U**M*] Kostüm	Костюм	Секрет**а**рь [*ßİeKRrİeT**A**Rrj*] Sekretär	Секретарь
Журн**а**л [*ĴURrN**A**L*] Zeitschrift	Журнал	Акад**е**мия [*AKADj**E**MİJİe*] Akademie	Академия
Пиан**и**ст [*PİANj**İ**ßT*] Pianist	Пианист	Орк**е**стр [*ÅRrKj**E**ßTRr*] Orchester	Оркестр
Рубль [*RrUBLj*] Rubel	Рубль	Корид**о**р [*KÅRrİD**O**Rr*] Korridor	Коридор
Бан**а**н [*BAN**A**N*] Banane	Банан	**О**пера [***O**PİeRrA*] Oper	Опера
Ты [*TÏ*] du	Ты	**А**рмия [***A**RrMİJİe*] Armee	Армия
По**э**т [*PÅ**Ä**T*] Dichter	Поэт	Объ**ё**м [*ÅBİJ**O**M*] Band	Объём
Балал**а**йка [*BALAL**A**JKA*] Balalaika	Балалайка	Ур**а**л [*URr**A**L*] Ural	Урал
Акц**е**нт [*AKTß**E**NT*] Akzent	Акцент	Сп**у**тник [*ßP**U**TNjİK*] Sputnik	Спутник

Vergessen Sie nicht, sich die Erklärungen zur Aussprache besonders in der ersten Zeit Ihres Russisch-Studiums täglich durchzulesen und vor allem bei Zweifeln und Schwierigkeiten immer heranzuziehen, um keine „Lücken“ und Unklarheiten entstehen zu lassen.

Begleitend zum Buch können Sie auf Audio-CDs oder einer mp3-CD die Tonaufnahmen aller Lektionen und der Verständnisübungen erwerben. Für alle, die gerne am Computer arbeiten, bieten wir diesen Sprachkurs auch auf CD-ROM an.

Bevor Sie mit der ersten Lektion anfangen, vergessen Sie bitte nicht, sich die Anmerkungen zur Arbeitsweise auf Seite XIV noch einmal durchzulesen.

Und jetzt bleibt uns nur noch, Ihnen viel Erfolg mit „Russisch ohne Mühe heute“ zu wünschen, und zwar gleich auf Russisch:

Успéхов вам!
„Viel Erfolg (Erfolge Ihnen)!“

▶ ПЕРВЫЙ УРОК [PJERrWÏJ URrOK]

ДОБРЫЙ ДЕНЬ! ①
[DOBRrÏJ DjENj]

1 – Добрый день! ②
[DOBRrÏJ DjENj]

2 – Добрый день!
[DOBRrÏJ DjENj]

3 – Как дела? ③④
[KAK DjIeLA]

4 – Хорошо.
[CHÅRrÅSCHO]

5 – Вы куда? ⑤⑥
[WÏ KUDA]

6 – Я домой. А вы домой? ⑦
[JA DÅMOJ A WÏ DÅMOJ]

AUSSPRACHE: Й/й = [J] Д/д = [D]

Erste Lektion

Guten Tag!

1 – Guten Tag (gut-er Tag)!
2 – Guten Tag!
3 – Wie geht's [Ihnen/dir] (wie Geschäfte)?
4 – Gut (schön).
5 – Wohin [gehen] Sie/[geht] ihr (Sie/ihr wohin)?
6 – Ich [gehe] nach Hause. Und Sie/ihr, [gehen Sie/geht ihr] [auch] nach Hause (ich nach Hause. und Sie/ihr nach Hause)?

ANMERKUNGEN

① Vergessen Sie bitte nicht, sich die Kurseinleitung anzusehen. Sie beinhaltet viele Informationen über den Umgang mit diesem Kurs.

② Geben Sie sich am Anfang damit zufrieden, die Dialoge zu verstehen. Denken Sie immer wieder daran: Mit der Zeit und durch tägliches Lesen und Nachsprechen werden Sie ein Gefühl und ein „Ohr" für die russischen Laute bekommen.

③ Die vollständige Frage lautet **Ка́к иду́т дела́?** [*KAK IDUT DjleLA*] „Wie laufen (gehen) die Geschäfte?". Es wird aber heute nicht mehr in diesem „geschäftlichen" Sinn verwendet.

④ **дела́** [*DjleLA*] ist die Pluralform (Mehrzahl) von **де́ло** [*DjELO*], aber Achtung: mit veränderter Betonung!

⑤ Man kann oft, wie hier, das Verb einfach weglassen. Der vollständige Satz wäre: **Вы́ куда́ идёте?** [*WÏ KUDA IDjOTjE*] „Wohin gehen Sie/geht ihr?". Aus der wörtlichen Übersetzung ersehen Sie, daß **вы** sowohl das höfliche „Sie" als auch die Anrede für mehrere Personen, „ihr", sein kann.

⑥ Ein einfacher Weg, sich neue Wörter zu merken, sind kleine Eselsbrücken. Hier könnte zum Beispiel der Satz „Wohin? - Auf den **Kuda**mm!" Ihnen helfen, sich zu erinnern, daß „wohin" **куда́** heißt.

⑦ **домо́й** [*DÅMOJ*] ist ein Adverb (Umstandswort) und bedeutet „nach Hause/heim" als Antwort auf die Frage „Wohin?". Das Wort für „Haus" ist **дом** [*DOM*].

7 – Нет, в театр. ⑧⑨
[*NjET F-TjİeATRr*]

8 – А в какой? ⑩
[*A F-KAKOJ*]

9 – Мы в Большой. ⑪⑫⑬
[*MÏ W-BÅLjSCHOJ*]

10 – До свидания. ⑭
[*DÅ-ßWİDANjİJE*]

11 – До свидания.
[*DÅ-ßWİDANjİJE*]

AUSSPRACHE: **В/в** = [*W*] **Е/е** = [*E*]/[*İe*] (s. Einleitung)

Auf den Tonaufnahmen hören Sie in allen Lektionen vor jeder ersten Übung **Упражне́ния**: **Чита́йте и переводи́те** [*UPRrAĴNjENjİe TSCHİTAJTjE İ PİeRrİEWÅDjİTjE*], *was bedeutet „Übungen: Lesen und übersetzen Sie".*

1. ÜBUNG: VERSTEHEN SIE DIESE SÄTZE?

Anhand der Verständnisübung können Sie kontrollieren, ob Sie das bisher kennengelernte Vokabular verstehen, auch wenn es in einem anderen Kontext vorkommt.

❶ Вы домой? – Да, домой. ❷ Вы в театр? – Да, в театр. ❸ Вы в театр? – Нет, домой. ❹ Вы домой? – Нет, в театр. ❺ Я домой. – А мы в театр. ❻ Мы домой. – А я в театр.

7 – Nein, wir [gehen] ins Theater (nein, in Theater).
8 – Und in welches (und in welch-er)?
9 – Wir [gehen] ins Bolschoj (wir in Groß-en).
10 – Auf Wiedersehen (bis Wiedersehen).
11 – Auf Wiedersehen.

ANMERKUNGEN

⑧ Das -**е**- in **Не́т** [*NjET*] ist betont, es wird deshalb [*E*] ausgesprochen; in **теа́тр** [*TjIeATRr*] dagegen ist das -**е**- unbetont und wird eher in Richtung [*I*] ausgesprochen.

⑨ **в** wird vor einem Vokal [*W*] ausgesprochen. Hier und vor fast allen Konsonanten wird es aber [*F*] ausgesprochen. Sehen Sie sich am Anfang die Erklärungen zur Aussprache in der Einleitung immer wieder an.

⑩ Der komplette, formellere Satz wäre: **А в како́й теа́тр вы́ идёте?** [*A F-KAKOJ TjIeATRr WÏ IDjOTjE*] (wörtl. „und in welch-er Theater Sie gehen/ihr geht?"). Russen bevorzugen die kürzere Formulierung.

⑪ **мы́** [*MÏ*] „wir". Mit **я́** [*JA*] „ich" und **вы́** [*WÏ*] „Sie/ihr" haben wir bereits drei Personalpronomen (persönliche Fürwörter) angetroffen. In der Verständnisübung werden wir überprüfen, ob Sie sie gut auseinander halten können.

⑫ Haben Sie gemerkt, daß **в** hier, obwohl es vor einem Konsonanten steht, [*W*] ausgesprochen wird? Vor den Lauten **д** [*D*], **г** [*G*] und **э** [*Ä*] spricht man **в** wie [*W*] aus.

⑬ **Большо́й** [*BÅLjSCHOJ*], wörtlich „Groß-er", meint das „große Theater" bzw. die Oper. Deshalb wird es mit einem großen Anfangsbuchstaben geschrieben; **больша́я бу́ква** (♀) [*BÅLjSCHAJA BUKWA*] „groß-e Buchstabe".

⑭ Der Buchstabe **-я-** wird, wenn er nicht betont ist, [*JE*] ausgesprochen.

LÖSUNG DER 1. ÜBUNG: HABEN SIE VERSTANDEN?

❶ [Gehen] Sie nach Hause? – Ja, [ich gehe] nach Hause. ❷ [Geht] ihr ins Theater? – Ja, [wir gehen] ins Theater. ❸ [Gehen] Sie ins Theater? – Nein, nach Hause. ❹ [Gehen] Sie nach Hause? – Nein, ins Theater. ❺ Ich [gehe] nach Hause. – Aber wir [gehen] ins Theater. ❻ Wir [gehen] nach Hause. – Aber ich [gehe] ins Theater.

2. ÜBUNG: SETZEN SIE DIE FEHLENDEN WÖRTER EIN!

Jeder Punkt entspricht einem Buchstaben.

❶ Guten Tag!

Добрый . . . . !

❷ Guten Tag!

. . . . день!

❸ Wie geht's?

Как . . . . ?

❹ Gut.

. . . .

❺ Wohin [gehen] Sie/[geht] ihr?

Вы . . . . ?

▶ ВТОРОЙ УРОК [*FTÅRrOJ URrOK*]

КАК Я РАД!

[*KAK JA RrAT*]

1 – Алло! Алло! Это Борис? ①②
[*ALLO ALLO ÄTÅ BÅRrIß*]

2 – Да, это я. А кто говорит? ③④
[*DA ÄTÅ JA A KTO GÅWÅRrIT*]

AUSSPRACHE: **Э/э** = [*Ä*] wie in „Welt" **Л/л** = [*L*]

⑥ Nach Hause.

. . . . . .

⑦ Auf Wiedersehen.

До . . . .

LÖSUNG DER 2. ÜBUNG: DIE FEHLENDEN WÖRTER.

① день ② Добрый ③ дела ④ Хорошо ⑤ куда ⑥ Домой ⑦ свидания.

In den ersten Lektionen liegt der Schwerpunkt auf dem Hören und Verstehen. Sehen Sie sich möglichst oft die Liste der Laute in der Einleitung an. Sie können versuchen, die Lektionssätze langsam nachzusprechen, aber akzeptieren Sie, daß Ihr Ohr sich nur allmählich an die typischen russischen Laute gewöhnt und Sie einige Zeit brauchen werden, um sie zu erzeugen. Machen Sie sich keinen Streß mit der Aussprache; wichtiger ist das spontane Verstehen!

Zweite Lektion

Ich bin so froh (wie ich froh)!

1 – Hallo! Hallo! [Ist] das Boris (hallo! hallo! dies Boris)?

2 – Ja, ich bin's. Und wer spricht (ja, dies ich. und/aber wer spricht)?

ANMERKUNGEN

① Wie Sie an den eckigen Klammern in der deutschen Übersetzung sehen, wird die Präsensform (Gegenwart) des Verbs „sein" im Russischen nicht verwendet.

② **Э́то** [*ÄTÅ*] „das, dies" ist kein Artikel, sondern ein Demonstrativpronomen (hinweisendes Fürwort).

③ **Да** [*DA*] „Ja" ist die bejahende Antwort auf eine Frage.

④ Der Buchstabe **-я-** wird betont [*JA*], unbetont [*JE*] gesprochen.

3	– **Я**, **я** говорю - Вадим. ⑤ [*J**A** J**A** GÅWÅRrJ**U** WADj**I**M*]
4	– О! Вадим?! [***O** WADj**I**M*]
5	– Здравствуй, друг! ⑥⑦⑧ [*SDRr**A**ßTWUJ DRr**U**K*]
6	– Здравствуй, брат! ⑨ [*SDRr**A**ßTWUJ BRr**A**T*]
7	– Как **я** рад! ⑩⑪ [*K**A**K J**A** Rr**A**T*]
8	– **Я** тоже рад! Где **ты**? [*J**A** T**O**ĴE Rr**A**T GDj**E** T**Ï***]
9	– Дома. ⑫ [*D**O**MA*]
10	– Приходи! [*PRrİCHÅDj**I***]

AUSSPRACHE: **У/у** = [*U*] **ы** = [*Ï*] (s. Einleitung)

3 – Ich, Vadim (ich, ich spreche – Vadim).
4 – Ach! Vadim?!
5 – Guten Tag, [mein] Freund (sei-gesund, Freund)!
6 – Guten Tag, [mein] Bruder (sei-gesund, Brüderchen)!
7 – Wie ich [mich] freue (wie ich froh)!
8 – Ich freue mich auch (ich auch froh)! Wo [bist] du!
9 – Zu Hause.
10 – Komm [vorbei]!

ANMERKUNGEN

⑤ **я говорю́** [*JA GÅWÅRrJU*] „ich spreche" vom Verb **говори́ть** [*GÅWÅRrITj*] „sprechen". Die meisten Verben haben im Infinitiv (Grundform) die Endung **-ть**.

⑥ **Здра́вствуй** [*SDRrAßTWUJ*] sagt man, wenn man sich duzt. **Здра́вствуйте** [*SDRAßTWUJTjE*] („Seien Sie/Seid gesund") sagt man, wenn man eine Person siezt oder mehrere Personen anspricht. Das erste **в** wird nicht ausgesprochen. **Здра́вствуй, Ната́ша! Здра́вствуй, Ива́нов!** [*SDRrAßTWUJ NATASCHA SDRrAßTWUJ IWANOF*].

⑦ **До́брый день** wird nur zwischen 12 und 18 Uhr benutzt, **Здра́вствуй(те)** ist ein Gruß für jede Tageszeit, auch um 7 oder um 21 Uhr.

⑧ Bei **дру́г** [*DRrUK*] „Freund" wird das **г** am Wortende [*K*] gesprochen.

⑨ **бра́т** [*BRrAT*] „Bruder" wird als Anrede unter gut befreundeten Männern benutzt. Ein Mann und eine Frau, die befreundet sind, sprechen sich meistens mit ihren Namen an.

⑩ **ра́д** [*RrAT*] „froh". Das **д** am Wortende wird wie beim deutschen „Rad" [*t*] gesprochen. Eselsbrücke: „Sei froh über diesen Rat".

⑪ Im Gegensatz zum Deutschen wird unterschieden, ob ein Mann oder eine Frau froh ist: **Бори́с ра́д** [*BÅRrIß RrAT*] „Boris [ist] froh". **Ната́ша ра́да** [*NATASCHA RrADA*] „Natascha [ist] froh". Die Pluralform ist aber bei beiden gleich: **Мы́ ра́ды** [*MÏ RrADÏ*] „Wir [sind] froh".

⑫ Verwechseln Sie **до́ма** [*DOMA*] „zu Hause" nicht mit der Richtungsangabe **домо́й** [*DÅMOJ*] „nach Hause". **Ты́ куда́? – Я́ домо́й** [*TÏ KUDA JA DÅMOJ*] „Wohin [gehst] du? – Ich [gehe] nach Hause", aber **Ты́ где́? – До́ма** [*TÏ GDjE DOMA*] „Wo bist du? – Zu Hause".

11 – Хорошо.
[*CHÅRrÅSCHO*]

12 До встречи. ⑬
[*DÅ-FßTRrjETSCHİ*]

AUSSPRACHE: **X/x** = [*CH*] wie in „Kachel“ **C/c** = [*ß*] wie in „Maß“

Первое задание: Вы понимаете эти предложения?

[*PJERrWÅJE SADANjİJE: WÏ PÅNjİMAJETjE ÄTjİ PRrİeDLÅĴENjİJE*]

❶ Это Борис, а это Вадим. ❷ Это друг, а это брат. ❸ Я говорю, и Вадим говорит. ❹ Как я рад! ❺ Я тоже рад. ❻ Вы дома, и я дома.

Второе задание: Вставьте пропущенные слова!

[*FTÅRrOJE SADANjİJE: FßTAFTjE PRrÅPUSCHTSCHİeNNÏJE ßLÅWA*]

❶ Guten Tag, Boris!

. . . . , Борис!

❷ Guten Tag, Vadim!

. . . . , Вадим!

❸ Wie froh ich [bin]!

. . . **я** . . . !

❹ Ich [bin] auch froh.

Я . . . .

❺ Wo [bist] du?

. . . . . ?

❻ Zu Hause.

. . . . .

❼ Bis bald.

До . . . .

11 – Einverstanden (schön).
12 Bis bald (zur Begegnung).

ANMERKUNGEN

⑬ Diese Abschiedsphrase benutzt man, wenn man sich verabredet hat.

*Achten Sie darauf, daß die Übersetzung in runden Klammern eine wortwörtliche Übersetzung ist. So ist die Grundbedeutung z.B. von **хорошо́** „schön", die sinngemäße Übersetzung jedoch „gut".*

Решение первого задания: Вы поняли?

[RrIeSCHENIJE PJERrWÅWÅ SADANIJE: WÏ PONjALjI]

❶ Dies [ist] Boris, und/aber das [ist] Vadim. ❷ Das [ist mein] Freund, und/aber das [ist mein] Bruder. ❸ Ich spreche, und Vadim spricht [auch]. ❹ Wie froh ich [bin]! ❺ Ich [bin] auch froh. ❻ Sie [sind]/ihr [seid] zu Hause, und ich [bin auch] zu Hause.

Решение второго задания: Пропущенные слова.

[RrIeSCHENIJE FTÅRrOWÅ SADANIJE: PRrÅPUSCHTSCHIeNNÏJE ßLÅWA]

❶ Здравствуй ❷ Здравствуй ❸ Как – рад ❹ тоже рад ❺ Где ты ❻ Дома ❼ Встречи.

Konzentrieren Sie sich gegenwärtig ganz auf das Verstehen des Textes, und machen Sie sich mit der Aussprache vertraut. Lernen Sie möglichst täglich – mehr als 15-20 Minuten müssen es nicht sein. Machen Sie sich keine Gedanken über Dinge, die vielleicht bis jetzt noch nicht erklärt wurden; die Erklärung wird zu gegebener Zeit kommen. Betrachten Sie die Anmerkungen als einen guten Freund, der Sie auf Ihrem Weg begleitet und Ihnen das, was Sie im Moment verstehen müssen, geduldig erklärt.

ТРЕТИЙ УРОК [*TRrJETjIJ URrOK*]

ВЫ ГОВОРИТЕ ПО-РУССКИ?
[*WÏ GÅWÅRrITjE PÅ-RrUßKI*]

1 – Простите, что вы говорите? ①
[*PRrÅßTjITjE SCHTO WÏ GÅWÅRrITjE*]

2 – Вы русский? ②③④
[*WÏ RrUßKIJ*]

3 – Нет, я испанец. ⑤⑥
[*NjET JA IßPANjIeTß*]

4 – Вы хорошо говорите по-русски. ⑦
[*WÏ CHÅRrÅSCHO GÅWÅRrITjE PÅ-RrUßKI*]

AUSSPRACHE: **Я/я** = [*JA*] wie „jagen“(s. Einleitung) **П/п** = [*P*]

ANMERKUNGEN

① Achtung: **что́** [*SCHTO*] „was“ wird mit [*SCH*] am Anfang gesprochen.

② Achtung: **ру́сский** [*RrUßKIJ*] kann sowohl „der Russe“ als auch das Adjektiv (Eigenschaftswort) „russischer, -e, -es“ sein, ist aber immer männlich.

Dritte Lektion

Sprechen Sie/Sprecht ihr russisch

(Sie sprechen/ihr sprecht auf-Russisch)?

1 – Verzeihung, was sagen Sie (Verzeihung, was Sie sprechen/ihr sprecht)?
2 – [Sind] Sie Russe (Sie russisch-er)?
3 – Nein, ich [bin] Spanier (nein, ich Spanier).
4 – Sie sprechen gut russisch (Sie schön sprechen auf-Russisch).

Hören Sie sich, wenn Sie eine neue Lektion beginnen, diese zunächst immer ein paar mal im Ganzen an, bevor Sie damit beginnen, sich mit den einzelnen Sätzen zu befassen. Und wenn Sie an einem Tag einmal wenig Zeit zum Lernen haben, so reicht es schon aus, wenn Sie sich die Tonaufnahmen Ihrer aktuellen Lektion mehrmals anhören. Wichtig ist, daß Sie die Sprache täglich im Ohr haben!

ANMERKUNGEN

③ Vielleicht haben Sie gemerkt, daß wir bis jetzt noch keine Artikel gesehen haben, und zwar weder bestimmte („der, die, das“) noch unbestimmte („ein, eine“).

④ Wie Sie sehen, verändert die Frage nicht den Satzbau. Den Unterschied zwischen Frage- und Aussagesatz erkennt man am Tonfall.

⑤ **испáнец** [*ißPANjleTß*] „Spanier“; „Spanierin“ heißt **испáнка** [*ißPANKA*]. Wenn Ihnen das „spanisch“ vorkommt, sollten Sie **испáнский** [*ißPANßKlJ*] für die männliche Form und **испáнская** [*ißPANßKAJA*] für die weibliche Form des Adjektivs benutzen.

⑥ **францýз** [*FRrANTßUß*] „Franzose“. „Französin“ heißt **францýженка** [*FRrANTßUĴENKA*], **францýзский** [*FRrANTßUßKlJ*] „französischer“ oder **францýзская** [*FRrANTßUßKAJA*] „französische“. Dabei werden die Laute **-зс-** im Wort wie [*ß*] gesprochen.

⑦ **по-рýсски** [*PÅ-RrUßKl*] „russisch“ ist ein Adverb, das das Verb ergänzt bzw. näher bestimmt, und das vom Adjektiv **рýсский** kommt. Wenn Sie fragen wollen, ob jemand deutsch spricht, sagen Sie: **Вы говорúте по-немéцки?** [*WÏ GÅWÅRrlTjE PÅ-NjleMETßKl*].

5 – Спасибо! Вы очень любезны. ⑧⑨
[*ßPAßIBÅ WÏ OTSCHIeNj LjJUBJESNÏ*]

6 – А она говорит по-русски?
[*A ÅNA GÅWÅRrIT PÅ-RrUßKI*]

7 – Конечно! Она русская.
[*KÅNjESCHNÅ ÅNA RrUßKAJA*]

8 – Давайте говорить по-русски. ⑩⑪
[*DAWAJTjE GÅWÅRrITj PÅ-RrUßKI*]

9 – С удовольствием.
[*ß-UDÅWOLjßTWIJEM*]

10 – Я очень люблю русский язык. ⑫
[*JA OTSCHIeNj LjJUBLjJU RrUßKIJ JESÏK*]

AUSSPRACHE: **Ч/ч** = [*TSCH*] wie in „Peitsche" **Б/б** = [*B*]

ANMERKUNGEN

⑧ **Спаси́бо** [*ßPAßIBÅ*] „Danke" kommt von **Спаси́ ва́с Бо́г!** [*ßPAßI WAß BOCH*] „Gott schütze Sie!" (rette Sie Gott!). **Бо́г** ist das einzige Wort, bei dem das **г** am Wortende nicht [*k*], sondern [*ch*] ausgesprochen wird.

Первое задание: Вы понимаете эти предложения?

❶ Вы русский? – Да, я русский. ❷ Вы испанец? – Да, я испанец. ❸ Он русский? – Нет, он француз. ❹ Он француз? – Нет, он русский. ❺ Вы хорошо говорите по-русски. – Спасибо. ❻ Он хорошо говорит по-русски? – Хорошо. ❼ Она говорит по-русски? – Конечно! ❽ Давайте говорить по-русски! – С удовольствием.

5 – Danke! Sie [sind] sehr freundlich (danke! Sie sehr liebenswürdig).
6 – Und sie spricht russisch (und sie spricht auf-Russisch)?
7 – Selbstverständlich! Sie ist Russin (natürlich! sie russisch-e).
8 – Dann laßt uns russisch sprechen (gebt sprechen auf-Russisch).
9 – Gerne (mit Vergnügen).
10 – Ich liebe sehr [die] russische Sprache (ich sehr mag russisch-er Sprache).

ANMERKUNGEN

⑨ In **любе́зны** [*LjJUBJESNЇ*] „freundlich" zeigt die Endung, daß es sich um einen Plural handelt. Zu einer Frau würde man sagen **вы́ любе́зны** [*WЇ LjJUBJESNЇ*]. Sie erinnern sich bestimmt an **ра́д** [*RrAT*] „froh" (L. 2), bei dem ebenfalls die männliche und die weibliche Form unterschiedlich sind, die Pluralform jedoch für beide identisch ist.

⑩ **Дава́йте** [*DAWAJTjE*] „Gebt" ist der Imperativ (Befehlsform) der 2. Person Plural von **дава́ть** [*DAWATj*] „geben". Er fungiert, kombiniert mit einem Infinitiv, als Aufforderung zu einer Handlung, vergleichbar mit der deutschen Konstruktion „Laßt uns ...".

⑪ **говори́ть**: Das Zeichen **ь**, das Sie schon verschiedentlich angetroffen haben, ist das sog. „weiche Zeichen". Man sagt, es „erweicht" den vor ihm stehenden Konsonanten. Das bedeutet, Sie hängen beim Sprechen dieses Konsonanten ein kurzes [*j*] an.

⑫ **язы́к** [*JESЇK*] „Sprache, Zunge" ist ein Maskulinum, daher heißt es **ру́сский** [*RrUßKIJ*], **неме́цкий** [*NjIeMETßKIJ*], **францу́зский** [*FRANTßUßKIJ*] **язы́к**.

Решение первого задания: Вы поняли?

❶ [Sind] Sie Russe? – Ja, ich [bin] Russe. ❷ [Sind] Sie Spanier? – Ja, ich [bin] Spanier. ❸ [Ist] er Russe? – Nein, er [ist] Franzose. ❹ [Ist] er Franzose? – Nein, er [ist] Russe. ❺ Sie sprechen gut (auf-) Russisch. – Danke. ❻ Spricht er gut (auf-)Russisch? – Ja (gut). ❼ Spricht sie (auf-)Russisch? – Natürlich! ❽ Laßt uns (auf-)Russisch sprechen! – Gerne.

Второе задание: Вставьте пропущенные слова!

❶ [Sind] Sie Russe?

Вы ....?

❷ Nein, ich [bin] Franzose.

Нет, я ....

❸ Sprechen Sie (auf-)Russisch?

Вы .... по-......?

❹ Ja, ich spreche (auf-)Russisch.

.., я ....-русски.

ЧЕТВЁРТЫЙ УРОК [*TSCHleTWJORrTÏJ URrOK*]

Я ВСЁ ПОНИМАЮ! ①
[*JA WßJO PÅNjIMAJU*]

1 – Что ты делаешь? ②
[*SCHTO TÏ DjELAJESCH*]

2 – Учу английский язык. ③④⑤
[*UTSCHU ANGLjIJßKIJ JESÏK*]

AUSSPRACHE: **Н/н** = [*N*] **З/з** = [*S*] wie in „Ro<u>s</u>e"

ANMERKUNGEN

① Wichtige Anmerkung zum Buchstaben **Ë/ë** [*JO*]: Im Zuge einer Rechtschreibreform im Jahre 1999 wurde dieser Buchstabe „ausgemerzt" und durch ein einfaches **e** ersetzt, d.h. er taucht seitdem in keinem russischen Text mehr auf. Wann **ë** [*JO*] und wann es [*E*] gelesen wird, weiß oft nur der Muttersprachler. Da Sie diese Entscheidung als Lerner nicht treffen können, erleichtern wir Ihnen die Sache und verwenden das **ë** in unserem Kurs weiterhin.

Решение второго задания: Пропущенные слова.

❶ русский ❷ француз ❸ говорите – русски ❹ Да – говорю по.

*Oft sind es die vielen kleinen Wörtchen in einer Sprache, die Füllwörter oder auch sog. „Strukturwörter“, die man sich schlecht merken kann. Vielleicht markieren Sie sich zu Beginn Wörtchen wie **что́** „was“, **о́чень** „sehr“ oder **коне́чно** „selbstverständlich“ mit einem Textmarker. Eine komplette Liste aller Strukturwörter des Russischen finden Sie im grammatischen Anhang.*

Vierte Lektion

Ich verstehe alles (ich immer verstehe)!

1 – Was machst du (was du machst)?
2 – [Ich] lerne Englisch (lerne englisch-er Sprache).

ANMERKUNGEN

② Wenn Sie Ihren Ansprechpartner siezen oder sich an mehrere Personen wenden, sagen Sie: **Что́ вы́ де́лаете?** [*SCHTO WÏ DjELAJETjE*] „Was machen Sie/macht ihr?“.

③ Man darf das Personalpronomen **я́** „ich“ vor dem Verb weglassen. Die Personalpronomen werden nur dann verwendet, wenn die Person besonders hervorgehoben werden soll. Ansonsten kann man die Person an der Endung des Verbs erkennen.

④ Achten Sie auf die Aussprache des Buchstabens **я́**, wenn er im Wort **язы́к** [*JESÏK*] unbetont bleibt. Vergleichen Sie mit **я́** [*JA*] „ich“.

⑤ Wichtig ist auch die unterschiedliche Aussprache des Lautes **ч** in **что́** [*SCHTO*] „was“ und **Учу́** [*UTSCHU*] „lerne“.

3 – Ты уже говоришь по-английски? ⑥
[TÏ UĴE GÅWÅRrISCH PÅ-ANGLjIJßKI]

4 – Немного говорю, но всё понимаю. ⑦
[NjieMNOGÅ GÅWÅRrJU NO WßJO PÅNjIMAJU]

5 – Ты знаешь французский язык? ⑧
[TÏ SNAJESCH FRrANTßUßKIJ JESÏK]

6 – Конечно, знаю.
[KÅNjESCHNÅ SNAJU]

7 – А как по-французски „пока"?
[A KAK PÅ-FRrANTßUßKI PÅKA]

8 – „Пока" по-французски „чао".
[PÅKA PÅ-FRrANTßUßKI TSCHAO]

9 – Но это по-итальянски! ⑨
[NO ÄTÅ PÅ-ITALjJANßKI]

10 – Правда? Значит, я знаю и итальянский язык!
[PRrAWDA SNATSCHIT JA SNAJU I ITALjJANßKIJ JESÏK]

11 – Всё ясно! До встречи!
[WßJO JAßNÅ DÅ-FßTRrJETSCHI]

12 – Пока! ⑩
[PÅKA]

AUSSPRACHE: **Ф/ф** = [F] **Ц/ц** = [Tß] wie in „Katze"

ANMERKUNGEN

⑥ **по-англи́йски** [PÅ-ANGLjIJßKI] „auf Englisch" ist ein Adverb vom Adjektiv **англи́йский** [ANGLjIJßKIJ]. **англича́нин** [ANGLjITSCHA-NjIN] „Engländer"; **англича́нка** [ANGLjITSCHANKA] „Engländerin".

3 – Sprichst du schon englisch (du schon sprichst auf-Englisch)?
4 – Ich spreche [nur] ein bißchen, aber ich verstehe alles (nicht-viel spreche, aber immer verstehe).
5 – Kannst du Französisch (du kennst französisch-er Sprache)?
6 – Selbstverständlich, ich kann [es] (natürlich, ich-kenne).
7 – Und wie [sagt man] „пока" auf Französisch (und wie auf-Französisch „пока")?
8 – „пока" [heißt] auf Französisch „Tchao" („пока" auf Französisch „Tchao").
9 – Aber das ist Italienisch (aber dies auf-Italienisch)!
10 – Wirklich? Also kann ich auch Italienisch (wahr? bedeutet, ich kenne auch italienisch-er Sprache)!
11 – Alles klar! Bis bald (alles hell/klar! zu Begegnung)!
12 Tschüß!

ANMERKUNGEN

⑦ Sie kennen schon die Verneinung **нéт** „Nein". Wenn Sie ein Verb verneinen wollen, stellen Sie dem Verb **не** „nicht" voran: **я не говорю́ по-немéцки** [*JA NjE GÅWÅRJU PÅ-NjIeMETßKI*] „Ich spreche kein (nicht) Deutsch".

⑧ Wir haben vier neue Verben kennengelernt, zum einen **понимáть** [*PÅNjIMATj*] „verstehen" und **говори́ть** [*GÅWÅRrITj*] „sprechen/sagen", denen ein Adverb folgt, zum anderen **знать** [*SNATj*] „kennen" und **учи́ть** [*UTSCHITj*] „lernen", die sich mit einem Adjektiv verbinden.

⑨ Jetzt kennen Sie auch vom Adjektiv **италья́нский** [*ITALjJANßKIJ*] das Adverb **по-италья́нски** [*PÅ-ITALjJANßKI*]. Wenn Sie mehrere Sprachen sprechen, sagen Sie: **я знáю рýсский, немéцкий и испáнский язы́к** [*JA SNAJU RrUßKIJ NjIeMETßKIJ I IßPANßKIJ JESIKI*] „ich spreche russisch, deutsch und spanisch".

⑩ **Покá** [*PÅKA*] bedeutet als Adverb „vorläufig, bis zu einem Zeitpunkt", aber es wird oft beim Abschied im Sinne von „Tschüß" verwendet.

Первое задание: Вы понимаете эти предложения?

❶ Добрый день! Что ты делаешь? ❷ Учу русский язык. ❸ А ты что делаешь? ❹ А я учу французский язык. ❺ Ты говоришь по-русски? ❻ Немного говорю. ❼ А ты говоришь по-французски? ❽ Конечно, говорю. ❾ А Борис знает французский язык? ❿ Он знает французский, английский и итальянский языки. ⓫ Я говорю по-английски, а по-итальянски не понимаю. ⓬ А я немного понимаю, но не говорю.

Второе задание: Вставьте пропущенные слова!

❶ Was machst du?

... ты .... ?

❷ Ich lerne Russisch (russische-r Sprache).

Я ... русский ..... .

❸ Kannst du Russisch (russische-r Sprache)?

Ты ...... русский .... ?

❹ Ich kann ein wenig.

....

❺ Wie [sagt man] auf Deutsch „конечно"?

... по-....... „конечно"?

❻ Laßt uns (auf-)spanisch sprechen!

.... говорить по-......... .

Haben Sie Schwierigkeiten, bestimmte Laute auf den Tonaufnahmen herauszuhören und nachzusprechen? Das ist nicht schlimm; halten Sie sich damit momentan nicht auf. Sie werden merken, daß sich dies mit der Zeit bessern wird. Wirklich wichtig wird die Aussprache erst zu Beginn der „2. Welle" (ab Lektion 36), und bis dahin haben Sie noch viel Zeit zum Üben!

Решение первого задания: Вы поняли?

❶ Guten Tag! Was machst du? ❷ Ich lerne Russisch (russische-r Sprache). ❸ Und du, was machst du? ❹ Und ich lerne Französisch (französische-r Sprache). ❺ Sprichst du (auf-)russisch? ❻ Ich spreche ein bißchen. ❼ Und sprichst du (auf-)französisch? ❽ Selbstverständlich spreche [ich französisch]. ❾ Und kann (kennt) Boris Französisch (französische-r Sprache)? ❿ Er kann Französisch, Englisch und Italienisch (französische-r, englische-r und italienische-r Sprachen). ⓫ Ich spreche (auf-)englisch, aber (auf-)Italienisch verstehe [ich] nicht. ⓬ Und ich verstehe ein bißchen, aber [ich] spreche [es] nicht.

❼ Ich mag Spanisch (spanische-r Sprache), aber ich spreche kein Spanisch (nicht spreche auf-spanisch).

Я . . . . . испанский язык, ...
говорю по-. . . . .

❽ Verzeihung, was sagen Sie, ich verstehe kein Russisch (nicht verstehe auf-Russisch).

. . . . , . . . вы . . . . , я . .
. . . . по-. . . . .

Решение второго задания: Пропущенные слова.

❶ Что – делаешь ❷ учу – язык ❸ знаешь – язык ❹ Немного знаю ❺ Как – немецки ❻ Давайте – испански ❼ люблю – но не – испански ❽ Простите – что – говорите – не понимаю – русски.

▶ ПЯТЫЙ УРОК [PJATЇJ URrOK]

ДАВАЙТЕ ПОЗНАКОМИМСЯ!
[DAWAJTjE PÅSNAKOMİMßJA]

1 – Давайте познакомимся! ①
[DAWAJTjE PÅSNAKOMİMßJA]

2 – С удовольствием!
[ß-UDÅWOLjßTWİJEM]

3 – Меня зовут Давид. ②
[MİeNjJA SÅWUT DAWİD]

4 А вас как зовут? ③
[A WAß KAK SÅWUT]

5 – Меня зовут Наташа.
[MİeNjJA SÅWUT NATASCHA]

6 Очень приятно.
[OTSCHİeNj PRrİJATNÅ]

7 – Какое красивое имя! ④
[KAKOJE KRrAßİWOJE İMJE]

AUSSPRACHE: И/и = [İ] wie in „sie" Ш/ш = [SCH] (stimmloses sch)

Fünfte Lektion

Stellen wir uns vor!

1 – Stellen wir uns [einander] vor (gebt sich-bekannt-machen)!
2 – Gerne!
3 – Ich heiße David (mich sie-nennen David).
4 Und wie heißen Sie (und Sie/euch wie sie-nennen)?
5 – Ich heiße Natascha (mich sie-nennen Natascha).
6 Freut mich (sehr angenehm-es).
7 – Was für ein schöner Vorname (welch-es schön-es Name)!

ANMERKUNGEN

① **познако́мимся** [*PÅSNAKOMIMßJA*] ist ein reflexives (rückbezügliches) Verb (Infinitiv: **познако́миться** [*PÅSNAKOMITjßJA*] „sich vorstellen"). Das Suffix (die Nachsilbe) **-ся** [*-ßJA*] „sich" wird immer mit dem Verb zusammen geschrieben, und nur hier wird das unbetonte **-я** [*JA*] ausgesprochen.

② Schauen Sie sich genau die wörtliche Übersetzung an. Russen fragen nicht direkt, wie sie heißen, sondern wie die anderen sie nennen bzw. rufen. Daher steht das Verb immer im Plural: **они́ зову́т** [*ÅNjI SÅWUT*] „sie nennen/rufen", und es bedarf eines Akkusativs (Wen-Fall) wie im Deutschen: **меня́** [*MIeNjJA*] „mich" – sogar die Anfangsbuchstaben ähneln sich! – und **ва́с** [*WAß*] „Sie/euch".

③ **А** [*A*] kann je nach Kontext „und" oder „aber" bedeuten.

④ Das Russische hat wie wir drei grammatische Geschlechter: Maskulinum (♂), Femininum (♀) und Neutrum. Die Endung der Adjektive und der Fragewörter wird dem Geschlecht des Bezugswortes (hier **и́мя** [*IMJE*] (Neutrum)) angepaßt. Die Endung **-ое** ist das Kennzeichen für das Neutrum.

8 – Вы очень любезны!
[WЇ OTSCHİeNj LjJUBJESNЇ]

9 – Кстати, это мой русский друг.
[KßTATjİ ÄTÅ MOJ RrUßKİJ DRrUK]

10 Его зовут Вадим. ⑤
[JİeWO SÅWUT WADjİM]

11 – А я его знаю! ⑥
[A JA JİeWO SNAJU]

12 – Конечно! Он очень известный актёр. ⑦
[KÅNjESCHNÅ ON OTSCHİeNj İSWJEßTNЇJ AKTjORr]

13 А вот моя подруга.
[A WOT MÅJA PÅDRrUGA]

14 Вы её знаете? ⑧
[WЇ JİeJO SNAJETjE]

15 – Нет, я её не знаю, к сожалению.
[NjET JA JİeJO NjE SNAJU K-ßÅĴALjENİJU]

16 Какая красивая девушка! ⑨⑩
[KAKAJA KRrAßİWAJA DjEWUSCHKA]

AUSSPRACHE: Г/г = [G]/[W] (s. Einleitung) Ю/ю = [JU] wie in „Juli"

Первое задание: Вы понимаете эти предложения?

❶ Давайте познакомимся! – С удовольствием! ❷ Как вас зовут? – Меня зовут Пётр. ❸ А как вас зовут? ❹ Меня зовут Наташа. ❺ Какое красивое имя! ❻ Спасибо! Вы очень любезны. ❼ Наташа, вы говорите по-французски? ❽ Нет, но я учу французский язык. ❾ Это очень красивый язык. ❿ Конечно, но я говорю немного.

8 – Sie [sind] sehr nett (Sie/ihr sehr liebenswürdig)!
9 – Übrigens, dies [ist] mein russischer Freund (übrigens, dies mein russisch-er Freund).
10 Er heißt Vadim (ihn sie-nennen Vadim).
11 – Aber ich kenne ihn (aber ich ihn kenne)!
12 – Selbstverständlich! Er ist ein sehr bekannter Schauspieler (natürlich! er sehr bekannt-er Schauspieler).
13 Und hier ist meine Freundin (und da meine Freundin).
14 Kennen Sie sie (Sie sie (Akk.) kennen)?
15 – Nein, ich kenne sie nicht, leider (nein, ich sie (Akk.) nicht kenne, schade).
16 Was für ein schönes Mädchen (welch-es schön-es Fräulein)!

ANMERKUNGEN

⑤ **Его́** [*JIeWO*] ♂ „ihn“ haben Sie richtig als Akkusativ des Personalpronomens **он** [*ON*] „er“ erkannt. Aber Achtung bei der Aussprache: Überall, wo der Akkusativ (und Genitiv (Wes-Fall)) Maskulinum vorkommt, wird **г** [*W*] gesprochen: **до́брого** [*DOBRrÅWÅ*] „guten“, **ру́сского** [*RrUßKÅWÅ*] „russischen“.

⑥ Das Verb **знать** [*SNATj*] „kennen“ benötigt genau wie das deutsche Verb den Akkusativ.

⑦ Das Adjektiv **изве́стный** [*ISWJEßTNÏJ*] „berühmt-er“ hat wegen des maskulinen (♂) Bezugswortes **актёр** [*AKTjORr*] „Schauspieler“ die Endung **-ый**.

⑧ Von **она́** [*ÅNA*] ♀ „sie“ lautet der Akkusativ **её** [*JIeJO*] „sie“.

⑨ **де́вушка** [*DjEWUSCHKA*] ist ein „erwachsenes Mädchen“ bzw. eine „junge Frau“. Dieses Wort wird auch benutzt, um eine Verkäuferin oder eine Kellnerin anzusprechen.

⑩ Wegen des femininen (♀) Bezugswortes **де́вушка** lautet die Endung für das Adjektiv und Fragepronomen **-ая**.

Решение первого задания: Вы поняли?

❶ Stellen wir uns vor! – Gerne! ❷ Wie heißen Sie? – Ich heiße Peter. ❸ Und wie heißen Sie? ❹ Ich heiße Natascha. ❺ Was für ein schöner Name! ❻ Danke! Sie [sind] sehr nett. ❼ Natascha, sprechen Sie französisch? ❽ Nein, aber ich lerne Französisch. ❾ Es [ist eine] sehr schöne Sprache. ❿ Selbstverständlich, aber ich spreche nicht viel.

Второе задание: Вставьте пропущенные слова!

❶ Dies [ist] mein russischer Freund.

Это . . . русский . . . . .

❷ Dies [ist] meine Freundin.

Это . . . .

❸ Welch ein schöner Name!

. . . . имя!

❹ Welch ein schönes Mädchen!

Какая . . . . !

❺ Bis bald!

До . . . . !

❻ Tschüß!

. . . . !

▶ ШЕСТОЙ УРОК [*SCHießTOJ URrOK*]

ГДЕ ВЫ ЖИВЁТЕ?
[*GDjE WÏ ĴIWJOTjE*]

1 – Скажите, кто это? ①
[*ßKAĴITjE KTO ÄTÅ*]

2 – Это мой брат.
[*ÄTÅ MOJ BRrAT*]

3 – Правда?! А кто он? ②
[*PRrAWDA A KTO ON*]

AUSSPRACHE: Ж/ж = [*Ĵ*] (stimmhaftes sch wie in „Etage“)

Решение второго задания: Пропущенные слова.

❶ мой – друг ❷ моя подруга ❸ Какое красивое ❹ красивая девушка ❺ встречи ❻ Пока.

Denken Sie weiterhin an Ihre tägliche „Portion" Assimil? Lernen Sie entspannt – und blättern Sie auch ruhig hin und wieder mal ein paar Lektionen zurück, und wiederholen Sie, vor allem, wenn Sie sich noch nicht so ganz sicher fühlen. Wenn Sie an einem Tag ein bißchen mehr Zeit haben, gehen Sie nicht gleich nach den Übungen zur nächsten Lektion über. Schauen Sie sich die früheren Lektionen noch einmal an. Ihr Buch sollte Sie überall hin begleiten, und wenn Sie Zeit haben, egal wo, beschäftigen Sie sich mit der russischen Sprache.

Beachten Sie, daß der Schwerpunkt am Anfang auf dem VERSTEHEN liegt. So sollten Sie die nächste Lektion auch erst dann in Angriff nehmen, wenn Sie die Texte der aktuellen Lektion verstehen, und zwar auch dann, wenn Sie nicht ins Buch schauen.

Sechste Lektion

Wo wohnen Sie (wo Sie wohnen/ihr wohnt)?

1 – Sagen [Sie], wer [ist] das (sagen Sie/sagt, wer dies)?
2 – Das [ist] mein Bruder (dies mein-er Bruder).
3 – Wirklich?! Und was macht er (wahr?! und wer er)?

ANMERKUNGEN

① **Скажи́те** [*ßKAJÎTjE*] „sagen Sie/sagt ihr": Imperativform, wenn Sie Ihren Ansprechpartner siezen, aber auch, wenn Sie mehrere Personen gleichzeitig ansprechen (unabhängig davon, ob Sie sie duzen oder siezen).

② **Кто́ о́н?** [*KTO ON*] „Was ist/macht er?". Eine Standardfrage, mit der Sie sich nach dem Beruf einer Person erkundigen. **Кто́ она́?** [*KTO ÅNA*] „Was ist sie [von Beruf]?".

4 – Он актёр. ③
[*ON AKTjORr*]

5 – Вы тоже работаете в театре? ④
[*WÏ TOĴE RABOTAJETjE F-TjİeATRrE*]

6 – Да, я тоже работаю в театре, но я режиссёр.
[*DA JA TOĴE RABOTAJU F-TjİeATRrE NO JA RrİeĴİßßJORr*]

7 – Как интересно!
[*KAK İNTjİeRrEßNÅ*]

8 Я очень люблю театр.
[*JA OTSCHİeNj LjJUBLjJU TjİeATRr*]

9 – А вы где работаете?
[*A WÏ GDjE RABOTAJETjE*]

10 – Я журналистка и работаю в газете. ⑤⑥
[*JA ĴURrNALjİßTKA İ RABOTAJU W-GASETjE*]

11 – А где вы живёте?
[*A GDjE WÏ ĴİWJOTjE*]

12 – Я живу в Москве. ⑦⑧
[*JA ĴİWU W-MÅßKWjE*]

13 – А я живу в Киеве. ⑨⑩
[*A JA ĴİWU F-KİJEWjE*]

AUSSPRACHE: Ë/ë = [*JO*] (immer betont; s. Einleitung)

ANMERKUNGEN

③ Mittlerweile haben Sie sich daran gewöhnt, daß die Formen des Verbs „sein" im russischen Satz oft weggelassen werden, was dann wie hier durch die eckigen Klammern [ ] in der Übersetzung kenntlich gemacht wird.

4 – Er [ist] Schauspieler.
5 – Arbeiten Sie auch im Theater (Sie auch arbeiten in Theater (L)?
6 – Ja, ich arbeite auch im Theater, aber ich [bin] Regisseur (ja, ich auch arbeite in Theater (L), aber ich Regisseur).
7 – Wie interessant (wie interessant)!
8 Ich mag Theater sehr (ich sehr liebe Theater).
9 – Und Sie, wo arbeiten [Sie] (und Sie wo arbeiten)?
10 – Ich [bin] Journalistin und arbeite für eine Zeitung (ich Journalistin und arbeite in Zeitung-(L)).
11 – Und wo wohnen Sie (und wo Sie-leben)?
12 – Ich wohne in Moskau (L).
13 – Und ich wohne in Kiew (L).

ANMERKUNGEN

④ Haben Sie bei **в теа́тре** [*F-TjleATRrE*] „im Theater" die Endung **-е** bemerkt? Sie markiert den Lokativ (L), eine Ortsbestimmung (ohne Bewegung, d.h. statisch): **о́н в теа́тре** „er [ist] im Theater" aber **Вы в теа́тр** [*WÏ F-TjleATRr*] „Sie [gehen]/ihr [geht] ins Theater" (mit Bewegung; dynamisch).

⑤ **журнали́ст** [*ĴURrNALjlßT*] „Journalist" (♂), mit **-ка** am Ende „Journalistin" (♀). **Журна́л** (♂) [*ĴURrNAL*] bedeutet „Zeitschrift".

⑥ **в газе́те** [*W-GASETjE*] (L) „für eine Zeitung", wörtlich „in Zeitung": Hier ersetzt das Kennzeichen des Lokativs, **-е**, die Nominativ-Endung **-а**. **Где́ газе́та?** [*GDjE GASETA*] „Wo [ist die] Zeitung?".

⑦ **в Москве́** [*W-MÅßKWjE*] (L) „in Moskau": Lokativ von **Москва́** [*MÅßKWA*].

⑧ Vor dem Lokativ steht immer eine Präposition (hier **в**); daher wird er auch Präpositiv genannt. Der Lokativ wird benutzt, um auf die Frage **Где́?** [*GDjE*] „Wo?" zu antworten.

⑨ **в Ки́еве** [*F-KIJEWjE*] (L) „in Kiew": Lokativ von **Ки́ев** [*KIJEF*]. **Где́ жена́? – Она́ в Ки́еве** [*GDjE ĴENA ÅNA F-KIJEWjE*] „Wo [ist die] Ehefrau? – Sie [ist] in Kiew".

⑩ Kiew, heutige Hauptstadt der Ukraine, war vor 1.000 Jahren die erste Hauptstadt Rußlands. Sie ist auch eine der Wiegen des Christentums in den slawischen Ländern.

14 – А где живёт ваш брат? ⑪
[A GDjE ĴIWJOT WASCH BRrAT]

15 – Он живёт в Одессе. ⑫
[ON ĴIWJOT W-ÅDjEßßjE]

16 – О! Это очень красивый город! ⑬
[O ÄTÅ OTSCHIeNj KRrAßIWÏJ GORrÅT]

Sie verstehen inzwischen schon eine ganze Reihe von Wörtern auf Russisch, und auch die Struktur der russischen Sätze ist Ihnen bereits etwas vertraut. Wir werden deshalb ab dieser Lektion nicht mehr systematisch für jeden Satz eine „Wort-zu-Wort"-Übersetzung angeben.

Первое задание: Вы понимаете эти предложения?

❶ Вот фотография! ❷ А кто это? ❸ Это мой брат. ❹ Какая красивая девушка! ❺ Как её зовут? ❻ Её зовут Наташа. ❼ А это ваш друг. Я его знаю. ❽ Конечно! Он очень известный актёр. ❾ Где он живёт? В Москве? ❿ Нет, он живёт в Киеве. ⓫ Вот его жена.

Второе задание: Вставьте пропущенные слова!

❶ Das [ist] mein Bruder.

. . . мой . . . . .

❷ Er lebt in Kiew.

Он . . . .

❸ Er arbeitet im Theater.

. . . . в . . . .

❹ Er [ist] Schauspieler, und ich [bin] Journalistin.

Он . . . . . , а я . . . .

❺ Kiew [ist eine] sehr schöne Stadt.

. . . . очень . . . .

14 – Und wo wohnt Ihr Bruder?
15 – Er wohnt in Odessa. (L)
16 – Oh! Das ist eine sehr schöne Stadt (oh! dies sehr schön-er Stadt)!

ANMERKUNGEN

⑪ **ва́ш** [*WASCH*] „Ihr/euer": Das Possessivpronomen (besitzanzeigende Fürwort) gibt keine Auskunft über Geschlecht und Anzahl der Bezugsperson/-en. **ва́ш бра́т** [*WASCH BRrAT*] „Ihr/euer Bruder"; **ва́ша фотогра́фия** [*WASCHA FÅTÅGRrAFIJA*] „Ihre/eure Fotografie".

⑫ **в Оде́ссе** [*W-ÅDjEßßjE*] (L) „in Odessa": Lokativ von **Оде́сса** [*ÅDjEßßA*]. Dieses Wort wird auch hart ausgesprochen: [*ÅDÄßßA*].

⑬ Denken Sie daran, daß das **-д** am Ende von **го́род** [*GORrÅT*] [*T*] ausgesprochen wird.

Решение первого задания: Вы поняли?

❶ Hier [ist das/ein] Foto! ❷ Und wer [ist] das? ❸ Das [ist] mein Bruder. ❹ Was für ein schönes Mädchen! ❺ Wie heißt sie? ❻ Sie heißt Natascha. ❼ Und das [ist] Ihr/euer Freund. Ich kenne ihn. ❽ Natürlich! Er [ist ein] sehr bekannter Schauspieler. ❾ Wo wohnt er? In Moskau? ❿ Nein, er lebt in Kiew. ⓫ Da [ist] seine Ehefrau.

Решение второго задания: Пропущенные слова.

❶ Это брат ❷ живёт в Киеве ❸ Он работает – театре ❹ актёр – журналистка ❺ Киев – красивый город.

Odessa
Odessa, Stadt mit südeuropäischem Flair, liegt direkt am Schwarzen Meer und wurde auf Befehl von Katharina II gegründet. Die Freitreppe von Odessa ist weltweit durch den Film „Panzerkreuzer Potemkin“ (Eisenstein) bekannt geworden. Die Einwohner Odessas waren immer kritisch und spöttisch, sie strahlen Lebensfreude aus und halten ihre Stadt für die fröhlichste auf der Welt. Jedes Jahr findet dort ein Komödien-Filmfestival statt.

▶ СЕДЬМОЙ УРОК [ßleDjMOJ URrOK]

WIEDERHOLUNG UND ANMERKUNGEN

Dies ist Ihre erste Wiederholungslektion. Hier wird nun „Bilanz gezogen“, d.h. der Stoff der letzten sechs Lektionen ausführlicher erläutert, vertieft und anhand von Beispielen illustriert. Benutzen Sie sie auch später noch zum Nachschlagen. Hinten im Buch finden Sie einen grammatischen Index, mit dessen Hilfe Sie sich auf die Schnelle Informationen zu einem bestimmten Thema heraussuchen können.

Die Wiederholungslektionen sind nicht auf den Tonaufnahmen enthalten; einzig der Hinweis ПОВТОРЕНИЕ. Урок не озвучен „Wiederholung. Die Lektion ist nicht vertont“ wird gesprochen.

Что мы знаем и понимаем?

Das Verb **знать** bedeutet „wissen“, aber auch „kennen“ (d.h. passive Kenntnisse haben). Die wahren Kenntnisse kommen erst mit der Zeit. Jetzt am Anfang ist es wichtig, zu verstehen: **понима́ть**. Deshalb: что мы знаем и понимаем? „Was kennen wir, und [was] verstehen wir?“

1. Aussprache

In den ersten Lektionen haben Sie gelernt, die einzelnen Buchstaben des russischen Alphabets in den Wörtern zu entziffern und in kurzen Sätzen auszusprechen. Sehen Sie sich weiterhin oft die Erklärungen zur Aussprache und die Liste der Laute in der Einleitung an. Sie ist ein wichtiger Leitfaden und dient Ihnen jederzeit zum Nachschlagen.

Die nächste Lektion lädt zu einer ersten Wiederholung ein. Dies wird in Zukunft alle sieben Lektionen der Fall sein. In den Wiederholungslektionen wird der durchgearbeitete Stoff systematisch vertieft. Dies soll dafür sorgen, daß sich Ihre Kenntnisse ein wenig ordnen und festigen.

Siebte Lektion

In den ersten sechs Lektionen des Kurses haben wir die vereinfachte Lautschrift immer unter dem jeweiligen Satz der Lektion angegeben. Ab der nächsten Lektion finden Sie unter dem Lektionstext einen separaten Absatz, der mit **ПРОИЗНОШЕ́НИЕ** [*PRrÅİSNÅSCHENjİJE*] („Aussprache") überschrieben ist und der die phonetische Transkription aller Sätze der jeweiligen Seite enthält.

2. Personalpronomen (persönliche Fürwörter)

Sie kennen jetzt einige Personalpronomen und deren Akkusativformen („Wen"-Fall). In der folgenden Übersicht finden Sie der Vollständigkeit halber alle Formen:

Personalpronomen	Akkusativform	Beispielsatz
Singular (Einzahl)		
1. я „ich"	меня „mich"	Меня зовут Максим. „Ich heiße Maxim (mich sie-nennen Maxim)."
2. ты „du"	тебя „dich"	Я тебя знаю. „Ich kenne dich (ich dich kenne)."
3. он „er"	его „ihn"	Его зовут Вадим. „Er heißt Vadim (ihn sie-nennen Vadim)".
3. она „sie"	её „sie"	Её зовут Наташа. „Sie heißt Natascha (sie sie-nennen Natascha)".

LEKTION 7

Plural (Mehrzahl)

1. мы „wir“	нас „uns“	Ты нас знаешь. „Du kennst uns (du uns kennst).“
2. вы „Sie/ihr“	вас „Sie/euch“	Я вас люблю. „Ich mag Sie/euch (ich Sie/euch mag).“
3. они „sie“	их „sie“	Она их понимает. „Sie (3. Pers. Sing.) versteht sie (3. Pers. Pl.).“

3. Possessivpronomen (besitzanzeigende Fürwörter)

Sie haben einige Possessivpronomen entdeckt:

мой друг „mein Freund“	ваш брат „Ihr/euer Bruder“
моя подруга „meine Freundin“	ваша жена „Ihre/eure Ehefrau“

Wie im Deutschen richtet sich die Form bzw. die Endung des Possessivpronomens nach dem Genus (Geschlecht) und dem Numerus (Zahl) des Besitztums.

4. Interrogativpronomen (Fragewörter)

Die Interrogativpronomen ermöglichen Ihnen, nach verschiedenen Dingen zu fragen:

Frage nach ...	**Verwendetes Fragepronomen**
Personen	Кто? „Wer?“
Sachen	Что? „Was?“
Ortsangaben	Где? „Wo?“; Куда? „Wohin?“
Eigenschaften	(В) Какой (театр) ♂? „(In) welches/was für ein (Theater)?“
	Какая (девушка) ♀? „Welche/was für eine (junge Frau)?“
	Какое (имя) (Neutrum)? „Welcher/was für ein (Name)?“

5. Kasus (grammatische Fälle)

Im Russischen gibt es mehr Fälle als im Deutschen. Den ersten Schritt, einen neuen Fall kennenzulernen, machten Sie bereits in Lektion 6. Dort war die Rede vom Lokativ, der wegen der verwendeten Präpositionen auch Präpositiv genannt wird.

Die Endung des Lokativs lautet **-e**; sie ersetzt die Nominativ-Endung **-a**.

Denken Sie immer daran, daß in der Antwort auf die Frage **Где?** „Wo?" ein Lokativ (L) (Präpositiv) folgt, der eine statische Ortsangabe (ohne Bewegung) kennzeichnet.

> **Я живу в Москве, а она живёт в Париже.**
> „Ich lebe in Moskau, und/aber sie wohnt in Paris."

6. Verständnis-/Formulierungsübung

Solange Sie sich noch in der passiven Phase befinden, sollten Sie die folgende Übung – ähnlich wie in den normalen Lektionen – wie eine Verständnisübung behandeln, d.h. Sie sollten versuchen, den Sinn der Sätze zu erfassen.

Befinden Sie sich dagegen in der aktiven Phase (zur „aktiven Phase" siehe Einleitung), können Sie versuchen, die deutschen Sätze auf Russisch zu formulieren. Im Text haben sich außerdem zwei neue Wörter eingeschlichen. Können Sie sie finden?

ÜBUNG: VERSTEHEN SIE DIESE SÄTZE?

❶ Всё хорошо! ❷ Добрый день! ❸ Здравствуйте! ❹ Давайте познакомимся. Меня зовут Мишель. ❺ А меня зовут Наташа. ❻ Наташа, где вы живёте? ❼ Я живу в Москве. А вы? ❽ Я живу в Париже. ❾ Вы в Москве как турист? ❿ Нет, нет, я журналист. ⓫ Очень интересно! И я журналистка и работаю в газете. ⓬ Наташа, вы любите театр? ⓭ Очень люблю. ⓮ Я вас приглашаю в театр. ⓯ Спасибо! Вы очень любезны. А в какой? ⓰ В Большой. ⓱ Я очень рада! ⓲ До встречи! ⓳ До свидания!

LÖSUNG DER ÜBUNG: HABEN SIE VERSTANDEN?

❶ Alles [ist] gut! ❷ Guten Tag! ❸ Hallo! ❹ Lassen Sie uns einander vorstellen. Ich heiße Michel (mich sie-nennen Michel). ❺ Und ich heiße Natascha (mich sie-nennen Natascha). ❻ Natascha, wo wohnen Sie? ❼ Ich wohne in Moskau. Und Sie? ❽ Ich lebe in Paris. ❾ [Sind] Sie in Moskau als (wie) Tourist? ❿ Nein, nein, ich [bin] Journalist. ⓫ Sehr interessant! Auch ich [bin] Journalistin und arbeite für [die] Zeitung. ⓬ Natascha, mögen Sie Theater? ⓭ [Ich] mag [es] sehr. ⓮ Ich lade Sie ins Theater ein. ⓯ Danke! Sie [sind] sehr nett. Und in welches? ⓰ Ins Bolschoj. ⓱ Ich ♀ freue mich sehr (ich sehr froh)! ⓲ Bis bald! ⓳ Auf Wiedersehen!

▶ ВОСЬМОЙ УРОК [*WÅßjMOJ URrOK*]

СЕМЕЙНОЕ ФОТО

1 – Какая прекрасная фотография!
2 – Это моя семья.
3 – А это конечно же ваша мама? ①②
4 Какая молодая и красивая женщина! ③

ПРОИЗНОШЕ́НИЕ [*PRrÅİSNÅSCHENjİJE*]

[*ßİeMEJNÅJE FOTÅ* **1** *KAKAJA PRrİeKRrAßNAJA FÅTÅGRrAFİJE* **2** *ÄTÅ MÅJA ßİeMİJA* **3** *A ÄTÅ KÅNjESCHNÅ ĴE WASCHA MAMA* **4** *KAKAJA MÅLÅDAJA İ KRrAßİWAJA ĴENjSCHTSCHİNA*]

Haben Sie die neuen Wörter gefunden? Es waren: Мишель „Michel", турист „Tourist" und приглашаю „ich lade ein".

Wir hoffen, daß diese kleine Wiederholung Ihnen geholfen hat, mehr Struktur in das Erlernte hineinzubringen. Gehen Sie aber erst dann zu Lektion 8 über, wenn Ihnen die Erklärungen in dieser Lektion keine größeren Schwierigkeiten mehr bereiten.

Achte Lektion

Familienfoto

1 – Was für ein schönes Foto (welche schöne Fotografie)!
2 – Das [ist] meine Familie (dies meine Familie).
3 – Und das ist sicher Ihre Mama (und dies sicher doch ihre Mutter)?
4 Was für eine junge und hübsche Frau (welche junge und schöne Frau)!

ANMERKUNGEN

① **же** [*ĴE*] ist eine Partikel, die zur Verstärkung der Aussage dient und mit „aber, doch, denn" übersetzt wird.

② Die weibliche Form des Pronomens erkennt man am -**а**: **ва́ша ма́ма** [*WASCHA MAMA*] „Ihre/eure Mama", die sächliche Form bekommt ein -**е**: **ва́ше и́мя** [*WASCHE İMJE*] „Ihr/euer Name", und die männliche Form hat keine Endung: **ва́ш бра́т** [*WASCH BRrAT*] „Ihr/euer Bruder".

③ Prägen Sie sich gut die Aussprache von **же́нщина** [*ĴENjSCHTSCHİNA*] „Frau" ein. Das erste -**n**- wird weich ausgesprochen, obwohl kein weiches Zeichen vorhanden ist.

5 – Да, все так говорят. ④
6 – У вас её лицо, её фигура… ⑤
7 – Спасибо за комплимент!
8 А вот мой отец. ⑥⑦
9 Правда, интересный мужчина. ⑧
10 – Очень! Кстати, у вас есть сестра? ⑨
11 – Да, у меня есть сестра и брат. ⑩⑪

ПРОИЗНОШЕ́НИЕ

[**5** *DA WßJE TAK GÅWÅRrJAT* **6** *U-WAß JIeJO LjITßO JIeJO FİGURrA* **7** *ßPAßİBÅ SA KÅMPLjIMjENT* **8** *A WOT MOJ ÅtjETß* **9** *PRrAWDA İNTjIeRrEßNİJ MUSCHTSCHİNA* **10** *OTSCHIeNj KßTATjI U-WAß JEßTj ßIeßTRrA* **11** *DA U-MIeNjJA JEßTj ßIeßTRrA İ BRrAT*]

5 – Ja, alle sagen das (ja, alle so sagen).
6 – Sie haben ihr Gesicht, ihre Figur (bei Ihnen von-ihr Gesicht, von-ihr Figur) ...
7 – Danke für [das] Kompliment!
8 Und hier [ist] mein Vater.
9 Wirklich, ein interessanter Mann [, oder?] (Wahrheit, interessanter Mann).
10 – Sehr [interessant]! Übrigens, haben Sie eine Schwester (bei Ihnen/euch ist Schwester)?
11 – Ja, ich habe [eine] Schwester und [einen] Bruder (ja, bei-mir ist Schwester und Bruder).

ANMERKUNGEN

④ Sie kennen schon **всё** [*WßJO*] „alles“. Nun kommt ein anderes Wort, mit einem kleinen Bedeutungsunterschied, dazu: **все** [*WßJE*] „alle“.

⑤ **её** [*JleJO*] „(von) ihr“ ist hier der Genitiv von **она́** [*ÅNA*] „sie“. Diese Form kennen Sie schon aus: **Её зову́т Ле́на** [*JleJO SÅWUT LjENA*] „Sie heißt Lena“.

⑥ **мо́й оте́ц** [*MOJ ÅTjETß*] „mein Vater“ hat keine spezifische Endung, ähnlich wie **ва́ш** [*WASCH*]. Die übrigen Formen sind: **моя́ ма́ма** [*MÅJA MAMA*] „meine Mama“, **моё лицо́** [*MÅJO LjITßO*] „mein Gesicht“.

⑦ Eine familiäre Bezeichnung für **оте́ц** [*ÅTjETß*] ist **па́па** [*PAPA*] „Vati, Papa“.

⑧ Im Wort **мужчи́на** [*MUSCHTSCHÍNA*] „Mann, männlicher Mensch“ wird **-ж** [*sch*] gesprochen. Sie haben gelernt, daß das **-а** die Endung der meisten weiblichen Substantive ist. Hier handelt es sich, wie auch bei **па́па** [*PAPA*] „Papa“, um eine Ausnahme.

⑨ **У ва́с е́сть сестра́?** [*U-WAß JEßTj ßleßTRrA*] „Haben Sie [eine] Schwester?“. Achten Sie hier auf die wörtliche Übersetzung: „Bei Ihnen/euch ist Schwester?“. Das Verb **есть** [*JEßTj*] wird oft weggelassen, ohne daß sich der Sinn des Satzes ändert: **У ва́с сестра́?** [*U-WAß ßleßTRrA*] „Bei Ihnen/euch Schwester?“.

⑩ Auch hier könnte man **есть** „ist“ weglassen: **У меня́ сестра́** [*U-MleNjA ßleßTRrA*] „Ich [habe eine] Schwester“.

⑪ Die Präposition **у** [*U*], die wir mit „bei“ übersetzen, leitet keinen Dativ (Wem-Fall), sondern einen Genitiv, ein.

12	– Ваша сестра замужем? ⑫
13	– Да, замужем. Вот её дочь.
14	А брат женат. ⑬
15	Вот его жена, а это их сын. ⑭
16	– Чудесные дети. ⑮
17	– Да, я их очень люблю. ⑯

ПРОИЗНОШЕ́НИЕ

[***12*** *WASCHA ßİeßTRrA SAMUĴEM* ***13*** *DA SAMUĴEM WOT JİeJO DOTSCH* ***14*** *A BRrAT ĴENAT* ***15*** *WOT JİeWO ĴENA A ÄTÅ İCH ßÏN* ***16*** *TSCHUDjEßNÏJE DjETjİ* ***17*** *DA JA İCH OTSCHİeNj LjJUBjLjJU*]

Dies ist der Beginn Ihrer zweiten Kurseinheit. Was die Struktur des Russischen angeht, so gibt es noch nicht allzu viele Schwierigkeiten. Probleme, die Sie vielleicht mit der Aussprache haben, werden sich mit der Zeit lösen. Wichtig ist, daß Sie sich jeden Tag ein bißchen mit Ihrer neuen Fremdsprache beschäftigen. Durch die ständige Wiederholung bereits kennengelernter Dinge wird sich der Stoff nach und nach in Ihrem Gedächtnis festigen.

Первое задание: Вы понимаете эти предложения?

❶ Это ваша семья? – Да, это моя семья. ❷ Это ваш брат? – Да, это мой брат. ❸ Это ваша мама? – Да, это моя мама. ❹ Это ваш папа? – Да, это мой папа. ❺ У вас есть брат? – Да, у меня есть брат. ❻ У вас есть сестра? – Да, у меня есть сестра. ❼ У вас есть дети? – Да, у меня есть дети. ❽ Это мой друг, а это его сын и его дочь. ❾ Это моя сестра, а это её друг и её подруга. ❿ Это мой брат и его жена, а это их дети.

12 – Ihre Schwester [ist] verheiratet?
13 – Ja, sie [ist] verheiratet. Hier [ist] ihre Tochter (ja, verheiratet. da ihre Tochter).
14 Und [mein] Bruder [ist] verheiratet.
15 Da [ist] seine Frau, und da [ist] ihr (Pl.) Sohn.
16 – Wunderbare (herrliche) Kinder.
17 – Ja, ich mag sie sehr (ich sie sehr liebe).

ANMERKUNGEN

⑫ **зáмужем** (♀) [*S**A**MUĴEM*] „verheiratet" ist ein unveränderliches Adverb, das nur bei Frauen verwendet wird und das wörtlich „hinter Mann" heißt.

⑬ Für Männer benutzt man für „verheiratet" das Wort **женáт** (♂) [*ĴEN**A**T*]. Spricht man aber von einem Ehepaar, verwendet man die Pluralform von **женат**: **Натáша и Вадим женáты** [*NAT**A**SCHA I WADj**I**M ĴEN**A**TÏ*] „Natascha und Vadim [sind] verheiratet".

⑭ **женá** [*ĴEN**A***] „Ehefrau/Gattin"; die „Frau" im Sinne von „weiblicher Mensch" heißt **жéнщина** [*Ĵ**E**NjSCHTSCHINA*].

⑮ Die Singularform von **дéти** [*Dj**E**Tjl*] „Kinder" lautet **ребёнок** [*Rrle-BJ**O**NOK*] „Kind".

⑯ **их** [*ICH*] „sie" ist hier der Akkusativ von **они** [*ÅNjI*] „sie".

Решение первого задания: Вы поняли?

❶ Ist das Ihre/eure Familie? – Ja, das ist meine Familie. ❷ Ist das Ihr/euer Bruder? – Ja, das ist mein Bruder. ❸ Ist das Ihre/eure Mutter? – Ja, das ist meine Mutter. ❹ Ist das Ihr/euer Vater? – Ja, das ist mein Vater. ❺ Haben Sie/habt ihr [einen] Bruder? – Ja, ich habe [einen] Bruder. ❻ Haben Sie/habt ihr [eine] Schwester? – Ja, ich habe [eine] Schwester. ❼ Haben Sie/habt ihr Kinder? – Ja, ich habe Kinder. ❽ Das ist mein Freund, und das sind (ist) sein Sohn und seine Tochter. ❾ Das ist meine Schwester, und das sind (ist) ihr Freund und ihre Freundin. ❿ Das sind (ist) mein Bruder und seine Frau, und das [sind] ihre Kinder.

Второе задание: Вставьте пропущенные слова!

1. Sind Sie verheiratet? – Ja, ich bin verheiratet.

   Вы . . . . ? – Да, ...

2. Haben Sie Kinder? – Ja, ich habe [Kinder].

   . . . . есть . . . . ? – . . , ...

3. Ist das Ihr Bruder? – Ja, [das ist] mein [Bruder].

   . . . . . . брат? – . . , ...

4. Ist das Ihre Tochter? – Ja, [das ist] meine [Tochter].

   . . . ваша . . . . ? – . . , ...

▶ ДЕВЯТЫЙ УРОК [DjIeWJATÏJ URrOK]

МОЙ БРАТ ЖЕНИТСЯ

1 – Ты знаешь, мой брат женится. ①
2 – Вот это сюрприз!
3 А кто его невеста? ②③
4 – Ты её знаешь, но попробуй угадать. ④

ПРОИЗНОШÉНИЕ

[MOJ BRrAT ĴENjITßA **1** TÏ SNAJESCH MOJ BRrAT ĴENjITßA **2** WOT ÄTÅ ßJURrPRrIß **3** A KTO JIeWO NjIeWEßTA **4** TÏ JIeJO SNAJESCH NO PÅPRrOBUJ UGADATj]

❺ Ist Ihr Freund verheiratet? – Ja, [er ist] verheiratet.

Ваш .... ? – Да, ...

Решение второго задания: Пропущенные слова.

❶ замужем – замужем ❷ У вас – дети – Да есть ❸ Это ваш – Да, мой ❹ Это – дочь – Да, моя ❺ друг женат – женат.

Falls Sie mit dem russischen Sprichwort **Повторéние мáть учéнья** *„Die Wiederholung [ist die] Mutter der Lehre" einverstanden sind, wiederholen Sie noch einmal diese Lektion, bevor Sie fortfahren.*

Neunte Lektion

Mein Bruder heiratet

1 – Weißt du, [daß] mein Bruder heiratet (♂) [?]
2 – Das (da) [ist aber eine] Überraschung!
3 Und wer [ist] seine Verlobte (Braut)?
4 – Du kennst sie, aber versuche (probiere) [doch, zu] erraten.

ANMERKUNGEN

① Achten Sie bei **жéнится** [*ĴENjITßA*] „heiratet" auf die Aussprache am Wortende: **-ся** [*TßA*].

② Sie kennen **егó** [*JIeWO*] „ihn" als Akkusativform von **óн** [*ON*] „er". Hier ist es das Possessivpronomen „sein", das unverändert bleibt.

③ **невéста** [*NjIeWEßTA*] ist die „Braut", die „Zukünftige". Achtung! Mit nur einem Buchstaben mehr, **невéстка** [*NjIeWEßTKA*], hat das Wort die Bedeutung „Schwiegertochter" oder „Schwägerin".

④ **попрóбуй** [*PÅPRrOBUJ*] „versuche" ist der Imperativ (Befehlsform) von **попрóбовать** [*PÅPRrOBÅWATj*] „versuchen, probieren".

5 – **Я** думаю, что **э**то не легк**о**,
6 но **я** попр**о**бую. ⑤
7 Как**и**е у не**ё** глаз**а**? ⑥
8 – У не**ё** с**и**ние глаз**а**...
9 – ... и ч**ё**рные в**о**лосы? ⑦
10 – Нет, нет! Он**а** блонд**и**нка.
11 – Он**а** выс**о**кая, как **ты**?
12 – Нет, наобор**о**т – м**а**ленькая,
13 но у не**ё** прекр**а**сная фиг**у**ра.
14 – Кажется, **я** её в**и**дела у теб**я**. ⑧
15 Её зов**у**т К**а**тя?
16 – Пр**а**вильно! К**а**тя Иван**о**ва. ⑨

ПРОИЗНОШÉНИЕ

[**5** *JA DUMAJU SCHTO ÄTÅ NjE LjleCHKO* **6** *NO JA PÅPRrOBUJU* **7** *KAKİJE U-NjleJO GLASA* **8** *U-NjleJO ßİNjleJE GLASA* **9** *İ TSCHORrNÏJE WOLÅßÏ* **10** *NjET NjET ÅNA BLÅNDjİNKA* **11** *ÅNA WÏßOKAJA KAK TÏ* **12** *NjET NAÅBÅRrOT MALjleNjKAJA* **13** *NO U-NjleJO PRrleKRrAßNAJA FİGURrA* **14** *KAJÊTßA JA JleJO WİDjELA U-TjleBJA* **15** *JleJO SÅWUT KATjA* **16** *PRrAWİLjNÅ KATjA İWANOWA*]

5 – Ich denke, daß es nicht einfach [sein wird] (leicht),
6 aber ich versuche [es trotzdem].
7 Wie [sind] ihre Augen (wie bei sie Augen)?
8 – Sie hat dunkelblaue Augen ...
9 – … und dunkle (schwarze) Haare?
10 – Nein, nein! Sie [ist] blond (Blondine).
11 – [Ist] sie [so] groß wie du?
12 – Nein, im Gegenteil (umgekehrt) – [sie ist] klein,
13 aber sie hat [eine] hübsche Figur.
14 – Ich meine (es scheint), [daß] ich sie bei dir gesehen (♀) habe.
15 Heißt sie Katja?
16 – Genau (richtig)! Katja Iwanowa.

ANMERKUNGEN

⑤ Die Antwort **попрóбую** [*PÅPRrOBUJU*], wörtlich „ (ich) versuche“, kann auch mit „ich werde (es) versuchen“ übersetzt werden.

⑥ **у неё** [*U-NjIeJO*] „sie hat“, wörtlich „bei sie“: Das **н-** vor **её** zeigt, daß es sich um ein Personalpronomen („sie“) handelt und nicht um ein Possessivpronomen („ihre“), das wir gewöhnlich im Deutschen in einem solchen Fall benutzen.

⑦ Wir sind gerade zwei Pluralformen begegnet: **глазá** [*GLASA*] „Augen“ und **вóлосы** [*WOLÅßÏ*] „Haare“. Deren Singularformen sind **глаз** [*GLAS*] „Auge“ und **вóлос** [*WOLÅß*] „Haar“; beide sind männlich.

⑧ **ви́дела** [*WIDjELA*] „(ich) sah (♀)“ ist die Vergangenheit von **ви́деть** [*WIDjETj*] „sehen“, aber nur für Frauen. Im Russischen wird unterschieden, ob das Subjekt weiblich, männlich (**ви́дел** [*WIDjEL*]), sächlich oder eine Gruppe (Plural; **ви́дели** [*WIDjELjI*]) ist.

⑨ **Кáтя Ивановá** „Katja Iwanowa“ oder „Katja Tochter von Iwanow“. Unter Bekannten werden meistens nur der Vorname und der Name des Vaters verwendet. Der Nachname oder Familienname wird nur benutzt, um Fremde anzusprechen oder um sich Fremden vorzustellen.

17 Она тебе нравится? ⑩⑪
18 – Главное, что ему нравится. ⑫
19 – Как говорят:
20 „На вкус, на цвет товарищей нет“.
21 – Да, это абсолютно верно! ⑬

ПРОИЗНОШЕ́НИЕ

[***17*** *ÅN**A** TjİeBJ**E** NRr**A**WİTßA* ***18*** *GL**A**WNÅJE SCHT**O** JİeM**U** NRr**A**WİTßA* ***19*** *K**A**K GÅWÅRrJ**A**T* ***20*** *NA FK**U**ß NA TßWJ**E**T TÅW**A**RrİSCHTSCHİeJ NjET* ***21*** *D**A** **Ä**TÅ APßÅLj**U**TNÅ WJ**E**RrNÅ*]

Первое задание: Вы понимаете эти предложения?

❶ Какие у неё глаза? – Синие. ❷ Какие у неё волосы? – Чёрные. ❸ Какая у неё фигура? – Прекрасная. ❹ Какой у неё муж? – Интересный мужчина. ❺ Париж тебе нравится? – Очень нравится. ❻ Она ему нравится? – Думаю, что нравится. ❼ Тебе она нравится? – Я её очень люблю. ❽ Ты её видел? – Нет, не видел. ❾ Она его видела? – Нет, не видела. ❿ Вы их видели? – Нет, не видели.

Второе задание: Вставьте пропущенные слова!

❶ Mein Bruder heiratet.

Мой брат . . . .

❷ Und wer ist seine Braut?

А кто . . . . ?

❸ Sie heißt Katja.

Её . . . . . Катя.

17 Gefällt sie dir?
18 – Das wichtigste (Hauptsache) [ist], daß sie ihm gefällt.
19 – Wie [man] sagt:
20 „Über Geschmäcker läßt sich streiten“ (für Geschmack, für Farbe Kameraden nein).
21 – Ja, das [ist] wohl (absolut) wahr!

ANMERKUNGEN

⑩ **нрáвится** [NRrAWİTßA] „(sie) gefällt“ und **жéнится** (♂) [ĴENjİTßA] „heiratet“ sind zwei reflexive (rückbezügliche) Verben (Verben mit „sich“). Man erkennt sie an der Endung **-ся**, die eine ältere Kurzform von **себя́** [ßİeBJA] „sich“ ist.

⑪ **тебé** [TjİeBJE] „dir“: Dativform von **ты́** [TÏ] „du“. Wir kennen bereits den Akkusativ **тебя́** [TjİeBJA] „dich“.

⑫ **емý** [JİeMU] „ihm“: Dativform von **óн** [ON] „er“. Erinnern Sie sich an den Akkusativ? Er lautet **егó** [JİeWO] „ihn“.

⑬ In dieser Lektion haben wir wieder ein paar nützliche (Rede-)Wendungen angetroffen. Versuchen Sie nicht, sie auswendig zu lernen. Zur Zeit ist es nur wichtig, daß Sie sie verstehen: **Прáвильно!** [PRrAWİLjNÅ] „Richtig!“, **Э́то вéрно!** [ÄTÅ WJERrNÅ] „Das ist wahr!“.

Решение первого задания: Вы поняли?

❶ Wie [sind] ihre Augen? – Dunkelblau(e). ❷ Wie [sind] ihre Haare? – Dunkel (dunkle). ❸ Wie [ist] ihre Figur? – Hübsch(e). ❹ Wie [ist] ihr Mann? – Interessant(er) Mann). ❺ Gefällt dir Paris? – [Es] gefällt mir sehr. ❻ Sie gefällt ihm? – Ich meine, daß sie ihm gefällt. ❼ Gefällt sie dir? – Ich mag sie sehr. ❽ Hast du sie gesehen? – Nein, ich habe sie nicht gesehen. ❾ Hat sie ihn gesehen? – Nein, sie hat ihn nicht gesehen. ❿ Habt ihr sie (Pl.) gesehen? – Nein, wir haben sie (Pl.) nicht gesehen.

❹ Ich kenne sie sehr gut.

Я . . хорошо . . . . .

❺ Sie gefällt dir?

Она . . . . ?

❻ Natürlich.

. . . .

Sie werden in diesen frühen Lektionen mit ein wenig grammatischer Terminologie konfrontiert. Zum besseren Verständnis steht beim ersten Auftreten eines grammatischen Fachworts die deutsche Entsprechung in Klammern dahinter. Die grammatischen Erklärungen sind lediglich als Hilfe gedacht; lassen Sie sich nicht abschrecken, wenn Sie nicht alles verstehen; wichtiger ist das intuitive Verstehen.

▶ ДЕСЯТЫЙ УРОК [DjleßJATÏJ URrOK]

КАКОЙ ТЫ МОЛОДЕЦ!

1 – Вадим, привет! Это Лена! ①
2 – А, Леночка, рад тебя слышать! ②③
3 – Где ты был утром? ④⑤

ПРОИЗНОШЕ́НИЕ

*[KAKOJ TÏ MÅLÅDjETß **1** WADjÏM PRrÏWJET ÄTÅ LjENA **2** A LjENÅTSCHKA RrAT TjleBJA ßLÏSCHATj **3** GDjE TÏ BÏL UTRrÅM]*

Решение второго задания: Пропущенные слова.

❶ женится ❷ его невеста ❸ зовут ❹ её знаю ❺ тебе нравится ❻ Конечно.

Zehnte Lektion

Wie toll du [bist]!

1 – Vadim, hallo! Ich bin's, Lena (dies Lena)!
2 – Ah, Lena (Lenachen), es freut ♂ mich, dich zu hören!
3 – Wo warst ♂ du [heute] morgen?

ANMERKUNGEN

① **привéт** [*PRrIWJET*] „hallo" ist eine lockere Art, jemanden zu begrüßen. Es kann zu jeder Tageszeit verwendet werden.

② **Лéночка** [*LjENÅTSCHKA*], Koseform von **Лéна** [*LjENA*]. Verniedlichungen von Vornamen werden innerhalb der Familie und im engen Freundeskreis benutzt.

③ Bei einem persönlichen Treffen sagen Sie: **Рáд тебя́ ви́деть!** [*RrAT TjIeBJA WIDjIETj*] „Schön dich zu sehen!" (froh dich sehen). Wenn man eine Person siezt bzw. zu mehreren Personen spricht, sagt man: **Рáд вáс ви́деть!** [*RrAT WAß WIDjIETj*] „Schön Sie/euch zu sehen!".

④ **ýтром** [*UTRrÅM*] „vormittags" bzw. „[heute] morgen" ist abgeleitet von **ýтро** [*UTRrÅ*] „Vormittag". **Ýтром** wird verwendet, um auf die Frage **Когдá?** [*KÅGDA*] „Wann?" zu antworten.

⑤ **бы́л** [*BIL*] „war/ist gewesen (♂)" ist die männliche Form der Vergangenheit des Verbs „sein". Es fällt Ihnen wahrscheinlich leicht, die weibliche und die Pluralform zu bilden: **былá** [*BILA*] „war (♀)", **бы́ли** [*BILjI*] „waren".

4 Всё утро я тебе звонила... ⑥
5 – Утром я был в университете.
6 – Я тебе звонила днём, но увы... ⑦
7 – А потом я работал в библиотеке.
8 – Какой ты молодец! ⑧
9 А я ничего не делаю. ⑨
10 Мне стыдно! ⑩
11 – Ну что ты! У тебя каникулы. ⑪ ⑫
12 – У меня вопрос. Ты вечером свободен? ⑬
13 – Конечно! А ты свободна? ⑭
14 – Как птица. И мы идём в кино. ⑮

ПРОИЗНОШÉНИЕ

[**4** *WßJO UTRrÅ JA TjleBJE SWÅNjILA* **5** *UTRrÅM JA BÏL W-UNjIWERrßI-TjETjle* **6** *JA TjleBJE SWÅNjILA DNjOM NO UWÏ* **7** *A PÅTOM JA RrABO-TAL W-BIBLjIÅTjEKle* **8** *KAKOJ TÏ MÅLÅDjETß* **9** *A JA NjITSCHIeWO NjIe DjELAJU* **10** *MNjE ßTÏDNÅ* **11** *NU SCHTO TÏ U-TjleBJA KANjIKULÏ* **12** *U-MleNjA WÅPRrOß TÏ WJETSCHIeRrÅM ßWÅBODjleN* **13** *KÅNjESCHNÅ A TÏ ßWÅBODNA* **14** *KAK PTjITßA I MÏ IDjOM F-KINO*]

ANMERKUNGEN

⑥ **звонúла** [*SWÅNjILA*] ist die weibliche Vergangenheitsform von „rufen/anrufen“. Das Verb **звонúть** [*SWÅNjITj*] „anrufen“ wird – anders als im Deutschen! – mit dem Dativ, **тебé** [*TjleBJE*] „dir“, verwendet.

⑦ **днём** [*DNjOM*] „nachmittags“ bzw. „[heute] nachmittag“ ist abgeleitet von **дéнь** [*DjENj*] „Tag“ und antwortet auf die Frage **Когдá?** [*KÅGDA*] „Wann?“.

⑧ **молодéц** [*MÅLÅDjETß*] „Prachtkerl, super“ kann man auch zu einem Mädchen sagen: **Какáя онá молодéц!** [*KAKAJA ÅNA MÅLÅDjETß*] oder zu einer Gruppe: **Какúе онú молодцы́!** [*KAKIJE ÅNjI MÅLÅTßÏ*].

4 Den ganzen Vormittag habe ich dich angerufen ♀ …
5 – [Heute] morgen (vormittags) war ♂ ich in der Universität.
6 – Ich habe dich tagsüber angerufen ♀, aber leider (oh-weh) …
7 – Und danach habe ich in der Bibliothek gearbeitet ♂.
8 – Was für ein ♂ Prachtkerl du bist!
9 Und ich tue überhaupt nichts (und ich nichts nicht mache).
10 Ich schäme mich (mir peinlich)!
11 – Nun, was [hast] du? Du hast Urlaub (Ferien).
12 – Ich habe eine Frage. Bist du [heute] abend frei ♂?
13 – Selbstverständlich! Und du, [bist du auch] frei ♀?
14 – Wie ein Vogel. Und wir werden ins Kino gehen.

ANMERKUNGEN

⑨ **я ничего́ не де́лаю** [*JA NjITSCHleWO Njle DjELAJU*]: Achten Sie hier auf die doppelte Verneinung: „ich nichts nicht mache".

⑩ **Мне сты́дно** [*MNjE ßTÏDNÅ*] „mir schamhaft": Wie im Deutschen sind Adverbien unveränderlich: **мне хорошо́** [*MNjE CHÅRrÅSCHO*] „mir (geht es) gut".

⑪ Achten Sie auf die Aussprache in **что́** „was": [*SCHTO*].

⑫ **кани́кулы** [*KANjIKULÏ*] „(Schul-)Ferien". In der Arbeitswelt benutzt man das Wort **о́тпуск** [*OTPUßK*] „Urlaub": **Мой бра́т в о́тпуске и у его́ сы́на кани́кулы** [*MOJ BRrAT W-OTPUßKE I U JleWO ßÏNA KANjIKULÏ*] „Mein Bruder hat Urlaub, und sein Sohn hat Schulferien".

⑬ **ве́чером** [*WjETSCHleRrÅM*] „abends" bzw. „heute abend" ist abgeleitet von **ве́чер** [*WjETSCHleRr*] „Abend" und antwortet auf die Frage **Когда́?** [*KÅGDA*] „Wann?".

⑭ **свобо́дна** [*ßWÅBODNA*] „frei (♀)". **Ве́чером Вади́м всегда́ свобо́ден и Ле́на свобо́дна** [*WJETSCHleRrOM WADjIM WßleGDA ßWÅBODjleN I-LjENA ßWÅBODNA*]. „Heute abend ist Vadim frei (♂), und Lena ist frei (♀)".

⑮ **идём** [*IDjOM*] „wir gehen" von **идти́** [*ITTjI*] „gehen". **Куда́ вы́ идёте?** [*KUDA WÏ IDjOTjE*] „Wohin gehen Sie/geht ihr?".

15 – Прекрасная идея. С удовольствием.
16 – До встречи у меня.
17 – До скорой встречи. Целую. ⑯
18 – Я тебя тоже целую. Пока.

ПРОИЗНОШЕ́НИЕ

[*15 PRrіeKRr**A**ßNAJA ІDjEJA ß-UDÅW**O**LjßTWІJEM 16 DÅ-FßTRrJ**E**TSCHІ U-MіeNj**A** 17 DÅ ßK**O**RrOJ F-ßTRrJ**E**TSCHІ TßіeL**U**JU 18 J**A** TjіeBJ**A** T**O**Ĵіe TßіeL**U**JU PÅK**A***]

Первое задание: Вы понимаете эти предложения?

❶ Где ты был утром? Я тебе звонила. ❷ Утром я был в библиотеке, как всегда работал. ❸ Ты свободна утром? ❹ И утром, и днём, и вечером. ❺ Ты не работаешь? ❻ Нет, у меня отпуск. ❼ У меня идея. Идём вечером в кино. ❽ С удовольствием. ❾ Тебе нравится фильм? ❿ Нет, не нравится. ⓫ На вкус, на цвет товарищей нет! ⓬ Это абсолютно верно.

Второе задание: Вставьте пропущенные слова!

❶ Hast du (♀) Zeit am Abend?

Вечером . . . . ?

❷ Ja, ich bin frei.

. . , . свободна.

❸ Gehen wir ins Kino?

. . . . . кино?

❹ Eine gute Idee!

. . . . идея!

❺ Bis bald!

До . . . . !

15 – Herrlicher Vorschlag (Idee). Gerne.
16 – Bis [zum] Treffen bei mir.
17 – Bis später. Küßchen (bis zum baldigen Treffen. ich küsse).
18 – Ich küsse dich auch. Tschüß.

ANMERKUNGEN

⑯ **целу́ю** [*TßieLUJU*] vom Verb **целова́ть** [*TßieLOWATj*] „küssen". Im Präsens wird die Silbe **-ова-** durch ein **-у-** ersetzt, und erst dann kommt die jeweilige Personalendung hinzu. Wenn Sie mehrere Freunde verabschieden möchten, sagen Sie einfach: **Я целу́ю ва́с** [*JA TßieLUJU WAß*].

Решение первого задания: Вы поняли?

❶ Wo warst du morgens? Ich habe dich angerufen. ❷ Morgens war ich in der Bibliothek, [wo ich] wie immer arbeitete. ❸ Hast du morgens Zeit? ❹ Sowohl morgens als auch tagsüber und am Abend. ❺ Du arbeitest nicht? ❻ Nein, ich habe Urlaub. ❼ Ich habe eine Idee. Am Abend gehen wir ins Kino. ❽ Gerne (mit Freude). ❾ Gefällt dir der Film? ❿ Nein, er gefällt mir nicht. ⓫ Über Geschmack (Geschmäcker) läßt sich streiten! ⓬ Das ist absolut wahr.

❻ Tschüß.

. . . . .

Решение второго задания: Пропущенные слова.

❶ **ты** свободна ❷ **Да – я** ❸ Идём в ❹ Прекрасная ❺ встречи ❻ Пока.

Um das Russische korrekt auszusprechen, müssen Sie sich am Anfang auf den Rhythmus, auf die Satzmelodie und auf die Betonung konzentrieren. Das ist das wichtigste. Dagegen spielt es keine große Rolle, wenn Sie anfangs über einzelne Laute stolpern. Kinder lernen von vornherein, die Melodie der Sprache nachzuahmen, aber sie brauchen Zeit, um einzelne Laute gut aussprechen zu können. Nehmen auch Sie sich diese Zeit!

ОДИННАДЦАТЫЙ УРОК [ÅDjİNATßATÏJ URrOK]

ТРЕТИЙ ЛИШНИЙ

1 – (Игорь:) Добрый вечер, Вадим.
2 Что ты здесь делаешь?
3 – (Вадим:) Так, ничего. Гуляю. ①
4 – (И.:) О! Какие розы! Мне всё понятно. ②③
5 – (В.:) А ты куда идёшь? ④
6 – (И.:) У меня свидание, но деловое. ⑤
7 – (В.:) А вот и Лена. Познакомьтесь пожалуйста. Это Игорь. ⑥
8 – (Лена:) Лена. Мне очень приятно.

ПРОИЗНОШЕ́НИЕ

[TRrJETjIJ LjISCHNjIJ **1** DOBRrÏJ WJETSCHleRr WADjIM **2** SCHTO TÏ SDjEß DjELAJESCH **3** TAK NjITSCHleWO GULjAJU **4** O KAKIJE RrOSÏ MNjE WßJO PÅNjATNÅ **5** A TÏ KUDA IDjOSCH **6** U-MleNjA ßWIDANjJle NO DjleLÅWOJE **7** A WOT I LjENA PÅSNAKOMTjleß PÅĴALßTA ÄTÅ IGORr **8** LjENA MNjE OTSCHleNj PRrIJATNÅ]

Elfte Lektion

Der Dritte ist zu viel!

1 – (Igor:) Guten Abend, Vadim.
2 Was machst du hier?
3 – (Vadim:) (Nur) so, nichts [besonders]. Ich gehe spazieren.
4 – (I.:) Oh! Was für Rosen! Ach so, alles klar (mir alles verständlich).
5 – (V.:) Und wo gehst du hin?
6 – (I.:) Ich habe einen Termin, aber einen geschäftlichen.
7 – (V.:) Und hier ist Lena. Stellt euch bitte vor. Das ist Igor.
8 – (Lena:) [Ich bin] Lena. Es freut mich sehr.

ANMERKUNGEN

① **Гуля́ю** [*GULjAJU*] von **гуля́ть** [*GULjATj*] „(hin- und her)spazieren gehen".

② Hier begegnen wir der Pluralform **Каки́е** [*KAKİJE*] „welche", die wie im Deutschen für alle Geschlechter gleich ist: **каки́е глаза́** [*KAKİJE GLASA*] „welche Augen", **каки́е секре́ты** „welche Geheimnisse", **ро́зы** [*RrOSÏ*] „Rosen", **де́ти** [*DjETjI*] „Kinder".

③ Hier könnte man antworten **Всё поня́тно** [*WßJO PÅNjATNÅ*] „alles klar" oder nur **Поня́тно** [*PÅNjATNÅ*] „klar" auf die Frage **Тебе́/Вам всё поня́тно?** [*TjleBJE/WAM WßJO PÅNjATNÅ*] „[Ist] dir/Ihnen (euch) alles klar?".

④ **идёшь** [*IDjOSCH*] ist abgeleitet von **идти́** [*ITTjI*] „(zu Fuß) gehen".

⑤ Mit **свида́ние** [*ßWIDANjJle*] ist ursprünglich ein „Treffen" bzw. ein „Rendezvous" gemeint. Deshalb wird der Satz mit der Ergänzung **делово́е** [*DjleLÅWOJE*] „geschäftlich(er)" präzisiert.

⑥ **пожа́луйста** [*PÅĴALßTA*] „bitte" wird immer ohne [*UJ*] in der Mitte ausgesprochen.

9 – (И.:) Мне тоже. Но извините, я должен идти. ⑦⑧

10 – (В.:) А может быть, пойдём в кино? ⑨

11 – (И.:) Спасибо, Вадим. Но у меня дела.

12 Да и третий лишний.

13 – (Л.:) Вадим, прости, но мы должны идти.

14 – (В.:) Идём, идём, Леночка.

ПРОИЗНОШЕ́НИЕ

*[**9** MNjE TOĴE NO ÌSWÌNÌTjE JA DOLĴEN ÌTTjÌ **10** A MOĴET BÌTj PÅJDjOM F-KÌNO **11** ßPAßÌBÅ WADjÌM NO U-MleNjA DjleLA **12** DA Ì TRrjETjÌJ LjÌSCHNjÌJ **13** WADjÌM PRrÅßTjÌ NO MÏ DÅLĴNÏ ÌTTjÌ **14** ÌDjOM ÌDjOM LjENÅTSCHKA]*

Первое задание: Вы понимаете эти предложения?

❶ Что ты здесь делаешь? ❷ Гуляю. Я всегда гуляю здесь вечером. ❸ А ты куда идёшь? ❹ У меня свидание. ❺ А кто она, если не секрет? ❻ Нет, нет! У меня деловое свидание. ❼ Деловое свидание вечером? ❽ Да, знаешь, дела, дела. ❾ А я иду в кино. Пока! – Пока!

Второе задание: Вставьте пропущенные слова!

❶ Stellt euch [einander] vor. Dies [ist] Lena.

. . . . Это . . . . .

❷ Es freut mich sehr. Igor.

Очень . . . . Игорь.

9 – (I.:) Mich auch. Aber entschuldigt mich, ich muß weg (gehen).
10 – (V.:) Und vielleicht könnten wir ins Kino gehen (kann sein, werden wir ins Kino gehen)?
11 – (I.:) Danke Vadim. Aber ich habe was zu tun (bei mir Geschäfte).
12 [Und zu] dritt ist [einer] zuviel (ja und Dritter zuviel).
13 – (L.:) Vadim, verzeihe, aber wir müssen gehen.
14 – (V.:) Ja, ja, wir gehen, Lena (Lenachen).

ANMERKUNGEN

⑦ Auf **до́лжен** ♂ [DOLĴEN] „(ich) muß" im Sinne von „ich habe keine andere Wahl" folgt ein Infinitiv. Achten Sie auf die wechselnde Betonung in den weiteren Formen: **должна́** ♀ [DÅLĴNA] „(ich/du/sie) muß" und im Plural **должны́** [DÅLĴNI] „(sie) müssen".

⑧ Der Infinitiv **идти́** „(zu Fuß) gehen" wird [ITTjI] ausgesprochen.

⑨ **пойдём в кино́** [PÅJDjOM F-KINO] „(wir) werden ins Kino gehen" ist die Zukunftsform. Sie wird benutzt, um eine Einladung oder Aufforderung zu formulieren. Ähnlich: **Пойдём гуля́ть** [PÅJDjOM GULjATj] „[wir] werden spazieren gehen".

Решение первого задания: Вы поняли?

❶ Was machst du hier? ❷ Ich gehe spazieren. Ich gehe immer abends hier spazieren. ❸ Und du, wo gehst du hin? ❹ Ich habe einen Termin. ❺ Und wer [ist] sie, wenn es kein Geheimnis [ist]? ❻ Nein, nein! Ich habe einen geschäftlichen Termin. ❼ Einen geschäftlichen Termin am Abend? ❽ Ja, [du] kennst [das], Geschäfte [sind] Geschäfte. ❾ Und ich gehe ins Kino. Tschüß! – Tschüß!

❸ Es freut mich auch sehr.

Мне ....

❹ Entschuldigen Sie mich, ich muß gehen.

Извините, я ....

❺ Wir gehen auch.

.. .... идём.

⑥ Auf Wiedersehen.

До ....

ДВЕНАДЦАТЫЙ УРОК [*DWJENATßATÏJ URrOK*]

СПАСИБО ЗА СОВЕТ

1 – Почему вы такой грустный? ①②
2 – Как вам сказать?
3 Я лишний в моём доме... ③
4 – Не может быть!
5 У вас такая прекрасная семья...
6 – Да, но дело в том, что в моей семье все учатся. ④⑤⑥
7 – Но это же прекрасно! ⑦

ПРОИЗНОШЕ́НИЕ

[*ßPAßIBÅ SA ßÅWJET* **1** *PÅTSCHleMU WÏ TAKOJ GRrUßNÏJ* **2** *KAK WAM ßKASATj* **3** *JA LjISCHNjIJ W-MÅJOM DOME* **4** *Njle MOĴET BÏTj* **5** *U-WAß TAKAJA PRrleKRrAßNAJA ßleMJA* **6** *DA NO DjELO F-TOM SCHTO W-MÅJEJ ßleMJE WßE UTSCHATßA* **7** *NO ÄTÅ ĴE PRrleKRrAßNÅ*]

ANMERKUNGEN

① Achten Sie auf die Aussprache in **гру́стный** (♂) [*GRrUßNÏJ*] „traurig"; das **т** wird nicht ausgesprochen.

② Eine Frau, die sie siezen, würden Sie fragen: **Почему́ вы́ така́я гру́стная?** [*PÅTSCHleMU WÏ TAKAJA GRrUßNAJA*] „Warum sind Sie so traurig?". Das Adjektiv bleibt im Singular.

Решение второго задания: Пропущенные слова.

❶ Познакомьтесь – Лена ❷ приятно ❸ тоже очень приятно ❹ должен идти ❺ Мы тоже ❻ свидания.

Zwölfte Lektion

Danke für den Ratschlag

1 – Warum sind Sie so traurig?
2 – Wie [soll ich es] Ihnen sagen?
3 Ich bin zu viel in meinem Haus ...
4 – [Das] kann nicht sein!
5 Sie haben so eine wunderbare Familie ...
6 – Ja, aber es handelt sich darum, daß in meiner Familie alle [etwas] lernen.
7 – Aber das [ist] doch wunderbar!

ANMERKUNGEN

③ Sie erinnern sich noch an den Lokativ (auch Präpositiv genannt), der auf die Frage **Где́?** [*GDjE*] „Wo?" antwortet: **в моём до́ме** [*W-MÅJOM DOME*] „in meinem Haus" ist der Lokativ von **мо́й до́м** [*MOJ DOM*] „mein Haus".

④ **В мое́й семье́** [*W-MÅJEJ ßleMJE*] „in meiner Familie" ist der Lokativ von **моя́ семья́** [*MÅJA ßleMJA*] „meine Familie".

⑤ Eine nützliche und häufige Konstruktion ist **де́ло в том, что́ ...** [*DjELO F-TOM SCHTO*]. Es bedeutet wörtlich „die Sache [ist/liegt] in dem, daß ...".

⑥ **у́чатся** [*UTSCHATßA*] „[sie] lernen" ist vom reflexiven Verb **учи́ться** [*UTSCHİTjßA*] „lernen, studieren" abgeleitet. Verwechseln Sie es nicht mit **я учу́ ру́сский язы́к** [*JA UTSCHU RrUßKİJ JESÏK*] „ich lerne Russisch", das von **учи́ть** [*UTSCHİTj*], wörtlich „einprägen", kommt, obwohl beide Verben mit „lernen" übersetzt werden.

⑦ **прекра́сно** [*PRrleKRrAßNÅ*] „wunderbar" ist das Adverb von **пре-кра́сный** [*PRrleKRrAßNÏJ*] „(wunder)schön" und antwortet auf die Frage **как?** [*KAK*] „Wie?".

LEKTION 12

8 – Да, но моя жена учится играть на пианино, ⑧⑨

9 дочь весь день играет на скрипке, ⑩

10 а сын всё время играет на гитаре. ⑪

11 – А что вы делаете в это время?

12 – Я слушаю и страдаю. ⑫

13 – А почему вы сами не учитесь играть?

14 – Простите, но на чём? ⑬

15 – Например, на барабане.

ПРОИЗНОШЕ́НИЕ

*[**8** DA NO MÅJA ĴieNA UTSCHİTßA İGRrATj NA-PİANjİNÅ **9** DOTSCH WES DjENj İGRrAJET NA-ßKRrİPKie **10** A ßÏN WßJO WRrEMJA İGRrAJET NA-GİTARrie **11** A SCHTO WÏ DjELAJETjE W-ÄTÅ WRrEMJA **12** JA ßLU-SCHAJU İ ßTRrADAJU **13** A PÅTSCHieMU WÏ ßAMİ Njie UTSCHİTjießj İGRrATj **14** PRrÅßTjİTjE NO NA-TSCHOM **15** NAPRrİMERr NA-BARrABA-Njie]*

8 – Ja, aber meine Frau lernt (auf) Klavier zu spielen,
9 [meine] Tochter spielt den ganzen Tag (auf) Geige,
10 und [mein] Sohn spielt die ganze Zeit (auf) Gitarre.
11 – Und was machen Sie in dieser Zeit?
12 – Ich höre zu und leide.
13 – Und warum lernen Sie selbst nicht, [ein Instrument] zu spielen?
14 – Entschuldigen Sie, aber was (worauf)?
15 – Zum Beispiel Trommel.

ANMERKUNGEN

⑧ **игра́ть на** [*İGRrATj NA*] heißt wörtlich „spielen auf" und wird verwendet, wenn „ein Musikinstrument spielen" gemeint ist.

⑨ Eine gute Nachricht: Im Russischen gibt es einige Substantive, die sich nie verändern. Sie enden auf **-o** oder **-e**: **о́н игра́ет на пиани́но** [*ON İGRrAJET NA-PİANjİNÅ*] „er spielt Klavier", **о́н идёт в кино́, в кафе́** [*ON İDjOT F-KİNO F-KAFE*] „er geht ins Kino, ins Café".

⑩ Bei einigen Substantiven verändern sich die Endungen: **она́ игра́ет на скри́пке, на гита́ре, на бараба́не** [*ÅNA İGRrAJET NA-ßKRrİPKle NA-GİTARrle NA-BARrABANjle*] „sie spielt Geige, Gitarre, Trommel".

⑪ Nun lernen wir alle Formen des Pronomens **ве́сь** [*WEß*] „ganz, sämtlich" kennen: **ве́сь** (♂) **де́нь** [*WES DjENj*] (Achtung bei der Aussprache des **-c-**!) „der ganze Tag", **вся́** (♀) **ма́ма** [*WßJA MAMA*] „ganz die Mutter (der Mutter ähnlich)", **всё вре́мя** [*WßJO WRrEMJE*] „die ganze Zeit", **все́ де́ти** [*WßJE DjETjI*] „alle Kinder".

⑫ **слу́шаю** [*ßLUSCHAJU*] „ich höre zu" von **слу́шать** [*ßLUSCHATj*] ist nicht mit **ра́д тебя́ слы́шать** [*RrAT TjleBJA ßLÏSCHATj*] „freut mich, dich zu hören" zu verwechseln.

⑬ Die vollständige Frage wäre **на чём игра́ть?** [*NA-TSCHOM İGRrATj*] „(auf) was spielen?".

16 – Я буду им мешать. ⑭⑮
17 – Играйте ночью. ⑯
18 – Спасибо за совет.

ПРОИЗНОШЕ́НИЕ

[*16 JA BUDU IM MleSCHATj 17 IGRrAJTjE NOTSCHJU 18 ßPAßIBÅ SA ßÅWJET*]

Первое задание: Вы понимаете эти предложения?

❶ Это мой дом. Мне хорошо в моём доме. ❷ Это моя семья. Мне хорошо в моей семье. ❸ Это моё кафе. Мне хорошо в моём кафе. ❹ На чём ты играешь? – Я играю на гитаре. ❺ На чём вы играете? – Я играю на скрипке. ❻ На чём он играет? – Он играет на пианино. ❼ На чём она играет? – Она играет на гитаре.

Второе задание: Вставьте пропущенные слова!

❶ Wie [soll ich es] Ihnen sagen?
Как . . . . ?

❷ [Es] kann nicht sein.
. . . . быть.

❸ Das [ist] wunderbar.
Это . . . .

❹ Sie haben eine wunderbare Familie.
. вас . . . .

❺ Danke für den Ratschlag.
. . . . за . . . . . .

16 – Ich werde sie (ihnen) stören.
17 – Spielen Sie in der Nacht.
18 – Danke für den Ratschlag.

ANMERKUNGEN

⑭ Hier begegnen wir zum ersten Mal dem Futur (Zukunft): **Я́ бу́ду меша́ть** [*J**A** B**U**DU MleSCH**A**Tj*] „ich werde stören". Es wird mit dem Verb **бы́ть** [*B**Ï**Tj*] „sein" und dem Infinitiv gebildet.

⑮ Dem Verb **меша́ть** [*MleSCH**A**Tj*] „stören" folgt im Russischen, anders als im Deutschen, immer ein Dativ: hier **им** [*IM*] „ihnen" von **они́** [*ÅNj**I***] „sie".

⑯ **Игра́йте** [*IGRr**A**JTjE*] „Spielen Sie/Spielt" ist wie **Прости́те** [*PRrÅß-Tj**I**TjE*] „Entschuldigen Sie/Entschuldigt" ein Imperativ, der sich an Personen richtet, die sie siezen oder an eine Gruppe von Personen (die Sie siezen oder duzen).

Решение первого задания: Вы поняли?

❶ Das ist mein Haus. Ich fühle mich gut in meinem Haus. ❷ Das ist meine Familie. Ich fühle mich gut in meiner Familie. ❸ Das ist mein Café. Ich fühle mich gut in meinem Café. ❹ Was spielst du? – Ich spiele Gitarre. ❺ Was spielen Sie? – Ich spiele Geige. ❻ Was spielt er? – Er spielt Klavier. ❼ Was spielt sie? – Sie spielt Gitarre.

Решение второго задания: Пропущенные слова.

❶ вам сказ**а**ть ❷ Не м**о**жет ❸ прекр**а**сно ❹ У – прекр**а**сная семь**я** ❺ Спас**и**бо – сов**е**т.

Wie Sie schon gemerkt haben, verzichten wir langsam in den Lektionstexten immer mehr auf die wörtliche Übersetzung, vor allem bei den feststehenden Ausdrücken, die Sie wiederholt antreffen. Versuchen Sie weiterhin, nicht einzelne Wörter, sondern immer ganze Wendungen zu assimilieren.

ТРИНАДЦАТЫЙ УРОК [TRrİNATßATÏJ URrOK]

Я ЕДУ В САНКТ-ПЕТЕРБУРГ

1 – Ты пойдёшь с нами гулять? ①②

2 – К сожалению, нет. Мне некогда. ③

3 – А вечером мы пойдём в театр. Хочешь с нами? ④

4 – Хочу, но мне некогда.

5 – А что ты будешь делать вечером? ⑤

6 – Вечером я буду работать.

7 – Какой ты молодец! Ты весь день работаешь.

8 – Да, утром, днём и вечером я учу русский язык.

9 – Ты едешь в Москву? ⑥⑦

ПРОИЗНОШЕ́НИЕ

[JA JEDU F-ßANKT PİeTjİeRrBURrK **1** TÏ PÅJDjOSCH ß-NAMİ GULjATj **2** K-ßÅĴALjENjİJU NjET MNjE NjEKÅGDA **3** A WJETSCHİeRrÅM MÏ PÅJDjOM F-TİeATRr CHOTSCHESCH ß-NAMİ **4** CHÅTSCHU NO MNjE NjEKÅGDA **5** A SCHTO TÏ BUDjESCH DjELATj WJETSCHİeRrÅM **6** WJETSCHİeRrÅM JA BUDU RrABOTATj **7** KAKOJ TÏ MÅLÅDjETß TÏ WES-DjENj RrABOTAJESCH **8** DA UTRrÅM DNjOM İ WJETSCHİeRrÅM JA UTSCHU RrUßKİJ JESÏK **9** TÏ JEDjESCH WMÅßKWU]

Dreizehnte Lektion

Ich fahre nach Sankt-Petersburg

1 – Gehst du mit uns spazieren?
2 – Leider nicht. Ich habe keine Zeit.
3 – Und am Abend gehen wir ins Theater. Willst du mit uns [kommen]?
4 – Ich will, aber ich habe keine Zeit.
5 – Und was wirst du am Abend machen?
6 – Am Abend werde ich arbeiten.
7 – Wie toll du bist! Du arbeitest den ganzen Tag.
8 – Ja, morgens, tagsüber und abends lerne ich Russisch.
9 – Fährst du nach Moskau?

ANMERKUNGEN

① **пойдёшь** [*PÅJDjOSCH*] „(du wirst) gehen" vom Verb **пойти́** [*PÅJTjI*] „gehen" besteht aus dem Präfix (Vorsilbe) **по-** + **идти́**. Es hat aber eine Zukunftsbedeutung, die man ins Deutsche auch mit dem Präsens übersetzt.

② Die Präposition **с** in der Konstruktion **с на́ми** [*ß-NAMI*] „mit uns" (von **мы** [*MÏ*] „wir") drückt eine Begleitung aus.

③ Die Konstruktionen mit **Мне́** [*MNjE*] „mir" sind sehr häufig: **мне́ хорошо́** [*MNjE CHÅRrÅSCHO*] „mir (geht es) gut", **мне́ сты́дно** [*MNjE ßTÏDNÅ*] „ich schäme mich".

④ **Хо́чешь** [*CHOTSCHESCH*] „(du) willst" von **хоте́ть** [*CHÅTjETj*] „wollen" ist wie im Deutschen ein unregelmäßiges Verb. **хочу́ в университе́т** [*CHÅTSCHU W-UNjIWIeRrßITjET*] „ich will an die/zur Uni".

⑤ **ты бу́дешь де́лать** [*TÏ BUDjESCH DjELATj*] „du wirst machen" ist das Futur (Zukunft). Es wird immer mit dem Verb **бы́ть** und dem Infinitiv gebildet. Beide Elemente stehen im Satz stets eng zusammen.

⑥ **е́дешь** [*JEDjESCH*] „(du) fährst" kommt von **е́хать** [*JECHATj*] „fahren (mit einem Transportmittel)".

⑦ Nach **Ты́ е́дешь** [*TÏ JEDjESCH*] „du fährst" steht die Präposition **в** [*W*], hier „nach (in)". Sie antwortet auf die Frage „Wohin?": **в Москву́** [*W-MÅßKWU*] „nach Moskau". Es ist der Akkusativ von **Москва́** [*MÅßKWA*] „Moskau".

10 – Нет, я еду скоро в Санкт-Петербург. ⑧⑨

11 – И ты будешь там говорить по-русски?

12 – Конечно, русские говорят: „Без труда не вынешь рыбку из пруда". ⑩

13 – Успехов тебе!

ПРОИЗНОШЕ́НИЕ

*[**10** NjET JA JEDU ßKORrÅ F-ßANKT PIeTjIeRrBURrK **11** I TÏ BUDjESCH TAM GÅWÅRrITj PÅRrUßKI **12** KÅNjESCHNÅ RrUßKIJIe GÅWÅRrJAT BEß TRrUDA NjE WÏNjIeSCH RrÏPKU Iß-PRrUDA **13** UßPJECHÅF TjIeBJE]*

Vergessen Sie nicht, sich auch die Seiten- und Lektionsnummern anzusehen, um die Zahlen auf Russisch zu lernen!

Первое задание: Вы понимаете эти предложения?

❶ Вечером мы пойдём в кино. ❷ А ты пойдёшь в кино? ❸ Ты хочешь пойти с нами в театр? ❹ Хочу, но мне некогда. ❺ Что ты будешь делать вечером? ❻ Я буду работать. ❼ Куда ты идёшь? – Я иду в университет. ❽ Куда вы едете? – Я еду в Москву. ❾ Куда он идёт? – Он идёт в кафе. ❿ Куда ты едешь? – Я еду в Киев. ⓫ Куда вы идёте? – Мы идём в парк. ⓬ Куда вы едете? – Мы едем в Тулузу.

10 – Nein, ich fahre bald nach St. Petersburg.
11 – Und du wirst dort Russisch sprechen?
12 – Natürlich, die Russen sagen: „Ohne Fleiß kein Preis (ohne Anstrengung nicht nimmst Fisch aus Teich)".
13 – Viel Erfolg (Erfolge dir)!

ANMERKUNGEN

⑧ **в Санкт-Петербу́рг** [*F-ßANKT PIeTjIeRrBURrK*] „nach St. Petersburg" ist ebenfalls der Akkusativ. Eine gute Nachricht für Sie: Bei männlichen Substantiven ist der Akkusativ identisch mit dem Nominativ, also keine neue Endung!

⑨ **Санкт-Петербу́рг** [*ßANKT-PIeTjIeRrBURrG*] „St. Petersburg" wird „Venedig des Nordens" genannt und wurde vom Zaren Peter I. im Jahre 1703 gegründet.

⑩ Erinnern Sie sich an die Nationalitätsbezeichnungen? **ру́сские** [*RrUßKIJE*] „Russen" ist der Plural von **ру́сский** [*RrUßKIJ*] „Russe". Aber Franzosen sind **францу́зы** [*FRrANTßUSÏ*], und Deutsche sind **не́мцы** [*NjEMTßÏ*].

Решение первого задания: Вы поняли?

❶ Am Abend werden wir ins Kino gehen. ❷ Wirst du auch ins Kino gehen? ❸ Willst du mit uns ins Theater gehen? ❹ Ich will, aber ich habe keine Zeit. ❺ Was wirst du am Abend machen? ❻ Ich werde arbeiten. ❼ Wo gehst du hin? – Ich gehe zur Universität. ❽ Wo fahren Sie hin? – Ich fahre nach Moskau. ❾ Wo geht er hin? – Er geht ins Café. ❿ Wo fährst du hin? – Ich fahre nach Kiew. ⓫ Wo geht ihr hin? – Wir gehen in den Park. ⓬ Wo fahrt ihr hin? – Wir fahren nach Toulouse.

Второе задание: Вставьте пропущенные слова!

1. Wir werden ins Theater gehen.

   . . . . театр.

2. Ich habe keine Zeit.

   Мне . . . .

3. Was wirst du am Abend machen?

   Что . . . . вечером?

4. Ich werde arbeiten.

   . . . . . работать.

5. Fährst du nach Moskau?

   Ты . . . . . в . . . . ?

6. Nein, ich fahre nach St. Petersburg.

   Нет, ... Санкт-Петербург.

ЧЕТЫРНАДЦАТЫЙ УРОК [TSCHIeTÏRrNATßATÏJ URrOK]

ПОВТОРЕНИЕ И ЗАМЕТКИ
[PÅFTÅRrENJE I SAMETKI]

1. Personalpronomen (persönliche Fürwörter) – **Dativformen**

Sie haben in den letzten Lektionen den Dativ („Wem"-Fall) der Personalpronomen in verschiedenen Ausdrücken angetroffen. Die Akkusativformen finden Sie in der ersten Wiederholungslektion (Lektion 7). Übrigens: Sie sind mit den Genitivformen identisch! Im folgenden die Übersicht über die einzelnen Dativformen:

Pronomen	Dativform	Beispielsatz
я	мне	Мне хорошо. „Mir [geht es] gut."
ты	тебе	Тебе приятно. „Dir [ist es] angenehm."

Решение второго задания: Пропущенные слова.

❶ Пойдём в ❷ некогда ❸ ты будешь делать ❹ Я буду ❺ едешь – Москву ❻ я еду в.

In der nächsten Lektion gibt es wieder ein bißchen „Theorie“. Sie sollen in den Lektionen vor allem Ihr Hörverständnis trainieren und sich mit der Aussprache beschäftigen und nicht zu viel mit Grammatik belastet werden. Für die Grammatik sind die Wiederholungslektionen da. Hier wird vertieft und anhand von Beispielen illustriert, was Sie bereits gesehen haben. Darüber hinaus können Sie bestimmte Grammatikphänomene auch gezielt im grammatischen Anhang am Ende des Kurses nachschlagen.

Vierzehnte Lektion

он	ему	Ему стыдно. „Er schämt sich (ihm schamhaft).“
она	ей	Ей некогда. „Ihr [fehlt die] Zeit (sie keine Zeit).“
мы	нам	Она нам нравится. „Sie gefällt uns.“
вы	вам	Как вам сказать? „Wie [soll man es] Ihnen/euch sagen?“
они	Им	Им здесь хорошо. „Ihnen [geht es] hier gut.“

2. Possessivpronomen (besitzanzeigende Fürwörter)

Wir haben Ihnen gezeigt, daß die Possessivpronomen eine Endung bekommen, die vom Genus (Geschlecht) und Numerus (Zahl) des dazugehörigen Substantivs, d.h. des Besitztums, abhängt:

Pers.-pron.	Geschlecht des Besitztums Maskulinum	Femininum	Neutrum
Sing.			
я	мой отец „mein Vater"	моя жена „meine (Ehe-)Frau"	моё имя „mein Name"
ты	твой барабан „deine Trommel"	твоя скрипка „deine Geige"	твоё пианино „dein Klavier"
Pl.			
мы	наш дом „unser Haus"	наша сестра „unsere Schwester"	наше свидание „unser Treffen"
вы	ваш сын „Ihr/euer Sohn"	ваша семья „Ihre/eure Familie"	ваше время „Ihre/eure Zeit"

Wir haben eine Überraschung für Sie: Die Formen der oben nicht genannten Possessivpronomen (d.h. 3. Person Singular und Plural) sind unveränderlich, sie werden nicht dekliniert, und Sie haben sie bereits in der ersten Wiederholungslektion kennengelernt! Es handelt sich dabei um die Genitivformen der Personalpronomen он, она, они:

Pers.-pron.	Geschlecht des Besitztums Maskulinum	Femininum	Neutrum
Sing.			
он	его друг „sein Freund"	его подруга „seine Freundin"	его ребёнок „sein Kind"
она	её брат „ihr Bruder"	её мама „ihre Mutter"	её кафе „ihr Café"
Pl.			
они	их сын „Ihr/euer Sohn"	их дочь „Ihre/eure Tochter"	их дети „Ihre/eure Kinder"

3. Verben

a) Präsens (Gegenwart)

Hier eine Aufstellung der Präsensformen von drei Verben, die Sie bereits kennen:

говорить „sprechen, sagen":
я говорю, ты говоришь, он/она говорит,
мы говорим, вы говорите, они говорят.

идти „gehen“:
я иду, ты идёшь, он/она идёт,
мы идём, вы идёте, они идут.

ехать „fahren“:
я еду, ты едешь, он/она едет,
мы едем, вы едете, они едут.

b) Präteritum (Vergangenheit)

Das Präteritum wird gebildet, indem man vom Infinitiv die Endung -**ть** abtrennt und durch die Endungen -**л** (♂), -**ла** (♀), selten -**ло** (Neutrum) und im Plural immer -**ли** ersetzt.

Ist das Subjekt des Satzes männlich, sind die Formen des Verbs видеть „sehen“ folgende:
я видел, ты видел, он видел „ich sah, du sahst, er sah“.

Beim weiblichen Subjekt:
я видела, ты видела, она видела „ich sah, du sahst, sie sah“.

Im Plural lauten die Formen:
мы видели, вы видели, они видели „wir sahen, Sie sahen/ihr sahet, sie sahen“.

Sie werden bestimmt keine Schwierigkeiten mit dem Verb быть „sein“ haben:
я, ты, он был (♂) „ich war, du warst, er war“;
я, ты, она была (♀) „ich war, du warst, sie war“;
я, ты, оно было (Neutrum) „ ich war, du warst, es war“.

Die Pluralformen sind:
мы, вы, они были „wir waren, Sie waren/ihr wart, sie waren“.

Prägen Sie sich gut die wechselnde Betonung ein!

Wir haben für Sie wieder eine gute Nachricht: Im Russischen gibt es nur diese eine Vergangenheitsform, und deswegen kann man sie auch mit „ich habe gesehen/ich bin gewesen“ ins Deutsche übersetzen.

c) Futur (Zukunft)

Sie sind nicht nur den Vergangenheitsformen begegnet, sondern auch den Zukunftsformen, die immer mit dem Hilfsverb быть „sein“ und dem Infinitiv gebildet werden:

Я буду работать дома.
„Ich werde zu Hause arbeiten."
Ты будешь гулять в парке.
„Du wirst im Park spazieren gehen."
Он/она будет играть на скрипке.
„Er/sie wird Geige spielen."
Мы будем учить русский язык.
„Wir werden Russisch lernen."
Вы будете говорить по-русски.
„Sie werden/ihr werdet Russisch sprechen."
Они будут понимать.
„Sie werden verstehen."

Übrigens: Das Verb „sein" hat nur die Formen des Präteritums und des Futurs. Die Präsensformen werden nur dann angewendet, wenn die Aussage besonders hervorgehoben werden soll.

4. Verständnis-/Formulierungsübung

Wenn Sie sich noch in der passiven Phase befinden, sollten Sie die folgende Übung – ähnlich wie in den normalen Lektionen – wie eine Verständnisübung behandeln, d.h. Sie sollten versuchen, den Sinn der Sätze zu erfassen. Befinden Sie sich in der aktiven Phase, können Sie versuchen, die deutschen Sätze auf Russisch zu formulieren.

Вы понимаете эти предложения?

❶ Простите, вы замужем? ❷ Да, я замужем. ❸ У вас есть дети? ❹ Да, у меня есть сын и дочь. ❺ Это их фотография? ❻ Да, это моя семья. Вот мой муж, мой сын и моя дочь. ❼ Очень красивая девушка. У неё ваше лицо. ❽ Спасибо за комплимент. ❾ Говорят, вы были в Москве. ❿ Нет, но скоро еду не в Москву, а в Санкт-Петербург. ⓫ А что вы там будете делать? ⓬ Я играю на скрипке, и у меня там будет концерт. ⓭ Успехов вам! Мне очень нравится музыка. ⓮ Спасибо вам большое! ⓯ Извините, я должен идти. ⓰ Мне тоже некогда.

Вы поняли?

❶ Entschuldigen Sie, [sind] Sie verheiratet? ❷ Ja, ich [bin] verheiratet. ❸ Haben Sie Kinder? ❹ Ja, ich habe [einen] Sohn und [eine] Tochter. ❺ [Ist] das ihr Foto? ❻ Ja, das [ist] meine Familie. Da [ist] mein Mann, mein Sohn und meine Tochter. ❼ Ein sehr schönes Mädchen. Sie [hat] ihr Gesicht. ❽ Danke für das Kompliment. ❾ Man sagt, Sie waren in Moskau. ❿ Nein, aber bald fahre ich nicht nach Moskau, sondern nach St. Petersburg. ⓫ Und was werden Sie dort machen? ⓬ Ich spiele Geige, und ich werde dort [ein] Konzert [haben]. ⓭ Viel Erfolg! Mir gefällt [die] Musik sehr. ⓮ Vielen Dank! ⓯ Entschuldigen Sie, ich muß gehen. ⓰ Ich habe auch keine Zeit.

Haben Sie die neuen Wörter gefunden? Es waren: концерт, музыка.

Dies war schon Ihre zweite Wiederholungslektion. Machen Sie sich keine Sorgen, wenn noch nicht alles „sitzt". Mit der Zeit werden Sie ein Gefühl für den richtigen Gebrauch entwickeln. Wichtig ist dafür aber, daß Sie regelmäßig lernen. Eine halbe Stunde täglich reicht schon. In dieser Zeit werden Sie vielleicht keine ganze Lektion schaffen, aber das ist kein Problem. Verteilen Sie die Lektion einfach auf 2-3 Tage. Und nun auf zur nächsten Lektion.

Успе́хов вам!
Viel Erfolg (Erfolge Ihnen)!

▶ ПЯТНАДЦАТЫЙ УРОК [*PIeTNATßATIJ URrOK*]

НЕ ПОВЕЗЛО...

1 – Здравствуй, Вадим. Как настроение? ①

2 – Настроение прекрасное. У меня было свидание. ②

3 – Поздравляю! У тебя всё хорошо?

4 – Да, да, почти всё хорошо.

5 – Прости, как это понимать? ③

6 – Всё было хорошо наполовину: ④

7 я пришёл, а она нет. ⑤

8 – А у меня настроение плохое.

ПРОИЗНОШЕ́НИЕ

[*NjIe PÅWIeSLO* **1** *SDRrAßTWUJ WADjIM KAK NAßTRrÅJENjJIe* **2** *NAßTRrÅJENjJIe PRrIeKRrAßNÅJE U-MIeNjA BIŁÅ ßWIDANjIe* **3** *PÅSDRrAWLjAJU U-TjIeBJA WßJO CHÅRrÅSCHO* **4** *DA DA PÅTSCHTjI WßJO CHÅRrÅSCHO* **5** *PRrÅßTjI KAK ÄTÅ PÅNjIMATj* **6** *WßJO BIŁÅ CHÅRrÅSCHO NAPÅLÅWINU* **7** *JA PRrISCHOL A ÅNA NjET* **8** *A U-MIeNjA NAßTRrÅJENjIe PLÅCHOJE*]

Fünfzehnte Lektion

[Er] hat Pech ...

1 – Hallo Vadim. Wie geht's (wie Laune)?
2 – [Meine] Laune [ist] wunderbar. Ich hatte eine Verabredung.
3 – Gratuliere! [Ist] alles in Ordnung (gut) bei dir?
4 – Ja, ja, fast alles in Ordnung.
5 – Entschuldige, wie [soll man] das verstehen?
6 – Alles war zur Hälfte gut:
7 Ich kam ♂, aber sie nicht.
8 – Und ich [habe] schlechte Laune.

ANMERKUNGEN

① **Как настрое́ние?** [*KAK NAßTRrÅJENjJle*] gleicht von der Aussage her **Как дела́?** [*KAK DjleLA*] „Wie geht's?", wird jedoch benutzt, wenn der Gesprächspartner einen besorgten Eindruck macht.

② Substantive mit der Endung **-ие** sind neutral: **настрое́ние** [*NAßTRrÅJENjJle*] „Laune, Stimmung, Lust", **свида́ние** [*ßWIDANjle*] „Verabredung, Begegnung, Wiedersehen".

③ **Прости́** [*PRrÅßTjI*] ist der Imperativ von **прости́ть** [*PRrÅßTjITj*] „entschuldigen". Wenn Sie jemanden siezen oder zu mehreren Personen sprechen, sagen Sie **Прости́те!** [*PRrÅßTjITjE*] „Entschuldigen Sie/Entschuldigt!".

④ Die neutrale Vergangenheitsform **бы́ло** [*BÏLÅ*] „war" bezieht sich auf **бсё** [*WßJO*] „alles". Wenn etwas interessant war, sagen Sie: **Всё бы́ло интере́сно** [*WßJO BÏLÅ INTjleRrEßNÅ*].

⑤ Noch ein Präteritum: **пришёл** (♂) [*PRrISCHOL*] „kam" von **прийти́** [*PRrIJTjI*]. Die Frauen sagen **я пришла́** (♀) [*JA PRrISCHLA*] „ich kam", eine Gruppe sagt **мы пришли́** [*MÏ PRrISCHLjI*] „wir kamen".

9 – Как так? Ты ведь недавно женился! ⑥

10 – Вот именно!

11 Но я всё время думаю, что ей повезло больше чем мне. ⑦

ПРОИЗНОШÉНИЕ

[***9*** *KAK TAK TÏ WEDj NjleDAWNÅ ĴleNjILßA* ***10*** *WOT IMleNNÅ* ***11*** *NO JA WßJO WRrEMJA DUMAJU SCHTO JEJ PÅWleSLO BOLjSCHle TSCHEM MNjE*]

Первое задание: Вы понимаете эти предложения?

❶ У меня было свидание. – Тебе повезло! ❷ У тебя прекрасный муж. – Да, мне повезло! ❸ У него чудесная семья. – Да, ему повезло! ❹ У неё красивая дочь. – Да, ей повезло! ❺ У вас красивый дом. – Да, нам повезло! ❻ У нас всё хорошо! – Вам очень повезло! ❼ У них прекрасная работа. – О! Им повезло!

Второе задание: Вставьте пропущенные слова!

❶ Wie geht's?

Как . . . . ?

❷ Die Stimmung [ist] wunderschön. Ich [habe] Urlaub.

. . . . У меня . . . .

❸ Und ich werde arbeiten.

А я . . . . работать.

❹ Du hast vor kurzem geheiratet?

Ты . . . . ?

❺ Ja, ich [habe eine] wunderbare Frau. Ich [hatte] Glück.

Да, ... чудесная . . . . . Мне . . . .

9 – Wieso? Du hast doch vor kurzem geheiratet ♂!
10 – Das ist es!
11 Aber ich denke die ganze Zeit, daß sie mehr Glück hatte als ich.

ANMERKUNGEN

⑥ **жени́лся** [*ĴIeNjILßA*] „heiratete" sagt nur der Mann. Die Frau sagt dagegen **я вы́шла за́муж** [*JA WÏSCHLA SAMUĴ*] „ich heiratete". Bei einem Paar heißt es **они́ жени́лись** [*ÅNjI ĴIeNjILjIß*] „sie heirateten".

⑦ Dem unpersönlichen Verb **повезло́** [*PÅWIeSLO*] geht das Pronomen im Dativ voran: **ей повезло́** [*JEJ PÅWIeSLO*], **мне повезло́** [*MNjE PÅWIeSLO*] „sie hatte Glück, ich hatte Glück".

Решение первого задания: Вы поняли?

❶ Ich hatte eine Verabredung. – Du [hattest] Glück! ❷ Du [hast einen] wundervollen Mann. – Ja, ich hatte Glück! ❸ Er [hat eine] wunderbare Familie. – Ja, er [hatte] Glück! ❹ Sie [hat eine] schöne Tochter. – Ja, sie [hatte] Glück! ❺ Ihr [habt ein] schönes Haus. – Ja, wir [hatten] Glück! ❻ Bei uns [ist] alles in Ordnung (gut)! – Ihr [hattet] viel (sehr) Glück! ❼ Sie (3. Pers. Pl.) [haben eine] schöne Arbeit. – Oh! Sie (3. Pers. Pl.) [hatten] Glück!

❻ Man sagt, daß sie Russin [ist].

. . . . , что . . . .

❼ Ja, sie [ist] aus Moskau. Sie studierte (lernte) an der Universität.

. . , . . . из Москвы. Она . . . . в . . . .

Решение второго задания: Пропущенные слова.

❶ настроение ❷ Настроение прекрасное – отпуск ❸ буду ❹ недавно женился ❺ у меня – жена – повезло ❻ Говорят – она русская ❼ Да, она – училась – университете.

▶ ШЕСТНАДЦАТЫЙ УРОК [SCHleßNATßATÏJ URrOK]

ВСЁ, ЧТО ХОТИТЕ

1 – Куда вы идёте после работы? ①
2 – Я сразу же еду на машине домой. ②
3 – А чем вы занимаетесь дома? ③④
4 – О! Дома у меня всегда много работы. ⑤
5 – А что вы будете делать сегодня? ⑥
6 – Сегодня я буду готовить.
7 – Вы умеете готовить? ⑦
8 – Не только умею, но очень люблю.

ПРОИЗНОШЕ́НИЕ

[*WßJO SCHTO CHÅTjlTjE* **1** *KUDA WÏ IDjOTjE POßLjE RrABOTÏ* **2** *JA ßRrASU ĴE JEDU NA-MASCHINjE DÅMOJ* **3** *A TSCHEM WÏ SANjIMAJE-TjEß DOMA* **4** *O DOMA U-MleNjA FßleGDA MNOGÅ RrABOTÏ* **5** *A SCHTO WÏ BUDjleTjE DjELATj ßleWODNjA* **6** *ßleWODNjA JA BUDU GÅTOWITj* **7** *WÏ UMEJETjE GÅTOWITj* **8** *Njle TOLjKÅ UMEJU NO OTSCHleNj LjJUBj-LJU*]

ANMERKUNGEN

① **по́сле рабо́ты** [*POßLjE RrABOTÏ*] „nach der Arbeit". Die Endung **-ы** ist das Zeichen für den Genitiv der Substantive, die auf **-а** enden, hier nach der Präposition **по́сле** [*POßLjE*] „nach".

Sechzehnte Lektion

Alles, was [Sie] wollen

1 – Wohin gehen Sie nach der Arbeit?
2 – Ich fahre gleich mit (auf) dem Auto nach Hause.
3 – Und womit beschäftigen [Sie] sich zu Hause?
4 – Oh! Zu Hause [habe] ich immer viel Arbeit.
5 – Und was werden [Sie] heute machen?
6 – Heute werde ich kochen.
7 – Sie können kochen (zubereiten)?
8 – Ich kann es nicht nur, sondern ich mag es auch sehr (nicht nur kann, aber sehr liebe).

ANMERKUNGEN

② Wenn Sie sich mit einem Transportmittel fortbewegen, sagen Sie: **е́ду на маши́не** [*JEDU NA-MASCHINjE*] „[ich] fahre mit dem Auto", **на авто́бусе** [*NA-AFTOBUßE*] „mit dem Bus", **на метро́** [*NA-MleTRrO*] „mit der U-Bahn", **на такси́** [*NA-TAKßI*] „mit dem Taxi".

③ Die Frage **чем вы занима́етесь**? [*TSCHEM WÏ SANjIMAJETjEß*] „womit beschäftigen [Sie] sich?" können Sie auch durch **что вы де́лаете**? [*SCHTO WÏ DjELAJETjE*] „was machen [Sie]?" ersetzen.

④ **чем** [*TSCHEM*] „mit was" ist der Instrumentalis von **что** [*SCHTO*] „was". Dies ist der Fall des Mittels, der auf die Frage „womit?, wodurch?" antwortet, aber, wie Sie in Lektion 21 sehen werden, auch noch in anderen Situationen benutzt wird.

⑤ Hier treffen wir wieder einen Genitiv, der immer nach Mengenangaben folgt: **мно́го рабо́ты** [*MNOGÅ RrABOTÏ*] „viel Arbeit".

⑥ Achten Sie auf die Aussprache des **г** in **сего́дня** [*ßleWODNjA*] „heute".

⑦ **уме́ете** [*UMEJETjE*] „[Sie] können" hat den Infinitiv **уме́ть** [*UMETj*] „können, vermögen". Verwechseln Sie es nicht mit **знать** [*SNATj*] „wissen, Kenntnis haben, kennen". **Я зна́ю как гото́вить, но не уме́ю** [*JA SNAJU KAK GÅTOWITj NO NjE UMEJU*] „Ich weiß, wie man kocht, aber ich kann es nicht".

9 – А что вы готовите обычно на первое? ⑧

10 – Всё, что хотите: борщ, суп, щи. ⑨

11 – А на второе?

12 – Котлеты, пельмени и прочее. ⑩⑪

13 – Простите, а вы женаты? ⑫

14 – Конечно.

15 – И ваша жена умеет готовить?

16 – Умеет.

17 – И какое её блюдо вам нравится больше всего? ⑬

18 – Бутерброды. ⑭

ПРОИЗНОШЕ́НИЕ

[**9** *A SCHTO WÏ GÅTOWİTjE ÅBÏTSCHNÅ NA-PJERrWOJE* **10** *WßJO SCHTO CHÅTjİTjE BORrSCHTSCH ßUP SCHTSCHİ* **11** *A NA-FTÅRrOJE* **12** *KÅTLjETÏ PELjMENjİ İ-PRrOTSCHİeJİe* **13** *PRrÅßTjİTjE A WÏ ĴİeNATÏ* **14** *KÅNjESCHNÅ* **15** *İ WASCHA ĴieNA UMEJET GÅTOWİTj* **16** *UMEJET* **17** *İ KAKOJE JİeJO BLjUDÅ WAM NRrAWİTßA BOLjSCHE FßİeWO* **18** *BUTjERrBRrODÏ*]

Lernen Sie weiterhin täglich, aber vermeiden Sie Eile. Gehen Sie bei Unklarheiten oder wenn Sie das Gefühl haben, den bisherigen Stoff noch nicht restlos assimiliert zu haben, noch einmal ein paar Lektionen zurück.

9 – Und was kochen Sie gewöhnlich als Vorspeise (auf erstes)?
10 – Alles, was [Sie] wollen: Borschtsch, Suppe, Kohlsuppe.
11 – Und als Hauptgericht (auf zweites)?
12 – Hackfleischbällchen, Pelmeni und anderes mehr.
13 – Verzeihen [Sie], (und) [sind] Sie verheiratet?
14 – Selbstverständlich.
15 – Und Ihre Frau kann kochen?
16 – [Ja, das] kann [sie].
17 – Und welches Essen gefällt Ihnen am besten (mehr von allem)?
18 – Butterbrote.

ANMERKUNGEN

⑧ **на пéрвое** [*NA-PJERrWOJE*] „auf erstes" meint die Vorspeise. Die russische Küche ist reich an Suppen. Die bekanntesten darunter sind: **борщ** [*BORrSCHTSCH*], eine Fleischsuppe mit verschiedenen Gemüsesorten darin und **щи** [*SCHTSCHI*] „Kohlsuppe".

⑨ **хоти́те** [*CHÅTjITjE*] „[Sie] wollen" von **хотéть** [*CHÅTjETj*] „wollen" ist ein unregelmäßiges Verb. **Я хочý суп** [*JA CHÅTSCHU ßUP*] „ich will Suppe".

⑩ Auch wenn **Котлéты** [*KÅTLjETÏ*] ähnlich klingt, hat es nichts mit unseren Koteletts gemeinsam. Es sind Hackfleischbällchen mit Brot und Kräutern.

⑪ **пельмéни** [*PELjMENjI*] ähneln Ravioli und sind mit verschiedenen Sorten Fleisch, Zwiebeln und Gemüse gefüllt.

⑫ Wenn Sie eine Frage mit **Прости́те** [*PRrÅßTjITjE*] „verzeihen [Sie]" beginnen, ist dies ein Zeichen der Höflichkeit.

⑬ Merken Sie sich **бóльше всегó** [*BOLjSCHE FßleWO*] als eine nützliche Wendung: „vor allem, am besten".

⑭ Sicherlich haben Sie das deutsche Wort **Бутербрóды** [*BUTjERrBRrODÏ*] „Butterbrote" erkannt. **Бутербрóд** [*BUTjERrBRrOT*] „Butterbrot" ist eine Brotschnitte mit Butter, Wurst und Käse.

Первое задание: Вы понимаете эти предложения?

❶ Вы едете домой на автобусе? ❷ Нет, мы едем домой на метро. ❸ Ты едешь в театр на такси? ❹ Нет, я еду в театр на автобусе. ❺ Он едет в библиотеку на машине? ❻ Нет, он едет в библиотеку на автобусе. ❼ Они едут в университет на метро? – Да, на метро. ❽ Вы умеете готовить? – Да, умеем. ❾ Ты умеешь играть на скрипке? – Нет, не умею. ❿ Он умеет говорить по-русски? ⓫ Он не умеет, а они умеют. ⓬ Что вы готовите на первое? ⓭ Обычно я готовлю борщ. ⓮ Что ты готовишь на второе? ⓯ Я люблю котлеты. ⓰ Какое вам блюдо нравится больше всего? – Пельмени.

Второе задание: Вставьте пропущенные слова!

❶ Hast du am Abend Zeit?

Вечером . . . . ?

❷ Nein, ich habe zu Hause viel Arbeit.

. . . , дома . . . .

❸ Und womit beschäftigst du dich?

А . . . ты . . . . ?

❹ Ich werde Abendessen kochen.

Я . . . . ужин.

❺ Kannst du kochen?

. . . . готовить?

❻ Ich kann nur Borschtsch kochen.

Я только . . . .

Решение первого задания: Вы поняли?

❶ Fahrt ihr mit dem Bus nach Hause? ❷ Nein, wir fahren mit der U-Bahn nach Hause. ❸ Fährst du mit dem Taxi ins Theater? ❹ Nein, ich fahre mit dem Bus ins Theater. ❺ Fährt er mit dem Auto in die Bibliothek? ❻ Nein, er fährt mit dem Bus in die Bibliothek. ❼ Fahren sie mit der U-Bahn zur Universität? – Ja, mit der U-Bahn. ❽ Können Sie kochen? – Ja (wir-können). ❾ Kannst du Geige spielen? – Nein (nicht ich-kann). ❿ Kann er russisch sprechen? ⓫ Er kann nicht, aber sie können. ⓬ Was kochen Sie als Vorspeise? ⓭ Gewöhnlich koche ich Borschtsch. ⓮ Was kochst du als Hauptgericht? ⓯ Ich mag Hackfleischbällchen. ⓰ Welches Gericht gefällt Ihnen am besten? – Pelmeni.

Решение второго задания: Пропущенные слова.

❶ ты свободна ❷ Нет – у меня много работы ❸ чем – занимаешься ❹ буду готовить ❺ Ты умеешь ❻ умею готовить борщ.

Kennzeichnen Sie schwierige Redewendungen oder Ausdrücke mit einem Textmarker, und blättern Sie von Zeit zu Zeit zu diesen Stellen zurück. Oder schreiben Sie Wörter und Wendungen, die Sie sich schlecht merken können, ein paar mal auf ein Papier.

▶ СЕМНАДЦАТЫЙ УРОК [*ßİeMNATßATÏJ URrOK*]

ПРИЯТНОГО АППЕТИТА!

1 – Друзья! Пора за стол. ①②

2 – С удовольствием. Я проголодался. ③④

3 – Что вы будете есть? ⑤

4 – Всё, что вы предложите.

5 – Что вы будете пить? Водку, вино... ⑥

6 – И пиво тоже.

7 – К сожалению, у нас нет пива. ⑦

8 – Это неважно. Дайте, пожалуйста, немного воды. ⑧

ПРОИЗНОШÉНИЕ

[*PRrİJATNÅWÅ APİeTjİTA* **1** *DRrUSİJA PÅRrA SA-ßTOL* **2** *ß-UDÅWOLjßTWİJEM JA PRrÅGÅLÅDALßA* **3** *SCHTO WÏ BUDjETjE JEßTj* **4** *WßJO SCHTO WÏ PRrİeDLOĴİTjE* **5** *SCHTO WÏ BUDjETjE PİTj WODKU WİNO* **6** *İ PİWÅ TOĴE* **7** *K-ßÅĴALjENjİJU U-NAß NjET PİWA* **8** *ÄTÅ NjİeWAĴNÅ DAJTjE PÅĴALßTA NjİeMNOGÅ WÅDÏ*]

ANMERKUNGEN

① **Друзья́** [*DRrUSİJA*] „Freunde“ ist der unregelmäßige Plural von **друг** [*DRrUK*] „Freund“, ebenso wie **брат** [*BRrAT*] „Bruder“ – **бра́тья** [*BRrATjJA*] „Brüder“.

Siebzehnte Lektion

Guten Appetit!

1 – Freunde! [Es ist] Zeit zum Essen (hinter Tisch).
2 – Gerne. Ich bin hungrig ♂.
3 – Was werden Sie essen?
4 – Alles, was Sie anbieten (vorschlagen).
5 – Was werden Sie trinken? Wodka, Wein ...
6 – Und Bier auch.
7 – Leider haben wir kein Bier.
8 – Das ist nicht schlimm (dies unwichtig). Geben Sie [mir] bitte etwas (nicht viel) Wasser.

ANMERKUNGEN

② **Пора́** [*PÅRrA*] wird mit „Es ist Zeit" übersetzt. **Пора́ идти́** [*PÅRrA ITTjI*] „Es ist Zeit, zu gehen".

③ Ein Mann sagt: **Я проголода́лся** [*JA PRrÅGÅLÅDALßA*] „Ich bin hungrig", eine Frau dagegen **Я проголода́лась** [*JA PRrÅGÅLÅDALAß*], und eine Gruppe würde sagen **мы проголода́лись** [*MÏ PRrÅGÅLÅDALjIß*] „wir sind hungrig".

④ In einem familiären Kreis dürfen Sie sagen: **я хочу́ есть** [*JA CHÅTSCHU JEßTj*] „ich möchte essen".

⑤ Hier ist **есть** [*JEßTj*] ein Infinitiv: „essen". Verwechseln Sie es nicht mit: **у вас есть брат?** [*UWAß JEßTj BRrAT*] „Haben Sie [einen] Bruder?".

⑥ Das Verb **пить** [*PITj*] „trinken" verlangt den Akkusativ: **во́дку** [*WODKU*] „Wodka" von **во́дка** [*WODKA*] „Wodka", das im Russischen weiblich ist. **вино́** [*WINO*] „Wein" ist sächlich, daher ändert sich nichts.

⑦ **пи́ва** [*PIWA*] „Bier" ist der Genitiv von **пи́во** [*PIWÅ*] „Bier", der hier wegen der Verneinung **нет** [*NjET*] „nein" verwendet werden muß. Ebenso: **нет вина́** [*NjET WINA*] „kein Wein", **нет во́дки** [*NjET WODKI*] „kein Wodka".

⑧ Sie kennen schon den Imperativ als Höflichkeitsform: **Да́йте** [*DAJTjE*] „geben Sie!" von **дать** [*DATj*] „geben". Die Aufforderung an einen Freund lautet **Дай!** [*DAJ*] „gib!".

9 – У нас сколько угодно воды. ⑨
10 – Ну и отлично! Вы прекрасно готовите.
11 – Спасибо. Хотите немного салата? ⑩
12 – Салата я не хочу, а вот грибы попробую. ⑪
13 – Я пью за ваше здоровье. ⑫
14 – За нашу встречу.
15 – Приятного аппетита! ⑬

ПРОИЗНОШÉНИЕ

*[**9** U-NAß ßKOLjKÅ UGODNÅ WÅDÏ **10** NU Í ÅTLjITSCHNÅ WÏ PRrleK-RrAßNÅ GÅTOWITjE **11** ßPAßIBÅ CHÅTjITjE NjleMNOGÅ ßALATA **12** ßA-LATA JA Njle CHÅTSCHU A WOT GRrlBÏ PÅPRrOBUJU **13** JA PIJU SA-WASCHE SDÅRrOWIJE **14** SA-NASCHU FßTRrJETSCHU **15** PRrIJATNÅ-WÅ APleTjITA]*

Первое задание: Вы понимаете эти предложения?

❶ Что вы будете есть? ❷ Я буду есть салат и второе. ❸ Что ты будешь пить? ❹ Я буду пить воду. ❺ Хотите немного салата? ❻ Да, хочу, спасибо. ❼ Вы хотите есть? – Да, я проголодался (♂). ❽ Ты хочешь пить? ❾ Да, пожалуйста, немного лимонада. ❿ У нас нет вина, к сожалению. – Это неважно.

9 – Wir [haben] unbegrenzt [viel] Wasser (bei uns wie viel erwünscht Wasser).
10 – Nun, ausgezeichnet! Sie kochen sehr gut (herrlich).
11 – Danke. Möchten Sie ein wenig (nicht viel) Salat?
12 – Salat möchte ich nicht, aber die Pilze hier probiere [ich].
13 – Ich trinke auf (hinter) Ihre Gesundheit.
14 – Auf unser Treffen.
15 – Guten Appetit!

ANMERKUNGEN

⑨ Ihnen ist bekannt, daß nach Mengenangaben der Genitiv folgt: **немно́го, ско́лько уго́дно воды́** [*NjleMNOGÅ ßKOLjKÅ UGODNÅ WÅDI*], wörtlich „etwas, wie viel erwünscht Wasser".

⑩ Der Genitiv verfolgt uns weiter, diesmal bei zwei männlichen Substantiven: **немно́го сала́та и лимона́да** [*Njle-MNOGÅ ßALATA I LjlMÅNADA*] „ein bißchen Salat und [von der] Limonade".

⑪ Wenn Sie etwas ablehnen, benutzen Sie ebenfalls den Genitiv: **Сала́та я не хочу́** [*ßALATA JA NjECHÅTSCHU*] „Salat möchte ich nicht", aber in der Bejahung verwenden Sie den Akkusativ: **я хочу́ сала́т, лимона́д и грибы́** [*JA CHÅTSCHU ßALAT LjIMÅNAD I GRrIBI*] „ich möchte Salat, Limonade und Pilze".

⑫ Wenn Sie sagen wollen: „Er trinkt auf Ihre Gesundheit", sagen Sie: **он пьёт за ва́ше здоро́вье** [*ON PIJOT SA WASCHE SDÅRrOWIJE*]. Im Plural ist „sie trinken" **они́ пьют** [*ÅNjI PIJUT*].

⑬ Der vollständige Satz wäre: **Я жела́ю вам прия́тного аппети́та!** [*JA ĴleLAJU WAM PRrIJATNÅWÅ APleTjITA*] „Ich wünsche Ihnen guten Appetit!". **прия́тного аппети́та** ist der letzte Genitiv in diesem Text.

Решение первого задания: Вы поняли?

❶ Was werden Sie essen? ❷ Ich werde Salat und das Hauptgericht essen. ❸ Was wirst du trinken? ❹ Ich werde Wasser trinken. ❺ Möchten Sie ein wenig [von dem] Salat? ❻ Ja, (ich möchte,) danke. ❼ Möchten Sie essen? – Ja, ich bin hungrig. ❽ Möchtest du trinken? ❾ Ja, bitte, ein bißchen Limonade. ❿ Wir haben keinen Wein, leider. – Das ist nicht schlimm (unwichtig).

Второе задание: Вставьте пропущенные слова!

❶ Freunde, es ist Zeit zum Essen (Tisch).

Друзья, ...

❷ Ausgezeichnet, ich möchte gerne (sehr) essen.

Прекрасно, ...

❸ Ich wußte nicht, daß Sie kochen können.

Я не . . . . , . . . вы . . . . . . готовить.

❹ Was werden Sie trinken? – Ein wenig Wein.

Что вы . . . . ? – . . . . вина.

❺ Ich trinke auf Ihre Gesundheit.

Я . . . за . . . .

❻ Leider muß ich gehen.

К . . . . я . . . .

▶ ВОСЕМНАДЦАТЫЙ УРОК [*WÅßleMNATßATÏJ URrOK*]

КАКАЯ ТЫ УМНИЦА!

1 – Аня, что ты говоришь маме утром? ①

2 – Утром маме, папе и брату я говорю „Доброе утро!“ ②③

ПРОИЗНОШЕ́НИЕ

[*KAKAJA TÏ UMNjITßA* **1** *ANjA SCHTO TÏ GÅWÅRrISCH MAME UTRrÅM* **2** *UTRrÅM MAME PAPE I BRrATU JA GÅWÅRrJU DOBRrÅJE UTRrÅ*]

Решение второго задания: Пропущенные слова.

❶ пора за стол ❷ я очень хочу есть ❸ знал, что – умеете ❹ будете пить – Немного ❺ пью – ваше здоровье ❻ сожалению – должен идти.

Achtzehnte Lektion

Wie klug du bist!

1 – Anja, was sagst du morgens [zu deiner] Mama?
2 – Morgens sage ich [zu meiner] Mama, [meinem] Papa und [meinem] Bruder „Guten Morgen!“

ANMERKUNGEN

① Das Verb **говори́шь** [*GÅWÅRrISCH*] „[du] sagst/sprichst“ verlangt den Dativ: **ма́ме** [*MAME*] „[der] Mutter“. Die Endung **-е** bei weiblichen Substantiven ist das Zeichen für den Dativ.

② **Па́па** [*PAPA*] „Vater“ ist zwar männlich, aber wegen der Endung **-а** wie bei **ма́ма** [*MAMA*] „Mutter“ lautet der Dativ **па́пе** [*PAPE*] „[dem] Vater“ wie **ма́ме** [*MAME*] „[der] Mutter“.

③ Ansonsten erhalten die männlichen Substantive **брат** [*BRrAT*] „Bruder“, **сын** [*ßÏN*] „Sohn“, **друг** [*DRrUK*] „Freund“ im Dativ die Endung **-у**: **бра́ту** [*BRrATU*] „[dem] Bruder“, **сы́ну** [*ßÏNU*] „[dem] Sohn“, **дру́гу** [*DRrUGU*] „[dem] Freund“.

3 – А что ты говоришь днём?

4 – Днём я говорю: „Добрый день!“ ④

5 – А вечером?

6 – Вечером я говорю: „Добрый вечер!“ ⑤

7 – А что ты говоришь маме, когда ложишься спать? ⑥

8 – Когда ложусь спать, я говорю: „Спокойной ночи!“ ⑦

9 – Какая ты умница! ⑧

10 А что ты скажешь бабушке, если она даст тебе конфету? ⑨

11 – Я скажу ей: „Дай, пожалуйста, ещё“. ⑩

12 – Аня, ты шутишь?

ПРОИЗНОШЕ́НИЕ

[3 A SCHTO TÏ GÅWÅRrİSCH DNjOM 4 DNjOM JA GÅWÅRrJU DOBRrÏJ DjENj 5 A WJETSCHİeRrÅM 6 WJETSCHİeRrÅM JA GÅWÅRrJU DOBRrÏJ WJETSCHİeRr 7 A SCHTO TÏ GÅWÅRrİSCH MAME KÅGDA LÅĴİSCHßA ßPATj 8 KÅGDA LÅĴUß ßPATj JA GÅWÅRrJU ßPÅKOJNÅJ NOTSCHİ 9 KAKAJA TÏ UMNjİTßA 10 A SCHTO TÏ ßKAĴESCH BABUSCHKİe JEßLjİ ÅNA DAßT TjİeBJE KÅNFETU 11 JA ßKAĴU JEJ DAJ PÅĴALßTA JİeSCHTSCHO 12 ANjA TÏ SCHUTjİSCH]

3 – Und was sagst du tagsüber?
4 – Tagsüber sage ich: „Guten Tag!“.
5 – Und abends (am Abend)?
6 – Abends sage ich: „Guten Abend!“
7 – Und was sagst du [zu deiner] Mama, wenn du dich schlafen legst?
8 – Wenn ich mich schlafen lege, sage ich: „Gute (ruhige) Nacht)!“
9 – Wie klug du [bist]!
10 Und was sagst du [zu deiner] Oma, wenn sie dir ein – Bonbon schenkt (gibt)?
11 – Ich sage [zu] ihr: „Gib [mir] bitte noch eins“.
12 – Anja, du scherzt?

ANMERKUNGEN

④ **днём** [*DNjOM*] „tagsüber“ ist eine Form, die auf die Frage **Когда́?** [*KÅGDA*] „Wann?“ antwortet.

⑤ Dasselbe gilt für **ве́чер** [*WJETSCHIeRr*] „Abend“ – **Ве́чером** [*WJETSCHIeRrÅM*] „am Abend“, **у́тро** [*UTRrÅ*] „Morgen“ – **у́тром** [*UTRrÅM*] „am Morgen“.

⑥ **ложи́шься спать** [*LÅĴISCHßA ßPATj*] heißt wörtlich „dich-legst schlafen“. **Я ложу́сь спать на дива́не** [*JA LÅĴUß ßPATj NA DjIWANjE*] „Ich lege mich [zum] Schlafen auf das Sofa“.

⑦ Der vollständige Satz wäre: **Я жела́ю вам (серьёзно) споко́йной но́чи!** [*JA ĴIeLAJU WAM ßIeRrJOSNÅ ßPÅKOJNÅJ NOTSCHI*] „Ich wünsche Ihnen (ernst) eine gute Nacht!“ (Genitiv).

⑧ Wenn Sie ein Mädchen loben wollen, sagen Sie: **Кака́я ты у́мница!** [*KAKAJA TÏ UMNjITßA*] „Wie klug du [bist]!“. Für einen Jungen verwenden Sie: **Како́й ты у́мница!** [*KAKOJ TÏ UMNjITßA*].

⑨ Die Verben **ска́жешь** [*ßKAĴESCH*] „[du] sagst“ von **сказа́ть** [*ßKASATj*] und **даст** [*DAßT*] „[sie] gibt“ von **дать** [*DATj*] „geben“ erfordern den Dativ: **Я дам ей кни́гу** [*JA DAM JEJ KNjIGU*] „Ich gebe ihr ein/das Buch“.

⑩ **Дай** [*DAJ*] „Gib!“ ist der höfliche Imperativ von **дать** [*DATj*] „geben“: **Дай мне ко́фе!** [*DAJ MNjE KOFE*] „Gib mir Kaffee!“.

13 – Конечно же, шучу. Я ей скажу: „Большое спасибо!“ ⑪

14 – Ты очень хорошая девочка!

15 – Да, это мне все говорят.

ПРОИЗНОШЕ́НИЕ

[*13 KÅNjESCHNÅ ĴE SCHUTSCHU JA JEJ ßKAĴU BÅLjSCHOJE ßPAßIBÅ 14 TÏ OTSCHIeNj CHÅRrOSCHAJA DjEWÅTSCHKA 15 DA ÄTÅ MNjE FßE GÅWÅRrJAT*]

Первое задание: Вы понимаете эти предложения?

❶ Утром мы говорим: „Доброе утро!“ ❷ Днём мы говорим: „Добрый день!“ ❸ Вечером мы говорим: „Добрый вечер!“ ❹ Когда я ложусь спать, я говорю: „Спокойной ночи!“ ❺ Я дам маме книгу. ❻ Ты дашь брату конфету. ❼ Он даст бабушке кофе. ❽ Я скажу папе: „Большое спасибо!“ ❾ Он мне скажет: „Пожалуйста!“

Второе задание: Вставьте пропущенные слова!

❶ Sagen Sie bitte, wo ist meine Zeitung?

Скажите, ... , где . . . . ?

❷ Ich sah sie auf dem Sofa. Hier [ist] sie.

. . . . диване. Вот . . . .

❸ Geben Sie mir bitte die Zeitschrift „Die Mode“.

. . . . . мне, ... , ... „Мода“.

13 – Aber natürlich, ich scherze. Ich sage zu ihr: „Vielen (großes) Dank!“
14 – Du bist ein sehr braves (gutes) Mädchen!
15 – Ja, das sagen mir alle.

ANMERKUNGEN

⑪ Zu einem Freund sagen Sie: **Большо́е тебе́ спаси́бо!** [*BÅLjSCHOJE TjIeBJE ßPAßIBÅ*] „Vielen (dir) Dank!“ und zu einem Fremden **Большо́е вам спаси́бо!** [*BÅLjSCHOJE WAM ßPAßIBÅ*] „Vielen (Ihnen) Dank!“. **Тебе́** und **вам** sind Dativformen.

Решение первого задания: Вы поняли?

❶ Morgens sagen wir: „Guten Morgen!“ ❷ Tagsüber sagen wir: „Guten Tag!“ ❸ Abends sagen wir: „Guten Abend!“ ❹ Wenn ich mich schlafen lege, sage ich: „Gute Nacht!“ ❺ Ich gebe [meiner] Mutter [ein] Buch. ❻ Du gibst [deinem] Bruder [ein] Bonbon. ❼ Er gibt [seiner] Oma Kaffee. ❽ Ich sage [zu meinem] Vater: „Vielen Dank!“ ❾ Er sagt zu mir: „Bitte!“

❹ Diese Zeitschrift gefällt mir. Ich lese sie immer.

Этот .... Я .... его.

❺ Anja, ich sage dir alles.

Аня, я ....

❻ Ich spreche ernst: Ihr Sohn [ist] sehr klug.

Я ...... серьёзно: ваш сын ....
....

▶ ДЕВЯТНАДЦАТЫЙ УРОК [DjIeWIeTNATßATÏJ URrOK]

ПРЕКРАСНЫЙ ПОДАРОК

1 – Сегодня чудесная погода!
2 – Не знаю, не знаю. Утром было прохладно. ①②
3 – Но сейчас на улице тепло. ③④
4 – Да, но идёт дождь. ⑤
5 – Это не страшно. У меня есть прекрасный зонт. ⑥

ПРОИЗНОШЕ́НИЕ

[PRrIeKRrAßNÏJ PÅDARrÅK ***1*** *ßIeWODNjA TSCHUDjEßNAJA PÅGODA* ***2*** *NjIe SNAJU NjIe SNAJU UTRrÅM BÏLÅ PRrÅCHLADNÅ* ***3*** *NO ßIeJTSCHAß NA-ULjITßIe TjIePLO* ***4*** *DA NO IDjOT DOĴTj* ***5*** *ÄTÅ NjE ßTRrASCHNÅ U-MIeNjA JEßTj PRrIEKRrAßNÏJ SONT]*

Решение второго задания: Пропущенные слова.

❶ пожалуйста – моя газета ❷ Я видел её на – она ❸ Дайте – пожалуйста – журнал ❹ журнал мне нравится – всегда читаю ❺ тебе всё скажу ❻ говорю – большая умница.

Neunzehnte Lektion

Ein wunderschönes Geschenk

1 – Heute ist zauberhaftes Wetter!
2 – [Ich] weiß nicht, [ich] weiß nicht. Morgens war es kalt.
3 – Aber jetzt [ist es] draußen (auf der Straße) warm.
4 – Ja, aber es regnet.
5 – Dies [ist] nicht schlimm. Ich habe einen wunderschönen [Regen-]Schirm.

ANMERKUNGEN

① Die Wiederholung ist typisch für die Sprache.

② Die Äußerung **бы́ло прохла́дно** [*BÏLÅ PRrÅCHLADNÅ*] „es war kalt" bezieht sich auf die Vergangenheit.

③ Die Gegenwart beschreibt man mit dem Adverb **сейча́с**: **сейча́с тепло́** [*ßleJTSCHAß TjlePLO*] „jetzt [ist es] warm".

④ Das Adverb **тепло́** [*TjlePLO*] kommt vom Adjektiv **тёплый** [*TjOPLÏJ*] „warm". **Тёплая пого́да** [*TjOPLAJA PÅGODA*] „warmes Wetter".

⑤ Mit Hilfe des Verbs **идти́** [*ITTjI*] „gehen" sagen Sie **идёт дождь** [*IDjOT DOĴTj*] „es regnet" oder **идёт снег** [*IDjOT ßNjEK*] „es schneit (geht Schnee)".

⑥ **зонт** [*SONT*] bezeichnet sowohl den Regenschirm als auch den Sonnenschirm.

6 – О, зонт на самом деле, прекрасный. Где вы его купили? ⑦

7 – Это подарок. Мне его подарила жена. ⑧

8 – Ах, да, я забыла. Вчера у вас был день рождения. ⑨

9 – Да, годы идут.

10 – А сколько вам лет, если не секрет? ⑩

11 – Какой там секрет? Мне уже сорок один год.

12 – Да вы ещё юноша! ⑪

ПРОИЗНОШЕ́НИЕ

*[**6** O SONT NA ßAMOM DjELjE PRrİEKRrAßNÏJ GDjE WÏ JİeWO KUPİLjİ **7** ÄTÅ PÅDARrÅK MNjE JİeWO PÅDARrİLA ĴİeNA **8** ACH DA JA SABÏLA FTSCHİeRrA U-WAß BÏL DjENj RrÅĴDjENjJE **9** DA GODÏ İDUT **10** A ßKOLjKÅ WAM LjET JEßLjİ NjİE ßİeKRrET **11** KAKOJ TAM ßİeKRrET MNjE UĴE ßORrÅK ÅDjİN GOD **12** DA WÏ JİeSCHTSCHO JUNÅSCHA]*

Первое задание: Вы понимаете эти предложения?

❶ Сегодня прохладная погода? – Да, сегодня прохладно. ❷ Сегодня тёплая погода? – Да, сегодня тепло. ❸ Сегодня идёт дождь? – Да, идёт. ❹ Сегодня идёт снег? – Да, снег. ❺ Где вы купили зонт? – Это подарок. ❻ Кто вам подарил зонт? – Мне его подарила жена. ❼ У вас был день рождения? – Да, был вчера. ❽ Сколько вам лет? – Мне сорок два года. ❾ А тебе сколько лет? – Мне двадцать пять лет.

6 – Oh, der Schirm ist wirklich wunderschön. Wo haben Sie ihn gekauft?

7 – Das [ist ein] Geschenk. [Meine] Frau hat ihn mir geschenkt.

8 – Ach, ja, ich habe vergessen. Sie hatten gestern Geburtstag.

9 – Ja, die Jahre fliegen (gehen).

10 – Und wie alt sind Sie (wie viele Ihnen Jahre), wenn [es] kein Geheimnis [ist]?

11 – Was für ein Geheimnis [ist] da? Ich bin schon 41 Jahre [alt].

12 – Sie sind aber noch ein Jüngling!

ANMERKUNGEN

⑦ Wir begegneten schon einigen Konstruktionen mit dem Wort **де́ло**. **на са́мом де́ле** [*NA ßAMOM DjELjE*], wörtlich „in (auf) eigentlicher Sache".

⑧ **пода́рок** [*PÅDARrÅK*] „Geschenk" ist das Substantiv zum Verb **пода́ри́ть** [*PÅDARrITj*] „schenken".

⑨ Der **день рожде́ния** [*DjENj RrÅĴDjENjJE*], wörtlich „Tag der Geburt", ist für die Russen sehr wichtig. Übrigens: Sie packen ihre Geschenke erst aus, wenn alle Gäste gegangen sind.

⑩ Auf die Frage **Ско́лько вам лет?** [*ßKOLjKÅ WAM LjET*] „Wie viele Ihnen Jahre?" antworten Sie: **Мне два́дцать два го́да** [*MNjE DWATßATj DWA GODA*] „Ich bin 22 Jahre alt".

⑪ Wieder ein männliches Substantiv mit der weiblichen Endung **-а**: **ю́ноша** [*JUNÅSCHA*] „Jüngling".

Решение первого задания: Вы поняли?

❶ [Ist es] heute kühl (kühles Wetter)? – Ja, heute [ist es] kühl. ❷ [Ist es] heute warm (warmes Wetter)? – Ja, heute [ist es] warm. ❸ Regnet [es] heute? – Ja, [es] regnet. ❹ Schneit es heute? – Ja, [es] schneit. ❺ Wo haben Sie den Schirm gekauft? – Dies [ist] ein Geschenk. ❻ Wer hat Ihnen den Schirm geschenkt? – [Meine] Frau hat ihn mir geschenkt. ❼ Hatten Sie Geburtstag? – Ja, (war) gestern. ❽ Wie alt sind Sie (wie viele Ihnen Jahre)? – Ich [bin] 42 Jahre [alt]. ❾ Und du, wie alt bist du? – Ich [bin] 25 Jahre [alt].

Второе задание: Вставьте пропущенные слова!

❶ Was machen Sie jetzt? – Ich bereite das Abendessen zu.

Чем . . . . ? – . . . . ужин.

❷ Laß uns spazieren gehen. – Gerne, aber draußen (auf der Straße) regnet es.

. . . . – С удовольствием, но . . . .

❸ Jetzt [ist es] warm, und ich habe einen großen Schirm.

Сейчас . . . . . , и . . . . . есть . . . .

❹ Ich mag spazieren gehen, wenn es regnet, aber ich habe viel Arbeit.

. . . . гулять, когда . . . . , но у меня . . . .

▶ ДВАДЦАТЫЙ УРОК [*DWATßATÏJ URrOK*]

БЕДНЫЙ МАЛЬЧИК!

1 – Как дела у вашей дочери? ①

2 – Прекрасно! Она недавно вышла замуж. ②

ПРОИЗНОШÉНИЕ

[*BJEDNÏJ MALjTSCHIK* **1** *KAK DjleLA U-WASCHleJ DOTSCHleRrl* **2** *PRrleKRrAßNÅ ÅNA NjleDAWNÅ WÏSCHLA SAMUĴ*]

Решение второго задания: Пропущенные слова.

❶ вы сейчас занимаетесь? Готовлю ❷ Пойдём гулять – на улице идёт дождь ❸ тепло – у меня – большой зонт ❹ мне нравится – идёт дождь – много работы.

Zwanzigste Lektion

Armer Junge!

1 – Wie geht es Ihrer Tochter?
2 – Wunderbar! Sie hat vor kurzem geheiratet.

ANMERKUNGEN

① Erinnern Sie sich noch an die unregelmäßigen Formen **у до́чери** [*U-DOTSCHleRrl*] von **дочь** „Tochter" oder **у ма́тери** [*U-MATjleRrl*] von **мать** „Mutter"?

② Das Gegenteil von **неда́вно** [*NjleDAWNÅ*] „vor kurzem" ist **давно́** [*DAWNO*] „seit langem".

3 – Поздравляю! И за кого? ③

4 – За очень прекрасного молодого человека. ④

5 – У неё всё хорошо?

6 – Просто замечательно.

7 Он помогает ей готовить, стирать, мыть посуду и ходит в магазин. ⑤

8 – Да, ей действительно повезло.

9 – А как дела у вашего сына?

10 – Ничего хорошего. ⑥⑦

11 – Да!? А в чём дело?

12 – Ему не повезло. Бедный наш мальчик должен сам всё готовить,

13 стирать, мыть посуду и ходить в магазин.

14 – Действительно, бедный мальчик!

ПРОИЗНОШЕ́НИЕ

[**3** *PÅSDRrAWLjAJU İ-SA-KÅWO* **4** *SA OTSCHİeNj PRrİeKRrAßNÅWÅ MÅLÅDOWÅ TSCHİeLÅWJEKA* **5** *U-NjİeJO WßJO CHÅRrÅSCHO* **6** *PRrOßTÅ SAMİeTSCHATjİeLjNÅ* **7** *ON PÅMÅGAJET JEJ GÅTOWİTj ßTjİRrATj MÏTj PÅßUDU İ CHODjİT W-MAGASİN* **8** *DA JEJ DjİeJßTWİTjİeLjNÅ PÅWESLO* **9** *A KAK DjİeLA U-WASCHEWÅ ßÏNA* **10** *NjİTSCHİeWO CHÅRrOSCHEWÅ* **11** *DA A F-TSCHOM DjELÅ* **12** *JİeMU Njİe PÅWESLO BJEDNÏJ NASCH MALjTSCHİK DOLĴEN ßAM WßJO GÅTOWİTj* **13** *ßTjİRrATj MÏTj PÅßUDU İ CHÅDjİTj W-MAGASİN* **14** *DjİeJßTWİTjİeLjNÅ BJEDNÏJ MALjTSCHİK*]

3 – Ich gratuliere! Und wen [hat sie geheiratet]?
4 – Einen wundervollen jungen Mann (Menschen).
5 – Bei ihr [ist] alles in Ordnung?
6 – Einfach ausgezeichnet.
7 Er hilft ihr [das Essen] zuzubereiten, aufzuräumen, das Geschirr zu spülen, und er geht (ins Geschäft) einkaufen.
8 – Ja, sie [hatte] tatsächlich Glück.
9 – Und wie geht es Ihrem Sohn?
10 – Nicht gut (nichts Gutes).
11 – Ja!? Und wo [liegt das] Problem (in was Sache)?
12 – Er [hatte] Pech. Unser armer Junge muß alles allein zubereiten (kochen),
13 aufräumen, das Geschirr spülen und einkaufen gehen (ins Geschäft).
14 – Tatsächlich, ein armer Junge!

ANMERKUNGEN

③ Die Frage **за когó?** [*SA KÅWO*] „wen" ist der Genitiv von **кто?** [*KTO*] „wer?".

④ Der vollständige Satz wäre: **Онá вы́шла зáмуж за прекрáсного молодóго человéка** [*ÅNA WÏSCHLA SAMUĴ SA PRrİeKRrAßNÅWÅ MÅLÅDOWÅ TSCHİeLÅWJEKA*] „Sie hat einen wundervollen jungen Mann geheiratet".

⑤ **Он хóдит в магази́н** [*ON CHODjİT W-MAGASİN*] „Er geht einkaufen (ins Geschäft)" bedeutet, daß er wiederholt einkaufen geht, ohne daß eine bestimmte Richtung angegeben wird. Dagegen bedeutet **Он идёт в кинó** [*ON İDjOT F-KİNO*] „Er geht ins Kino", daß er in eine ganz bestimmte Richtung geht und ein festes Ziel hat.

⑥ Die negative Antwort auf die Frage **Как делá?** [*KAK DjİeLA*] „Wie geht's?" muß im Genitiv stehen: **Ничегó хорóшего** [*NjİTSCHİeWO CHÅRrOSCHEWÅ*] „Nicht gut".

⑦ In dieser Lektion treffen wir viele Genitivendungen an. Denken Sie bitte daran, daß der Laut **г** dann [*W*] gesprochen wird.

Первое задание: Вы понимаете эти предложения?

❶ Как дела у вашей дочери? – Всё прекрасно. ❷ Как дела у вашего сына? – Ничего хорошего. ❸ Моя дочь вышла замуж. ❹ Поздравляю, а за кого? ❺ Она вышла замуж за прекрасного молодого человека. ❻ Поздравляю. Ей повезло. ❼ Как дела у вашего сына? ❽ Он недавно женился. ❾ У него всё хорошо? – Ему не повезло. ❿ А в чём дело? – Бедный мальчик должен всё делать сам.

Второе задание: Вставьте пропущенные слова!

❶ Mein Sohn hat vor kurzem geheiratet.

. . . сын . . . .

❷ Er hatte viel (sehr) Glück. Er hat eine kluge Frau.

. . . очень . . . . У него . . . .

❸ Ihre Tochter hat vor kurzem geheiratet.

. . . . . . недавно . . . .

❹ Ihr Mann hilft ihr immer.

. . муж всегда . . . .

❺ Er wäscht, spült das Geschirr ab und geht einkaufen (ins Geschäft).

Он . . . . , ... посуду и . . . . . в . . . .

❻ Er versteht sehr gut, daß sie viel Arbeit hat.

Он очень хорошо . . . . , ... много . . . .

Решение первого задания: Вы поняли?

❶ Wie geht es Ihrer Tochter? – Alles wunderbar. ❷ Wie geht es Ihrem Sohn? – Nicht(s) gut(es). ❸ Meine Tochter hat geheiratet. ❹ [Ich] gratuliere, und wen [hat sie geheiratet]? ❺ Sie hat einen wundervollen jungen Mann (Menschen) geheiratet. ❻ [Ich] gratuliere. Sie hatte Glück. ❼ Wie geht es Ihrem Sohn? ❽ Er hat vor kurzem geheiratet. ❾ Ist bei ihm alles in Ordnung? – Er hatte Pech. ❿ Und worin [liegt das] Problem? – Der arme Junge muß alles selbst machen.

Да, ей действительно повезло!

Решение второго задания: Пропущенные слова.

❶ Мой – недавно женился ❷ Ему – повезло – жена умница ❸ Их дочь – вышла замуж ❹ Её – помогает ей ❺ стирает, моет – ходит – магазин ❻ понимает – что у неё – работы.

Bravo, jetzt sind Sie schon wieder sechs Lektionen weitergekommen. In der nächsten Lektion können Sie wieder ein wenig wiederholen und vertiefen. Gehen Sie auch ruhig einmal zu vergangenen Lektionen zurück, und arbeiten Sie jeden Tag ein wenig an Ihrer Aussprache.

▶ ДВАДЦАТЬ ПЕРВЫЙ УРОК

ПОВТОРЕНИЕ И ЗАМЕТКИ

Alles, was in dieser Lektion wiederholt wird, werden Sie in den nächsten Lektionen noch viele Male wiederfinden. Es liegt in der Natur der Assimil-Methode, daß Sie beim täglichen Lernen automatisch alles, was Sie bereits kennengelernt haben, wiederholen und sich Ihre Kenntnisse auf diese Weise – für Sie fast unmerklich – festigen.

1. Kasus (Grammatische Fälle)

Wir haben Ihnen bereits erklärt, daß es im Russischen mehr Fälle als im Deutschen gibt. Alle existierenden Fälle wollen wir Ihnen in der folgenden Übersicht zeigen. Sie finden immer ein Beispielsubstantiv für ein Maskulinum, ein Femininum und, wenn möglich, auch für ein Neutrum.

Nominativ (antwortet auf die Frage „wer?“):

У меня есть брат и сестра.
„Ich habe (bei mir ist) [einen] Bruder und [eine] Schwester“.

Genitiv (antwortet auf die Frage „wessen?“ oder wird immer nach der Verneinung benutzt):

У нас нет салата, воды и пива.
„Wir haben keinen Salat, kein Wasser und kein Bier“.

Dativ (antwortet auf die Frage „wem?“):

Ты говоришь брату и маме: „Привет!“
„Du sagst [zum] Bruder und [zur] Mutter: ‚Hallo!‘“.

Akkusativ (antwortet auf die Frage „wen“?):

Она даст зонт, конфету и подарок.
„Sie gibt [einen] Schirm, [ein] Bonbon und [ein] Geschenk“.

Wenn ein Nomen männlich und belebt ist, ist seine Akkusativform mit der des Genitivs identisch:

Мы видели вашего сына.
„Wir haben Ihren Sohn gesehen“.

21. Lektion

Instrumentalis (Bestimmung des Mittels; antwortet auf die Frage „womit/wodurch/mit welchem Mittel/wann/mit wem?“):

Днём он работает, а ночью он гуляет.
„Tagsüber arbeitet er, aber in der Nacht geht er spazieren“.

Präpositiv (Lokativ) (Bestimmung des Ortes; steht nur nach Präpositionen):

В Москве живёт моя дочь.
„In Moskau lebt meine Tochter“.

2. Numeralien (Zahlwörter)

Auf die Frage Сколько вам лет? „Wie alt sind Sie?“ benötigen Sie die Zahlen, die Sie mit den Seitenangaben erlernen. Bei der Verbindung einer Zahl mit einem Substantiv steht das Substantiv (hier z.B. год) nach der Zahl „1“ im Nominativ Singular:

Ей один год. „Sie ist ein Jahr [alt]“.

Nach den Zahlen „2“, „3“ und „4“ steht das Substantiv год im Genitiv Singular:

Ему два (три, четыре) года. „Er ist zwei (drei, vier) Jahre [alt]“.

Nach den Zahlen ab „5“ steht das Substantiv год im Genitiv Plural:

Им пять лет. „Sie sind 5 Jahre [alt]“.

Bei zusammengesetzten Zahlen ist immer die letzte Zahl maßgebend dafür, welcher grammatische Fall und welcher Numerus verwendet werden.

3. Verben im Präsens

Im Präsens kann es bei einigen Verben zu einem Betonungswechsel kommen. Ab der 2. Person Singular bleibt dann die Betonung unverändert:

сказать „sagen“:
я скажу, ты скажешь, он/она скажет, мы скажем, вы скажете, они скажут „ich sage, du sagst, er/sie sagt, wir sagen, ihr sagt/Sie sagen, sie sagen“.

Ähnlich das Verb писать „schreiben“:

я пишу „ich schreibe“, ты пишешь „du schreibst“, они пишут „sie schreiben“.

Bei einigen Verben kommt es zur Veränderung des Stammkonsonanten:

видеть „sehen“:
я вижу, ты видишь, он/она видит, мы видим, вы видите, они видят „ich sehe, du siehst, er/sie sieht, wir sehen, ihr seht/Sie sehen, sie sehen“.

Das Verb хотеть „wollen“ gehört zu den unregelmäßigen Verben:

я хочу, ты хочешь, он/она хочет, мы хотим, вы хотите, они хотят „ich will, du willst, er/sie will, wir wollen, ihr wollt/Sie wollen, sie wollen“.

4. Reflexive Verben im Präteritum (Vergangenheit)

Die reflexive Partikel **-ся** wird an das Verb angehängt und immer mit dem Verb zusammengeschrieben.

Sie wissen schon, daß man im Präteritum zuerst vom Infinitiv die Endung **-ть** abtrennt und durch die Endung **-л** für ein männliches Subjekt ersetzt. Es entstehen folgende Formen vom Verb учиться „lernen“:

я, ты, он учился „ich, du, er lernte“.

Wenn es sich um ein weibliches Subjekt handelt, wird die Infinitivendung durch **-ла** ersetzt, und die reflexive Partikel **-ся** reduziert sich wegen des Vokals am Ende der Verbform auf **-сь**:

я, ты, она училась „ich, du, sie lernte“.

Im Plural lautet die Vergangenheitsendung **-ли**, und auch hier reduziert sich die reflexive Partikel auf **-сь**:

мы, вы, они учились „wir lernten, ihr lerntet/Sie lernten, sie lernten“.

5. Futur (Zukunft)

Die Verben сказать „sagen“ (я скажу „ich sage“) und дать „geben“ (я дам „ich gebe“, ты дашь „du gibst“, он даст „er gibt“) beschreiben eine Handlung, die zu einem Resultat führt: „Ich sage dir etwas Konkretes“ und „Ich gebe dir ein Geschenk“. Deshalb handelt es sich um Verben mit einem vollendeten Aspekt. Diese Verben drücken die unmittelbare Zukunft aus.

6. Leseübung zur kyrillischen Schreibschrift

Bislang haben Sie nur mit der kyrillischen Druckschrift Bekanntschaft gemacht. Auch in den Sprechblasen unserer Illustrationen war der Text bis jetzt in Druckschrift dargestellt. Nun wollen wir langsam damit beginnen, Sie an die kyrillische Schreibschrift heranzuführen. In der Einleitung dieses Kurses finden Sie eine Liste von Wörtern, die einmal in Druck- und einmal in Schreibschrift dargestellt sind. (Diese Wörter werden am Beginn der Tonaufnahmen vor Lektion 1 gesprochen.)

Wenn Sie sich diese Liste ansehen, werden Sie sofort feststellen, daß es einige Buchstaben gibt, bei denen die Druckschriftversion ganz anders aussieht als die Schreibschriftversion, andere wiederum sind gleich oder ähneln sich stark.

Ab der nächsten Lektion werden Sie nun eine neue Übung vorfinden, in der Ihnen auf der linken Buchseite bekannte Sätze in Schreibschrift präsentiert werden, und zwar in Lektion 22 Sätze aus Lektion 1, in Lektion 23 Sätze aus Lektion 2, in Lektion 24 Sätze aus Lektion 3 usw. Versuchen Sie, diese Sätze zu lesen. Zur Kontrolle haben Sie die Druckschriftversion der Sätze auf der gegenüberliegenden Buchseite. Blättern Sie auch ruhig immer wieder zur Einleitung zurück, und vergleichen Sie die Buchstaben.

Auch in den Sprechblasen der Illustrationen werden die Texte ab Lektion 22 in Schreibschrift sein.

7. Schreibübung zur kyrillischen Schreibschrift

Zusätzlich wollen wir Ihnen auch die Gelegenheit geben, das Schreiben der kyrillischen Schreibschrift zu üben. Von Lektion 22-42 finden Sie hierzu am Ende jeder Lektion einige Linien. Kaufen Sie sich ein Schreibheft mit passender Lineatur, um noch mehr Platz für Ihre Schreibübung zur Verfügung zu haben. Progressiv demonstrieren wir Ihnen die Schreibweise und Strichführung aller Buchstaben des kyrillischen Alphabets.

8. Verständnis-/Formulierungsübung

Wenn Sie sich noch in der passiven Phase befinden, sollten Sie die folgende Übung – ähnlich wie in den normalen Lektionen – wie eine Verständnisübung behandeln, d.h. Sie sollten versuchen, den Sinn der Sätze zu erfassen. Befinden Sie sich in der aktiven Phase, können Sie versuchen, die deutschen Sätze auf Russisch zu formulieren.

Вы понимаете эти предложения?

❶ Чем вы занимаетесь? – У меня много работы. ❷ Как!? Вы работаете дома? ❸ Да, с удовольствием. Я пишу книгу, и эта работа мне нравится. ❹ Поздравляю вас! – Большое спасибо, и мне пора за работу. ❺ Я проголодался, пора за стол. ❻ Что ты будешь есть и пить? ❼ Сколько вам лет? ❽ Мне уже двадцать четыре года. А вам? ❾ Сегодня прохладно. ❿ А мне такая погода нравится.

▶ ДВАДЦАТЬ ВТОРОЙ УРОК

ДАВАЙТЕ ПОГУЛЯЕМ!

1 – У меня есть предложение:
2 давайте перед ужином немного погуляем. ①

Вы поняли?

❶ Womit beschäftigen Sie sich? – Ich habe viel Arbeit. ❷ Wie!? Sie arbeiten zu Hause? ❸ Ja, gerne. Ich schreibe ein Buch, und diese Arbeit gefällt mir. ❹ [Ich] gratuliere Ihnen! – Vielen Dank, und es ist Zeit zum Arbeiten. ❺ Ich bin hungrig (♂), es ist Zeit zum Essen. ❻ Was wirst du essen und trinken? ❼ Wie alt sind Sie? ❽ Ich bin schon 24 Jahre alt. Und Sie? ❾ Heute ist es kühl. ❿ Aber mir gefällt solch ein Wetter.

Mittlerweile ist Ihr Ohr schon recht gut für die typischen russischen Laute geschult, Sie haben sich mit den wichtigsten Ausspracheregeln vertraut gemacht, und mit dem Nachsprechen klappt es inzwischen auch schon relativ gut. Wir werden daher ab der nächsten Lektion eine weitere Neuerung einführen: Wir verzichten in den Lektionstexten auf die vereinfachte Lautschrift. Aber keine Sorge: Bei besonders schwierigen Wörtern oder Wörtern mit außergewöhnlicher Aussprache lassen wir Sie selbstverständlich nicht im Stich und geben Ihnen die phonetische Transkription an.

Hören Sie besonders aufmerksam die Tonaufnahmen an, und lassen Sie sich jeden Satz – vielleicht auch „häppchenweise" – so oft vorsprechen, bis Sie ihn problemlos verstehen und nachsprechen können.

22. Lektion

Lassen Sie uns spazieren gehen!

1 – Ich habe einen Vorschlag:
2 Lassen Sie uns vor dem Abendessen ein bißchen spazieren gehen.

ANMERKUNGEN

① Das Präfix **по-** verleiht dem Verb **гуля́ть** „spazieren gehen" eine Zukunftsbedeutung, die im Deutschen mit dem Futur wiedergegeben wird.

3 – С большим удовольствием! А куда мы пойдём? ②

4 – Сначала мы пройдём по Тверской до Пушкинской площади. ③④

5 – Я давно хотел посмотреть памятник Пушкину. ⑤

6 – Вот и прекрасно! Потом погуляем по Тверскому бульвару.

7 – Говорят, там очень красиво.

8 – Да, это моё любимое место в Москве.

9 – А на Арбат мы пойдём? ⑥

10 – Конечно, это в двух шагах. ⑦

11 – Я давно хотел пойти туда. ⑧

12 Там можно купить чудесные сувениры.

3 – Sehr gern (mit großem Vergnügen)! Und wohin werden wir gehen?
4 – Zuerst werden wir auf der Twerskaja[-Straße] bis zum Puschkin-Platz gehen (durchgehen).
5 – Ich wollte [schon] lange das Puschkin-Denkmal sehen.
6 – Das ist schön! Dann werden wir auf dem Twerskij-Boulevard spazieren gehen.
7 – Man sagt, [daß es] dort sehr schön ist.
8 – Ja, das ist mein Lieblingsplatz in Moskau.
9 – Und werden wir [auch] auf den Arbat gehen?
10 – Natürlich, es ist nicht weit (in zwei Schritten).
11 – Ich wollte [schon] lange dorthin gehen.
12 Dort kann man wunderschöne Souvenirs kaufen.

ANMERKUNGEN

② Auch das Verb **идти́** „gehen“ erhält durch das Präfix **по**- Zukunftsbedeutung: **Сейча́с я иду́ в лице́й** „Jetzt gehe ich ins Lyzeum“. **Ве́чером я пойду́ в кино́** „Am Abend werde ich ins Kino gehen“.

③ **пройдём** „wir werden durch ... gehen“ hat auch eine Zukunftsbedeutung, die das Verb **идти́** „gehen“ durch das Präfix **про-** „durch-“ erhält.

④ **по Тверско́й** „auf der Twerskaja“ läßt sich durch das Wort **у́лице** „Straße“ ergänzen. Die Twerskaja-Straße gehört zu den schönsten Straßen Moskaus.

⑤ Wenn auf **па́мятник** „Denkmal“ ein Name folgt, muß dieser im Dativ stehen: **Пу́шкину** „[dem] Puschkin“.

⑥ **Арба́т** „Arbat“ ist eine Fußgängerstraße, auf der viele Straßenkünstler (Musiker, Maler, Akrobaten, Zauberer) anzutreffen sind.

⑦ **в двух шага́х** „in zwei Schritten“ ist eine häufig verwendete Umschreibung für **недалеко́** „nicht weit“.

⑧ **туда́** „dorthin“ ist ein Adverb, das mit einem Bewegungsverb zu verwenden ist. **Там** „dort“ dagegen gibt den Ort (ohne Bewegung) an.

13 – Купим сувениры, а заодно и где-нибудь поужинаем. ⑨⑩

14 – Прекрасный план! Я готов. Идём.

Первое задание: Вы понимаете эти предложения?

❶ Давайте перед ужином немного погуляем. ❷ С удовольствием, я так хотел посмотреть Москву. ❸ Почему в лицее друзья звали Пушкина „Француз"? ❹ Потому, что он прекрасно говорил по-французски и знал очень хорошо французскую литературу. ❺ Вы не скажете, где можно купить сувениры? ❻ В двух шагах от Пушкинской площади есть чудесный сувенирный магазин.

Второе задание: Вставьте пропущенные слова!

❶ Ich habe einen Vorschlag: Lassen Sie uns ein bißchen spazieren gehen.

У меня есть . . . . : давайте . . . . погуляем.

❷ Und wo werden wir hingehen?

А куда мы . . . . . . ?

❸ Ich wollte [schon] lange das Puschkin-Denkmal sehen.

Я давно . . . . . посмотреть . . . . Пушкину.

❹ Das ist mein Lieblingsplatz in Moskau.

Это моё . . . . место в . . . .

❺ Dort kann man wunderbare Souvenirs kaufen.

. . . можно купить . . . . сувениры.

13 – Wir werden Souvenirs einkaufen, und gleichzeitig werden wir irgendwo zu Abend essen.
14 – Ein wunderbarer Plan! Ich bin bereit. Gehen wir.

ANMERKUNGEN

⑨ **Кýпим** impliziert etwas Zukünftiges und wird mit „wir werden einkaufen" übersetzt.

⑩ Die letzte Futurform in diesem Text, die mit dem Präfix **по-** gebildet wird, heißt **поýжинаем** „wir werden zu Abend essen".

Решение первого задания: Вы поняли?

❶ Lassen Sie/Laßt [uns] vor dem Abendessen ein bißchen spazieren gehen. ❷ Mit Vergnügen, ich wollte so [gern] Moskau sehen. ❸ Warum haben die Freunde im Lyzeum Puschkin „Franzose" genannt? ❹ Weil er wunderbar französisch sprach und sehr gut die französische Literatur kannte. ❺ Können Sie mir [bitte] sagen (sagen Sie nicht), wo man Souvenirs kaufen kann? ❻ Nicht weit (in zwei Schritten) vom Puschkin-Platz befindet sich (ist) ein wunderbares Souvenirgeschäft.

Решение второго задания: Пропущенные слова.

❶ предложение – немного ❷ пойдём ❸ хотел – памятник ❹ любимое – Москве ❺ Там – чудесные.

Mittlerweile sind Sie damit vertraut, daß die jeweilige Form des deutschen Verbs „sein" in vielen russischen Wörtern impliziert ist; wir haben dies in der Vergangenheit durch eckige Klammern in der deutschen Übersetzung gekennzeichnet. Sie verstehen jetzt Sätze wie ***Я готóв*** *„Ich bin bereit" und* ***Э́то моё люби́мое мéсто*** *„Das ist mein Lieblingsplatz" auch ohne diese Kennzeichnung. Wir werden daher ab dieser Lektion darauf verzichten.*

Leseübung zur kyrillischen Schreibschrift

Können Sie die folgenden Sätze aus Lektion 1 lesen?

① Добрый день! ② Как дела? ③ Вы куда? ④ А вы домой? ⑤ А в какой? ⑥ До свидания.

Schreibübung zur kyrillischen Schreibschrift

Sehen Sie sich die Schreibweise und Strichführung der kyrillischen Buchstaben an, und kopieren Sie sie in ein Schreibheft mit passender Lineatur.

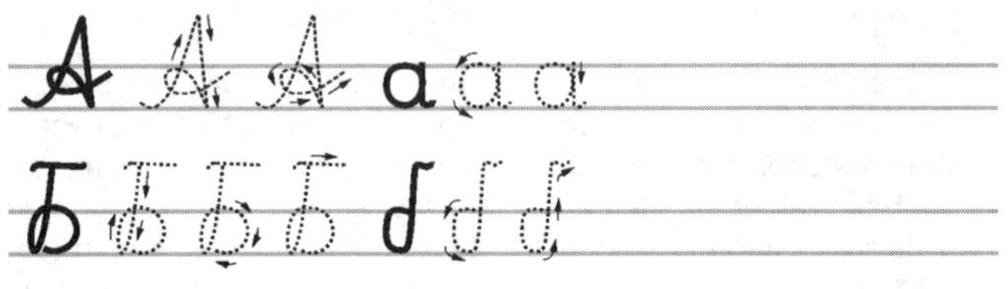

▶ ДВАДЦАТЬ ТРЕТИЙ УРОК

Я ВАС ПРОВОЖУ...

1 – Скаж**и**те, пож**а**луйста, как поп**а**сть на Арб**а**т? ①

2 – О, **э**то **о**чень пр**о**сто.

3 **Е**сли вы сп**е**шите, сад**и**тесь на тролл**е**йбус. ②

4 – А где здесь остан**о**вка?

ANMERKUNGEN

① Die Konstruktion **Как попа́сть на вокза́л?** „Wie komme ich zum Bahnhof?“ verwenden Sie, wenn Sie nicht wissen, ob der Ort, zu dem Sie gehen wollen, zu Fuß oder mit einem Verkehrsmittel zu erreichen ist.

Sätze aus Lektion 1 in Druckschrift

❶ Добрый день! ❷ Как дела? ❸ Вы куда? ❹ А вы домой? ❺ А в какой? ❻ До свидания.

Sehenswürdigkeiten Moskaus
Die Twerskaja-Straße trägt diesen Namen erst seit 1991; vorher hieß sie ca. 50 Jahre lang Gorki-Straße. Ebenso trug die Stadt Twer vorher lange Zeit den Namen Kalinin. Der Puschkin-Platz ist einer der schönsten Plätze Moskaus, und die Puschkin-Statue, die immer mit Blumen geschmückt ist, zieht jeden Tag zahlreiche Besucher an. Puschkin hatte wegen seiner Liebe zur französischen Literatur den Beinamen „der Franzose".

Von Seite 498 bis zum Ende des Buches finden Sie weitere Übungsseiten für die kyrillische Schreibschrift, auf denen noch einmal das gesamte kyrillische Alphabet zusammengefaßt ist.

23. Lektion

Ich werde Sie begleiten ...

1 – Sagen Sie, bitte, wie komme ich zum Arbat (wie kommen zum Arbat)?
2 – Ach, das ist sehr einfach.
3 Wenn Sie in Eile sind, nehmen Sie den Trolleybus (sie-setzen-sich auf Trolleybus).
4 – Und wo ist hier die Haltestelle?

ANMERKUNGEN

② **сади́тесь на авто́бус**, wörtlich „Sie setzen sich auf Bus", bedeutet „Nehmen Sie den Bus". Das Verb „nehmen" heißt **брать** und wird nur in Verbindung mit einem Taxi benutzt: **я беру́ такси́**.

5 – В двух шагах, за углом аптеки. ③

6 – А если я пойду пешком?

7 – Это совсем недалеко. Идите по бульвару прямо. ④

8 – Я боюсь заблудиться.

9 – Ну, что вы! Вы прекрасно говорите по-русски, а язык до Киева доведёт. ⑤⑥

10 – Но доведёт ли он меня до Арбата? ⑦

11 – Я вас провожу. ⑧

12 – Вы очень любезны. Спасибо вам. ⑨

13 – Ну, что вы! Это пустяки.

ПРОИЗНОШЕ́НИЕ

[*13* ... *PUßTjleKİ*]

5 – Nicht weit (in zwei Schritten), hinter der Ecke [bei der] Apotheke.
6 – Und wenn ich zu Fuß gehe (gehen werde)?
7 – Es ist gar nicht weit. Gehen Sie auf dem Boulevard geradeaus.
8 – Ich habe Angst, mich zu verirren.
9 – Ach, was (Sie)! Sie sprechen wunderbar russisch, und die Sprache führt [bis] nach Kiew.
10 – Aber [ob] mich die Sprache [bis] zum Arbat führen wird?
11 – Ich werde Sie begleiten.
12 – Sie sind sehr nett. Vielen Dank.
13 – Ach was (Sie)! Das [ist doch] nichts (Kleinigkeiten).

ANMERKUNGEN

③ Aus dem Wort **у́гол** „Ecke, Winkel" verschwindet im Instrumentalis das **-о-**: **за угло́м** „hinter der Ecke". Beachten Sie auch, wie die Sprecherin die beiden Wörter verbindet.

④ **Иди́те пря́мо до гости́ницы** [*GÅßTjINjITßÏ*]**!** ist die Imperativform, mit der Sie einer Person den Weg weisen: „Gehen Sie geradeaus bis zum Hotel!".

⑤ Mit dem Sprichwort **язы́к до Ки́ева доведёт** „die Sprache führt bis nach Kiew" drückt man aus, daß jemand eine Sprache so gut beherrscht, daß er sich damit überall zurechtfinden kann.

⑥ Beachten Sie hier die Verbindung des Verbs **ведёт** (von **вести́**) mit dem Präfix **до-** „führen", das Sie nicht mit der gleich lautenden Präposition **до** „nach" verwechseln sollten.

⑦ **ли** „ob" ist eine Fragepartikel, die in direkten Fragesätzen unübersetzt bleibt.

⑧ Der Infinitiv zu **провожу́** „ich begleite" ist **проводи́ть. Ты прово́дишь меня́ по го́роду** „Du begleitest mich durch die Stadt".

⑨ Im Russischen gibt es kurze und lange Adjektive. Die kurze Adjektivform, hier **любе́зны** „nett (Pl.)", wird nur zur Wiedergabe einer Eigenschaft des Subjekts benutzt und nicht dekliniert, d.h. es steht immer im Nominativ. Dies ist eine Besonderheit einiger slawischen Sprachen.

Первое задание: Вы понимаете эти предложения?

❶ Вы не боитесь заблудиться в Москве? ❷ Нет, что вы! У меня есть прекрасный план города. ❸ А потом, я знаю русский язык. ❹ Можно, я вас провожу до гостиницы? ❺ Вы очень любезны. Спасибо вам. ❻ У меня есть идея. Давайте погуляем перед обедом. ❼ Я готова. Давайте пойдём на Арбат, купим там сувениры и пообедаем.

Второе задание: Вставьте пропущенные слова!

❶ Sag bitte, wie komme ich zum Arbat?

Скажи, ... , как . . . . на Арбат?

❷ Wenn du in Eile bist, nimm (setzt dich auf) den Bus.

Если ты . . . . , садись на . . . .

Leseübung: Sätze aus Lektion 2

❶ *Алло!* ❷ *А кто говорит?* ❸ *Здравствуй, друг!* ❹ *Как я рад!* ❺ *Приходи!* ❻ *До встречи!*

Schreibübung

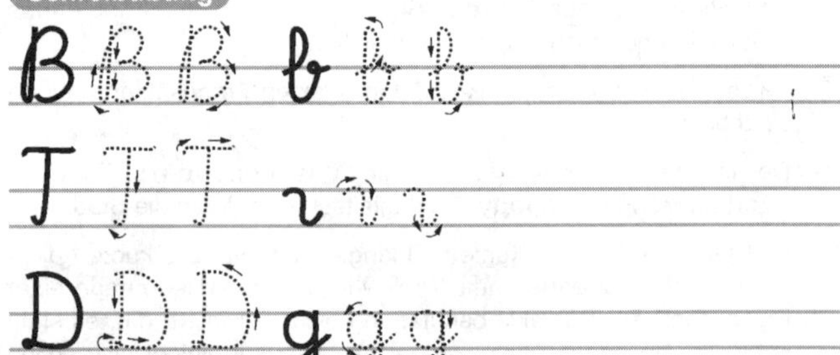

Решение первого задания: Вы поняли?

❶ Haben Sie keine Angst, sich in Moskau zu verirren? ❷ Nein, was [denken] Sie! Ich habe einen wunderbaren Stadtplan. ❸ Und außerdem (dann) kann ich Russisch. ❹ Kann ich Sie bis zum Hotel begleiten? ❺ Sie sind sehr nett. Vielen Dank. ❻ Ich habe eine Idee. Lassen Sie uns vor dem Mittagessen spazieren gehen. ❼ Ich bin bereit. Lassen Sie uns zum Arbat gehen, wir werden dort Souvenirs kaufen und zu Mittag essen.

❸ Wo ist hier die Bushaltestelle?

Где здесь . . . . ?

❹ Nicht weit (in zwei Schritten), hinter der Ecke [bei der] Bibliothek.

В двух . . . . . , за . . . . . библиотеки.

❺ Geh auf dem Boulevard geradeaus.

Иди прямо по . . . .

Решение второго задания: Пропущенные слова.

❶ пожалуйста – попасть ❷ спешишь – автобус ❸ остановка автобуса ❹ шагах – углом ❺ Бульвару.

Sätze aus Lektion 2 in Druckschrift

❶ Алло! ❷ А кто говорит? ❸ Здравствуй, друг! ❹ Как я рад! ❺ Приходи! ❻ До встречи.

Kiew

Bereits in Lektion 6 sind wir kurz auf Kiew eingegangen, die heutige Hauptstadt der Ukraine und Mittelpunkt des ukrainischen Kulturlebens. Kiew hat den Ruf, die Stadt der schönen Mädchen und der freundlichen Menschen zu sein. Wenn Sie einmal dorthin fahren, können Sie sich selbst mit Hilfe Ihrer Russischkenntnisse davon überzeugen, denn das Ukrainische ist dem Russischen sehr nah. Die zahlreichen Parks der Stadt laden zum Flanieren ein, und ein Konzert beim berühmten Chor der Oper ist mit Sicherheit ein Highlight für jeden interessierten Besucher.

▶ ДВАДЦАТЬ ЧЕТВЁРТЫЙ УРОК

МНЕ ПРИЯТНО ПОКАЗАТЬ МОСКВУ

1 – Мы почти пришли. Вы не устали? ①②

2 – Нет, нет, я совсем не устал.

3 Такая приятная прогулка! А что это за здание? ③

4 – Слева театр Маяковского.

5 А справа, обратите внимание, прекрасная церковь. ④

6 – Давайте подойдём к ней. Какая красота! ⑤

7 – В этой церкви венчался Пушкин. ⑥⑦

8 Да и жил он недалеко отсюда.

9 – Простите, не буду вас больше задерживать.

10 – А я никуда не спешу.

ПРОИЗНОШЕ́НИЕ

[*4 ... MAJIeKOFßKÅWÅ*]

ANMERKUNGEN

① **пришли́** „wir sind angekommen" setzt sich zusammen aus dem Infinitiv **идти́** „kommen, gehen" und dem Präfix **при-** „zu-".

② **Я уста́ла** „Ich bin müde geworden/ermüdet". Das Verb **уста́ть** „ermüden" wird häufig in der Vergangenheit benutzt, obwohl es sich auf die Gegenwart bezieht.

24. Lektion

[Es ist] mir angenehm, [Ihnen] Moskau zu zeigen

1 – Wir sind fast angekommen. Sind Sie nicht müde (ermüdet)?
2 – Nein, nein, ich bin gar nicht müde.
3 So ein angenehmer Spaziergang! Und was für [ein] Gebäude ist das?
4 – (Mit)links ist das Majakovskij-Theater.
5 Und (mit)rechts, achten Sie (wenden Sie Aufmerksamkeit) [auf] die wunderschöne Kirche.
6 – Lassen [Sie uns] näher herangehen (näherkommen zu ihr). Welche Schönheit!
7 – In dieser Kirche hat Puschkin geheiratet.
8 Er lebte sogar nicht weit von hier (sogar lebte er nicht weit von hier).
9 – Entschuldigen Sie, ich werde Sie nicht länger (mehr) aufhalten.
10 – Und ich bin (nirgendwo) nicht in Eile.

ANMERKUNGEN

③ **Что э́то за у́лица?** „Was für eine Straße [ist] das?". Nach der Präposition **за** „für, hinter" folgt ein Nominativ, was nur in dieser Konstruktion möglich ist.

④ **сле́ва, спра́ва** „links, rechts" benutzen Sie nur bei einer statischen Ortsangabe. Mit einem Bewegungsverb sagen Sie: **я иду́ нале́во, а он напра́во** „Ich gehe nach links und er nach rechts".

⑤ **Мы подойдём к до́му** „Wir kommen [näher] zum Haus". Das Präfix **под-** drückt die Annäherung an einen Ort aus.

⑥ Das Nomen **це́рковь** „Kirche" verliert in anderen grammatischen Fällen das **-о-**: **в, к це́ркви** „in, zu der Kirche".

⑦ **Алекса́ндр Пу́шкин** (1799-1837) ist einer der Klassiker der russischen Literatur. Zu seinen bedeutendsten Werken gehört der erste Roman, der komplett in Versen verfaßt wurde: „Eugen Onegin" (1833).

11 По утрам я репетирую, по вечерам играю в оркестре, а днём гуляю. ⑧⑨

12 – Мне повезло, что я познакомился с вами.

13 – Мне тоже очень приятно показать вам Москву.

Первое задание: Вы понимаете эти предложения?

❶ Я давно хотел посмотреть памятник Пушкину. – А вот он, смотри. ❷ А где жил Пушкин? – На Арбате, это в двух шагах. ❸ Если ты не устал, мы пойдём туда. ❹ Обратите внимание на это прекрасное здание. ❺ А это что за дом? ❻ Простите, я вас не задерживаю? ❼ Что вы, мне очень приятно показать вам Москву. ❽ Давайте здесь погуляем немного. Здесь так красиво! ❾ А потом я вас провожу до гостиницы. ❿ Вы очень любезны. Мне повезло, что я познакомился с вами.

Второе задание: Вставьте пропущенные слова!

❶ Abends spiele ich im Orchester.

По . . . . я играю . . . .

❷ Er [hat] Glück, daß er sie kennengelernt hat.

Ему . . . . , что он . . . . с . . . . .

❸ Mir [ist es] angenehm, Ihnen die Stadt zu zeigen.

. . . . показать . . . город.

11 Morgens [habe ich Proben] (probe ich), abends spiele ich im Orchester, und tagsüber gehe ich spazieren.

12 – Ich hatte Glück, daß ich Sie kennengelernt habe (mit Ihnen).

13 – Für mich (mir) ist es auch sehr angenehm, Ihnen Moskau zu zeigen.

ANMERKUNGEN

⑧ **По утра́м я репети́рую** „Morgens probe ich". Die Tätigkeit findet regelmäßig, an jedem Tag, statt. **У́тром я чита́ю** „Morgens lese ich" bedeutet, daß die Person häufig, aber nicht jeden Tag liest.

⑨ **в орке́стре**: Hier können Sie wieder feststellen, daß die Präpositionen mit dem nachfolgenden Bezugswort zusammengesprochen werden.

Решение первого задания: Вы поняли?

❶ Ich wollte [schon] lange das Puschkin-Denkmal sehen. – Und hier ist es, schau. ❷ Und wo lebte Puschkin? – Auf dem Arbat, es ist nicht weit (in zwei Schritten). ❸ Wenn du nicht müde (ermüdet) bist, werden wir dorthin gehen. ❹ Achten Sie (wenden Sie Aufmerksamkeit) auf dieses wunderschöne Gebäude. ❺ Und was für ein Haus [ist] das? ❻ Entschuldigen Sie, halte ich Sie nicht auf? ❼ Was [denken] Sie, mir ist es sehr angenehm, Ihnen Moskau zu zeigen. ❽ Lassen Sie uns hier ein bißchen spazieren gehen. Hier ist es so schön! ❾ Und dann werde ich Sie zum Hotel begleiten. ❿ Sie sind sehr nett. Ich habe Glück, daß ich [Sie] (mit Ihnen) kennengelernt habe.

❹ Lassen Sie uns zur Kirche zu gehen.

Давайте . . . . к . . . .

❺ Was für ein Haus [ist] das?

. . . . дом?

Leseübung: Sätze aus Lektion 3

❶ *Вы русский?* ❷ *Вы хорошо говорите по-русски.* ❸ *Простите, что вы говорите?* ❹ *Спасибо!* ❺ *Вы очень любезны.*

Schreibübung

Е Е е е е

Ж Ж Ж Ж

ж ж ж ж

▶ ДВАДЦАТЬ ПЯТЫЙ УРОК

КАКИЕ У ВАС ПЛАНЫ?

1 – Сколько дней вы будете в Москве? ①

2 – Ровно семь дней.

Решение второго задания: Пропущенные слова.

❶ вечерам – в оркестре ❷ повезло – познакомился – ней ❸ Мне приятно – вам ❹ подойдём – церкви ❺ Что это за.

Sätze aus Lektion 3 in Druckschrift

❶ Вы руссий? ❷ Вы хорошо говорите по-русски. ❸ Простите, что вы говорите? ❹ Спасибо! ❺ Вы очень любезны.

Alexander Puschkin

Puschkin ist der erste Russe, der sich in der Weltliteratur einen Namen gemacht hat und dort seinen unverwechselbaren Platz einnimmt. Man kann sagen, daß er die Grundlagen der russischen Literatur und der literarischen Sprache geschaffen hat. Sein erstes Gedicht veröffentlichte er schon 1814. Unter seinen zahlreichen Gedichten und Novellen ist nicht nur der oben schon erwähnte Roman „Eugen Onegin“, der als Roman in Versen die Grenzen zwischen Prosa und Poesie aufhebt und gleichzeitig ein ironisch gefärbtes Bild seiner Zeit wiedergibt, sondern auch das Trauerspiel „Boris Godunow“ (1825) oder das Gedicht „Der kupferne Reiter“ (1833). Zahlreiche Komponisten ließen sich von seinen Werken inspirieren. Noch heute, mehr als 150 Jahre nach seinem Tod, ist Puschkin überaus populär. Schon Kinder lesen seine Erzählungen, und seine Gedichte begeistern nach wie vor Jung und Alt.

25. Lektion

Welche Pläne [haben] Sie?

1 – Wie viele Tage werden Sie in Moskau bleiben (sein)?
2 – Genau sieben Tage.

ANMERKUNGEN

① Sie wissen schon, daß nach Mengenangaben der Genitiv Plural folgt: **не́сколько дней** „einige Tage“, **мно́го дней** „viele Tage“.

3 – Неделю? Это прекрасно. ②

4 Есть время и поработать, и посмотреть город. ③④

5 – К сожалению, времени у меня не так много. ⑤

6 – А какие у вас планы?

7 – В понедельник у меня встреча в университете. ⑥

8 Во вторник я делаю доклад. ⑦

9 – А среда, мне кажется, у вас свободный день?

10 – В среду я свободен, а в четверг я буду на конференции. ⑧

11 – А в пятницу я могу вас пригласить в гости?

12 – С удовольствием! Только вечером.

13 – Не забывайте, в субботу мы едем в Суздаль. ⑨

ANMERKUNGEN

② **Неде́лю** „Woche“ ist der Akkusativ von **неде́ля**. Die Akkusativform ohne Präposition wird benutzt, um die Dauer einer Handlung zu beschreiben.

③ Das Verb **рабо́тать** „arbeiten“ erhält durch das Präfix **по-** den Sinn „ein bißchen arbeiten“.

3 – Eine Woche? Das ist wunderbar.
4 [Man hat] (ist) Zeit, sowohl ein bißchen zu arbeiten als auch [sich] die Stadt anzuschauen.
5 – Leider [habe] ich nicht so viel Zeit.
6 – Und welche Pläne haben Sie?
7 – Am (im) Montag habe ich ein Treffen an der Universität.
8 Am (im) Dienstag [halte] (mache) ich einen Vortrag.
9 – Und der Mittwoch, scheint mir, ist bei Ihnen ein freier Tag?
10 – Am Mittwoch bin ich frei, und am Donnerstag werde ich auf einer Konferenz sein.
11 – Und am Freitag darf (kann) ich Sie einladen (in Gäste)?
12 – Gern! Nur am Abend.
13 – Vergessen Sie [es] nicht: Am Samstag fahren wir nach Susdal.

ANMERKUNGEN

④ In **посмотре́ть** „sehen" übernimmt das Präfix **по-** eine andere Rolle: Es beschreibt die Vollendung einer Handlung (perfektiver Aspekt): Die Stadt wird besichtigt. Mehr über die Aspekte bei den Verben in der Wiederholungslektion.

⑤ **У меня́ нет вре́мени, но у вас мно́го вре́мени** „Ich habe keine Zeit, aber Sie haben viel Zeit". Die Genitivformen, die auf **нет** und **мно́го** folgen, sind abgeleitet von **вре́мя** „Zeit".

⑥ Auf die Frage **Когда́**? „Wann?" benutzen Sie in der Antwort die Präposition **в** „in" + die Akkusativform des Wochentags: **в понеде́льник** „am (im) Montag".

⑦ Um die Aussprache der Präposition **в** vor den zwei aufeinanderfolgenden Konsonanten im Wort „Dienstag" **вто́рник** zu erleichtern, erhält sie ein unbetontes **-о**: **во вто́рник**.

⑧ Alle weiblichen Substantive auf **-ия**, wie z. B. **конфере́нция**, **Фра́нция**, haben im Lokativ die Endung **-ии**. **на конфере́нции** „auf der Konferenz", **во Фра́нции** „in Frankreich".

⑨ **Су́здаль** ist eine Stadt, die zum sog. „Goldenen Ring" der alten Städte mit einzigartigen Kulturdenkmälern und historischen Schätzen (Klöstern, Ikonen, Fresken) gehört.

14 – А в воскресенье я уезжаю в Санкт-Петербург. ⑩

15 – Но в любом случае мы найдём время посмотреть Москву.

Первое задание: Вы понимаете эти предложения?

❶ Сколько дней ты будешь в Москве? ❷ Ровно восемь дней. ❸ У неё есть время? ❹ К сожалению, у неё нет времени. ❺ Что они делают в среду? ❻ Среда у них свободный день. ❼ Я могу вас пригласить в гости? – С удовольствием. ❽ Не забывайте, в воскресенье мы едем в Суздаль. ❾ Хорошо, не забуду.

Второе задание: Вставьте пропущенные слова!

❶ Wie viele Tage werden Sie in Moskau bleiben?

Сколько .... вы ...... в ...... ?

❷ Ich weiß [es] noch nicht, aber nicht lange (viel).

Я ... не .... , но не ....

❸ Werden Sie freie Tage [haben]?

У вас .... ?

❹ Ja, wir arbeiten am Mittwoch und am Sonntag nicht.

Да, мы не .... в ..... и в ....

❺ [Ich habe] einen Vorschlag. Am Donnerstag abend werden wir ins Theater gehen.

. ... предложение. В .... мы ...... в театр.

14 – Und am Sonntag fahre ich nach St. Petersburg ab.
15 – Aber [auf jeden Fall] (im beliebigen Vorfall) werden wir die Zeit finden, Moskau anzuschauen.

ANMERKUNGEN

⑩ Den Gegensatz zum Präfix **при-** (Annäherung an einen Ort) bildet das Präfix **у-** (Entfernung von einem Ort): **он приезжа́ет в суббо́ту**, **но она́ уезжа́ет домо́й** „er kommt am Samstag an, aber sie fährt nach Hause ab".

Решение первого задания: Вы поняли?

❶ Wie viele Tage wirst du in Moskau bleiben (sein)? ❷ Genau acht Tage. ❸ Hat sie Zeit? ❹ Leider hat sie keine Zeit. ❺ Was machen sie am Mittwoch? ❻ Der Mittwoch ist bei ihnen ein freier Tag. ❼ Darf (kann) ich Sie zu Besuch einladen? – Gern. ❽ Vergessen Sie nicht: Am Sonntag fahren wir nach Suzdal. ❾ Gut, ich vergesse [es] nicht.

❻ Am Mittwoch werden wir ein bißchen arbeiten, und nach dem Mittagessen werden wir Moskau anschauen.

В среду . . . . а после . . . .

❼ Wann fahren Sie ab?

. . . . . вы . . . . ?

❽ Ich fahre am Samstag morgen ab.

Я . . . . . . в . . . .

Решение второго задания: Пропущенные слова.

❶ дней – будете – Москве ❷ ещё – знаю – очень много ❸ будут свободные дни ❹ работаем – среду – воскресенье ❺ У меня есть – четверг вечером – пойдём ❻ немного поработаем – обеда посмотрим Москву ❼ Когда – уезжаете ❽ уезжаю – субботу утром.

Leseübung: Sätze aus Lektion 4

❶ *Что ты делаешь?* ❷ *Учу русский язык.* ❸ *Правда?* ❹ *Конечно, говорю.* ❺ *Я всё понимаю.* ❻ *Всё ясно!* ❼ *Пока!*

Schreibübung

▶ ДВАДЦАТЬ ШЕСТОЙ УРОК

МЫ ЗНАКОМЫ СТО ЛЕТ

1 – Сто лет мы с в**а**ми знак**о**мы, а вы у мен**я** никогд**а** не были. ①②

2 – Да, зн**а**ете, всё дел**а**, дел**а**.

Sätze aus Lektion 4 in Druckschrift

❶ Что ты делаешь? ❷ Учу русский язык. ❸ Правда? ❹ Конечно, говорю. ❺ Я всё понимаю. ❻ Всё ясно! ❼ Пока!

Helfen Ihnen unsere kleinen humorigen Illustrationen, bestimmte Redewendungen und Ausdrücke besser im Gedächtnis zu behalten?

26. Lektion

Wir kennen [uns] seit Jahren

1 – Seit vielen Jahren (hundert Jahre) kennen wir [uns] (mit Ihnen), und Sie waren [noch] nie bei mir.

2 – Ja, wissen Sie, (alles) Geschäfte, Geschäfte.

ANMERKUNGEN

① **Сто лет** ist ein üblicher Ausdruck für „seit vielen Jahren“: **Сто лет я вас не ви́дел** „Ich habe Sie sehr lange (hundert Jahre) nicht gesehen“.

② In diesem Satz kommt die Ihnen schon bekannte doppelte Verneinung vor: **никогда́ не́ бы́ли у нас** „sie waren nie bei uns“.

3 – Русские говорят: все дела не переделаешь. ③

4 Оставьте всё и приходите к нам вечером. ④

5 – Как!? Прямо сегодня вечером?

6 – А что здесь такого? Приходите запросто.

7 Жена будет рада.

8 – Боюсь, ей не до меня. Она так много работает.

9 – Ничего, ничего. Завтра выходной. ⑤

10 – А потом, я знаю вас русских:

11 будете бегать по магазинам, готовить. ⑥

12 – У нас всё готово. Чем богаты, тем и рады. ⑦⑧

13 – Последнюю фразу я не поняла.

14 – Так русские говорят, когда хотят сказать, что будет всё просто, по-семейному.

15 – Согласна. А какой ваш адрес?

16 – Вот и хорошо. Пишите: улица Волгина, дом 6, квартира 14. ⑨

ANMERKUNGEN

③ Das Präfix **пере-** hat die Bedeutung „etwas zu Ende machen". **Он лю́бит чита́ть. Он перечита́л все кни́ги бра́та** „Er liest gerne. Er hat alle Bücher [seines] Bruders durchgelesen".

3 – Die Russen sagen: Es wird dir nicht gelingen, alles bis zum Ende zu machen (alle Sachen nicht du-machst-durch).
4 Lassen Sie alles [liegen], und kommen Sie am Abend zu uns.
5 – Wie!? Gleich (direkt) heute abend?
6 – Und was [ist dabei] (hier solches)? Kommen Sie einfach.
7 [Meine] Frau wird [sich] freuen (wird-sein froh).
8 – Ich fürchte, es paßt ihr nicht (ihr nicht zu mir). Sie arbeitet so viel.
9 – [Aber] nein, nein (nichts, nichts). Morgen ist ein freier Tag.
10 – Und dann, ich kenne euch (Sie) Russen:
11 Sie werden in die Geschäfte laufen, [Essen] zubereiten.
12 – Wir [haben] alles vorbereitet. Woran [wir] reich [sind], darüber [sind wir] auch froh.
13 – Den letzten Satz habe ich nicht verstanden.
14 – So sagen die Russen, wenn sie sagen wollen, daß alles einfach [sein] wird, (auf) familiär.
15 – [Ich bin] einverstanden. Und wie ist Ihre Adresse?
16 – Das ist gut (nun auch schön). Schreiben Sie: Wolginstraße, Haus 6, Wohnung 14.

ANMERKUNGEN

④ **приходи́те к нам** „kommen Sie zu uns". Das Präfix **при-** weist auf die Ankunft an einem Ort hin.

⑤ **выходно́й** oder **выходно́й день**: „freier Tag" oder „Urlaubstag".

⑥ **бе́гать по магази́нам** bedeutet auch „die Geschäfte abklappern".

⑦ **гото́во** „vorbereitet, fertig" ist eine Kurzform des Adjektivs **гото́вое** „[das] vorbereitete, fertige".

⑧ Auch hier handelt es sich um eine Kurzform im Plural: **бога́ты** „reich" vom Adjektiv **бога́тый** „[der] reiche".

⑨ Adressen schreibt man folgendermaßen: Zuerst das Land (**Росси́я**), dann die PLZ und die Stadt (**Москва́**), die Straße (**ул. Во́лгина, д. 6, кв. 14**) und zuletzt den Namen im Dativ (**Ивано́ву Влади́миру**).

17 А лучше я вас встречу у метро „Беляево“. ⑩

18 – Я буду ровно в семь.

19 – Ровно или чуть-чуть опоздаете? ⑪⑫

20 – Нет, нет, я буду минута в минуту.

Первое задание: Вы понимаете эти предложения?

❶ Чем вы занимаетесь вечером? ❷ Хочу посмотреть Москву, а потом поработать в гостинице. ❸ Оставьте всё и приходите к нам. ❹ Я с удовольствием приду, только я не знаю ваш адрес. ❺ Это недалеко отсюда. Идите по бульвару прямо до театра. ❻ Слева большое красивое здание. Это мой дом. ❼ Я боюсь заблудиться. ❽ Тогда я приду к вам в семь часов. ❾ Я буду очень рад.

Второе задание: Вставьте пропущенные слова!

❶ Sie wird Sie pünktlich um sechs an der U-Bahn[haltestelle] abholen (treffen).

Она . . . . у метро . . . .

❷ Kommen Sie einfach. [Meine] Frau wird [sich] freuen.

. . . . запросто. Жена . . . .

❸ Sie arbeitet so [viel], daß sie müde [ist] (ermüdete).

Она так . . . . , что она . . . .

❹ Bitte schreiben Sie meine Adresse auf.

Пожалуйста, ... мой адрес.

17 Und [es wird] besser [sein], [wenn] ich Sie an der U-Bahn[haltestelle] „Beljaewo“ abholen werde (treffe).

18 – Ich werde genau um sieben [da sein].

19 – Pünktlich, oder [werden] Sie etwas (wenig-wenig) später kommen?

20 – Nein, nein, ich werde [pünktlich] sein (Minute in Minute).

ANMERKUNGEN

⑩ **встре́чу** „ich treffe“ hat den Infinitiv **встре́тить**.

⑪ **чуть** alleine heißt „kaum, wenig“.

⑫ In Rußland ist es üblich, pünktlich zu einer Verabredung zu kommen.

Решение первого задания: Вы поняли?

❶ Womit beschäftigen Sie sich am Abend? ❷ [Ich] will [mir] Moskau anschauen und dann im Hotel ein bißchen arbeiten. ❸ Lassen Sie alles [liegen], und kommen Sie zu uns. ❹ Ich komme gern, ich kenne nur Ihre Adresse nicht. ❺ Es ist nicht weit von hier. Gehen Sie den Boulevard geradeaus bis zum Theater. ❻ Links [ist] ein großes schönes Gebäude. Das [ist] mein Haus. ❼ Ich fürchte, mich zu verirren. ❽ Dann komme ich um sieben Uhr zu Ihnen. ❾ Ich werde sehr froh sein.

❺ Wolginstraße, Haus 4, Wohnung 27.

. . . . . Волгина, ... , ... двадцать семь.

Решение второго задания: Пропущенные слова.

❶ вас встретит – ровно в шесть ❷ Приходите – будет рада ❸ работает – устала ❹ запишите ❺ Улица – дом четыре – квартира.

Leseübung: Sätze aus Lektion 5

❶ *Давайте познакомимся!* ❷ *С удовольствием!* ❸ *Меня зовут Наташа.* ❹ *Очень приятно.* ❺ *Какое красивое имя!* ❻ *Вы её знаете?* ❼ *А я его знаю!*

Schreibübung

Л Л л л

М М М м м м

Н Н Н н н н

▶ ДВАДЦАТЬ СЕДЬМОЙ УРОК

У МЕНЯ НОВАЯ КВАРТИРА

1 – Мне ка́жется, вы жи́ли ра́ньше в це́нтре Москвы́? ①

2 – Да, недалеко́ от Пу́шкинской пло́щади. ②

Sätze aus Lektion 5 in Druckschrift

❶ Давайте познакомимся! ❷ С удовольствием! ❸ Меня зовут Наташа. ❹ Очень приятно. ❺ Какое красивое имя! ❻ Вы её знаете? ❼ А я его знаю!

Sprechen Sie alle Sätze auch immer laut? Sie sollen lernen, Russisch zu sprechen, nicht nur zu lesen!

27. Lektion

Ich habe eine neue Wohnung

1 – [Es] scheint mir, [daß] Sie früher im Zentrum [von] Moskau lebten?

2 – Ja, nicht weit vom Puschkin-Platz.

ANMERKUNGEN

① **вы жи́ли** kann man mit „Sie lebten" oder „Sie wohnten" übersetzen.

② Die Präposition **от** „von" mit Genitiv gibt hier eine räumliche Entfernung an: **далекó от гóрода** „weit von der Stadt".

3 Но два года назад мы переехали. ③④

4 – У вас новая квартира?

5 – Да, мы купили квартиру в новом районе, ⑤

6 а старую оставили сыну.

7 – И вам нравится этот новый район?

8 – Конечно, работа рядом, лес в двух шагах, а главное, квартира отличная.

9 – А сколько у вас комнат? ⑥⑦

10 – Три: столовая, спальня, мой маленький кабинет и большая кухня. ⑧

11 Нам с женой вполне достаточно. ⑨⑩

12 – А на каком этаже вы живёте?

13 – На шестом, но я, представьте, поднимаюсь без лифта. ⑪⑫

ANMERKUNGEN

③ Die deutsche Zeitpräposition „vor“ wird mit dem Adverb **наза́д** „zurück“ übersetzt. Die Zeitangabe steht im Akkusativ und vor **наза́д**: **неде́лю наза́д** „vor einer Woche“.

④ **перее́хали**, wörtlich „sie fuhren hinüber“. Das Präfix **пере-** impliziert eine Bewegung an einen anderen Ort.

⑤ **купи́ли** „wir kauften“ vom **купи́ть** hat einen vollendeten Aspekt, da die Einmaligkeit der Handlung ausgedrückt wird.

⑥ Sie wissen schon, daß nach **ско́лько** „wie viele“ ein Genitiv folgt.

3 Aber [vor] zwei Jahren (zurück) sind wir umgezogen.
4 – Haben Sie eine neue Wohnung?
5 – Ja, wir haben eine Wohnung in einem neuen Bezirk gekauft,
6 und die alte [Wohnung] haben wir [unserem] Sohn überlassen.
7 – Und Ihnen gefällt dieser neue Bezirk?
8 – Natürlich, [meine] Arbeit ist nebenan, der Wald ist nicht weit, und die Hauptsache ist (das Hauptsächliche): Die Wohnung ist vorzüglich.
9 – Und wie viele Zimmer [haben] Sie?
10 – Drei: ein Eßzimmer, ein Schlafzimmer, mein kleines Arbeitszimmer und eine große Küche.
11 [Für mich und meine] Frau (uns mit Frau) ist es völlig ausreichend.
12 – Und in (auf) welchem Stockwerk wohnen Sie?
13 – Im fünften (auf sechsten), aber ich, stellen Sie sich vor, ich komme ohne Fahrstuhl nach oben (erhebe mich ohne Fahrstuhl).

ANMERKUNGEN

⑦ **У нас одна́ ко́мната, у вас три ко́мнаты, а у них семь ко́мнат** „Wir haben ein Zimmer, Sie haben drei Zimmer, und sie haben sieben Zimmer". **ко́мната** ändert seine Form in Abhängigkeit vom Zahlwort.

⑧ **столо́вая** ist ein weibliches Adjektiv von **стол** „Tisch". Wörtlich hieße es **столо́вая** (**ко́мната**) „Tischzimmer".

⑨ **Мы с жено́й/с бра́том** sagen Sie, wenn Sie meinen: „ich und meine Frau/mein Bruder". Das Personalpronomen „ich" wird durch den Plural „wir" ersetzt, und das Nomen steht im Instrumentalis.

⑩ Erinnern Sie sich an die Konstruktion mit dem Dativ zum Ausdruck eines Zustands: **мне поня́тно** „mir [ist es] verständlich"? Dasselbe treffen wir hier im Plural an: **нам доста́точно** „[es ist] uns ausreichend".

⑪ Die Russen zählen die Stockwerke anders als wir; das Erdgeschoß zählt als „1. Etage", daher: **на пе́рвом этаже́** „im Erdgeschoß", **второ́й эта́ж** „1. Stock", **пя́тый эта́ж** „4. Stock".

⑫ Nach der Präposition **без** folgt der Genitiv. **без ли́фта, без жены́** „ohne den Aufzug, ohne die Frau".

14 Надо быть в форме.
15 – Кстати, я тоже недавно переехал.
16 Теперь у меня маленький дом под Парижем. ⑬
17 – О! Собственный дом за городом, моя мечта...
18 – И моя тоже. Я счастлив, что она сбылась. ⑭
19 – Я вас поздравляю.

Первое задание: Вы понимаете эти предложения?

❶ Вы раньше жили под Москвой? ❷ Да, а теперь я купил квартиру в центре, недалеко от Арбата. ❸ А у меня собственный дом за городом. ❹ Моя мечта сбылась. – Я поздравляю. ❺ Вам нравится ваш новый район? ❻ Да, это моё любимое место в Москве. ❼ У вас большая квартира? ❽ Не очень, но нам с женой достаточно. ❾ Вы живёте на пятом этаже? ❿ Да, и поднимаюсь без лифта.

Второе задание: Вставьте пропущенные слова!

❶ Früher haben wir im Zentrum von Moskau gelebt.

Раньше мы . . . . в . . . . . . Москвы.

❷ Er ist vor zwei Jahren umgezogen.

Он . . . . два . . . .

❸ Sie haben eine neue Wohnung gekauft.

Они . . . . квартиру.

14 Man muß in Form sein.
15 – Übrigens, ich bin auch vor kurzem umgezogen.
16 Jetzt habe ich ein kleines Haus [im Vorort von] (unter) Paris.
17 – Ach! Ein eigenes Haus auf dem Land (hinter der Stadt), mein Traum ...
18 – Und meiner auch. Ich [bin] glücklich, daß sich [der Traum] (sie) erfüllte.
19 – Ich gratuliere Ihnen.

ANMERKUNGEN

⑬ Die Präposition **под** „unter" verbindet sich mit dem Instrumentalis. **под Парúжем**, **под Москвóй** bedeutet aber „im Vorort von Paris, von Moskau".

⑭ **Он счастлúв** „Er [ist] glücklich" ist die Kurzform vom Adjektiv **счастлúвый** „glücklich".

Решение первого задания: Вы поняли?

❶ Haben Sie früher [im Vorort von] (unter) Moskau gelebt? ❷ Ja, und jetzt habe ich eine Wohnung im Zentrum gekauft, nicht weit von Arbat. ❸ Und ich habe ein eigenes Haus auf dem Land. ❹ Mein Traum erfüllte sich. – Ich gratuliere. ❺ Gefällt Ihnen Ihr neuer Bezirk? ❻ Ja, das ist mein liebster (beliebter) Ort in Moskau. ❼ Haben Sie eine große Wohnung? ❽ Nicht sehr, aber uns (mit Frau) reicht [es]. ❾ Wohnen Sie im vierten (fünften) Stock? ❿ Ja, und ich komme ohne Fahrstuhl nach oben (erhebe mich ohne Fahrstuhl).

❹ In welchem Stockwerk wohnen Sie?

На .... вы живёте?

❺ Sie haben ein eigenes Haus.

У ... . дом.

Решение второго задания: Пропущенные слова.

❶ жили – центре ❷ переехал – года назад ❸ купили новую ❹ каком этаже ❺ них собственный.

Leseübung: Sätze aus Lektion 6

❶ *Скажите, кто это?* ❷ *Это мой брат.* ❸ *Как интересно!* ❹ *Я очень люблю театр.* ❺ *Я журналистка и работаю в газете.* ❻ *Я живу в Москве.* ❼ *О! Это очень красивый город!*

Schreibübung

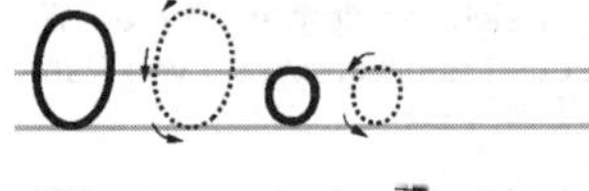

▶ ДВАДЦАТЬ ВОСЬМОЙ УРОК

ПОВТОРЕНИЕ И ЗАМЕТКИ

1. Deklination der Adjektive und Substantive

Anhand der folgenden Beispielsätze demonstrieren wir noch einmal die Kasusendungen in den unterschiedlichen Fällen.

Nominativ

Männlich: **У меня́ нóвый дом.** „Ich habe ein neues Haus."
Weiblich: **У нас нóвая маши́на.** „Wir haben ein neues Auto."

Genitiv

Männlich: **Э́то недалекó от гóрода.** „Es ist nicht weit von der Stadt."
Weiblich: **От Москвы́ до Кёльна** [*KJOLjNA*] **далекó.** „Von Moskau nach Köln ist es weit."

Sätze aus Lektion 6 in Druckschrift

❶ Скажите, кто это? ❷ Это мой брат. ❸ Как интересно! ❹ Я очень люблю театр. ❺ Я журналистка и работаю в газете. ❻ Я живу в Москве. ❼ О! Это очень красивый город!

28. Lektion

Dativ

Männlich: **Я идý к нóвому дóму.** „Ich gehe zu einem neuen Haus."

Weiblich: **Я идý к нóвой машúне.** „Ich gehe zu einem neuen Auto."

Akkusativ

Männlich: **Ты вúдишь нóвый дом?** „Siehst du das neue Haus?"

Weiblich: **Я вúжу тóлько нóвую машúну.** „Ich sehe nur ein neues Auto."

Instrumentalis

Männlich: **За нóвым дóмом парк.** „Hinter dem neuen Haus ist der Park."

Weiblich: **Пéред нóвой машúной стоят мальчишки.** „Vor dem neuen Auto stehen Jungen."

Präpositiv

Männlich: **Он счастли́в в нóвом дóме.** „Er [ist] glücklich in dem neuen Haus."

Weiblich: **Онá счастли́ва в нóвой кварти́ре.** „Sie [ist] glücklich in der neuen Wohnung."

2. Kurzform der Adjektive

Im Russischen können Adjektive, die eine Qualität beschreiben, neben den Langformen (**краси́вый**) auch Kurzformen (**краси́в**) haben. Sie werden nur prädikativ gebraucht (siehe Beispielsätze unten). Die Kurzformen gehören zum Bezugswort, das für die Geschlechtsendung (männlich: keine Endung, weiblich: -**а**, sächlich: -**о**) und Zahl (Plural: -**ы**) maßgeblich ist.

Langform	**Kurzform**
Männlich, Singular **краси́вый дом** „ein schönes Haus"	**Э́тот дом краси́в.** „Dieses Haus ist schön."
Weiblich, Singular **краси́вая дéвушка** „ein schönes Mädchen"	**Э́та дéвушка краси́ва.** „Dieses Mädchen ist schön."
Sächlich, Singular **краси́вое и́мя** „ein schöner Name"	**Э́то и́мя краси́во.** „Dieser Name ist schön."
Alle Geschlechter, Plural **краси́вые городá** „schöne Städte"	**Э́ти городá краси́вы.** „Diese Städte sind schön."

Die Kurzform ist nicht deklinierbar. Bei den männlichen Adjektiven kann ein flüchtiges -**е** erscheinen:

Я довóлен. „Ich [bin] zufrieden."
Э́тот актёр извéстен. „Dieser Schauspieler ist bekannt."

3. Verben der Bewegung

Die Verben der Bewegung werden in zwei Gruppen unterteilt. Zu der ersten Gruppe gehören Verben, deren Bewegung nur in eine Richtung verläuft:

Кудá ты идёшь? – Я иду́ в шкóлу. „Wohin gehst du? – Ich gehe in die Schule."

Zu der zweiten Gruppe gehören Verben, deren Bewegung in verschiedene Richtungen verläuft (eine Hinbewegung auf ein Ziel zu, der Aufenthalt dort und die Rückkehr von dort):

Вчера́ они́ ходи́ли по го́роду. „Sie sind gestern durch die Stadt gegangen."

Die Präfixe sind Träger neuer „Informationen", die dem Verb eine veränderte Bedeutung verleihen:

прийти́ „ankommen":

Он пришёл час наза́д. „Er ist vor einer Stunde angekommen."

Подойти́ „nähern, herantreten":

Она́ подошла́ к це́ркви. „Sie hat sich der Kirche genähert."

перейти́ „hinübergehen":

Мы перешли́ у́лицу. „Wir haben die Straße überquert."

пройти́ „durch-/entlanggehen":

Я прошёл по бульва́ру. „Ich bin den Boulevard entlang gegangen."

дойти́ „gelangen":

Мы дошли́ до це́ркви. „Wir sind bis zur Kirche gekommen."

4. Verbaspekte

Die meisten russischen Verben kommen als „Aspektpaare" vor, d.h. man unterscheidet den unvollendeten Aspekt (UV; imperfektiv) und den vollendeten Aspekt (V; perfektiv). Der Aspekt ist eine Aktionsart des Verbs, die eine Handlung danach beschreibt, ob sie vollendet ist oder nicht.

Der unvollendete (UV) Aspekt drückt eine Handlung ohne zeitliche Begrenzung (Bestehen, Dauer, Verlauf, Entwicklung, Wiederholung ohne Anfang und Ende) aus:

Ле́на чита́ет кни́гу. „Lena liest das Buch."

Die UV-Verben werden in Präsens, Futur und Präteritum verwendet.

Der vollendete Aspekt (V) bezeichnet eine Handlung, die zeitlich begrenzt ist (Eintreten, Resultat, Einmaligkeit):

Онá прочитáла кни́гу. „Sie las das Buch (durch).“

Die V-Verben haben keine Präsensformen; sie werden nur im Futur und Präteritum verwendet.

5. Präpositionen

Sie kennen schon die gängigsten Präpositionen. Wir haben sie hier für Sie noch einmal mit dem dazugehörigen Kasus zusammengestellt:

К + Dativ: „zu“:

Он подошёл к дóму. „Er hat sich dem Haus genähert.“

По + Dativ: „über, durch, längs, entlang“:

Мы прошли́ по э́той ýлице. „Wir gingen diese Straße entlang.“

За + Instrumentalis: „hinter, auf, um, an“:

Дом зá гóродом „Das Haus auf dem Lande (hinter der Stadt)“

Пéред + Instrumentalis: „vor“:

Он гуля́ет пéред ýжином. „Er geht vor dem Abendessen spazieren.“

Под + Instrumentalis: „unter, in der Nähe von“:

У неё дáча под Москвóй. „Sie hat ein Sommerhaus in der Nähe von Moskau.“

6. Zeitangaben

Die Zeit wird im Russischen oft im Akkusativ oder mit einer Präposition ausgedrückt. Hier einige Beispiele:

в семь часóв „um sieben Uhr“;
в дéсять часóв „um zehn Uhr“;
в понедéльник „am Montag“;
во втóрник „am Dienstag“;
в срéду „am Mittwoch“;
в четвéрг „am Donnerstag“;
в пя́тницу „am Freitag“;
в суббóту „am Samstag“;
в воскресéнье „am Sonntag“;
два гóда назáд „vor zwei Jahren (zwei Jahre zurück)“;
недéлю назáд „vor einer Woche (Woche zurück)“;
по вечерáм „abends“.

7. Verständnis-/Formulierungsübung

Wenn Sie sich noch in der passiven Phase befinden, sollten Sie die folgende Übung – ähnlich wie in den normalen Lektionen – wie eine Verständnisübung behandeln, d.h. Sie sollten versuchen, den Sinn der Sätze zu erfassen. Befinden Sie sich in der aktiven Phase, können Sie versuchen, die deutschen Sätze auf Russisch zu formulieren.

Вы понимаете эти предложения?

❶ У меня предложение. Давайте сейчас немного поработаем, а потом пойдём посмотрим Москву. ❷ Вы прекрасно знаете этот район? ❸ Я переехал сюда недавно, но это моё любимое место в Москве. ❹ Сколько дней вы будете в Москве? ❺ Ещё не знаю, но думаю, у меня будет время посмотреть Москву. ❻ Я сейчас свободен, давайте я вас провожу. ❼ Вы очень любезны, но моя гостиница в двух шагах. ❽ Я вас не видел сто лет, где вы были? ❾ Я отдыхал за городом. ❿ Там у меня есть маленький дом. ⓫ Приходите к нам вечером, мы вас ждём ровно в семь. ⓬ Я приду с удовольствием, только дайте мне ваш адрес.

Вы поняли?

❶ Ich habe einen Vorschlag. Lassen Sie uns jetzt ein bißchen arbeiten, und dann gehen wir Moskau besichtigen. ❷ Kennen Sie diesen Bezirk gut (wunderschön)? ❸ Ich bin vor kurzem hierher umgezogen, aber es ist mein liebster (beliebter) Ort in Moskau. ❹ Wie viele Tage werden Sie in Moskau bleiben (sein)? ❺ Ich weiß noch nicht, aber ich denke, ich werde Zeit haben, Moskau anzuschauen. ❻ Ich bin jetzt frei, lassen Sie mich [Sie] begleiten. ❼ Sie [sind] sehr nett, aber mein Hotel [ist] nicht weit. ❽ Ich habe Sie seit Jahren nicht gesehen (hundert Jahre), wo waren Sie? ❾ Ich ruhte mich auf dem Lande aus. ❿ Dort habe ich ein kleines Haus. ⓫ Kommen Sie am Abend zu uns, wir [er]warten Sie genau um sieben. ⓬ Ich komme gern, geben Sie mir nur Ihre Adresse.

Haben Sie herausgefunden, welches Wort im Text neu ist? Es war **отдыхáл** „ich ruhte mich aus“.

Leseübung: Sätze aus Lektion 8

❶ *Какая прекрасная фотография!*
❷ *Это моя семья.* ❸ *Какая молодая и*
красивая женщина! ❹ *Да, все так говорят.*
❺ *Спасибо за комплимент!* ❻ *А вот мой*
отец. ❼ *Ваша сестра замужем?*
❽ *Чудесные дети.*

Sätze aus Lektion 8 in Druckschrift

❶ Какая прекрасная фотография! ❷ Это моя семья. ❸ Какая молодая и красивая женщина! ❹ Да, все так говорят. ❺ Спасибо за комплимент! ❻ А вот мой отец. ❼ Ваша сестра замужем? ❽ Чудесные дети.

▶ ДВАДЦАТЬ ДЕВЯТЫЙ УРОК

Я ОДЕВАЮСЬ ПО МОДЕ

1 – Дорогая, а что мне надеть? ①

2 – Надень серый костюм и голубую рубашку. ②③

3 – Помоги мне, пожалуйста, выбрать галстук. ④⑤

ANMERKUNGEN

① **Что мне надéть?** oder **Что мне взять?** „Was [soll ich] (mir) anziehen?“.

Schreibübung

Wir werden ab jetzt immer mehr auf die eckigen und auch die runden Klammern in der deutschen Übersetzung der Lektionstexte verzichten. Der russische Satzbau birgt für Sie mittlerweile keine großen Geheimnisse mehr. Bei komplizierten oder ungewöhnlichen Wendungen lassen wir Sie selbstverständlich nicht im Stich und geben Ihnen eine wörtliche Übersetzung an die Hand.

29. Lektion

Ich kleide mich nach der Mode

1 – [Meine] Liebe, (und) was [soll] ich (mir) anziehen?
2 – Zieh den grauen Anzug und das blaue Hemd an.
3 – Hilf mir bitte, einen Schlips auszusuchen.

ANMERKUNGEN

② **Наде́нь** ist der Imperativ von **наде́ть** „anziehen" und verlangt auch im Russischen einen Akkusativ: **Наде́нь но́вую руба́шку!** „Zieh ein neues Hemd an!".

③ **костю́м** bezeichnet bei Männern den „Anzug", bei Frauen das „Kostüm".

④ **Помоги́** ist der Imperativ von **помо́чь** „helfen". Dieses Verb verbindet sich, wie im Deutschen, mit dem Dativ.

⑤ **га́лстук** ist bei Männern der „Schlips", bei Frauen das „Halstuch".

4	– Надень вот этот синий в полоску. ⑥
5	– А может, этот красный в горошек. ⑦
6	– Но он сюда совершенно не идёт.
7	– Ты так думаешь? А впрочем, ты, как всегда, права. ⑧⑨
8	– Кстати, туфли возьми чёрные, а не эти коричневые. ⑩
9	– Как ты скажешь, дорогая.
10	– Между прочим, в этом году летом будут носить рубашки без пуговиц. ⑪
11	– О! Значит, я уже почти десять лет одеваюсь по моде.
12	– Вот я и готова. Посмотри на меня. ⑫
13	– Ты просто великолепна! Как всегда. ⑬

4 – Zieh diesen (da) gestreiften [dunkel]blauen an.
5 – Und vielleicht (kann) diesen roten gepunkteten (in Tupfen).
6 – Aber er paßt (geht) überhaupt nicht hierzu (hierher).
7 – Meinst du (so)? Im übrigen [hast] du wie immer recht.
8 – Übrigens, nimm die schwarzen Schuhe, und nicht die braunen.
9 – Wie du sagst, meine Liebe.
10 – Unter (zwischen) anderem wird man (werden sie) in diesem Jahr im Sommer die Hemden ohne Knöpfe tragen.
11 – Oh! Das bedeutet, ich kleide mich [schon] fast zehn Jahre nach (auf) [der] Mode.
12 – Nun [bin] ich auch fertig. Schau mich an.
13 – Du [siehst] einfach großartig [aus]! Wie immer.

ANMERKUNGEN

⑥ Denken Sie bei der Aussprache daran, **в поло́ску** wie [*F PÅLOßKU*] auszusprechen.

⑦ Achtung auch bei der Aussprache von: **в горо́шек**: [*F GÅRrO-SCHEK*].

⑧ **впро́чем** spricht man [*FPRrOTSCHIeM*] aus.

⑨ **Ты права́** „du [hast] recht" ist eine kurze Adjektivform. **Он прав и вы пра́вы** „Er [hat] recht, sie [haben] auch recht."

⑩ Wieder eine Imperativform: **возьми́** „nimm" von **взять** „nehmen".

⑪ Allen weiblichen Substantiven auf **-а** „fehlt" dieser Buchstabe im Genitiv Plural: **пу́говица** „Knopf" – **без пу́говиц** „ohne Knöpfe".

⑫ Die letzte Imperativform in diesem Text ist **посмотри́** von **посмотре́ть** „anschauen".

⑬ **великоле́пна** „[sie ist] großartig" ist die weibliche Kurzform des Adjektivs. Die männliche Form ist **великоле́пен**, die Pluralform **великоле́пны**.

Первое задание: Вы понимаете эти предложения?

❶ Она всегда одевается по моде. ❷ А мне кажется, она о ней просто не думает, носит, что ей идёт. ❸ Вечером я свободен, и мы можем пойти в ресторан. ❹ Я очень рада, дорогой, а что мне надеть? ❺ Как тебе нравится этот костюм? ❻ О! Это моя мечта. Я обязательно куплю его. ❼ Скажите, пожалуйста, на каком этаже я могу купить галстук? ❽ На третьем этаже. Вы можете подняться на лифте. ❾ Посмотрите на эту девушку, она просто великолепна! ❿ Это моя дочь. Давайте подойдём к ней.

Второе задание: Вставьте пропущенные слова!

❶ Zieh den grauen Anzug und das blaue Hemd an.

Надень .... и ....

❷ In diesem Jahr im Sommer wird man (werden) rote Hemden tragen.

В .... летом, ... красные рубашки.

❸ Ich kleide mich [seit] 15 Jahren nach der Mode.

Я .... лет .... по моде.

Leseübung: Sätze aus Lektion 9

❶ *Вот это сюрприз!* ❷ *Я думаю, что это не легко.* ❸ *Какие у неё глаза?* ❹ *Нет, нет! Она блондинка.* ❺ *Она высокая, как ты?* ❻ *Но у неё прекрасная фигура.* ❼ *Она тебе нравится?* ❽ *Да, это абсолютно верно!*

Решение первого задания: Вы поняли?

❶ Sie kleidet sich immer nach der Mode. ❷ Und mir scheint, sie denkt einfach nicht darüber nach (über sie), [sie] trägt, was ihr paßt. ❸ Am Abend bin ich frei, und wir können ins Restaurant gehen. ❹ Ich bin sehr froh, Liebster (Lieber), und was soll ich (mir) anziehen? ❺ Wie gefällt dir dieser Anzug? ❻ Oh! Das ist mein Traum. Ich kaufe ihn bestimmt. ❼ Sagen Sie, bitte, in welchem Stockwerk kann ich einen Schlips kaufen? ❽ Im zweiten (dritten) Stock. Sie können mit dem Fahrstuhl fahren (sich erheben). ❾ Schauen Sie dieses Mädchen an, sie [ist] einfach großartig! ❿ Das [ist] meine Tochter. Lassen Sie uns ihr zu gehen.

❹ Du [bist] einfach großartig, wie immer.

Ты просто . . . . , как . . . .

❺ Wir [sind] bereit. Wir werden genau um (in) acht [Uhr] dort sein.

Мы . . . . Мы будем . . . .
. . . .

Решение второго задания: Пропущенные слова.

❶ серый костюм – голубую рубашку ❷ этом году – будут носить ❸ пятнадцать – одеваюсь ❹ великолепен – всегда ❺ готовы – там ровно в восемь.

Sätze aus Lektion 9 in Druckschrift

❶ Вот это сюрприз! ❷ Я думаю, что это не легко. ❸ Какие у неё глаза? ❹ Нет, нет! Она блондинка. ❺ Она высокая, как ты? ❻ Но у неё прекрасная фигура. ❼ Она тебе нравится? ❽ Да, это абсолютно верно!

Schreibübung

ТРИДЦАТЫЙ УРОК

ОДИН УМ ХОРОШО, А ДВА ЛУЧШЕ

1 – Почему ты такой грустный? ①

2 – Я не грустный, а озабоченный.

3 – Что? Есть проблемы?

4 – К счастью, нет, но скоро праздники... ②③

5 – Так это же хорошо, отдохнём. ④

6 – Да, но подарки! Ты же знаешь, какая у меня семья!

7 Вот и ломаю голову, кому что купить. ⑤

8 – А я эту проблему решил просто. ⑥

9 – Прости, а каким образом?

10 – Я купил жене очень дорогую посуду. ⑦

11 – А почему очень дорогую?

ANMERKUNGEN

① Denken Sie daran, daß bei der Aussprache von **гру́стный** „traurig“ das **-t-** wegfällt.

② Erinnern Sie sich noch an die Wendung **к сожале́нью** (zum Bedauern) „leider“? Auch **к сча́стью** „zum Glück“ wird mit **к** + Dativ gebildet.

③ Auch hier fällt beim Sprechen der Buchstabe **-d-** weg: **пра́здники** „Feste“.

30. Lektion

Ein Gehirn [ist] gut, aber zwei [sind] besser

1 – Warum [bist] du so traurig?
2 – Ich [bin] nicht traurig, sondern besorgt.
3 – Was? Gibt es (sind) Probleme?
4 – Zum Glück nicht (nein), aber bald [sind] Feste ...
5 Das (so) ist doch gut, wir [werden uns] erholen.
6 – Ja, aber die Geschenke! Du weißt doch, was für eine Familie ich habe!
7 Nun zerbreche ich [mir] (auch) den Kopf, wem [ich] was kaufen [soll].
8 – Und ich habe dieses Problem auf einfache Weise gelöst.
9 – Entschuldige, und wie (durch was für ein Bild)?
10 – Ich habe [meiner] Frau ein sehr teures Geschirr gekauft.
11 – Und warum sehr teuer?

ANMERKUNGEN

④ **отдохнём** von **отдохну́ть на мо́ре** „sich am Meer erholen" ist ein Verb mit dem vollendeten Aspekt, der an der Nachsilbe **-ну́-** zu erkennen ist. Das Pendant für den unvollendeten Aspekt ist **отдыха́ть**.

⑤ **Кому́ ты купи́л пода́рок? – Жене́** „Wem kauftest du das Geschenk? – [Meiner] Frau". **Кому́ ?** „Wem?" ist der Dativ des Fragepronomens **кто?** „wer?".

⑥ Das Aspektpaar ist **реша́ть** (UV)/**реши́ть** (V) „lösen". **Я до́лго реша́л э́ту пробле́му, но я её уже́ реши́л** „Ich habe lange versucht, dieses Problem zu lösen (löste lange dieses Problem), aber ich habe es schon gelöst".

⑦ **Я купи́л посу́ду** „ich kaufte das Geschirr". Das Aspektpaar ist **покупа́ть** (UV)/**купи́ть** (V). Es ist allerdings eine Ausnahme: Die meisten Verben mit dem Präfix **по-** drücken eine vollendete Handlung aus!

12 – А теперь она больше не будет меня заставлять мыть посуду.

13 – А между прочим, не купить ли мне самый дорогой сервиз? ⑧⑨

14 – Прекрасная идея! Вот видишь, как всё просто решается.

15 – Недаром говорят, один ум хорошо, а два лучше. ⑩⑪⑫

Первое задание: Вы понимаете эти предложения?

❶ Скоро праздники. Мы будем отдыхать дома. ❷ В праздники мы хорошо отдохнём. ❸ Где вы отдыхали? – Я отдыхал дома. ❹ Вы хорошо отдохнули? – Я отдохнул прекрасно. ❺ Я долго решал проблему, что купить жене. ❻ Мой друг решил проблему просто. ❼ Где ты была? – В магазине. Хотела купить подарок мужу. ❽ А что ты купила? – Я купила красивый галстук в полоску.

12 – (Und) sie wird jetzt nicht mehr von mir verlangen, Geschirr zu spülen.
13 – Und übrigens, [soll] ich (mir) nicht das teuerste Service kaufen?
14 – Eine wunderbare Idee! Nun siehst du, wie sich alles einfach löst.
15 – Nicht ohne Grund sagt man (sagen sie): Ein Gehirn [ist] gut, aber zwei [sind] besser.

ANMERKUNGEN

⑧ **ли** ist eine Fragepartikel, die in indirekten Fragesätzen mit „ob" und in direkten Fragesätzen nicht übersetzt wird.

⑨ Mit **са́мый** wird der Superlativ (höchste Steigerungsstufe) gebildet: **са́мый дорого́й серви́з** „des teuerste Service".

⑩ Die unpersönliche Konstruktion wird durch die 3. Person Plural wiedergegeben: **говоря́т, он купи́л большо́й дом** „man sagt, [daß] er ein großes Haus kaufte".

⑪ **лу́чше** „besser" ist der Komparativ von **хорошо́** „gut". **я говорю́ по-ру́сски хорошо́, а он лу́чше** „ich spreche russisch gut, aber er [spricht es] besser".

⑫ Das „Gehirn" im anatomischen Sinn heißt **мозг**, **ум** bezeichnet eher „Geist, Verstand, Sinn".

Решение первого задания: Вы поняли?

❶ Bald [sind] Feste. Wir werden uns zu Hause erholen. ❷ Während der Feste (in) werden wir [uns] gut erholen. ❸ Wo haben Sie [sich] erholt? – Ich habe [mich] zu Hause erholt. ❹ Haben Sie [sich] gut erholt? – Ich habe [mich] wunderbar erholt. ❺ Ich habe lange versucht, das Problem zu lösen (löste lange das Problem), was ich [meiner] Frau kaufen [soll]. ❻ Mein Freund löste [dieses] Problem auf einfache Weise. ❼ Wo warst du? – Im Geschäft. Ich wollte ein Geschenk [für meinen] Mann kaufen. ❽ Und was hast du gekauft? – Ich kaufte einen schönen gestreiften Schlips (in Streifen).

Второе задание: Вставьте пропущенные слова!

1 Warum bist du so traurig? Gibt [es] Probleme? – Zum Glück nicht.

...... ты такой .... ? Есть .... ? – К .... нет.

2 Wie hast du dieses Problem gelöst? – Ich habe [meiner] Frau ein sehr teures Geschirr gekauft.

Каким образом ты ..... эту проблему? – Я ..... жене очень ....

3 Und [soll] ich (mir) nicht ein Service für (auf) sechs Personen kaufen?

А не купить .. .. на шесть персон?

4 Eine wunderbare Idee! Nun siehst du, wie sich alles einfach löst.

.... идея! Вот ...... , как всё просто .... !

Leseübung: Sätze aus Lektion 10

1 А, Леночка, рад тебя слышать! 2 Где ты был утром? 3 Утром я был в университете. 4 Какой ты молодец! 5 Мне стыдно! 6 Ну что ты! У тебя каникулы. 7 У меня вопрос. Ты вечером свободен? 8 И мы идём в кино.

❺ Nicht umsonst sagt man: „Ein Gehirn ist gut, aber zwei [sind] besser“.

Недаром .... , „Один ум ...... , а два ..... “.

Решение второго задания: Пропущенные слова.

❶ Почему – грустный – проблемы – счастью ❷ решил – купил – дорогую посуду ❸ ли мне сервиз ❹ Прекрасная – видишь – решается ❺ говорят – хорошо – лучше.

Sätze aus Lektion 10 in Druckschrift

❶ А, Леночка, рад тебя слышать! ❷ Где ты был утром? ❸ Утром я был в университете. ❹ Какой ты молодец! ❺ Мне стыдно! ❻ Ну что ты! У тебя каникулы. ❼ У меня вопрос. Ты вечером свободен? ❽ И мы идём в кино.

Schreibübung

▶ ТРИДЦАТЬ ПЕРВЫЙ УРОК

СМЕХ ЛЕЧИТ ВСЕ БОЛЕЗНИ

1 – У вас нет таблетки от головы? ①
2 – Вот, пожалуйста, аспирин. А что случилось?
3 – Наверное, я очень устала, поздно легла, плохо спала. ②③
4 – Может быть, у вас температура?
5 Ну, конечно же, лоб горячий и совсем больные глаза.
6 – Наверное, я простудилась. ④
7 – Вам нужно срочно обратиться к врачу. ⑤
8 – Нет, лучше я пойду домой, посплю, отдохну, а завтра буду как огурчик. ⑥⑦
9 – А может, вам дать адрес хорошего врача?
10 Он вылечил мою жену за несколько минут. ⑧
11 – Да? Каким образом?

ANMERKUNGEN

① Es ist nützlich, sich diese Konstruktion zu merken: **У меня́ табле́тка от се́рдца** „Ich habe eine Tablette gegen (von) Herz[schmerzen]".

② **по́здно** „spät" wird ohne -**d**- in der Mitte ausgesprochen.

③ **легла́** „legte mich" hat den Infinitiv **лечь**. Erinnern Sie sich an die Form **могла́** „sie konnte" mit dem Infinitiv **мочь**?

31. Lektion

Lachen heilt alle Krankheiten

1 – Haben Sie nicht eine Tablette gegen (von) Kopf[schmerzen]?
2 – Hier [ist], bitte, Aspirin. Und was ist passiert?
3 – Wahrscheinlich [bin] ich sehr müde (ermüdete), legte mich spät ins Bett, [und habe] schlecht geschlafen.
4 – Könnte (kann) [es] sein, [daß] Sie Fieber haben?
5 Na, natürlich, die Stirn [ist] heiß, und [Sie haben] ganz kranke Augen.
6 – Wahrscheinlich habe ich mich erkältet.
7 – Sie müssen sich dringend an (zu) den Arzt wenden.
8 – Nein, ich werde besser nach Hause gehen, [ich werde ein bißchen] schlafen, mich erholen, und morgen werde ich frisch (wie ein Gürkchen) sein.
9 – Und könnte (kann) ich Ihnen die Adresse eines guten Arztes geben?
10 Er hat meine Frau in (hinter) wenigen Minuten geheilt.
11 – Ja? Wie denn (mit welcher Art)?

ANMERKUNGEN

④ **У меня́ грипп** „Ich habe eine Grippe“ sagen Sie nur, wenn dies als Diagnose feststeht.

⑤ Diese Konstruktionen umschreiben „müssen“: **мне ну́жно рабо́тать** „ich muß arbeiten, es ist notwendig, zu arbeiten“ oder die Verstärkung **мне на́до рабо́тать** .

⑥ Das Aspektpaar ist **спать** (UV)/**поспа́ть** (V): **я посплю́** „ich werde ein bißchen schlafen“. Den vollendeten Aspekt erhält das Verb durch das Präfix **по-** .

⑦ Im Russischen umschreibt man „frisch sein“ durch den Vergleich mit einer jungen Gurke: **Ты сего́дня как огу́рчик** „Du [bist] heute wie ein Gürkchen“.

⑧ **лечи́ть** (UV)/**вы́лечить** (V) „heilen“: Durch das Präfix **вы-** erhält das Verb den vollendeten Aspekt.

12 – Он сказал ей, что её болезни – это симптом старости.
13 – Ах! Вы всегда шутите. ⑨
14 А впрочем, мне стало лучше. ⑩
15 – Вот видите, смех лечит все болезни.

Первое задание: Вы понимаете эти предложения?

❶ Что случилось? Почему ты такой грустный? ❷ Всю неделю я много работал, наверное очень устал. ❸ У тебя совсем больные глаза. Ты не простудилась? ❹ Нет, мне нужно хорошо отдохнуть. ❺ Где ты будешь отдыхать летом? ❻ Я буду отдыхать на море и, как всегда, хорошо отдохну. ❼ Говорят, у тебя большой дом в пригороде. ❽ Да, я туда переехал недавно, а квартиру в центре оставил сыну. ❾ Спасибо тебе, ты мне помог решить эту проблему. ❿ Вместе всё просто решается: один ум хорошо, а два лучше.

Второе задание: Вставьте пропущенные слова!

❶ Was ist passiert? – Wahrscheinlich bin ich sehr müde (ermüdete).

Что . . . . ? – Наверное, я очень . . . .

❷ Spät legte [ich mich ins Bett, und] ich habe schlecht geschlafen.

Поздно . . . . . , плохо . . . . . .

❸ Sie haben eine heiße Stirn und kranke Augen.

У вас . . . . и . . . .

12 – Er hat ihr gesagt, daß ihre Krankheiten ein Symptom des (hohen) Alters [sind].
13 – Ach! Sie [machen] immer Spaß.
14 Und im übrigen, mir geht [es] (ist geworden) besser.
15 – Nun sehen Sie: Lachen heilt alle Krankheiten.

ANMERKUNGEN

⑨ Um den vollendeten Aspekt des Verbs **шути́ть** (UV) „Spaß machen" zu erhalten, müssen Sie nur das Präfix **по-** voranstellen.

⑩ **ста́ло** „es geht" ist eine unpersönliche Konstruktion: **ему́ ста́ло лу́чше** „ihm geht es besser".

Решение первого задания: Вы поняли?

❶ Was [ist] passiert? Warum [bist] du so traurig? ❷ Die ganze Woche habe ich viel gearbeitet, wahrscheinlich [bin ich] sehr müde (ermüdete). ❸ Du hast ganz kranke Augen. Hast du dich nicht erkältet? ❹ Nein, ich muß mich gut ausruhen. ❺ Wo wirst du dich im Sommer erholen? ❻ Ich werde mich am Meer erholen, und [mich] wie immer gut erholen. ❼ Man sagt, du hast ein großes Haus im Vorort. ❽ Ja, ich bin vor kurzem umgezogen, und die Wohnung im Zentrum habe ich dem Sohn gelassen. ❾ Danke dir, du hast mir geholfen, dieses Problem zu lösen. ❿ Zusammen löst sich alles auf einfache Weise: Ein Gehirn ist gut, aber zwei sind besser.

❹ Wahrscheinlich habe ich mich erkältet.

Наверное я . . . .

⑤ Könnte (kann) ich Ihnen die Adresse eines guten Arztes geben?

Может быть вам .... адрес .... врача?

⑥ Mir geht es (ist geworden) besser. Lachen heilt alle Krankheiten.

Мне ..... лучше. Смех ..... все ....

Leseübung: Sätze aus Lektion 11

① *Что ты здесь делаешь?* ② *Так, ничего. Гуляю.* ③ *А ты куда идешь?* ④ *У меня свидание, но деловое.* ⑤ *Но извините, я должен идти.* ⑥ *Да и третий лишний.*

Schreibübung

Х Х Х х х х

▶ ТРИДЦАТЬ ВТОРОЙ УРОК

ПРЕКРАСНОЕ СРЕДСТВО

1 – Чем вы занимаетесь в свободное время? ①

2 – К сожалению, в последнее время у меня нет минуты свободного времени. А вы?

Решение второго задания: Пропущенные слова.

❶ случилось – устала ❷ легла – спала ❸ горячий лоб – больные глаза ❹ простудилась ❺ дать – хорошего ❻ стало – лечит – болезни.

Sätze aus Lektion 11 in Druckschrift

❶ Что ты здесь делаешь? ❷ Так, ничего. Гуляю. ❸ А ты куда идёшь? ❹ У меня свидание, но деловое. ❺ Но извините, я должен идти. ❻ Да и третий лишний.

Jetzt nähern Sie sich schon mit großen Schritten der „2. Welle“ (nähere Erklärungen hierzu finden Sie am Ende von Lektion 35). Haben Sie vielleicht einiges schon wieder vergessen? Zwei wichtige Tips gegen das Vergessen sind: Wiederholen und Regelmäßigkeit. Aber versuchen Sie auch eigene Methoden zum besseren Speichern des Lernstoffs zu entwickeln, denn jeder Mensch lernt unterschiedlich. Übrigens, einige Studien wollen herausgefunden haben, daß man Dinge, die man unmittelbar vor dem Schlafen lernt, besser im Gedächtnis behalten kann. Versuchen Sie es doch mal mit Assimil als Bettlektüre, und blättern Sie einige der schon bearbeiteten Lektionen vor dem Einschlafen noch einmal durch.

32. Lektion

Ein wunderbares Mittel

1 – Womit beschäftigen Sie sich in Ihrer Freizeit?
2 – Leider habe ich in der letzten Zeit keine Minute Freizeit. Und Sie?

ANMERKUNGEN

① Achtung! Lautet die Frage **Чем вы занимáетесь?**, so bedeutet dies „Was sind Sie von Beruf?“.

3 – Я увлекаюсь спортом и музыкой. Музыка моя слабость. ②

4 – А я уже сто лет не был в театре.

5 Каждый вечер работаю над докладом. ③

6 – И конечно же, плохо засыпаете?

7 – Нет, засыпаю нормально, у меня есть прекрасное средство.

8 – Наверное, вы перед сном гуляете? ④

9 – Нет, что вы! Мне некогда, да и лень выходить на улицу. ⑤

10 – Неужели вы пьёте снотворное? ⑥

11 – Ни в коем случае! Я перед сном читаю свой доклад. ⑦⑧

3 – Ich begeistere mich für Sport und Musik. Musik [ist] meine Vorliebe (Schwäche).

4 – Und ich war schon seit langem (hundert Jahre) nicht [mehr] im Theater.

5 Jeden Abend arbeite ich an [meinem] (über) Referat.

6 – Und natürlich schlafen Sie schlecht ein?

7 – Nein, ich schlafe normal ein, ich habe ein wunderbares Mittel.

8 – Wahrscheinlich gehen Sie vor dem Einschlafen (Traum) spazieren?

9 – Nein, was [denken] Sie! Ich habe keine Zeit, sogar [habe ich] keine Lust (Trägheit), auszugehen (auf Straße).

10 – Kann es sein, daß Sie Schlafmittel (Traumbildendes) einnehmen (trinken)?

11 – In keinem Fall! Ich lese vor dem Einschlafen (Traum) mein Referat.

ANMERKUNGEN

② Dem Verb **увлека́юсь** „ich beschäftige mich leidenschaftlich“ folgt im Russischen der Instrumentalis. Man könnte auch antworten: **я люблю́ му́зыку** „ich mag (liebe) Musik“.

③ Die Präposition **над** erfordert den Instrumentalis: **над докла́дом** „über Referat“.

④ Die nächste Präposition mit dem Instrumentalis ist **пе́ред**: **пе́ред сном** „vor dem Einschlafen“.

⑤ **на у́лицу** heißt zwar wörtlich „auf [die] Straße“, aber hier ist „außerhalb des Hauses“ gemeint.

⑥ Auf **неуже́ли** „kann es sein, ist es möglich“ folgt eine negative Antwort. Es könnte auch mit „wirklich“ übersetzt werden. **Неуже́ли ты игра́ешь в ша́хматы?** „Wirklich, du spielst Schach?“ oder „Kann es sein, daß du Schach spielst?“.

⑦ **Ни** ist die Negationspartikel.

⑧ Bei **я чита́ю свой докла́д** „ich lese mein [eigenes] Referat“ ist **свой** ein reflexives Possessivpronomen, das sich auf das Subjekt des Satzes bezieht. **Он чита́ет свой докла́д** „er liest sein [eigenes] Referat“ (nicht das einer anderen männlichen Person).

Первое задание: Вы понимаете эти предложения?

❶ Говорят, что вы увлекаетесь спортом. ❷ Да, я играю в футбол и баскетбол. ❸ Уже много лет спорт моя слабость. ❹ А я люблю музыку. Особенно мне нравится джаз. ❺ В университете я играл на саксофоне. ❻ А вы любите музыку? ❼ К сожалению, в последнее время у меня нет минуты послушать музыку. ❽ Но я очень люблю классику. ❾ Мне стыдно, но я уже сто лет не был в театре. ❿ Давайте пойдём в театр сегодня вечером. ⓫ Я давно хотел посмотреть „Три сестры“ Чехова. ⓬ Сегодня хорошая погода. Давайте погуляем. ⓭ Мне лень выходить на улицу.

Второе задание: Вставьте пропущенные слова!

❶ Welche Pläne hast du für den Abend?

Какие у .... на ..... ?

❷ Wie gewöhnlich arbeite ich am Referat. Und was bist du von Beruf?

Как ......, я .... над .... А ты ... . ?

❸ Ich möchte (will) ins Theater gehen. Und du könntest vielleicht [deine] Dinge lassen und mit uns kommen.

Я .... в ..... . А, ты .... оставишь .... и .... с ..... .

❹ Eine wunderbare Idee! Ich war seit langem nicht im Theater.

.... идея! Я сто ... не ... в театре.

❺ In der letzten Zeit hatte ich keine Minute Freizeit.

В .... у меня ... .

Решение первого задания: Вы поняли?

❶ Man sagt, daß Sie sich für Sport begeistern. ❷ Ja, ich spiele Fußball und Basketball. ❸ Schon viele Jahre [ist] Sport meine Vorliebe (Schwäche). ❹ Und ich mag (liebe) Musik. Besonders gefällt mir Jazz. ❺ An (in) der Universität spielte ich (auf) Saxophon. ❻ Und Sie mögen (lieben) Musik? ❼ Leider habe ich in der letzten Zeit keine Minute, Musik zu hören. ❽ Aber ich liebe Klassik sehr. ❾ Ich schäme mich (mir schamhaft), aber ich war schon seit langem (hundert Jahre) nicht [mehr] im Theater. ❿ Lassen Sie uns heute abend ins Theater gehen. ⓫ Ich wollte [schon] lange „Die drei Schwestern" von Tschechow sehen. ⓬ Heute ist schönes Wetter. Lassen Sie uns spazieren gehen. ⓭ Ich habe keine Lust (Trägheit), auszugehen.

❻ Was hat dir [deine] Frau zum Geburtstag geschenkt?

Что . . . . жена на . . . .
. . . . ?

❼ Einen Sportanzug, du weißt, ich begeistere mich für Sport.

Спортивный . . . . . . , ты знаешь, я
. . . .

❽ Ja, aber du spielst Schach.

Да, . . ты . . . . в шахматы.

❾ Natürlich, aber im Sportanzug spiele ich besser.

. . . . , но в . . . . я
играю . . . . . .

Решение второго задания: Пропущенные слова.

❶ тебя планы – вечер ❷ обычно – работаю – докладом – чем занимаешься ❸ хочу пойти – театр – может быть – дела – пойдёшь – нами ❹ Прекрасная – лет – был ❺ последнее время – нет минуты свободного времени ❻ тебе подарила – день рождения ❼ костюм – увлекаюсь спортом ❽ но – играешь ❾ Конечно – спортивном костюме – лучше.

Leseübung: Sätze aus Lektion 12

❶ Почему вы такой грустный? ❷ Как вам сказать? ❸ Не может быть! ❹ У вас такая прекрасная семья. ❺ Да, но моя жена учится играть на пианино. ❻ А сын всё время играет на гитаре. ❼ Спасибо за совет.

Werfen Sie auch hin und wieder mal einen Blick in den grammatischen Anhang, aber lernen Sie nichts auswendig!

▶ ТРИДЦАТЬ ТРЕТИЙ УРОК

КАК ВЫ СЕБЯ ЧУВСТВУЕТЕ?

1 – Как вы себя чувствуете? ①
2 – Как вам сказать, доктор, в последнее время, не очень. ②
3 – А что вас беспокоит?
4 – Усталость по вечерам и слабость по утрам. ③
5 – Вы много работаете?

ANMERKUNGEN

① Das Reflexivpronomen **себя́** bezieht sich auf das Subjekt des Satzes; d.h. die durch das Verb + **себя́** ausgedrückte Handlung vollzieht sich am Subjekt selbst. Zur Deklination von **себя́** siehe Lektion 35.

Sätze aus Lektion 12 in Druckschrift

❶ Почему вы такой грустный? ❷ Как вам сказать? ❸ Не может быть! ❹ У вас такая прекрасная семья. ❺ Да, но моя жена учится играть на пианино. ❻ А сын всё время играет на гитаре. ❼ Спасибо за совет.

Schreibübung

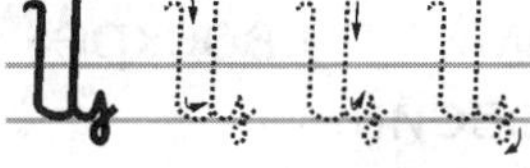

33. Lektion

Wie fühlen Sie sich?

1 – Wie fühlen Sie sich?
2 – Wie [soll ich es] Ihnen sagen, [Herr] Doktor, in letzter Zeit, [geht es mir] nicht besonders [gut] (nicht sehr).
3 – Und was beunruhigt Sie?
4 – Die Müdigkeit am Abend und die Schwäche am Morgen.
5 – Arbeiten Sie viel?

ANMERKUNGEN

② Das Aspektpaar ist **говори́ть** (UV)/**сказа́ть** (V) „sprechen, sagen“. **Он говори́л весь ве́чер, но сказа́л не всё, что он хоте́л** „Er sprach den ganzen Abend, aber er erzählte nicht alles, was er wollte“.

③ Erinnern Sie sich daran, daß durch die Präposition **по** + Dativ zum Ausdruck gebracht wird, daß die Handlung regelmäßig und gewohnheitsmäßig stattfindet? **по вечера́м** „jeden Abend“.

6 – Как всегда, иногда много, иногда не очень.

7 – Вы курите? Пьёте?

8 – Нет, не курю, недавно бросил. ④

9 А пью только по праздникам.

10 – Вы занимаетесь спортом?

11 – Бегаю по субботам, а по воскресеньям хожу в бассейн. ⑤

12 – Сердце вас не беспокоит?

13 – Нет, слава Богу. ⑥

14 – Пульс у вас нормальный, давление нормальное.

15 С таким здоровьем будете жить сто лет!

16 – Доктор, скажите, что же со мной случилось?

17 В прошлый раз вы говорили, что я проживу сто двадцать лет. ⑦

6 – Wie immer, manchmal viel, manchmal nicht [viel] (sehr).
7 – Rauchen Sie? Trinken Sie?
8 – Nein, ich rauche nicht, vor kurzem habe ich aufgehört (ich schmiß).
9 Und ich trinke nur an Feiertagen.
10 – Treiben Sie Sport?
11 – Samstags laufe ich, und sonntags gehe ich ins Schwimmbad (Becken).
12 – Das Herz beunruhigt Sie nicht?
13 – Nein, Gott sei dank (Ehre).
14 – Sie haben normalen Puls, normalen [Blut-]Druck.
15 Mit so einer Gesundheit werden Sie noch hundert Jahre leben!
16 – [Herr] Doktor, sagen Sie, was ist mit mir passiert?
17 (In) Voriges Mal haben Sie gesagt, daß ich 120 Jahre (durch)leben werde.

ANMERKUNGEN

④ **Броса́ть** bedeutet „hinwerfen, schmeißen" im realen wie im übertragenen Sinne: **Он бро́сил свой тенни́сные раке́тки** „Er warf seinen Tennisschläger hin".

⑤ **хожу́ в бассе́йн** „ich gehe ins Schwimmbad". **ходи́ть** ist ein Verb mit einer nicht zielgerichteten Bewegung. Das Gegenteil, also das Verb mit der zielgerichteten Bewegung, ist **идти́**: **Иду́ в бассе́йн** „Ich gehe [gerade] ins Schwimmbad".

⑥ **Сла́ва Бо́гу!** „Gott sei dank!" ist eine sehr verbreitete Phrase, die nicht unbedingt den religiösen Bezug haben muß.

⑦ **жить** (UV) „leben" erhält durch das Präfix **про-** nicht nur eine neue Bedeutung, sondern auch einen neuen Aspekt: **Он прожи́л в Москве́ всю свою́ жизнь** „Er lebte sein ganzes Leben lang in Moskau".

Первое задание: Вы понимаете эти предложения?

❶ Доктор, в последнее время я плохо себя чувствую. ❷ А что вас беспокоит? ❸ Вы знаете, ночью я плохо сплю, а утром чувствую слабость. ❹ Мне кажется, вы просто устали. ❺ Может быть, по вечерам я много работаю и плохо засыпаю. ❻ А вы занимаетесь спортом? ❼ Нет, у меня нет свободного времени. ❽ Вам нужно хорошо отдохнуть, больше гулять и не курить. ❾ Пульс у вас нормальный, температура нормальная.

Второе задание: Вставьте пропущенные слова!

❶ Ich fühle mich wunderbar.

Я . . . . себя . . . .

❷ Abends gehe ich immer spazieren, und manchmal jogge (laufe) ich im Park.

По . . . . я . . . . , а . . . . в парке.

❸ Vor kurzem hörte ich mit dem Rauchen auf und entschied mich, Sport zu treiben.

. . . . я . . . . . . курить и . . . . спортом.

Leseübung: Sätze aus Lektion 13

❶ *Ты пойдешь с нами гулять?* ❷ *К сожалению, нет. Мне некогда.* ❸ *А вечером мы пойдем в театр. Хочешь с нами?* ❹ *Хочу, но мне некогда.* ❺ *Вечером я буду работать.* ❻ *Какой ты молодец! Ты весь день работаешь.* ❼ *Ты едешь в Москву?* ❽ *Нет, я еду скоро в Санкт-Петербург.*

Решение первого задания: Вы поняли?

❶ [Herr] Doktor, in der letzten Zeit fühle ich mich schlecht. ❷ Und was beunruhigt Sie? ❸ Wissen Sie, nachts schlafe ich schlecht, und morgens fühle ich eine Schwäche. ❹ Ich meine (mir zeigt sich), [daß] Sie einfach müde sind (ermüdeten). ❺ [Es] kann sein, abends arbeite ich viel, und ich schlafe schlecht ein. ❻ Und treiben Sie Sport? ❼ Nein, ich habe keine Freizeit. ❽ Sie müssen sich gut erholen, mehr spazieren gehen und nicht rauchen. ❾ Sie haben normalen Puls, normale Temperatur.

❹ Als ich an (in) der Universität studierte (lernte), begeisterte ich mich für Tennis.

Когда я .... , я .... теннисом.

❺ Meine Frau kaufte mir die Tennisschläger und einen blauen Sportanzug.

... жена ... . теннисные ракетки и .... костюм.

❻ Samstags und sonntags gehe ich ins Schwimmbad (Becken).

По .... и .... я ....

Решение второго задания: Пропущенные слова.

❶ прекрасно – чувствую ❷ вечерам – всегда гуляю – иногда бегаю ❸ Недавно – бросил – решил заниматься ❹ учился в университете – увлекался ❺ Моя – мне купила – голубой спортивный ❻ субботам – воскресеньям – хожу в бассейн.

Sätze aus Lektion 13 in Druckschrift

❶ Ты пойдёшь с нами гулять? ❷ К сожалению, нет. Мне некогда. ❸ А вечером мы пойдём в театр. Хочешь с нами? ❹ Хочу, но мне некогда. ❺ Вечером я буду работать. ❻ Какой ты молодец! Ты весь день работаешь. ❼ Ты едешь в Москву? ❽ Нет, я еду скоро в Санкт-Петербург.

Noch ein paar Worte zum effektiven Lernen: Seien Sie aktiv. Arbeiten Sie die Übungen nicht nur mechanisch ab, sondern seien Sie neugierig auf die Sprache. Überprüfen Sie Ihren Lernerfolg. Was klappt schon gut? Wo gibt es noch Probleme? Was vergessen Sie immer wieder? Übrigens, lassen Sie sich nicht von Fehlern frustrieren. Fehler sind nicht nur völlig normal, sie zeigen Ihnen auch, woran Sie noch arbeiten müssen, denn schließlich sind Sie ja ihr eigener Lehrer.

▶ ТРИДЦАТЬ ЧЕТВЁРТЫЙ УРОК

ГОРОД СПАСИБО

1 Вы когда-нибудь бывали
В городе Спасибоград, ①②③

2 Где на Вежливом бульваре
Вежливо благодарят? ④

3 В переулке Гостевом
Зазывают в каждый дом, ⑤⑥

Schreibübung

Ч Ч Ч

ч ч ч

34. Lektion

Die Stadt Danke

1 Waren (befanden) Sie schon irgendwann
In der Stadt Spasibograd (Danke-Stadt),
2 wo auf dem Höflichen Boulevard
Höflich gedankt wird?
3 In der Gasse Gast (gastlichen)
Wird man in jedes Haus eingeladen,

ANMERKUNGEN

① **-нибу́дь** ist eine Partikel, die nie alleine vorkommt. Sie impliziert, daß es bei der Antwort mehrere Möglichkeiten gibt.

② **быва́ть** (UV) „sein, sich befinden" hat kein Gegenstück für den vollendeten Aspekt; es bezieht sich auf eine wiederholt ausgeführte Handlung: **Я быва́л ча́сто в Пари́же** „Ich war oft in Paris" .

③ **Спасибогра́д** ist eine Zusammensetzung aus **спаси́бо** „danke" und einer alten Form für „Stadt" **гра́д**.

④ Das Verb **благодаря́т** „sie danken" benutzen Sie wie im Deutschen mit der Präposition **за** „für": **Я благодарю́ вас за всё** „Ich danke Ihnen für alles".

⑤ Haben Sie im Adjektiv **Гостево́м** den „Gast" **гость** erkannt?

⑥ **Зазыва́ют** impliziert eine sehr intensive Bitte, zu Besuch zu kommen „sie fordern beharrlich zum Hereinkommen auf".

LEKTION 34

4 Даже если вас не знают,
И никто вам не знаком! ⑦
5 На проспекте Угощения
Вас на славу угостят: ⑧
6 Что вы любите? Варенье?
Эскимо? Халву? Печенье?
Или, может, лимонад? ⑨⑩
7 В этом городе кругом
Люди говорят друг другу,
Незнакомому и другу
8 И особенно гостям: ⑪⑫
„Очень рады, рады вам! ⑬
9 Если только захотите,
Не стесняйтесь – заходите!“
10 Скажут адрес, дом, подъезд
И спасибо за приезд. ⑭⑮

ANMERKUNGEN

⑦ **нikто́** ist ein verneintes Adverb, das durch das Voranstellen von **ни** vor **кто** entsteht. **нигде́** „nirgendwo“, **никогда́** „niemals“. In einem Satz mit einer solchen Negation muß immer **не** vorkommen.

⑧ **Угоще́ние** kommt von **угости́ть** „bewirten“ und meint in Verbindung mit **на сла́ву**, daß der Tisch für den Gast überaus reich gedeckt ist. **Они́ угости́ли нас на сла́ву** „Sie haben uns fürstlich (mit einem üppigen Tisch) bewirtet“.

⑨ **Варе́нье** wird zwar mit „Konfitüre“ übersetzt, es handelt sich aber um ganze Früchte in Zuckersirup oder Honig.

⑩ Chalwa ist eine Süßspeise aus zerpreßten Sonnenblumen- oder Sesamsamen oder Leinsamen, zerlassener Butter und Karamelpaste, meist angereichert mit zermahlenen Mandeln, die besonders gut zu Tee schmeckt. Chalwa ist nicht in allen Regionen bekannt. Als Süßigkeit wird auch **торт** „Torte“ angeboten.

4 Sogar wenn man Sie nicht kennt,
Und Ihnen niemand bekannt ist!

5 Auf dem Prospekt Bewirtung
Werden Sie herrlich (auf den Ruhm) bedient (bewirten):

6 Was mögen Sie? Konfitüre?
Eis am Stiel (mit Schokoladenüberzug)? Chalwa? Gebäck?
Oder vielleicht (kann) Limonade?

7 In dieser Stadt überall (mit Kreis)
Sagen die Leute zueinander (der Freund dem Freund),
dem Unbekannten und dem Freund

8 Und vor allem dem Gast:
„Wir sind sehr froh (, Ihnen froh)!

9 Wenn Sie nur wollen,
Genieren Sie sich nicht – Gehen Sie hinein!"

10 [Man] sagt (sagen) die Adresse, das Haus, den Eingang
Und danke für die Ankunft.

ANMERKUNGEN

⑪ **круго́м** „überall" hat dieselbe Bedeutung wie **вокру́г** „ringsum". Beide kommen von **круг** „Kreis".

⑫ In der Konstruktion **друг дру́гу** „einander" bleibt der erste Teil undeklinierbar: **Они́ лю́бят друг дру́га** „Sie mögen sich/einander". Weitere Verwendungsmöglichkeiten dieses Ausdrucks finden Sie in Lektion 35.

⑬ Verwechseln Sie diese Wendung, in der der Dativ benutzt wird, nicht mit dem Satz: **Ра́ды вас ви́деть**! „Wir freuen uns (sind froh), Sie zu sehen!", in dem der Akkusativ verwendet wird.

⑭ **подъе́зд** kommt vom Verb **е́здить** „fahren" mit dem Präfix **под**-, das eine Annäherung bezeichnet. In **прие́зд** lautet das Präfix **при**- mit der Bedeutung „an-".

⑮ **Спаси́бо за пода́рок** „Danke für das Geschenk". Haben Sie gemerkt, daß es im Deutschen dieselbe Konstruktion gibt?

Первое задание: Вы понимаете эти предложения?

❶ Вы бывали в Москве? ❷ Да, бывали и не раз. ❸ Благодарю вас за подарок! ❹ Ну, что вы! Это вам спасибо за всё. ❺ Вы знаете эту девушку? ❻ Нет, она мне не знакома. ❼ Что вы любите: Торт? Халву? Печенье? ❽ Я люблю эскимо. ❾ Заходите к нам, не стесняйтесь, заходите, когда захотите. ❿ Спасибо за приглашение! ⓫ Мы всегда рады вам! ⓬ Спасибо, я тоже рад вас видеть.

Второе задание: Вставьте пропущенные слова!

❶ Waren Sie irgendwann in der Stadt Twer? – Nein, ich war nie dort.

Вы когда-нибудь . . . . . . в . . . . . . Твери? – Нет, я там . . . . не бывал.

❷ Er lebt auf dem Prospekt Kleber.

Он . . . . . на . . . . Клебер.

❸ Wir waren zu Besuch, und sie haben uns fürstlich (auf dem Ruhm) bewirtet.

Мы . . . . в гостях и там нас на . . . .

Leseübung: Sätze aus Lektion 15

❶ *Как настроение?* ❷ *Настроение прекрасное.* ❸ *Поздравляю! У тебя всё хорошо?* ❹ *А у меня настроение плохое.* ❺ *Как так? Ты ведь недавно женился!* ❻ *У меня было свидание.* ❼ *Прости, как это понимать?*

Решение первого задания: Вы поняли?

❶ Waren Sie in Moskau? ❷ Ja, wir waren [dort] und nicht [nur] einmal. ❸ Ich danke Ihnen für das Geschenk! ❹ Ach, was [denken] Sie! Ich danke Ihnen (dies Ihnen Dank) für alles. ❺ Kennen Sie dieses Mädchen? ❻ Nein, sie ist mir nicht bekannt. ❼ Was mögen Sie: Torte? Chalwa? Gebäck? ❽ Ich mag Eis am Stiel („Eskimo"). ❾ Kommen Sie zu uns, genieren Sie sich nicht, kommen Sie, wann Sie wollen. ❿ Danke für die Einladung! ⓫ Wir sind immer froh, [Sie zu sehen]! ⓬ Danke, ich bin auch froh, Sie zu sehen.

❹ In dieser Stadt sprechen die Leute miteinander.

В .... люди .... друг ....

❺ Wir sind sehr froh, [Sie zu sehen]!

Очень .... вам!

❻ Genieren Sie sich nicht, kommen Sie herein, wann Sie wollen.

Не стесняйтесь, ... , когда ....

Решение второго задания: Пропущенные слова.

❶ бывали – городе – никогда ❷ живёт – проспекте ❸ были – славу угостили ❹ этом городе – говорят – другу ❺ рады ❻ заходите – хотите.

Sätze aus Lektion 15 in Druckschrift

❶ Как настроение? ❷ Настроение прекрасное. ❸ Поздравляю! У тебя всё хорошо? ❹ А у меня настроение плохое. ❺ Как так? Ты ведь недавно женился! ❻ У меня было свидание. ❼ Прости, как это понимать?

Mit der übernächsten Lektion beginnt eine neue und spannende Phase Ihres Russisch-Studiums: Die „2. Welle" oder „aktive Phase", in der Sie dann endlich eigene Sätze auf Russisch formulieren dürfen. Bis jetzt haben Sie ja nur passiv Vokabular und Strukturen assimiliert. Ab Lektion 36 ist es also an der Zeit, diese passiven Kenntnisse in der Praxis anzuwenden.

▶ ТРИДЦАТЬ ПЯТЫЙ УРОК

ПОВТОРЕНИЕ И ЗАМЕТКИ

1. Reflexivpronomen себя́

Das Reflexivpronomen **себя́** bezieht sich nur auf die handelnde Person. Es hat keine Form für den Nominativ und kann nie Subjekt eines Satzes sein. Es kann sich auf alle drei Personen des Singulars und Plurals beziehen. Zur Verdeutlichung hier einige Beispielsätze:

Nominativ: (keine Form)

Genitiv:

Он у себя́. „Er ist bei sich."

Dativ:

Я купи́л себе́ кни́гу. „Ich habe mir ein Buch gekauft."

Akkusativ:

Посмотри́ на себя́! „Schau dich an!"

Instrumentalis:

Он недово́лен собо́й. „Er ist unzufrieden mit sich."

Präpositiv:

Мы все говорили о себе́. „Wir alle haben über uns erzählt (gesprochen)."

Schreibübung

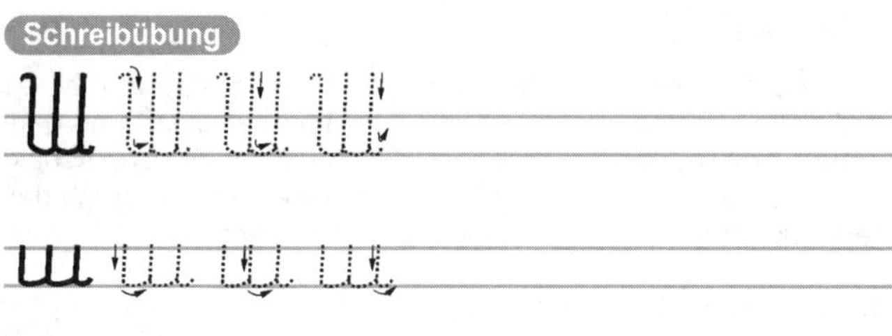

35. Lektion

2. Imperativ (Befehlsform)

Der Imperativ wird auf der Grundlage der 3. Person Plural gebildet, d.h. man streicht von dieser Form die Personalendung weg und fügt dann die Imperativendung an. Die Endungen lauten:

1) **-й! -йте!**, wenn vor der Endung der 3. Person Plural ein Vokal steht:

чита́ют: **чита́й!** „lies!"; **чита́йте!** „lesen Sie!/lest!".

2) **-и́! -и́те!**, wenn vor der Endung der 3. Person Plural ein Konsonant steht und die 1. Person Singular die Betonung auf der Endsilbe hat:

помо́гут (**я помогу́**): **помоги́!** „hilf!"; **помоги́те!** „helfen Sie!/helft!"

... oder wenn vor der Endung der 3. Person Plural mehrere Konsonanten stehen:

отдохну́т: **отдохни́!** „ruh dich aus!"; **отдохни́те!** „ruhen Sie sich aus/ruht [euch] aus!".

3) **-ь! -ьте!**, wenn vor der Endung der 3. Person Plural ein Konsonant steht und die 1. Person Singular nicht die Betonung auf der Endsilbe hat:

наде́нут (**я наде́ну**): **наде́нь!** „zieh [dich] an!";
наде́ньте! „ziehen Sie [sich] an/zieht [euch] an!".

3. Aspekte

Die meisten russischen Verben bilden ein Aspektpaar, d.h., es wird zwischen dem unvollendeten (UV; imperfektiven) und dem vollendeten (V; perfektiven) Aspekt unterschieden. Der Aspekt beschreibt den Verbvorgang, d. h. er definiert, ob die durch das Verb ausgedrückte Handlung vollendet ist oder nicht.

Der unvollendete Aspekt (UV)

Der unvollendete Aspekt (UV) drückt eine Handlung ohne zeitliche Begrenzung aus. Das Verb im unvollendeten Aspekt gibt Aufschluß über Bestehen, Dauer, Verlauf, Entwicklung oder Wiederholung einer Handlung. Er beschreibt Zustände und Handlungen ohne Anfang und ohne Ende. Er gibt nie ein Ziel oder das Resultat einer Handlung wieder.

Die unvollendeten Verben werden im Präsens, Präteritum und Futur verwendet.

Präsens:

Ве́чером я чита́ю кни́гу. „Abends lese ich ein Buch."

Präteritum:

Весь ве́чер я чита́л кни́гу. „Den ganzen Abend las ich ein Buch."

Futur:

За́втра бу́ду чита́ть весь день. „Morgen werde ich den ganzen Tag lesen."

Der vollendete Aspekt (V)

Der vollendete Aspekt (V) beschreibt eine Handlung, die zeitlich begrenzt ist, die zu einem Resultat führt. Das Verb gibt Aufschluß über den Eintritt, die Vollendung, das Resultat oder die Einmaligkeit einer Handlung oder auch die Aufeinanderfolge von Tätigkeiten.

Die vollendeten Verben haben keine Präsensformen, sie werden im Präteritum und nur im vollendeten Futur verwendet.

Präteritum:

Вчера́ я прочита́л кни́гу. „Gestern habe ich das Buch [bis zu Ende] durchgelesen."

Futur:

В о́тпуске я прочита́ю твою́ кни́гу. „Im Urlaub werde ich dein Buch durchlesen."

Eine Liste aller in diesem Kurs vorkommenden Aspektpaare finden Sie am Ende des Buches.

4. Wortverbindung друг дру́га

Zum Ausdruck einer wechselseitigen Beziehung können Sie diese Wortverbindung verwenden. Sie kann in Abhängigkeit vom Verb in verschiedenen Kasus mit oder ohne Präposition stehen. Der erste Teil bleibt unverändert, während der zweite Teil vom verwendeten Verb abhängt. Eine Präposition steht zwischen den beiden Teilen der Wortverbindung.

Genitiv:

Жить друг без дру́га не мо́гут. „[Sie] können nicht ohne einander leben."

Dativ:

Они́ говоря́т друг дру́гу ты. „Sie duzen sich." (Sie sagen zueinander du.)

Akkusativ:

Они́ лю́бят друг дру́га. „Sie lieben einander."

Instrumentalis:

Они́ дово́льны друг дру́гом. „Sie sind miteinander zufrieden."

Präpositiv:

Они́ ду́мают друг о дру́ге. „Sie denken an einander."

5. Verständnis-/Formulierungsübung

Wenn Sie sich noch in der passiven Phase befinden, sollten Sie die folgende Übung – ähnlich wie in den normalen Lektionen – wie eine Verständnisübung behandeln, d.h. Sie sollten versuchen, den Sinn der Sätze zu erfassen. Befinden Sie sich in der aktiven Phase, können Sie versuchen, die deutschen Sätze auf Russisch zu formulieren.

Вы понимаете эти предложения?

❶ Вы когда-нибудь бывали в России? ❷ Конечно. Я был в Санкт-Петербурге, и Москва мне хорошо знакома. ❸ Вы не занимаетесь спортом и не гуляете. ❹ Вам лень выходить на улицу? ❺ Что вы! Я люблю теннис, мне нравится гулять по вечерам, но у меня нет минуты свободного времени. ❻ Я, наверное, простудился, а на улице не очень тепло. ❼ Надень костюм и тёплую рубашку. ❽ Как вы себя чувствуете? ❾ Что вас беспокоит? ❿ Всё хорошо, но я в последнее время много работаю и очень устал. ⓫ Заходите к нам, когда вы хотите. ⓬ Мы всегда вам рады. ⓭ Спасибо вам. Вы очень любезны.

6. Lese-/Schreibübung

Leseübung: Sätze aus Lektion 16

❶ *Куда вы идёте после работы?* ❷ *Я сразу же еду на машине домой.* ❸ *А чем вы занимаетесь дома?* ❹ *А что вы будете делать сегодня?* ❺ *А что вы готовите обычно на первое?* ❻ *Всё, что хотите: борщ, суп, щи.* ❼ *Котлеты, пельмени и прочее.* ❽ *И ваша жена умеет готовить?*

Sätze aus Lektion 16 in Druckschrift

❶ Куда вы идёте после работы? ❷ Я сразу же еду на машине домой. ❸ А чем вы занимаетесь дома? ❹ А что вы будете делать сегодня? ❺ А что вы готовите обычно на первое? ❻ Всё, что хотите: борщ, суп, щи. ❼ Котлеты, пельмени и прочее. ❽ И ваша жена умеет готовить?

Вы поняли?

① Waren Sie (befanden) irgendwann in Rußland? ② Natürlich. Ich war in Sankt Petersburg, und Moskau ist mir gut bekannt. ③ Sie treiben keinen Sport, und Sie gehen nicht spazieren. ④ Sind Sie zu faul, um rauszugehen (Trägheit gehen auf die Straße)? ⑤ Was [denken] Sie! Ich mag Tennis, mir gefällt es, abends spazieren zu gehen, aber ich habe keine Minute Freizeit (freier Zeit-Genitiv). ⑥ Ich habe mich wahrscheinlich erkältet, und draußen (auf der Straße) ist es nicht sehr warm. ⑦ Zieh den Anzug an und ein warmes Hemd. ⑧ Wie fühlen Sie sich? ⑨ Was beunruhigt Sie? ⑩ Alles ist in Ordnung (gut), aber in letzter Zeit arbeite ich viel, und ich bin sehr müde (ermüdete). ⑪ Kommen Sie zu uns, wann Sie wollen. ⑫ Wir sind immer froh, [Sie zu sehen]. ⑬ Danke (Ihnen). Sie sind sehr nett.

Schreibübung

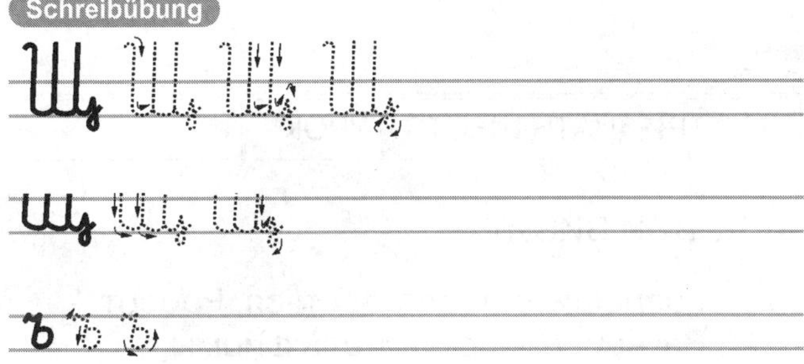

7. „Zweite Welle"

In den ersten 35 Lektionen dieses Kurses haben Sie die Texte und Anmerkungen gelesen, Sie sollten hören, verstehen und sich mit der Aussprache vertraut machen, d.h. Sie haben sich eher passiv mit der Sprache beschäftigt, aber noch keine eigenen Sätze gebildet. Mit der nächsten Lektion treten Sie in eine neue Phase Ihres Russisch-Studiums ein: Die „2. Welle" oder auch „Aktive Phase". Hierfür müssen Sie von nun an täglich etwa 5-10 Minuten mehr einplanen, denn nach jeder neu durchgearbeiteten Lektion „aktivieren" Sie eine der ersten Lektionen, d.h. Sie aktivieren nach Lektion 36 die Lektion 1, nach Lektion 37 die Lektion 2, nach Lektion 38 die Lektion 3 usw.

Dazu verdecken Sie bei der Lektion, die Sie „aktivieren“, den russischen Lektionstext und versuchen, den deutschen Text der Lektion – und, wenn Sie besonders gründlich sein wollen, auch den deutschen Text der Verständnisübung – auf Russisch zu formulieren. Sehen Sie dann auf der linken Buchseite nach, ob Sie die Sätze richtig wiedergegeben haben. Wiederholen Sie die Wörter und Wendungen, die Ihnen entfallen waren, oder lesen Sie ggf. noch einmal die entsprechenden Anmerkungen.

Auch die Wiederholungslektionen werden in die „2. Welle“ mit einbezogen. Lesen Sie die Erklärungen mehrmals durch und versuchen Sie, sie anhand der bekannten Lektionstexte nachzuvollziehen. Übersetzen Sie anschließend die deutschen Texte der Verständnisübung ins Russische.

ТРИДЦАТЬ ШЕСТОЙ УРОК

ДЕЛОВОЙ ВИЗИТ

1 – Разрешите представиться, Роберт Вагнер, представитель фирмы „Рапидэко“ . ①②

2 Мне нужен господин Потапов. ③④

3 – С приездом, господин Вагнер! Мы вас ждём. ⑤

ANMERKUNGEN

① **Разреши́те предста́виться** „Erlauben Sie [mir, mich] vorzustellen“ ist eine sehr formelle Vorstellungsfloskel. Ansonsten sagt man nur: **Я Ле́на, дава́йте познако́мимся** „Ich bin Lena, stellen wir uns einander vor“.

② Sie haben bestimmt in **предста́виться** „sich vorstellen“ und **представи́тель** „Vertreter“ eine gemeinsame Wurzel entdeckt.

Im Laufe dieser 2. Welle werden Sie feststellen, daß Sie Ihre bislang erworbenen Kenntnisse vertiefen und festigen und gleichzeitig Ihren Wortschatz erweitern.

Verzichten Sie nicht auf diese „aktive Phase"; sie ist integraler Bestandteil des Kurses! Sie werden merken, wie viele passive Kenntnisse Sie schon besitzen, und nun können Sie endlich selbst auf Russisch formulieren! Außerdem zeigt Ihnen die 2. Welle die Schwierigkeiten auf, die noch bei Ihnen bestehen, und Sie werden herausfinden, was Sie noch einmal wiederholen müssen.

36. Lektion

Geschäftsbesuch (geschäftlicher Besuch)

1 – Erlauben Sie [mir, mich] vorzustellen: Robert Wagner, Vertreter der Firma „Rapideko".
2 Ich möchte (mir notwendig) Herrn Potapov [sprechen].
3 – Herzlich willkommen (mit Ankunft), Herr Wagner! Wir warten [schon auf] Sie.

ANMERKUNGEN

③ **господи́н ну́жен** (♂) „Herr [XY ist] notwendig", **госпожа́ нужна́** (♀) „Frau [XY ist] notwendig, **господа́ нужны́** (♂+♀) „Damen und Herren [sind] notwendig". Zusammen mit dem Familiennamen bringen Sie mit dieser Konstruktion zum Ausdruck, daß Sie eine bestimmte Person sprechen möchten.

④ Unter Arbeitskollegen sagen Sie **колле́га** (♂; ♀) „Kollege; Kollegin".

⑤ **С прие́здом** „mit Ankunft" ist Ausdruck eines Glückwunsches und auch, wie hier, ein Willkommensgruß. Die Präposition **с** + Instrumentalis dient zur Formulierung von Glückwünschen: **С днём рожде́ния** „Herzlichen Glückwunsch zum Geburtstag".

4 – Господин Потапов сейчас на месте?
5 – Извините, у него совещание у директора.
6 Он просил вас подождать. ⑥
7 – К сожалению, у меня очень мало времени.
8 – Он будет с минуты на минуту. ⑦
9 – Я могу его подождать здесь?
10 – Конечно, присаживайтесь вот здесь, или где вам угодно.
11 – Позвольте мне посмотреть эти журналы. ⑧⑨
12 – Это последние каталоги нашей фирмы.
13 А вот, кажется, идёт господин Потапов.
14 – Господин Вагнер! Извините, ради Бога, я опоздал.
15 – Нет, нет, вы точны, как всегда.
16 – О! Господин Вагнер, вы большой мастер говорить комплименты!

4 – Ist Herr Potapov jetzt da (auf dem Platz)?
5 – Verzeihung, er hat eine Besprechung beim Direktor.
6 Er bat Sie, [eine Weile] zu warten.
7 – Leider habe ich sehr wenig Zeit.
8 – Er wird jeden Augenblick (von Minute auf Minute) [hier] sein.
9 – Darf (kann) ich hier auf ihn warten?
10 – Selbstverständlich, setzen (dazu-setzen) Sie sich dort hin (hier), oder wo Sie wollen (Ihnen gewünscht).
11 – Sie erlauben mir [sicherlich], diese Zeitschriften durchzublättern (anzuschauen).
12 – Dies sind die letzten Kataloge unserer Firma.
13 Und hier, [wie es] scheint, kommt Herr Potapov.
14 – Herr Wagner! Verzeihung, entschuldigen Sie mich (wegen Gott), ich habe [mich] verspätet.
15 – Nein, nein, Sie sind pünktlich wie immer.
16 – Oh! Herr Wagner, Sie sind ein großer Meister darin, Komplimente [auszu]sprechen!

ANMERKUNGEN

⑥ **подожда́ть** (V) „eine Weile warten" bildet mit **ждать** (UV) „(immer noch/wieder) warten" ein Aspektpaar: **подожда́ть на стадио́не** „[eine Weile] im Stadion warten".

⑦ **с мину́ты на мину́ту** „von Minute auf Minute" ist ein feststehender Ausdruck, in dem sich diesmal die Präposition **с** mit dem Genitiv und **на** mit dem Akkusativ verbindet.

⑧ **Позво́льте** „Sie erlauben" ist ein altmodisches, aber gebräuchliches Wort. Es ist austauschbar mit dem oben verwendeten **разреши́те**.

⑨ **посмотре́ть** (V) „anschauen" (genau in diesem Moment) ist das eine Element eines Aspektpaares, **смотре́ть** (UV) „anschauen" (unabhängig von einem Zeitpunkt) das andere.

Первое задание: Вы понимаете эти предложения?

❶ Этот человек мне не знаком, а вы его знаете? ❷ Конечно, он, как и я, увлекается теннисом, и мы часто встречаемся на стадионе. ❸ Господин Потапов, мы вас ждём, заходите к нам сегодня вечером. ❹ Мы будем очень вам рады. ❺ Благодарю вас, но вечером у меня совещание у директора. ❻ Извините, пожалуйста, я немного опоздал. ❼ Нет, нет, вы точны как всегда. Присаживайтесь, будьте как дома. ❽ Вам нужно обратиться к Попову, он будет с минуты на минуту. ❾ Я могу его подождать здесь? ❿ Позвольте мне посмотреть эти газеты. – Пожалуйста.

Второе задание: Вставьте пропущенные слова!

❶ Erlauben Sie mir, mich vorzustellen: Robert Wagner, Vertreter der Firma „Rapideko".

Разрешите . . . . , Роберт Вагнер, ... „Рапидэко".

❷ Leider ist Herr Potapov jetzt nicht da.

К сожалению, господина Потапова . . . . . . не . . . .

❸ Ich habe sehr wenig Zeit.

У . . . . очень . . . .

❹ Er kommt jeden Augenblick.

. . будет с . . . . . . на . . . .

❺ Darf ich hier auf ihn warten?

Я . . . . подождать . . . . . ?

Решение первого задания: Вы поняли?

❶ Dieser Mensch ist mir unbekannt (nicht bekannt), aber Sie kennen ihn? ❷ Natürlich, er begeistert sich wie ich für Tennis, und wir treffen uns oft im (auf) Stadion. ❸ Herr Potapov, wir erwarten Sie, kommen Sie heute abend zu uns (vorbei). ❹ Wir werden uns sehr freuen (wir Ihnen froh). ❺ Ich danke Ihnen, aber am Abend habe ich eine Besprechung beim Direktor. ❻ Entschuldigen Sie bitte, ich habe mich ein wenig (nicht viel) verspätet. ❼ Nein, nein, Sie sind pünktlich wie immer. Setzen Sie sich, fühlen Sie sich (seien Sie) wie zu Hause. ❽ Sie müssen sich an [Herrn] Popov wenden, er kommt jeden Augenblick (von Minute auf Minute). ❾ Darf (kann) ich hier auf ihn warten? ❿ Erlauben Sie mir [bitte], diese Zeitungen anzuschauen. – Bitte.

❻ Sie erlauben mir [sicherlich], diese Zeitschriften anzuschauen.

Позвольте ... . эти журналы.

Решение второго задания: Пропущенные слова.

❶ представиться – представитель фирмы ❷ сейчас – на месте ❸ меня – мало времени ❹ Он – минуты – минуту ❺ могу его – здесь ❻ мне посмотреть.

Schreibübung

ы ы ы

ь ь

Э Э Э э э э

In den ersten 35 Lektionen haben Sie sich mit der Grundstruktur der russischen Sprache vertraut gemacht. Nun beginnt die „aktive Phase“, die wir auch „2. Welle“ nennen: Sie formulieren selbständig Sätze auf Russisch. Sie werden feststellen, daß Ihnen die erforderlichen Ausdrücke und Redewendungen spontan einfallen. Mittlerweile verstehen Sie sehr viel, und die Texte der ersten Lektionen werden Ihnen besonders leicht erscheinen. Achtung: Bevor Sie diesen neuen Lernabschnitt absolvie-

ТРИДЦАТЬ СЕДЬМОЙ УРОК

ДАВАЙТЕ РЕШИМ ТАК...

1 – Алло! Иван Васильевич! Я вас приветствую. ①
2 – А... Николай, я рад вас слышать.
3 – И как вам нравятся наши предложения? ②③
4 – Я их внимательно изучил. ④
5 В принципе, я не против.
6 – Мне кажется, у вас есть сомнения?

ren, sollten Sie die heutige Lektion ganz normal bearbeiten, d.h. sich nur mit dem Verstehen des Dialogs beschäftigen.

Wie Sie die „2. Welle“ absolvieren, wird am Ende von Lektion 35 erklärt.

2. Welle: Aktivieren Sie heute Lektion 1!

37. Lektion

Lassen Sie [es] uns so machen (entscheiden) ...

1 – Hallo! Ivan Wasiliewitsch! Ich grüße Sie.
2 – Ah ... Nikolaj, es freut ♂ mich, von Ihnen zu hören.
3 – Und wie gefallen Ihnen unsere Vorschläge?
4 – Ich habe sie aufmerksam durchgelesen (erforscht) ♂.
5 Im Prinzip bin ich nicht dagegen.
6 – Mir scheint, Sie haben Bedenken?

ANMERKUNGEN

① **привéтствую** „(be)grüße“ von **привéтствовать** ist bei offiziellen und formellen Anlässen gebräuchlich und benötigt den Akkusativ. Sie erkennen im Stamm die häufige Grußform **привéт!**.

② **нрáвятся** „gefallen“ von **нрáвиться** ist ein sehr häufiges Verb.

③ **предложéния** (Plural) von **предложéние** bedeutet auch „(Aussage-)Satz; Urteil“.

④ Für **изучи́л** „erforscht“ vom Verb **изучи́ть** (V) ist das Ergebnis nach der abgeschlossenen Tätigkeit wichtig. Beim dazugehörigen Aspektverb **изучáть** (UV) geht es eher um die wiederholte, nicht abgeschlossene Handlung.

7 – Как вам сказать, кое-что надо уточнить. ⑤⑥

8 – Что вас смущает?

9 – Давайте лучше решим так:

10 договоримся о встрече и всё ещё раз обсудим. ⑦

11 – Я за, но когда мы можем встретиться? ⑧

12 – Завтра, например, в пятнадцать часов. ⑨

13 – У вас в бюро?

14 – Да, у меня в кабинете. Я приглашу коллег, ⑩

15 и мы ещё раз поговорим о деталях. ⑪

16 – Полностью с вами согласен.

17 – Итак, до завтра.

18 – Мне нужно позвонить раньше? ⑫

19 – Нет, я вас буду ждать ровно в три часа.

ANMERKUNGEN

⑤ Das Pronomen **ко́е-что** bedeutet auch „verschiedene Dinge“. **Мне на́до вам ко́е-что сказа́ть** „Ich muß Ihnen/euch verschiedene Dinge erzählen“.

⑥ **уточни́ть** (V) „präzisieren“ bildet mit **уточня́ть** (UV) ein Aspektpaar.

⑦ Sie sehen, daß die Konstruktion **договори́мся о** „vereinbaren“ mit dem Präpositiv gebildet wird.

7 – Wie [soll ich es] Ihnen sagen[?] Einiges (dieses und jenes) muß man präzisieren.
8 – Was beunruhigt Sie?
9 – Lassen Sie [es] uns lieber (besser) so lösen:
10 Wir vereinbaren einen Termin (über Treffen) und besprechen (erwägen) alles noch einmal.
11 – Ich [bin] dafür, aber wann können wir uns treffen?
12 – Morgen zum Beispiel, um 15 Uhr.
13 – Bei Ihnen im Büro?
14 – Ja, bei mir im Arbeitszimmer. Ich werde [einige] Kollegen einladen,
15 und wir [werden] noch einmal über die Details sprechen.
16 – Ich bin mit Ihnen ganz und gar (vollständig) einverstanden ♂.
17 – Also, bis morgen.
18 – Soll ich vorher (früher) anrufen?
19 – Nein, ich werde Sie genau um drei Uhr erwarten.

ANMERKUNGEN

⑧ **Я за** heißt, daß Sie 100%ig einverstanden sind. Das Gegenteil lautet **Я про́тив** „ich [bin] dagegen". Wenn Sie einige Vorbehalte haben, aber prinzipiell einverstanden sind, sagen Sie: **Я не про́тив**.

⑨ **в пятна́дцать часо́в** „um 15 Uhr" ist eine Zeitangabe, die eher in einen offiziellen Kontext paßt. Weniger formell würde man sagen: **в три часа́** „um drei Uhr".

⑩ **колле́г** (Akkusativ) ist die Pluralform von **колле́ги** „Kollegen".

⑪ **о дета́лях** ist der Präpositiv vom Plural **дета́ли** „Details".

⑫ Zum Schluß noch ein Aspektpaar: **позвони́ть** (V) „anrufen" zielt hier auf einen bestimmten Augenblick ab, in dem angerufen wird. Dagegen heißt **звони́ть** (UV) „(wiederholt) anrufen".

Первое задание: Вы понимаете эти предложения?

❶ Я вас приветствую. – Я рад вас слышать. ❷ Вам нравятся наши предложения? – В принципе, я не против. ❸ У вас есть сомнения? – Как вам сказать? ❹ Когда мы можем встретиться? – Завтра в пятнадцать часов. ❺ Где мы встретимся? – У меня в кабинете. ❻ Мне нужно позвонить раньше? – Нет, не нужно.

Второе задание: Вставьте пропущенные слова!

❶ Erlauben Sie mir, mich vorzustellen, Vorobjov, Vertreter der Firma „Russko".

. . . . , Воробьёв, ... фирмы „Русско".

❷ Ich möchte gern den Herrn Direktor [sprechen].

Мне . . . . директор.

❸ Entschuldigen Sie, aber er ist jetzt beschäftigt, Sie können hier auf ihn warten.

. . . . , но он . . . . , вы можете . . . . его здесь.

❹ Leider habe ich wenig Zeit, darf ich Sie morgen anrufen?

К . . . . , у меня . . . . , я . . . . завтра?

❺ Wissen Sie, wir können jetzt schon einen Termin (über Treffen) vereinbaren.

Вы . . . . . . , мы . . . сейчас . . . .

❻ Wir haben Ihre Vorschläge aufmerksam durchgelesen. Sie gefallen uns.

Мы . . . . ваши предложения. Они . . . .

Решение первого задания: Вы поняли?

❶ Ich grüße Sie. – Es freut mich, von Ihnen zu hören. ❷ Gefallen Ihnen unsere Vorschläge? – Im Prinzip bin ich nicht dagegen. ❸ Haben Sie Bedenken? – Wie [soll ich es] Ihnen sagen? ❹ Wann können wir uns treffen? – Morgen um 15 Uhr. ❺ Wo treffen wir uns? – Bei mir im Arbeitszimmer. ❻ Soll ich vorher (früher) anrufen? – Nein, das ist nicht notwendig.

❼ Sagen Sie bitte, wann können wir uns treffen und alles präzisieren?

Скажите, пожалуйста, ...
. . . . и . . .   . ?

Решение второго задания: Пропущенные слова.

❶ Разрешите представиться – представитель ❷ нужен господин ❸ Извините – сейчас занят – подождать ❹ сожалению – мало времени – могу вам позвонить ❺ знаете – уже – можем договориться о встрече ❻ внимательно изучили – нам нравятся ❼ когда мы можем встретиться – всё уточнить.

Schreibübung

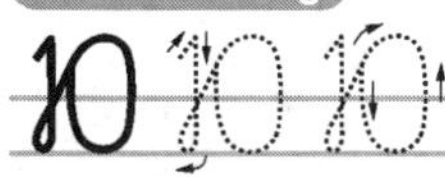

ю

Tip: Sie können die „2. Welle“ selbstverständlich auch schriftlich absolvieren. Auf diese Weise üben Sie auch das Schreiben der kyrillischen Zeichen!

2. Welle: Aktivieren Sie heute Lektion 2!

ТРИДЦАТЬ ВОСЬМОЙ УРОК

НАЧИНАЮ НОВУЮ ЖИЗНЬ!

1 – Как вы всё успеваете? ①②
2 – Очень просто: всё делаю вовремя.
3 Встаю в шесть тридцать... ③
4 – Но зачем же так рано? У вас работа начинается в десять часов. ④
5 – Да, но по утрам я бегаю, делаю зарядку.
6 – Господи! Каждый день? ⑤
7 – Конечно! В здоровом теле здоровый дух. ⑥
8 Потом холодный душ, лёгкий завтрак.
9 – А у меня всё наоборот: душ горячий, а завтрак как обед!
10 – Надо беречь здоровье: оно у нас одно.
11 Мои дети привыкли вставать рано и бегать вместе со мной. ⑦⑧

ANMERKUNGEN

① **успевáете** kommt von **успевáть** „schaffen" (UV), das mit **успéть** (V) ein Aspektpaar bildet.

② Wenn in einem Satz zwei Verben vorkommen, ist es wichtig, daß beide denselben Aspekt haben: **успевáю** (UV) **всё дéлать** (UV) „ich schaffe [es immer wieder], alles zu machen" und **успéю** (V) **всё сдéлать** (V) „ich werde es schaffen, alles zu machen".

③ **Вставáть** (UV) und **встать** (V; 1. Pers. Sing. Präsens **встáну**) sind ebenfalls zwei Verben, die ein Aspektpaar bilden.

38. Lektion

Ich beginne ein neues Leben!

1 – Wie schaffen Sie das alles?
2 – Ganz einfach: Ich mache alles rechtzeitig.
3 Ich stehe um 6 Uhr 30 auf ...
4 – Aber wozu denn so früh? Ihre Arbeit fängt [doch erst] um 10 Uhr an.
5 – Ja, aber morgens laufe ich, [und ich] mache Morgengymnastik.
6 – Mein Gott! Jeden Tag?
7 – Natürlich! In einem gesunden Körper [wohnt] ein gesunder Geist.
8 Danach eine kalte Dusche, ein leichtes Frühstück.
9 – Und bei mir ist alles umgekehrt: eine heiße Dusche, und das Frühstück wie ein Mittagessen!
10 – Die Gesundheit muß man schonen: Wir haben nur die eine (nur bei uns eine).
11 Meine Kinder sind [es] gewöhnt (haben sich angewöhnt), früh aufzustehen und zusammen mit mir zu laufen.

ANMERKUNGEN

④ **зачéм** und **почемý** sind sich in der Bedeutung sehr ähnlich; mit **зачéм** „warum, weswegen" drückt man einen Zweifel aus; mit **почемý** „warum" will man einen Grund erfahren.

⑤ Seien Sie vorsichtig mit dem Wort **Гóсподи** „mein Gott", damit Sie es nicht mit **господá** „Herren" verwechseln.

⑥ Der Präpositiv antwortet auf die Frage **Гдé?**. Im Präpositiv (**в здорóвом тéле** „in einem gesunden Körper") haben die Formen des Neutrums (**здорóвое тéло**) dieselben Endungen wie die Formen des Maskulinums (**в холóдном дýше**).

⑦ **привы́кли** „sie haben sich angewöhnt" ist die Vergangenheitsform von **привы́кнуть** „angewöhnen": **он привы́к**, **онá привы́кла** „er hat sich angewöhnt, sie hat sich angewöhnt".

⑧ Der Infinitiv **привы́кнуть** (V) mit dem Suffix **-нуть** drückt immer eine abgeschlossene Tätigkeit aus, im Gegensatz zu **привыкáть** (UV).

12 – А мои дочь и сын по вечерам смотрят со мной телевизор,
13 а утром жена не может нас поднять.
14 – Так вот... Выхожу я из дома пораньше и иду на работу пешком. ⑨⑩
15 – Всё ясно! Начинаю завтра новую жизнь.
16 – А почему завтра? Завтра четверг,
17 а вы начинаете новую жизнь по понедельникам. ⑪

Первое задание: Вы понимаете эти предложения?

❶ Я всё успеваю, потому что всё делаю вовремя. ❷ Встаю я очень рано. ❸ Делаю зарядку, а потом бегаю в парке. ❹ Принимаю холодный душ, завтракаю и иду на работу пешком. ❺ Мои дети тоже привыкли вставать рано. ❻ Каждый день они бегают вместе со мной. ❼ Я всегда им говорю: „Надо беречь здоровье – оно у нас одно."

12 – Und meine Tochter und [mein] Sohn sehen mit mir abends fern,

13 und morgens kann uns meine Frau nicht aus dem Bett bekommen (Frau nicht kann uns aufheben).

14 – Ach, so ... Ich gehe [immer] etwas früher aus dem Haus und gehe zu Fuß zur (auf) Arbeit.

15 – Alles klar! Morgen beginne ich ein neues Leben.

16 – Und warum morgen? Morgen [ist] Donnerstag,

17 und ein neues Leben beginnt man (beginnen Sie) [immer] montags.

ANMERKUNGEN

⑨ Sie erkennen in **Выхожу́** „weg-/hinausgehen" (UV) den Stamm von **ходи́ть** „gehen". Das Präfix **вы-** „aus-/hinaus" gibt dem unbestimmten Bewegungsverb eine neue Bedeutung.

⑩ Das Präfix **по-** in Verbindung mit einem Adverb drückt die Idee „etwas, ein bißchen" aus: **по-ра́ньше** „etwas, ein bißchen früher" enthält das Adverb **ра́но** „früh" im Komparativ (1. Steigerungsstufe): **ра́ньше.**

⑪ Hier ist **по**, weil getrennt geschrieben, kein Präfix, sondern eine zeitliche Präposition, die mit dem Dativ Plural verwendet wird: **по понеде́льникам** „montags"; **по утра́м** „morgens". Sie drückt aus, daß etwas regelmäßig stattfindet.

Решение первого задания: Вы поняли?

❶ Ich schaffe alles, weil ich alles rechtzeitig mache. ❷ Ich stehe sehr früh auf. ❸ Ich mache Morgengymnastik, und dann laufe ich im Park. ❹ Ich dusche mich kalt (nehme kalte Dusche), frühstücke und gehe zu Fuß zur (auf) Arbeit. ❺ Meine Kinder haben sich ebenfalls angewöhnt, früh aufzustehen. ❻ Jeden Tag laufen sie mit mir. ❼ Ich sage ihnen immer: „(Die) Gesundheit muß man erhalten (schonen) – man hat nur die eine."

Второе задание: Вставьте пропущенные слова!

❶ Ich mache alles rechtzeitig, deshalb schaffe ich immer alles.

Я всё . . . . , поэтому я . . . . успеваю.

❷ Meine Kinder gehen (legen sich schlafen) spät schlafen.

Мои дети . . . . поздно.

❸ Ich weiß, daß man sich morgens kalt duschen soll (nehmen kalte Dusche).

Я знаю, . . . утром надо . . . . душ.

❹ Heute morgen habe ich wie immer ein leichtes Frühstück [gehabt].

Сегодня утром . . . . , как . . . . , ... завтрак.

❺ Abends laufe ich, und ich fühle mich sehr wohl (gut).

. . . . я . . . . . и очень хорошо . . . .

▶ ТРИДЦАТЬ ДЕВЯТЫЙ УРОК

МУЖСКОЙ РАЗГОВОР

1 – Что это мы всегда говорим о делах?
2 Поговорим о чём-нибудь более приятном. ①
3 – Но для меня работа прежде всего. ②

ANMERKUNGEN

① **о чём-нибудь** „über irgend etwas" ist der Präpositiv von **чтó-нибудь**. Das Suffix **-нибудь** „-irgend" wird nicht dekliniert.

⑥ Ich habe mich schon daran gewöhnt, etwas früher aufzustehen und ungefähr zwanzig Minuten Gymnastik zu machen.

Я уже .... пораньше и минут двадцать ....

Решение второго задания: Пропущенные слова.

① делаю вовремя – всегда всё ② ложатся спать ③ что – принимать холодный ④ у меня был – всегда лёгкий ⑤ По вечерам – бегаю – себя чувствую ⑥ привык вставать – делать зарядку.

Schreibübung

2. Welle: Aktivieren Sie heute Lektion 3!

39. Lektion

Männergespräch

1 – Warum (was) sprechen wir immer von Geschäften?
2 Sprechen wir [lieber] von irgend etwas Angenehmerem (mehr angenehm).
3 – (Aber) für mich kommt die Arbeit vor allem [anderen].

ANMERKUNGEN

② **для** „für“, **пре́жде** „vor“ sind Präpositionen mit dem Genitiv. Daher ist **всего́** „alle(m)“ auch die Genitivform von **всё** „alles“.

4 – А у меня на первом месте жена и дети. ③
5 – Ты у нас счастливый. У тебя жена идеальная женщина.
6 А у моей жены есть только один недостаток:
7 просто ужасная память. ④
8 – Как?! Она всё забывает? ⑤
9 – Нет, наоборот, всегда всё помнит.
10 – Моя супруга женщина, что надо, ⑥
11 но любит поговорить на одну и ту же тему.
12 – А моей жене для этого совсем не нужно никакой темы. ⑦
13 – Завидую я вам. Мне кажется, моя жена меня всю жизнь не понимает.
14 А твоя, Борис?
15 – Не знаю, я никогда её не спрашивал об этом. ⑧⑨

ANMERKUNGEN

③ Die häufige Verbindung der Präposition **у** (mit Genitiv) **меня́** „bei mir“ hat dieselbe Bedeutung wie die Konstruktion mit der Präposition **для: для меня́** „für mich“.

4 – Und bei mir sind auf dem ersten Platz [meine] Frau und [meine] Kinder.
5 – Du bist bei uns der Glückliche. Deine (bei dir) Frau ist eine Traumfrau (ideale Frau).
6 Aber bei meiner Frau gibt es nur einen [einzigen] Fehler:
7 einfach ein ungeheuerliches Gedächtnis.
8 – Wie?! Vergißt Sie [immer] alles?
9 – Nein, umgekehrt, sie merkt sich immer alles.
10 – Meine Ehefrau ist eine Frau, die man braucht (was soll),
11 aber sie mag [immer nur] über ein und dasselbe Thema sprechen.
12 – Und für meine Frau ist für das Sprechen (für dieses) gar kein Thema erforderlich.
13 – Ich beneide Sie. Mir scheint, meine Frau versteht mich das ganze Leben lang [gar] nicht.
14 Und deine, Boris?
15 – Ich weiß nicht, ich habe sie nie danach (über das) gefragt.

ANMERKUNGEN

④ Sehr beliebt für die positive Steigerung ist das Adjektiv **ужа́сная** oder das Adverb **ужа́сно** „ungeheuer, schrecklich, abscheulich". Über eine außergewöhnlich schöne Frau sagen Sie dann: **она́ ужа́сно краси́вая** „sie ist schrecklich schön".

⑤ **забыва́ет** „vergißt [immer]" kommt von **забыва́ть** (UV)/**забы́ть** (V): **она́ всё забы́ла** „sie vergaß alles"; betont wird hier das Resultat.

⑥ **супру́га** „Ehefrau, Gattin"; **мой супру́г/муж** „mein Ehemann/Gatte". **мужчи́на** ist „der Mann", **челове́к** bedeutet allgemein „Mensch".

⑦ Verwechseln Sie nicht folgende Varianten des Begriffs „Frau": **моей жене́/супру́ге не ну́жно** „meine Ehefrau benötigt nicht" und **ужа́сно краси́вая же́нщина** „eine ungeheuer schöne Frau".

⑧ Wenn im Satz ein mit **ни-** gebildetes Pronomen vorkommt, muß das Verb mit **не** verneint werden: **никогда́ не спра́шивал** „fragte nie (nicht)".

⑨ Das Aspektverb zu **спра́шивал** „fragte" von **спра́шивать** (UV) ist **спроси́ть** (V) „(einmal) fragen": **Он спроси́л её** „Er fragte sie (einmal)".

16 – И всё-таки, нам повезло, друзья.
17 Я предлагаю за здоровье наших дам!
18 – За их здоровье! И пора домой.
19 Нас могут не понять.

Первое задание: Вы понимаете эти предложения?

❶ Для меня прежде всего работа. – А для меня прежде всего жена и дети. ❷ У меня на первом месте семья. – А у меня на первом месте дела. ❸ У меня просто ужасная память. – А у неё прекрасная. ❹ Он всё забывает. – А она всё всегда помнит. ❺ Моя жена меня не понимает. – А моя меня понимает прекрасно. ❻ Я никогда её не спрашивал об этом. – А я её об этом спросил.

Второе задание: Вставьте пропущенные слова!

❶ Freunde, ich glaube, wir haben vergessen, ein bißchen über die Geschäfte zu sprechen.

Друзья, я . . . . . , что мы . . . . . . поговорить . . . .

❷ Er hat Glück. Er hat so eine wunderschöne Frau.

Ему . . . . У . . . . такая . . . . жена.

❸ Es scheint mir, daß es für uns schon Zeit ist zu gehen.

Мне . . . . , . . . уже . . . . идти.

❹ Ich fragte dich nie nach der Arbeit.

Я . . . . не . . . . тебя о работе.

16 – Und trotz allem, wir hatten Glück, Freunde.
17 Ich schlage vor, auf das Wohl (an Gesundheit) unserer Damen [zu trinken]!
18 – Auf ihr Wohl (an ihre Gesundheit)! Und es ist Zeit, nach Hause [zu gehen].
19 Wir können unverstanden bleiben (sie können uns nicht verstehen).

Решение первого задания: Вы поняли?

❶ Für mich [kommt] die Arbeit vor allem [anderen]. – Und für mich [kommen] Frau und Kinder vor allem [anderen]. ❷ Bei mir ist auf dem ersten Platz die Familie. – Und bei mir sind auf dem ersten Platz die Geschäfte. ❸ Ich habe einfach ein schreckliches Gedächtnis. – Und bei ihr ist es ausgezeichnet. ❹ Er vergißt [immer] alles. – Aber sie merkt sich immer alles. ❺ Meine Frau versteht mich nicht. – Aber meine versteht mich ausgezeichnet. ❻ Ich habe sie nie danach (über das) gefragt. – Aber ich habe sie danach (über das) gefragt.

❺ Ich beneide dich, du hast so ein gutes Gedächtnis.

Я .... , у тебя ..... хорошая ....

❻ Sie hat einen [einzigen] Fehler: Sie versteht mich nicht immer.

У ... . один .... , она не всегда ....

Решение второго задания: Пропущенные слова.

❶ думаю – забыли – о делах ❷ повезло – него – прекрасная ❸ кажется нам – пора ❹ никогда – спрашивал ❺ тебе завидую – такая – память ❻ неё есть – недостаток – меня понимает.

Haben Sie sich schon ein wenig an die Arbeitsweise der „Zweiten Welle“ gewöhnt? Bestimmt bereitet Ihnen das selbständige Formulieren der ersten Lektionstexte auf Russisch keine größeren Schwierigkeiten. Hören Sie sich ruhig immer wieder die Tonaufnahmen der ersten Lektionen an. Jetzt, wo Sie mehr verstehen, haben Sie ein noch besseres Ohr für den russischen Tonfall.

2. Welle: Aktivieren Sie heute Lektion 4!

СОРОКОВОЙ УРОК

ЭТО МНЕ ПОДХОДИТ

1 – Что вы собираетесь делать в воскресенье? ①

2 – Утром прогуляюсь по городу, а вечером пойду в гости. ②

3 – А может, передумаете и поедете со мной за город? ③④

4 – С удовольствием, но мне неудобно, я уже обещал.

5 – Хорошо, мы сделаем так: утром едем за город ко мне на дачу. ⑤

ANMERKUNGEN

① **собира́етесь** kommt vom reflexiven Verb **собира́ться** „beabsichtigen“. Es drückt die Absicht bzw. den Plan aus, etwas Bestimmtes zu machen oder zu unternehmen.

② **прогуля́юсь по го́роду** „ich gehe durch die Stadt spazieren“. Das Präfix **про-** impliziert, daß man nur eine gewisse Zeit spazieren geht. Dieses Verb verwendet man mit der Präposition **по**.

Schreibübung

Жена, мужчина

ужасная память

40. Lektion

Das paßt mir

1 – Was werden Sie am Sonntag machen (Sie beabsichtigen tun am Sonntag)?
2 – Morgens werde ich in der (durch) Stadt spazieren gehen (bummeln), und am Abend gehe ich jemanden besuchen (zu Besuch).
3 – Und vielleicht (kann) werden Sie es sich [anders] überlegen und mit mir aufs Land fahren (hinter Stadt)?
4 – Gerne, aber es paßt mir nicht (unangenehm), ich habe schon versprochen [zu kommen].
5 – Gut, wir machen [es] so: Morgens fahren wir zu mir aufs Land in [meine] Datscha (Sommerhaus).

ANMERKUNGEN

③ Das Verb **дýмаете** „Sie denken" ist Ihnen bekannt. Das Präfix **пере-** gibt dem Wort eine veränderte Bedeutung: „noch einmal (durch)denken, überlegen".

④ In der Wendung **поéдете зá город** „Sie fahren aufs Land (hinter Stadt)" wird die Präposition **зá** immer betont ausgesprochen.

⑤ Im Russischen verwendet man häufig die Konstruktion **éдем ко мне на дáчу, на рабóту** „wir fahren zu mir in die Datscha, zur Arbeit".

6 – А к вечеру мы вернёмся?
7 – Приедем часов в пять. ⑥
8 – Это мне подходит. ⑦
9 – Ну, вот и договорились.
10 – Значит, мы сделаем таким образом: ⑧
11 в субботу в четыре часа я вам позвоню и уточню время.
12 – А может быть, мы всё решим сразу?
13 – Как вам угодно. Половина восьмого вам подходит? ⑨
14 – Я могу встать и пораньше.
15 – Великолепно! Тогда ровно в семь я заеду за вами в гостиницу. ⑩
16 – Я буду ждать вас у входа.

ANMERKUNGEN

⑥ Wenn Sie sagen wollen, daß Sie „gegen“ fünf Uhr kommen, wird die Zahl nachgestellt: **приду́ часо́в в пять**. Wird eine exakte Uhrzeit genannt, so sagt man: **Приду́ в пять часо́в** „Ich komme um fünf Uhr“.

6 – Und werden wir am Abend (zu Abend) zurückkommen?
7 – Wir werden gegen fünf (Uhr) zurückkommen.
8 – Das paßt mir (dies mir kommt-näher).
9 – Na, sehen Sie (da), wir haben uns [doch] geeinigt.
10 – [Das] bedeutet, wir werden [es] folgendermaßen (solche Weise) machen:
11 Am Samstag um vier werde ich Sie anrufen und die Uhrzeit genauer bestimme[n].
12 – Und können wir nicht (kann sein) alles gleich entscheiden (lösen)?
13 – Wie Sie wollen (Ihnen paßt). Halb acht paßt Ihnen?
14 – Ich kann auch früher aufstehen.
15 – Ausgezeichnet! Dann hole ich Sie (vorbeifahre) Punkt sieben [Uhr] im Hotel ab.
16 – Ich werde vor (bei) dem Eingang auf Sie warten.

ANMERKUNGEN

⑦ In **подхóдит** „kommt näher" ist wieder das Präfix **под-** wichtig, das die Annäherung, hier das Einverständnis mit dem Vorschlag, beschreibt.

⑧ Oft hört man die Aussage: **Знáчит – ничегó не знáчит** „Es ist alles egal, es ist alles gleich". Also Vorsicht mit den **знáчит-**Sätzen!

⑨ Nach **Половúна** „Hälfte" muß ein Genitiv, hier **восьмóго** „des achten", folgen, weil es sich um einen Teil von einem Ganzen (von acht) handelt. Natürlich dürfen Sie auch **семь трúдцать** „7 Uhr 30" sagen.

⑩ Sie haben schon häufig bekannte Verben im Stamm mit einem neuen Präfix erkannt, wie auch hier: **я заéду** „ich (werde) vorbeifahren, abholen". Das Präfix **за-** impliziert eine kurze Unterbrechung auf einem Weg zu einem bestimmten Ziel.

Первое задание: Вы понимаете эти предложения?

❶ Ровно в семь я заеду за вами в гостиницу. ❷ Но зачем так рано? ❸ Наше совещание начинается в девять часов. ❹ У меня жена – идеальная женщина! ❺ Она всё успевает и прекрасно меня понимает. ❻ Я вам завидую. ❼ Завтра утром мы едем за город. ❽ А к вечеру мы вернёмся? ❾ У меня в половине восьмого встреча. ❿ Мой друг – прекрасный человек, но у него есть маленький недостаток. ⓫ Он любит поговорить. ⓬ А мы уже привыкли к этому. ⓭ Завтра понедельник, и я начинаю новую жизнь. ⓮ Я тоже буду делать зарядку, бегать по вечерам.

Второе задание: Вставьте пропущенные слова!

❶ Was beabsichtigen Sie am Abend zu machen?
Что вы . . . . делать . . . . ?

❷ Wir überlegen, jemanden zu besuchen (gehen zu Besuch).
Мы думаем . . . . . в . . . . . .

❸ Und kann [es] sein, daß Sie es sich noch einmal überlegen?
А . . . . . быть, вы . . . . ?

❹ Nein, wir haben den Freunden schon zugesagt (versprochen).
Нет, мы уже . . . .

❺ Wir fahren zu den Freunden ins Sommerhaus.
Мы . . . . к . . . . на дачу.

❻ Und am Abend kommen Sie zurück?
А вечером вы . . . . ?

Решение первого задания: Вы поняли?

❶ Pünktlich um sieben werde ich bei Ihnen im Hotel vorbeifahren. ❷ Aber warum so früh? ❸ Unsere Besprechung beginnt [erst] um neun Uhr. ❹ Meine Ehefrau [ist] eine Traumfrau! ❺ Sie schafft alles, und sie versteht mich ausgezeichnet. ❻ Ich beneide Sie. ❼ Morgen früh fahren wir aufs Land. ❽ Und werden wir gegen (zu) Abend zurück kommen? ❾ Ich habe um halb acht eine Verabredung (Treffen). ❿ Mein Freund ist ein wunderbarer Mensch, aber er hat einen kleinen Fehler. ⓫ Er spricht gerne. ⓬ Aber wir haben uns daran (zu diesem) gewöhnt. ⓭ Morgen ist Montag, und ich beginne ein neues Leben. ⓮ Ich werde auch Gymnastik(übungen) machen [und] abends laufen gehen.

❼ Wir werden [es] folgendermaßen machen: Ich werde mit dem Auto bei Ihnen vorbeifahren (abholen).

Мы . . . . таким . . . . : я . . . . на машине.

❽ Morgen werde ich Sie anrufen, und wir werden alles entscheiden.

Завтра я . . . . , и мы всё . . . .

Решение второго задания: Пропущенные слова.

❶ собираетесь – вечером ❷ пойти – гости ❸ может – передумаете ❹ обещали друзьям ❺ едем – друзьям ❻ вернётесь ❼ сделаем – образом – заеду за вами ❽ позвоню вам – решим.

Die Datscha

Die Bezeichnung **на да́чу** ist sehr alt. Sie wurde abgeleitet von **дари́ть** „(be)schenken". Die ersten Besitzer von Datschas waren Adelige, die für besondere Verdienste vom Zaren Land als Geschenk erhielten, wo sie ihre Erholungshäuser bauten. Heute fahren viele Russen aus der Stadt in die Datschas, wo sie Marmelade kochen, Gurken und Tomaten einlegen, das Landleben genießen und Erholung suchen.

Nun, wie klappt es mit der „2. Welle“? Lassen Sie sich durch Fehler nicht entmutigen. Gerade sie zeigen Ihnen ja, was Sie sich nochmals anschauen sollten.

2. Welle: Aktivieren Sie heute Lektion 5!

▶ СОРОК ПЕРВЫЙ УРОК

ДЕТИ ЕСТЬ ДЕТИ

1 – Моя дочь мне приносит только радость.

2 – Девочки есть девочки. А мой сын чаще приносит двойки. ①

3 – Не обращайте внимания – возраст. ②③

4 – Как мне не обращать внимания? ④

5 Вчера учитель истории спрашивает его: „Когда умер Александр Македонский“?

6 – А действительно, когда? Я лично не помню.

7 – Так знаете, что он ответил: ⑤

8 „Умер? Как жаль, а я не знал даже, что он болел.“

ANMERKUNGEN

① **двóйки** „Zweien“ ist der Plural von **двóйка** „Zwei“. In Rußland geht das Schulnotensystem von 1 bis 5, wobei **едини́ца** „eins“ die schlechteste und **пятёрка** „fünf“ die beste Note ist.

② Nach der Negation **не обращáйте** „wenden Sie nicht“ (UV) folgt, wie Sie wissen, ein Genitiv: **внимáния**.

Schreibübung

это мне подходит
в гостиницу

41. Lektion

Kinder sind Kinder

1 – Meine Tochter macht (bringt) mir nur Freude.
2 – Mädchen sind Mädchen. Aber mein Sohn bringt öfter Zweien [nach Hause].
3 – Achten Sie nicht darauf (nicht wenden Sie Aufmerksamkeit), [das ist das] Alter.
4 – Wie [soll] ich nicht darauf achten?
5 Gestern fragt ihn der Geschichtslehrer: „Wann starb Alexander der Große (Mazedonischer)"?
6 – Aber tatsächlich, wann? Ich persönlich erinnere mich nicht [daran].
7 – Also wissen Sie, was er geantwortet hat:
8 „[Er ist] gestorben? Wie schade, und ich habe nicht einmal (sogar) gewußt, daß er krank war."

ANMERKUNGEN

③ Die vollständige Konstruktion ist mit der Präposition **на** + Akkusativ zu bilden: **Обрати́те** (V) **внимáние на дочь** „Richten Sie [Ihre] Aufmerksamkeit auf [Ihre] Tochter".

④ Der Satz **Как мне не обращáть внимáния?** „Wie [soll] ich nicht darauf achten?" ist sehr umgangssprachlich. In der Alltagssprache sagt man auch **Я не могý не дýмать об э́том** „Ich kann nicht (nicht) daran denken (denken über es)".

⑤ **отвéтил** (V)/**отвечáл** (UV) „antwortete" verbinden sich immer mit dem Dativ: **Он отвéтил емý и́ли ей** „Er antwortete ihm oder ihr".

9 – Весьма остроумно. А я вспоминаю, как у моей дочери учительница спросила: ⑥⑦⑧

10 „Катя, я не понимаю, как один человек мог сделать столько ошибок“. ⑨

11 – И что же она ей ответила?

12 – „Наталия Ивановна, я была не одна. ⑩

13 Мне помогали мама и папа.“

14 – А сегодня жена говорит сыну:

15 „Толя, ты должен учиться музыке. Инструмент можешь выбрать сам.“ ⑪⑫

16 – Предвижу ответ: гитара.

17 – Увы! Вы ошиблись. Магнитофон. ⑬

ANMERKUNGEN

⑥ Diese Verben müssen Sie gut auseinanderhalten, da sie sehr ähnlich klingen: **вспоминáю** (UV)/**вспóмню** (V) „ich erinnere [mich]“ und **пóмню** „ich behalte (im Gedächtnis)“.

⑦ **у дóчери** „bei der Tochter“ ist eine unregelmäßige Form von **дочь** „Tochter“. Ähnlich verhält es sich auch beim Wort **мать** „Mutter“ - **у мáтери** „bei der Mutter“.

9 – Überaus (sehr) witzig. Und ich erinnere mich, wie eine Lehrerin meine Tochter fragte:
10 „Katja, ich verstehe nicht, wie ein [einziger] Mensch so viel(e) Fehler machen konnte."
11 – Und was hat sie ihr denn geantwortet?
12 – „Natalia Ivanovna, ich war nicht allein (nicht eine).
13 [Meine] Mama und [mein] Papa haben mir geholfen."
14 – Und heute sagt [meine] Frau zu [unserem] Sohn:
15 „Tolja, du solltest Musik lernen. Das Instrument darfst du selber wählen."
16 – Ich [kann] die Antwort vorhersehen: eine Gitarre.
17 – O weh! Sie haben sich geirrt. Ein Kassettenrecorder (Tonbandgerät).

ANMERKUNGEN

⑧ **спроси́ла** (V)/**спра́шивала** (UV) „fragte": Danach folgt immer der Akkusativ: **Она спроси́ла его́ и́ли её** „Sie fragte ihn oder sie".

⑨ Nach **сто́лько** „so viel(e)", **мно́го** „viel", **не́сколько** „einige" folgt immer der Genitiv Plural: **оши́бок** „Fehler" von **одна́ оши́бка** „Fehler (Sing.)", **две оши́бки** „zwei Fehler (Pl.)".

⑩ Die Zahl „eins" **одна́** wird hier als Adjektiv „eine" mit dem Sinn „allein" verwendet. Ein Junge sagt **я был не оди́н** „ich war nicht allein", und eine Gruppe sagt **мы бы́ли не одни́** „wir waren nicht allein".

⑪ Sehr früh assimilierten Sie den Satz **Я учу́ ру́сский язы́к** „Ich lerne Russisch". Den gleichen Sinn hat auch **учи́ться му́зыке** „(sich) lernen der Musik" mit dem Unterschied, daß nach **учи́ться** der Dativ folgt.

⑫ **сам** „selber/selbst ♂" bedeutet „ohne fremde Hilfe". **Мо́жешь вы́брать сама́ саксофо́н** „Du darfst selbst das Saxophon wählen". **Мо́жете вы́брать са́ми** „Ihr dürft selbst wählen".

⑬ Haben Sie das Wort **оши́бка** „Fehler" im reflexiven Verb **оши́блись** „(Sie) irrten sich" von **ошиби́ться** (V) erkannt? Das entsprechende unvollendete Verb lautet **ошиба́ться**. Man kann z.B. sagen: **оши́бка в дикта́нте** „ein Fehler im Diktat".

Первое задание: Вы понимаете эти предложения?

❶ Как учится ваша девочка? ❷ Неплохо. Спасибо. Она приносит мне только радость. ❸ Учитель истории спрашивает моего сына. ❹ Мой сын хорошо отвечает учителю. ❺ Я часто вспоминаю нашу встречу. ❻ А я всегда её помню. ❼ Сколько ошибок он сделал в диктанте? ❽ Он сделал столько ошибок, что я не понимаю, как мог их сделать один человек. ❾ Ты делала работу одна? ❿ Нет, мне помогали папа и мама. ⓫ Ты должен учиться музыке. ⓬ С удовольствием, но я хочу тоже учить русский язык. ⓭ Какой иструмент ты выбрал? Гитару? ⓮ Нет, ты ошибся, я выбрал саксофон. ⓯ Не обращай на него внимания. ⓰ Как мне не обращать на него внимания – ведь он мой друг.

Второе задание: Вставьте пропущенные слова!

❶ Meine Tochter macht (bringt) mir nur Freude.

Моя дочь . . . . только . . . .

❷ Achten Sie nicht darauf, [das ist das] Alter.

Не . . . . – возраст.

❸ Gestern fragte der Geschichtslehrer ihn: „Wann starb Alexander der Große (Mazedonischer)?“

Вчера . . . . истории . . . . : „. . . . . Александр Македонский?“

❹ Die Lehrerin fragte meine Tochter: „Ich verstehe nicht, wie ein [einziger] Mensch so viele Fehler machen kann“.

Учительница . . . . у . . . . : „Я не . . . . , . . . один . . . . сделать . . . .“

Решение первого задания: Вы поняли?

❶ Wie lernt Ihre Tochter (Ihr Mädchen)? ❷ Nicht schlecht. Danke. Sie macht (bringt) mir nur Freude. ❸ Der Geschichtslehrer fragt meinen Sohn. ❹ Mein Sohn antwortet dem Lehrer richtig (gut). ❺ Ich erinnere mich oft an unser Treffen. ❻ Und ich behalte sie [für] immer im Gedächtnis. ❼ Wie viele Fehler hat er im Diktat gemacht? ❽ Er machte so viele Fehler, daß ich nicht verstehe, wie ein [einziger] Mensch sie machen kann. ❾ Hast du die Arbeit allein gemacht? ❿ Nein, Papa und Mama haben mir geholfen. ⓫ Du sollst Musik lernen. ⓬ Gerne, aber ich will auch Russisch lernen. ⓭ Was für ein Instrument hast du gewählt? Gitarre? ⓮ Nein, du hast dich geirrt, ich habe Saxophon gewählt. ⓯ Achte nicht auf ihn (nicht richte auf ihn Aufmerksamkeit). ⓰ Wie soll ich nicht auf ihn achten, er ist doch mein Freund.

❺ „Du sollst Musik lernen," sagte [meine] Frau zu [unserem] Sohn.

„Ты . . . . . . учиться . . . ." . . . .
жена . . . . .

Решение второго задания: Пропущенные слова.

❶ мне приносит – радость ❷ обращайте внимания ❸ учитель – спрашивает его – Когда умер ❹ спросила – моей дочери – понимаю – как – человек мог – столько ошибок ❺ должен – музыке – сказала – сыну.

Schreibübung

Весьма остроумно

как жаль, магнитофон

ошибка, ошибаться

2. Welle: Aktivieren Sie heute Lektion 6!

▶ СОРОК ВТОРОЙ УРОК

ПОВТОРЕНИЕ И ЗАМЕТКИ

1. Deklination der Nomen

In den vorherigen Lektionen haben Sie einige neue Substantive mit der weichen Endung **ь** gesehen. Zu ihnen gehört das regelmäßige Substantiv **жизнь** „Leben", dessen Formen im Singular folgendermaßen lauten:

Nominativ:	жизнь
Genitiv:	жизни
Dativ:	жизни
Akkusativ:	жизнь
Instrumental:	жизнью
Präpositiv:	о жизни

Die beiden Substantive **дочь** „Tochter" und **мать** „Mutter" werden unregelmäßig dekliniert, aber sicherlich kommen Ihnen die Endungen vertraut vor, nachdem Sie sich oben die Deklination von **жизнь** angeschaut haben:

Nominativ:	дочь	мать
Genitiv:	дочери	матери
Dativ:	дочери	матери
Akkusativ:	дочь	мать
Instrumentalis:	дочерью	матерью
Präpositiv:	о дочери	о матери

2. Plural von **де́ло** „Sache"

Sie werden jetzt anhand von sechs gängigen russischen Sprichwörtern die Deklination von **де́ло** „Angelegenheit, Sache" (auch „Tat") im Plural entdecken:

Nominativ:

Дела – как сажа бела. „Es steht schlecht (Angelegenheiten wie der weiße Ruß)".

Genitiv:

Всех дел не переделаешь. „Alle Sachen wirst du nicht neu (anders) machen [können]".

Dativ:

По твоим делам о тебе судят. „Nach deinen Taten wirst du beurteilt (von dir beurteilen sie)."

Akkusativ:

Жизнь дана на добрые дела. „Das Leben ist [uns] für die guten Taten gegeben".

Instrumentalis:

Языком не спеши, а делами не смеши. „Mit der Sprache beeile dich nicht, und mach die Taten nicht lachhaft (durch die Sachen nicht lache)."

Präpositiv:

Умён на словах, да глуп в делах. „Kluge Worte, aber dumme Taten (klug auf den Worten, aber dumm in den Taten)."

3. Pronomen чтó-нибудь „irgend etwas"

Folgende Beispiele zeigen Ihnen, daß in dieser Zusammensetzung nur das Pronomen что „was" dekliniert wird.

Nominativ:

У вас есть что-нибудь попить? „Haben Sie irgend etwas zum Trinken?"

Genitiv:

У тебя нет чего-нибудь попить? „Hast du nicht irgend etwas zum Trinken?"

Dativ:

Он не рад чему-нибудь. „Er ist über irgend etwas nicht froh."

Akkusativ:

Я хочу что-нибудь прочитать по-русски. „Ich will irgend etwas auf Russisch lesen."

Instrumentalis:

Он чем-нибудь недоволен. „Er ist mit irgend etwas unzufrieden."

Präpositiv:

Давай поговорим о чём-нибудь. „Laß uns über irgend etwas sprechen."

4. Bewegungsverben mit Präfix

Wir haben Ihnen schon gezeigt, daß lediglich die Bewegungsverben in zwei Gruppen unterteilt werden, und zwar in

a) unbestimmte Verben, wie z.B. ходить „(mehrmals hin- und her)gehen“ (UV) und

b) bestimmte Verben, wie z.B. идти „(einmal in eine bestimmte Richtung) gehen“ (UV).

Wenn ein unbestimmtes Bewegungsverb ein Präfix erhält, bleibt sein Aspekt unvollendet (UV). Dies kann mit der folgenden Formel verdeutlicht werden:

Präfix + unbestimmtes UV -> UV:

в + ходить = входить „hineingehen“
вы + ходить = выходить „hinausgehen“
под + ходить = подходить „herankommen, sich nähern“
при + ходить = приходить „ankommen“
за + ходить = заходить „vorbeikommen“.

Erhält ein bestimmtes Bewegungsverb ein Präfix, ändert sich sein Aspekt in einen vollendeten (V). In unserem Beispiel ändert sich das Verb идти unter dem Einfluß des Präfixes. Auch hierzu können Sie sich wieder eine Formel merken:

Präfix + bestimmtes UV -> V:

в + идти = войти „hineingehen“
вы + идти = выйти „hinausgehen“
под + идти = подойти „herankommen“
при + идти = прийти „ankommen“
за + идти = зайти „vorbeikommen“.

Im folgenden ein Beispiel für die gesamte Konjugation des Aspektpaares: выходить (UV)/выйти (V) „hinausgehen“. Beobachten Sie dabei aufmerksam die wechselnde Betonung:

выходить (UV)

Gegenwart:

я выхожу „ich gehe hinaus“
ты выходишь „du gehst hinaus“
он выходит „er geht hinaus“
мы выходим „wir gehen hinaus“
вы выходите „Sie gehen/ihr geht hinaus“
они выходят „sie gehen hinaus“.

In der Vergangenheit kann man sich die Formen sehr leicht merken:

я, ты выходил/выходила „ich ging, du gingst hinaus" (♂+♀)
он выходил/она выходила „er ging/sie ging hinaus"
мы, вы, они выходили „wir gingen, Sie gingen/ihr gingt, sie gingen hinaus".

выйти (V)

Gegenwart:

я выйду „ich gehe hinaus"
ты выйдешь „du gehst hinaus"
он выйдет „er geht hinaus"
мы выйдем „wir gehen hinaus"
вы выйдете „Sie gehen/ihr geht hinaus"
они выйдут „sie gehen hinaus"

Vergangenheit:

я, ты вышел/вышла „ich ging, du gingst hinaus"
он вышел/она вышла „er ging/sie ging hinaus"
мы, вы, они вышли „wir gingen, Sie gingen/ihr gingt, sie gingen hinaus"

Noch ein Wort zu den Aspektpaaren ...
Es ist sehr empfehlenswert, sich die Verben als Aspektpaare UV/V einzuprägen. Die Verbpaare zu den wichtigsten Verben finden Sie immer in der dazugehörigen Lektion.

5. Wortbildung

Die einfachste Form, sich neue Wörter zu erschließen, ist, nach einem schon bekannten Teil (Stamm) im Wort zu suchen. Zum Beispiel konnten Sie in dem neuen Verb приветствовать „begrüßen" das Wort привет „Gruß" leicht entdecken. So war es auch mit anderen Wörtern, in diesem Fall Substantive, die auf Verben zurückgehen:

представитель „Vertreter" von представиться „sich vorstellen";
встреча „Treffen" von встречаться „sich treffen";
прогулка „Spaziergang" von прогуляться „spazieren gehen";
ошибка „Fehler" von ошибаться „sich irren".

6. Verständnis-/Formulierungsübung

Wenn Sie sich noch in der passiven Phase befinden, sollten Sie die folgende Übung – ähnlich wie in den normalen Lektionen – wie eine Verständnisübung behandeln, d.h. Sie sollten versuchen, den Sinn der Sätze zu erfassen. Befinden Sie sich in der aktiven Phase, können Sie versuchen, die deutschen Sätze auf Russisch zu formulieren.

Вы понимаете эти предложения?

❶ Господин Смирнов на месте? ❷ Нет, он вышел, но будет с минуты на минуту. ❸ Вы идеальная женщина! У вас прекрасный дом, чудесная семья. ❹ Как вы всё успеваете? ❺ Я всё делаю вовремя, и мне помогает муж. ❻ Что вы собираетесь делать вечером? ❼ Вечером я обычно бегаю, но сегодня я думаю пойти в кино. ❽ Мне кажется, я вас видел в театре? ❾ Нет, вы ошиблись, вчера я никуда не выходила. ❿ Мне очень нравится ваша работа, но кое-что надо уточнить. ⓫ Это мне подходит.

Вы поняли?

❶ Ist Herr Smirnov da (auf dem Platz)? ❷ Nein, er ist weggegangen, aber er wird gleich da sein (von Minute auf Minute). ❸ Sie sind eine Traumfrau! Sie haben ein hübsches Haus, eine wunderbare Familie. ❹ Wie schaffen Sie das alles? ❺ Ich mache alles rechtzeitig, und [mein] Mann hilft mir. ❻ Was planen Sie am Abend zu machen? ❼ Abends laufe ich gewöhnlich, aber heute denke ich, daß ich ins Kino gehen werde. ❽ Es scheint mir, daß ich Sie im Theater gesehen habe? ❾ Nein, Sie irren sich, gestern bin ich nirgendwohin (aus)gegangen. ❿ Mir gefällt Ihre Arbeit sehr, aber einiges muß [man] präzisieren. ⓫ Das paßt mir.

7. Aktive Phase

Vergessen Sie nicht, die Übung zur „2. Welle“ zu absolvieren, wenn Sie wollen, auch schriftlich. Die „2. Welle“ ist ein wichtiger Schritt zur Aktivierung Ihrer passiv erworbenen Kenntnisse, und sie zeigt Ihnen auf, woran Sie noch arbeiten müssen.

Wenn Sie die 2. Welle wie vorgesehen ab Lektion 36 begonnen haben, werden Sie mit dem Formulieren der aus den ersten Lektionen stammenden Sätze wahrscheinlich keine großen Probleme gehabt haben. Den Stoff dieser Lektionen haben Sie schon vor langer Zeit assimiliert und inzwischen viele Male wiederholt. Profitieren Sie von diesen Erfolgserlebnissen!

Und da Sie ja nun schon ein bißchen „fortgeschritten“ sind, kommt der Hinweis auf die 2. Welle ab der nächsten Lektion auf Russisch: Вторая волна: Повторите... урок!

8. Schreibübung

Schreibübung

я выхожу, я выйду

мне нравится

ты представишься

прогулка, Господин

2. Welle: Aktivieren Sie heute Lektion 7!

▶ СОРОК ТРЕТИЙ УРОК

ДЕНЬ ЧУДЕСНЫЙ

1 – „Мороз и солнце, день чудесный!“ ①

2 – „Ещё ты дремлешь, друг прелестный...“ ②

3 Знаю, знаю, это Пушкин.

4 – Совершенно верно, Катрин, а помнишь, что дальше? ③

5 – Конечно, „Пора, красавица, проснись...“ ④⑤

6 Я, кстати, уже почти встала, а что ты звонишь в такую рань? ⑥

7 – Как! Ты забыла, мы едем кататься на лыжах. ⑦

ПРОИЗНОШÉНИЕ

[***1*** *... ß**O**NTßE ...* **2** *... PRrleLj**E**ßNÏJ ...*]

43. Lektion

Ein wunderbarer Tag

1 – „Frost und Sonne, [was für ein] wunderbarer Tag!"
2 – „Noch schlummerst du, Freund bezaubernder ..."
3 Ich weiß, ich weiß, es ist Puschkin.
4 – Absolut (vollkommen) wahr, Katrin, und erinnerst du dich, wie es weitergeht (was weiter)?
5 – Natürlich: „Zeit, Schönheit, wach auf ..."
6 Ich, übrigens, bin schon fast aufgestanden, und warum (was) rufst (klingelst) du so früh an (in solcher Frühe)?
7 – Wie? Du hast vergessen, daß wir Skifahren gehen (fahren spazieren auf Skiern).

ANMERKUNGEN

① **чудéсный** ist ein Adjektiv mit hartem Stammauslaut (**-н-**) und der männlichen Endung **-ый**, der weiblichen Endung **-ая** (**чудéсная погóда** „wunderbares Wetter") und der sächlichen Endung **-ое** (**чудéсное ýтро** „wunderbarer Morgen"). Mehr zu den harten und weichen Adjektiven in Lektion 49.

② Das Verb **дремáть** wechselt bei der Konjugation die Betonung: **я дремлю́** „ich schlummere", **ты дрéмлешь** „du schlummerst" **они́ дрéмлют** „sie schlummern". Es gehört zur sog. ersten Konjugation.

③ **пóмнишь** „du erinnerst dich" ist ein Verb der sog. zweiten Konjugation, für die die Endung **-ишь** charakteristisch ist. Unterschiedlich ist die Form der 3. Person Plural Präsens, bei der kein **и** in der Endung auftaucht: **они́ пóмнят** „sie erinnern sich".

④ **Порá** „Zeit" kennen Sie schon: **порá за стол** „Zeit, zu Tisch zu kommen" und **порá рабóтать** „Zeit, mit der Arbeit zu beginnen".

⑤ **просни́сь** „wach auf" ist abgeleitet von **проснýться** (V; 1. Pers. Sing. **я проснýсь**)/**просыпáться** (UV; 1. Pers. Sing. **я просыпáюсь**).

⑥ Man hätte auch sagen können. **Почемý ты звони́шь в такýю рань?** „Warum rufst du so früh an?".

⑦ **катáться на лы́жах, на конькáх** heißt wörtlich „auf den Skiern, auf den Schlittschuhen spazierengehen", wenn es sich um ein Hobby handelt.

8 Погода просто чудесная.
9 По радио обещали солнце и маленький снежок.
10 Насчёт солнца ваш поэт и радио правы, но вот холод ужасный. ⑧
11 – Да нет! Всего пятнадцать градусов. ⑨⑩
12 – Но для меня это слишком.
13 Я люблю, когда тепло, как у нас в Англии зимой. ⑪
14 – Эх, ты! Неженка! „В зимний холод каждый молод“ – говорят русские. ⑫
15 Давай, давай быстренько одевайся, надень тёплую куртку, ⑬⑭
16 тёплые брюки и не забудь шерстяные носки.
17 – Может, ещё и шубу взять?
18 – Раз ты шутишь, значит, всё в порядке. ⑮
19 Через полчаса я за тобой заеду. Будь готова. ⑯⑰

ПРОИЗНОШÉНИЕ

[*10 NASCHTSCHOT ... 19 ... PÅLTSCHAßA ...*]

ANMERKUNGEN

⑧ Sie kennen **вот** als Partikel „da“. Hier betont sie die darauffolgende Information.

⑨ **Да** hat hier die Bedeutung „Aber“.

⑩ **ми́нус** „minus“ vor Temperaturangaben wird selten gebraucht: **пятнáдцать грáдусов** „15 Grad [unter Null]“.

⑪ **зимóй** „im Winter“ ist der Instrumentalis ohne Präposition von **зимá** „Winter“ und gibt die Dauer an: **Зимóй лю́ди катáются на лы́жах** „Im Winter fährt man Ski“.

8 Das Wetter ist einfach wunderbar.
9 Im Radio haben sie Sonne und ein bißchen Schnee (kleiner Schneechen) angesagt (versprochen).
10 – Hinsichtlich der Sonne haben eure Dichter und das Radio recht, aber diese Kälte ist schrecklich.
11 – Aber nein! (Insgesamt) [sind es nur minus] fünfzehn Grad.
12 – Aber für mich ist es zu viel.
13 Ich mag es, wenn es warm ist, wie bei uns in England im Winter.
14 – Ach, du! Verzärtelte! „In der winterlichen Kälte ist jeder jung“ sagen die Russen.
15 Los, los, schnell anziehen, zieh eine warme Jacke,
16 eine warme Hose an, und vergiß nicht die Wollsocken.
17 – Und vielleicht [kann man] auch noch einen Pelz[mantel] anziehen (nehmen)?
18 – Wenn du Spaß machst, bedeutet es, [daß] alles in Ordnung ist.
19 In einer halben Stunde werde ich dich abholen. Sei bereit (vorbereitet).

ANMERKUNGEN

⑫ **Нéженка** „verzärtelter, zimperlicher Mensch“ wird für beide Geschlechter verwendet: **Какóй/Какáя ты нéженка**! „Wie zimperlich du bist!“.

⑬ **бы́стренько** wirkt weniger streng als **бы́стро** „schnell“.

⑭ Merken Sie sich gut den Unterschied zwischen **одéть (когó)** und **надéть** (что): **Мáма одéла ребёнка** „Mutter zog das Kind an.“ **Она надéла на ребёнка пальтó** „Sie zog dem Kind den Mantel an“.

⑮ Den Satz **Раз ты шу́тишь** „Wenn du Spaß machst“ könnte man auch mit **Éсли** beginnen.

⑯ **Я за тобóй заéду** „Ich werde dich abholen“ sagen Sie, wenn Sie mit dem Auto kommen. Wenn Sie zu Fuß kommen, sagen Sie: **Я за тобóй зайду́**.

⑰ **Будь** ist der Imperativ von **быть** „sein“. **Бу́дьте дóма, я заéду за вáми**. „Seien Sie zu Hause, ich hole Sie ab.“

Первое задание: Вы понимаете эти предложения?

❶ Сегодня на улице мороз и солнце. Как говорит поэт: „Мороз и солнце день чудесный!“ ❷ И он был прав. Давай поедем за город. ❸ Я очень люблю кататься на лыжах. ❹ С удовольствием! По радио обещали маленький снежок, но это даже хорошо. ❺ Через полчаса я за тобой заеду. Будь готов. ❻ Я уже давно встал. ❼ Сейчас только надену куртку и жду тебя на улице. ❽ Не забудь надеть тёплые брюки. ❾ На улице ужасный холод. ❿ В зимний холод, каждый молод. ⓫ Я не неженка! Погода просто чудесная.

Второе задание: Вставьте пропущенные слова!

❶ Heute ist wunderbares Wetter!

Сегодня . . . . погода!

❷ Lassen Sie uns aufs Land fahren.

. . . . поедем за . . . . . .

❸ Mir gefällt Ihr Vorschlag.

Мне нравится ваше . . . .

❹ Ich mag Skifahren sehr (auf Skiern fahren).

Я очень . . . . . кататься на . . . . . .

❺ Was beabsichtigen Sie heute abend zu machen?

Что . . собираетесь . . . . . . сегодня . . . . ?

❻ Im Radio haben sie gutes Wetter angesagt, vielleicht (kann) werde ich Schlittschuh laufen.

. . радио . . . . хорошую . . . . . . , может, пойду . . . . коньках.

Решение первого задания: Вы поняли?

❶ Heute ist draußen Frost und Sonne. Wie der Dichter sagt: „Frost und Sonne, [was für] ein wunderbarer Tag!“ ❷ Und er hatte recht. Laß uns aufs Land fahren. ❸ Ich mag Skifahren sehr. ❹ Gerne! Im Radio haben sie ein bißchen Schnee (kleiner Schneechen) angesagt (versprochen), aber das ist sogar gut. ❺ In einer halben Stunde werde ich dich abholen. Sei bereit. ❻ Ich bin schon vor langer Zeit aufgestanden. ❼ Jetzt ziehe ich nur die Jacke an, und ich warte draußen auf dich. ❽ Vergiß nicht, die warme Hose anzuziehen. ❾ Draußen ist eine schreckliche Kälte. ❿ In der winterlichen Kälte ist jeder jung. ⓫ Ich bin kein zimperlicher Mensch! Das Wetter ist einfach wunderbar.

❼ In einer Stunde werde ich dich mit dem Auto abholen, sei bereit.

. . . . . час я . . тобой . . . . . на машине, ... готов.

❽ Sehr gut! Ich bin schon aufgestanden, aber draußen ist eine schreckliche Kälte.

Очень . . . . . . ! Я уже . . . . . , но на улице . . . . холод.

❾ Los, schnell anziehen, zieh eine warme Jacke an.

. . . . . быстренько . . . . , ... тёплую куртку.

❿ Und was ist? Heute ist draußen Frost?

А что? Сегодня . . . . мороз?

Решение второго задания: Пропущенные слова.

❶ чудесная ❷ Давайте – город ❸ предложение ❹ люблю – лыжах ❺ вы – делать – вечером ❻ По – обещали – погоду – кататься на ❼ Через – за – заеду – будь ❽ хорошо – встал – ужасный ❾ Давай – одевайся – надень ❿ на улице.

Вторáя волнá: Повторúте восьмóй урóк!

▶ СОРОК ЧЕТВЁРТЫЙ УРОК

ЖИТЬ МОЖНО

1 – Николай, я еду послезавтра в Россию
2 и хотел бы получить у тебя маленькую консультацию. ①
3 – Какая неожиданная новость, хотя ты уже давно собирался поехать туда.
4 И что ты хотел знать? Чем могу, тем помогу. ②③
5 – Дело в том, что я еду не на один день, ④
6 а раньше я бывал в России, максимум пару недель, да и то всё летом. ⑤
7 – И надолго ты едешь? И куда ?
8 – Представь себе, на год и довольно далеко - в Сибирь! Конкретно, в Иркутск.
9 – И конечно же, ты боишься сибирских морозов? ⑥

ПРОИЗНОШÉНИЕ

[*1 ... POßLjESAFTRrA ...*]

ANMERKUNGEN

① **я хотéл бы** ist der russische Konjunktiv (Möglichkeitsform), der streng genommen im Deutschen mit „ich hätte gerne" wiedergegeben wird. Wir verwenden jedoch hier die Formen von „möchten", da es sonst später (2. Welle) bei der Rückübersetzung zu unerwünschten Sinnverschiebungen im Russischen kommt. Der Konjunktiv drückt eine höfliche Bitte oder einen Wunsch aus: **Мы хотéли бы пригласúть вас** „wir möchten Sie einladen". **Мы хотéли бы спросúть у вас** „Wir möchten Sie fragen".

44. Lektion

[Man] kann leben

1 – Nikolaj, ich fahre übermorgen nach Rußland,
2 und ich hätte gerne (möchte) einige kleine Ratschläge von dir bekommen (bei dir kleine Konsultation).
3 – Welch unerwartete Neuigkeit, obwohl du schon lange plantest, dorthin zu fahren.
4 Und was wolltest du wissen? Ich werde helfen, womit ich kann (womit ich kann, damit werde ich helfen).
5 – Es geht darum, daß ich nicht [nur] für einen Tag fahre,
6 und früher blieb ich maximal zwei Wochen in Rußland, und (sogar) immer (ganz) im Sommer.
7 – Und fährst du für lange Zeit? Und wohin?
8 – Stell dir vor, für ein Jahr, und ziemlich weit – nach Sibirien! Genauer gesagt (konkret) nach Irkutsk.
9 – Und natürlich fürchtest du dich vor sibirischem Frost (sibirischen Frösten).

ANMERKUNGEN

② **Чем** „womit", **тем** „damit" sind die Instrumentalis-Formen des Pronomens **что** „was".

③ **Я помогу́** „ich werde helfen" ist abgeleitet von **помóчь** (V)/**помогáть** (UV). Es wird mit dem Dativ und dem Instrumentalis verwendet: **Он помогáет мне совéтом** „Er hilft mir mit dem Ratschlag".

④ **не на оди́н день** „nicht für einen Tag" ist die Umschreibung für eine längere Zeitdauer, die mit der Präposition **на** + Akkusativ ausgedrückt wird: **на одну́ недéлю** „für eine Woche".

⑤ **бывáл** unterscheidet sich von **был** „war" hinsichtlich der Häufigkeit oder auch der Dauer der beschriebenen Handlung: **Я был в Москвé тóлько оди́н раз** „Ich war nur einmal in Moskau". **Я бывáл в Москвé** „Ich war [mehrmals] in Moskau/ich war für längere Zeit in Moskau".

⑥ Das reflexive Verb **бои́шься** von **боя́ться** „sich fürchten" wird mit dem Genitiv verwendet: **Я бою́сь мáтери** „Ich fürchte mich vor der Mutter". **Он ничегó не бои́тся** „Er fürchtet sich vor nichts".

10 – Ещё бы! Там, говорят, погода не дай Бог! ⑦⑧
11 Что зимой, что летом. ⑨
12 – Это ты напрасно говоришь.
13 Летом там тепло, даже жарко.
14 Осенью сухо и прохладно.
15 Весна короткая, но прекрасная.
16 – А зимой в январе, в феврале холодно. ⑩
17 На улицу лучше не выходить?
18 – Да сказки всё это! ⑪
19 И там живут люди и неплохо, между прочим, живут.
20 – Но морозы там под сорок бывают.
21 – Бывают, и под сорок, но зимой там сухой воздух, нет ветра.
22 Возьми только одежду потеплее, особенно обувь. ⑫
23 А, главное, не бойся. Там жить можно!

ПРОИЗНОШÉНИЕ

[*10* ... *восн*]

ANMERKUNGEN

⑦ Der Satz **Ещё бы!** läßt sich nur durch die Ergänzung des Kontextes ins Deutsche übertragen.

⑧ **не дай Бог**! „Gott bewahre [uns vor ...]!“ wird in verschiedenen Situationen gebraucht. **У негó харáктер – не дай Бог!** „Gott bewahre [uns] vor seinem [schlechten] Charakter!“.

10 – Ach wo [ich fürchte doch nicht den Frost]! Dort sagt man: Gott bewahre uns vor dem Wetter!
11 [Egal ob] im Winter [oder] im Sommer.
12 – Du hast unrecht (das du unbegründet sagst).
13 Im Sommer ist es dort warm, sogar heiß.
14 Im Herbst ist es trocken und kühl.
15 Der Frühling ist kurz, aber wunderschön.
16 – Und im Winter, im Januar [und] im Februar, ist es kalt.
17 Geht man besser nicht nach draußen (auf die Straße)?
18 – Aber das sind alles [nur] Märchen!
19 Auch dort leben Menschen, und sie leben übrigens (unter anderem) nicht schlecht.
20 – Aber dort wird Frost (Fröste) unter 40 [Grad Celsius] sein.
21 – [Ja,] das kommt vor, (auch) unter 40 [Grad], aber im Winter ist dort die Luft trocken, [und] es gibt keinen Wind.
22 Nimm nur wärmere Kleidung mit, besonders [warme] Schuhe.
23 Und vor allem: Hab keine Angst (nicht fürchte-dich). Man kann dort leben!

ANMERKUNGEN

⑨ Hier hat **что** die Funktion einer Konjunktion: **Мне всё равнó, когдá отдыхáть – что ýтром, что вéчером** „Mir ist es gleich, wann ich mich erhole – ob morgens oder abends".

⑩ Die Monatsnamen nach der Frage **когдá** „wann" stehen mit der Präposition **в** „in" im Präpositiv: **в январé** „im Januar", **в февралé** „im Februar", **в ию́не** „im Juni", **в áвгусте** „im August", **в сентябрé** „im September", **в октябрé** „im Oktober", **в декабрé** „im Dezember". Eine Liste mit allen Monatsnamen finden Sie in Lektion 49.

⑪ **Э́то всё скáзки!** „Das sind alles [nur] Märchen!" wird durch **да** verstärkt.

⑫ **потеплéе** ist ein Vergleich mit der Bedeutung „ein bißchen wärmer", die durch das Präfix **по-** entsteht. **Сегóдня похолоднéе, чем вчерá.** „Heute ist es ein bißchen kälter als gestern".

Первое задание: Вы понимаете эти предложения?

❶ На субботу и на воскресенье я еду за город и не знаю, что взять, как одеться. ❷ По радио обещали мороз, но не бойся. ❸ Возьми одежду потеплее. ❹ Я не думаю, что будет холодно. ❺ Говорят, в Москве бывают ужасные морозы. ❻ Да сказки всё это! ❼ Холодно бывает в январе, в феврале и в декабре прохладно, но жить можно. ❽ Какая погода тебе нравится? ❾ Я люблю, когда тепло и сухо, а зима мне не нравится, особенно в нашем городе. ❿ Когда ты любишь отдыхать? ⓫ Отдыхать я люблю всегда и зимой, и летом, но лучше, конечно, отдыхать в июне и в августе.

Второе задание: Вставьте пропущенные слова!

❶ Ich hätte gerne (möchte) einige kleine Ratschläge (kleine Konsultation) von dir bekommen.

Я ..... бы получить . ....
.... консультацию.

❷ Bitte, womit ich kann, damit werde ich helfen.

Пожалуйста, ... могу, тем ....

❸ Ich fahre nicht für einen Tag nach Rußland, früher war ich dort, aber ich lebte dort maximal eine Woche und immer im Herbst.

Я ... в Россию не .. .. ,
раньше я .... но жил ...
максимум .... и всегда
....

❹ Und fährst du für lange Zeit?

И .... ты ..... ?

Решение первого задания: Вы поняли?

❶ Am Samstag und Sonntag fahre ich aufs Land, und ich weiß nicht, was ich mitnehmen soll (was mitnehmen), wie [ich mich] anziehen [soll]. ❷ Im Radio haben sie Frost angesagt, aber fürchte dich nicht. ❸ Nimm ein bißchen wärmere Kleidung mit. ❹ Ich meine nicht, daß es kalt sein wird. ❺ Man sagt, in Moskau gibt es (werden) [immer wieder] schrecklichen Frost (Fröste). ❻ Aber das sind alles Märchen! ❼ Kalt wird es im Januar, im Februar sein, und im Dezember ist es kühl, aber man kann leben. ❽ Welches Wetter gefällt dir? ❾ Ich mag, wenn es warm und trocken ist, aber der Winter gefällt mir nicht, besonders in unserer Stadt. ❿ Wann erholst du dich gerne (magst du dich erholen)? ⓫ Ich erhole mich immer gerne, sowohl im Winter als auch im Sommer, aber besser ist es natürlich, sich im Juni und im August zu erholen.

❺ Dort sagt man: Gott bewahre uns vor dem Wetter!

Там, ... , погода не . . . . . . !

❻ Aber das sind alles Märchen! Dort leben die Menschen nicht schlecht.

Да . . . . . . всё это! Там люди . . . . .
. . . .

❼ Und im Herbst gibt es Frost (Fröste) in Moskau?

А . . . . . . морозы . . . . . . в Москве?

LEKTION 44

⑧ Manchmal gibt es Frost, aber gewöhnlich ist es im September und im Oktober in Moskau kühl und trocken.

. . . . . . морозы бывают, но обычно в . . . . и в . . . . в Москве . . . . и . . . . .

⑨ Nimm ein bißchen wärmere Kleidung mit, besonders [warme] Schuhe, draußen ist es kalt.

. . . . . . одежду . . . . , особенно . . . . . , на улице . . . .

⑩ Hab keine Angst, Freund, ich fürchte den Frost nicht!

Не . . . . . , друг, я не . . . . . мороза!

▶ СОРОК ПЯТЫЙ УРОК

СОБАЧИЙ ХОЛОД

1 – Наступил так называемый „собачий холод“. ①②

2 На улицах москвичи кричат друг другу: ③④

3 – Просто удивительно, как холодно!

ANMERKUNGEN

① **Наступúл** „begann“ drückt den Jahreszeitenbeginn oder eine Veränderung in der Natur aus: **наступúла веснá** „der Frühling begann“, **наступúл вéчер** „der Abend begann“.

Решение второго задания: Пропущенные слова.

❶ хотел – у тебя маленькую ❷ чем – помогу ❸ еду – на один день – бывал там – там – одну неделю – осенью ❹ надолго – едешь ❺ говорят – дай Бог ❻ сказки – живут неплохо ❼ осенью – бывают ❽ Иногда – сентябре – октябре – прохладно – сухо ❾ Возьми – потеплее – обувь – холодно ❿ бойся – боюсь.

Falls Sie in der nächsten Zeit eine kleine Reise nach Rußland planen, so sind Sie sprachlich – zumindest was das Thema „Wetter“ angeht – jetzt gut gerüstet. Auch sonst werden Sie bei Ihrer Ankunft überall Bekanntes aufschnappen. Bestimmt können Sie auch Schilder, Hinweise und Plakate lesen und verstehen.

Вторáя волнá: Повторúте девя́тый урóк!

45. Lektion

Hundekälte

1 – Es begann eine sogenannte „Hundekälte“.
2 Auf den Straßen rufen sich die Moskauer zu (Freund dem Freund):
3 – Einfach erstaunlich, wie kalt es ist!

ANMERKUNGEN

② Das Zugehörigkeitsadjektiv **собáчий** kommt von **собáка** „Hund“. Üblich sind: **собáчья погóда** „Hundewetter“, **собáчья жизнь** „Hundeleben“, **собáчий харáктер** „Hundecharakter“.

③ **На ýлицах** „auf den Straßen“ ist der Präpositiv Plural Femininum. Sie erkennen ihn an der Endung **-ах** oder **-ях** in allen Geschlechtern: **в городáх** „in Städten“ (männlich), **в óкнах** „in Fenstern“ (sächlich).

④ Der männliche Bewohner von Moskau ist **москвúч**, **москвúчка** ist die Bewohnerin Moskaus, und im Plural sind beide **москвичú**.

4 – Что же тут удивительного? ⑤

5 Бюро прогнозов сообщает, что пришёл холодный воздух с Баренцева моря.

6 – Вот спасибо, что объяснили,

7 а я думал, что к нам пришёл горячий аравийский воздух,

8 и поэтому стало холодно.

9 – Вот вы смеётесь, а завтра будет ещё холоднее. ⑥

10 – Не может этого быть.

11 – Уверяю вас, что обязательно будет.

12 Известно, что во время сильных морозов люди начинают беспричинно врать. ⑦

13 Врут даже самые честные и правдивые люди. ⑧

14 Чем крепче морозы, тем крепче врут. ⑨⑩

ПРОИЗНОШÉНИЕ

[***4*** ... *UDjİWİTjleLjNÅWÅ* ***6*** ... *ÅBJleßNjİLjİ* ... ***11*** ... *ÅBİSATjleLjNÅ* ...]

4 – Was ist daran (hier) Erstaunliches?
5 Der Wetterbericht (Büro der Prognosen) kündigt an, daß Kaltluft von der Barentssee (Barentsmeer) kommt (kam).
6 – Danke, daß Sie [es] erklärten,
7 und ich dachte, daß ein heißer arabischer Wind zu uns kam,
8 und [es] deswegen kalt geworden ist.
9 – Jetzt lachen Sie, aber morgen wird es noch kälter sein.
10 – Das kann nicht sein.
11 – Ich versichere Ihnen, daß es bestimmt so sein wird.
12 Es ist bekannt, daß in der Zeit des starken Frostes die Leute beginnen, grundlos zu lügen.
13 Es lügen sogar die ehrlichsten und aufrichtigsten Menschen.
14 Je stärker der Frost (Fröste), desto stärker lügen sie.

ANMERKUNGEN

⑤ **Что здесь удиви́тельного?** „Was ist hier Erstaunliches?“ ist eine Konstruktion, bei der das Adjektiv im Genitiv steht. Die Verneinung lautet **здесь нет ничегó удиви́тельного** „Hier ist nichts Erstaunliches“.

⑥ **холоднéе** „kälter“ ist der Komparativ des Adjektivs **холóдный**. **У́тром бы́ло теплó, а сейчáс стáло ещё теплée** „Morgens war es warm, aber jetzt ist es [noch] wärmer geworden“.

⑦ Das Adjektiv **си́льный** „stark, kräftig, heftig“ beschreibt Naturphänomene: **си́льный вéтер** „heftiger Wind“, **си́льный дождь** „starker Regen“.

⑧ Der Superlativ **сáмые чéстные** „die ehrlichsten“ besteht aus dem Pronomen **сáмый**, **сáмая**, **сáмое** und dem Adjektiv in seiner Grundform.

⑨ Die Konstruktion **Чем крéпче морóзы**, **тем холоднée** „Je stärker der Frost, desto kälter [ist es]“ hat den gleichen Aufbau wie der Vergleichsatz im Deutschen.

⑩ **крéпче** „stärker“ ist der Komparativ von **крéпкий** „stark“.

15 – Например, человек приходит в гости, долго раздевается, (11)

16 входит в комнату и с удовольствием объявляет:

17 „ Пятьдесят два по Реомюру.“ (12)

18 Хозяин, конечно, хочет сказать:

19 „Что же ты в такой мороз ходишь в гости?

20 В такой мороз надо сидеть дома.“

21 (Продолжение следует)

ПРОИЗНОШÉНИЕ

[*16* ... *ÅBJlWLjAJET* ...]

Первое задание: Вы понимаете эти предложения?

❶ Я раньше никогда не бывал в Сибири и думал, что там всегда собачий холод. ❷ Вот вы смеётесь, но это правда. ❸ Игорь, проснись, на улице погода просто чудесная. ❹ Что ты звонишь в такую рань? ❺ Вчера было холодно, а сегодня ещё холоднее. ❻ Я не поеду кататься на лыжах. ❼ Вчера приходит в гости мой друг, раздевается, входит в комнату и объявляет: ❽ На улице сибирский мороз, снег, но мы едем за город. ❾ Бюро прогнозов обещает, что вечером будет теплее. ❿ Русские говорят: „В зимний холод каждый молод.“

15 – Zum Beispiel: Ein Mensch kommt zu Besuch, zieht sich langsam (lange) aus,
16 kommt ins Zimmer und erklärt vergnügt (mit Vergnügen):
17 „52 [Grad] nach Reaumur."
18 Der Hausherr, natürlich, möchte sagen:
19 „Warum gehst du bei (in) einem solchen Frost zu Besuch (in Gäste)?
20 Bei einem solchen Frost soll man zu Hause bleiben (sitzen)."
21 (Fortsetzung folgt)

ANMERKUNGEN

⑪ Das Gegenteil von **одева́ться** „sich anziehen" ist **раздева́ться** „sich ausziehen".

⑫ René-Antoine Réaumur (1683-1757), französischer Physiker und Biologe, erfand eine Skala zur Temperaturmessung, die Réaumur-Skala. Auf ihr entspricht 1° Réaumur ca. 5/4° Celsius.

Решение первого задания: Вы поняли?

❶ Früher war ich nie in Sibirien, und ich dachte, daß dort immer Hundekälte [herrscht]. ❷ Nun lachen Sie, aber es ist wahr. ❸ Igor, wach auf, draußen ist einfach wunderbares Wetter. ❹ Warum rufst du so früh an? ❺ Gestern war es kalt, aber heute ist es noch kälter. ❻ Ich werde nicht Skifahren [gehen]. ❼ Gestern kommt mein Freund zu Besuch, er zieht sich aus, kommt ins Zimmer herein und erklärt: ❽ Draußen [herrscht] sibirischer Frost, Schnee, aber wir fahren aufs Land. ❾ Der Wetterbericht (Büro der Prognosen) sagt an, daß es am Abend wärmer sein wird. ❿ Die Russen sagen: „In der winterlichen Kälte ist jeder jung."

Второе задание: Вставьте пропущенные слова!

1. Es begann der Sommer. Im Sommer ist es in unserer Stadt trocken und sogar heiß, und im Herbst ist es kühl.

   . . . . лето. Летом . . . . . . городе . . . . и даже . . . . . , а . . . . прохладно.

2. Ich verstehe nicht, warum du bei einem solchen Frost zu Besuch (in Gäste) kommst.

   Я не . . . . , почему ты в . . . . . мороз . . . . . . в . . . .

3. Man soll zu Hause sitzen.

   Надо . . . .

4. Wenn du scherzt, bedeutet es, daß alles in Ordnung ist.

   Раз ты . . . . . . , ... , всё . . . .

5. Auf den Straßen sind viele Menschen, [es ist] einfach überraschend.

   На . . . . . . много . . . . . , просто . . . .

СОРОК ШЕСТОЙ УРОК

СОБАЧИЙ ХОЛОД (продолжение)

1 – Но вместо этого он неожиданно говорит: ①

2 „Что вы, Павел Фёдорович, гораздо холоднее.

Решение второго задания: Пропущенные слова.

❶ Наступило – в нашем – сухо – жарко – осенью ❷ понимаю – такой – ходишь – гости ❸ сидеть дома ❹ шутишь – значит – хорошо ❺ улицах – людей – удивительно.

Haben Sie Schwierigkeiten mit einem bestimmten Grammatikthema? Können Sie sich etwas absolut nicht merken? Ein Tip: Notieren Sie sich das Problem ein paar Lektionen weiter am rechten Buchrand, und lernen Sie wie gewohnt weiter. Wenn Sie dann später an diese Stelle kommen, hat sich das Problem vielleicht aufgrund der inzwischen erfolgten Wiederholung „in Luft aufgelöst". Besteht es weiter, so machen Sie sich einige Lektionen später einen neuen Vermerk, und das so oft, bis sie es verstanden bzw. assimiliert haben.

Вторáя волнá: Повторúте десятый урóк!

46. Lektion

Hundekälte (Fortsetzung)

1 – Aber statt dessen (anstatt dieses) sagt er unerwartet:
2 „Was [meinen] Sie, Pawel Fjodorowitsch, es ist viel kälter.

ANMERKUNGEN

① **вмéсто** „anstatt" ist eine Präposition mit dem Genitiv, daher folgt das Pronomen **э́то** „dieses" in der Form **э́того**, die ihnen aus der Adjektivdeklination bekannt ist.

3 Днём было пятьдесят четыре, а сейчас, конечно, холоднее.“ ②

4 – В это время приходит ещё один гость. ③

5 Из коридора он радостно кричит: ④

6 „Шестьдесят! Невозможно дышать, совершенно невозможно!“

7 – Все трое отлично знают, что на улице не шестьдесят, ⑤

8 а тридцать три, и не по Реомюру, а по Цельсию.

9 – Что же, пусть врут на здоровье. ⑥⑦

10 Может быть, им от этого делается теплее.

11 – Рассказывают разные истории о холодах и, конечно, кто-нибудь вспомнит о своём дедушке. ⑧

ПРОИЗНОШÉНИЕ

[*3* ... *PleTjDjleßJAT* ... *6* ... *SCHleßDjleßJAT* ...]

3 Tagsüber waren es 54 [Grad unter Null], aber jetzt [ist es] natürlich kälter."

4 – Dann (in dieser Zeit) kommt ein weiterer Gast.

5 Aus der Diele ruft er fröhlich:

6 „60! Man kann nicht (unmöglich) atmen, völlig unmöglich!"

7 – Alle drei wissen sehr wohl (ausgezeichnet), daß es draußen keine 60,

8 sondern 33 [Grad] sind, und nicht nach Réaumur, sondern nach Celsius.

9 – Ach (was doch), sollen sie doch lügen, [wenn es ihnen gut tut] (auf Gesundheit).

10 Vielleicht (kann sein) wird es ihnen davon wärmer (sich-macht wärmer).

11 – Man erzählt verschiedene Geschichten von der Kälte (Kälten) und, natürlich, irgend jemand erinnert sich an seinen Opa.

ANMERKUNGEN

② Das Verb „sein" wird in der Gegenwart nicht ausgedrückt, dagegen aber in der Vergangenheit und in der Zukunft: **Вчерá бы́ло хóлодно, сейчáс теплó, зáвтра бýдет теплéе** „Gestern war es kalt, jetzt ist es warm, morgen wird es wärmer".

③ Den für die Erzählung typischen Zeitausdruck **В э́то врéмя** „in dieser Zeit" könnte man durch **тогдá** „dann" ersetzen.

④ Die Präposition **из** „aus" verlangt den Genitiv: **он в коридóре** „er ist in der Diele", **он кричи́т из коридóра** „er ruft aus der Diele".

⑤ Statt **Все трóе** „alle drei" können Sie ebenso sagen: **В кóмнату вошли́ три человéка** „In den Raum sind drei Menschen hineingegangen".

⑥ **Пусть врут!** „Sollen sie [doch] lügen!". **Пусть** ist eine Partikel, die wie hier einen Wunsch ausdrücken kann, aber auch einen Befehl oder eine Erlaubnis.

⑦ Das Wort **здорóвье** „Gesundheit" wird oft benutzt. Nicht nur, wenn jemand niest, sagen Sie **На здорóвье!**, sondern Sie erhalten diese Antwort auch, wenn Sie sich für ein Essen bedanken.

⑧ **ктó-нибýдь** „irgend jemand", wörtlich „wer-egal", ist ein Indefinitpronomen (unbestimmtes Fürwort).

12 – О дедушках всегда рассказывают что-нибудь интересное и героическое. ⑨

13 – Все они были здоровыми, сильными и не боялись холода. ⑩

14 – Итак, мороз, мороз!

15 Даже трудно поверить, что есть где-то счастливые тёплые края, ⑪⑫

16 где, как сообщает бюро прогнозов, всего лишь десять-пятнадцать градусов ниже нуля. ⑬

Первое задание: Вы понимаете эти предложения?

❶ Что вы собираетесь делать вечером? ❷ Ещё не знаю. Я хотел пойти погулять, но на улице страшный холод. ❸ Просто невозможно дышать. ❹ Трудно поверить, что где-то есть тёплые края, где всегда тепло и никогда не бывает снега. ❺ Вы не знаете, какая завтра будет погода? ❻ По телевизору сообщали, что завтра будет тепло: шестнадцать градусов выше нуля. ❼ Всего лишь шестнадцать градусов, а я думал, что будет теплее. ❽ Присаживайтесь, где вам удобно, и расскажите мне что-нибудь интересное.

Второе задание: Вставьте пропущенные слова!

❶ Morgen, denke ich, wird es warm sein.

Завтра, я думаю, ...

❷ Im Radio hat man gesagt: Umgekehrt, es wird viel kälter sein.

По радио сказали, ... , будет гораздо . . . .

12 – Von den Opas erzählen sie immer irgend etwas Interessantes und Heldenhaftes.
13 – Alle waren sie [kern]gesund, stark (kräftig), und sie fürchteten keine Kälte.
14 – Also: Frost ist Frost!
15 Es ist sogar schwer zu glauben, daß es irgendwo glückliche warme Regionen gibt,
16 wo, wie der Wetterbericht mitteilt, es im Ganzen nur zehn-fünfzehn Grad unter (niedriger) Null gibt.

ANMERKUNGEN

⑨ Auch **чтó-нибýдь** „irgend etwas", wörtlich „was-egal", ist ein Indefinitpronomen.

⑩ In **Они бы́ли здорóвыми и си́льными** „Sie waren gesund und stark" stehen die Adjektive im Instrumentalis, weil sie eine Eigenschaft ausdrücken. Es wird jedoch auch häufig der Nominativ benutzt.

⑪ Das Aspektpaar lautet **поверить** (V)/**вéрить** (UV) „glauben".

⑫ **гдé-то** „irgendwo" ist ebenfalls ein Indefinitpronomen. Es weist auf einen bestimmten, jedoch nicht näher spezifizierten Ort hin.

⑬ **Всегó лишь дéсять грáдусов ни́же нуля́** „Es sind nur zehn Grad unter Null". **лишь** ist gleichbedeutend mit **тóлько**. **ни́же** ist die Komparativform von **ни́зкий** „niedriger, tiefer". Das Gegenteil lautet **вы́ше** „höher" von **высóкий** „hoch".

Решение первого задания: Вы поняли?

❶ Was beabsichtigen Sie am Abend zu machen? ❷ Ich weiß es noch nicht. Ich wollte spazieren gehen, aber draußen ist es schrecklich kalt (schreckliche Kälte). ❸ Man kann einfach nicht (unmöglich) atmen. ❹ Es ist schwer zu glauben, daß irgendwo warme Regionen sind, wo es immer warm ist und es nie Schnee gibt. ❺ Wissen Sie (nicht), was für ein Wetter morgen sein wird? ❻ Im Fernsehen teilte man mit, daß es morgen warm wird: 16 Grad über (höher) Null. ❼ Es werden nur 16 Grad, und ich dachte, daß es wärmer sein wird. ❽ Setzen Sie sich [dorthin], wo es Ihnen bequem ist, und erzählen Sie mir irgend etwas Interessantes.

❸ Wie [gerne] ich [doch] in warme Regionen fahren möchte, wo es nie kalt ist!

Как я хочу . . . . в . . . . , где . . . . не холодно!

❹ Er erzählt immer interessante Geschichten, aber es ist schwer zu glauben, daß er die Wahrheit sagt.

Он всегда . . . . интересные . . . . но . . . . . . поверить, что он . . . .

❺ Wenn ich mich an den Opa erinnere, [geht es mir besser] (wird es wärmer).

Когда я . . . . о . . . . , мне . . . .

❻ Ja, er war ein ausgezeichneter und guter Mensch.

Да, он был прекрасный и . . . . . . человек.

▶ СОРОК СЕДЬМОЙ УРОК

И НЕ РАЗДУМЫВАЙТЕ!

1 – Послушай, Таня, я давно хотел спросить тебя, у вас есть собака? ①②

2 – Конечно, даже две – маленькая белая болонка и огромный пёс,

3 правда, я не знаю, какой он породы.

ANMERKUNGEN

① Die Imperativform **Послу́шай** „Hör" wird unter engen Freunden verwendet. **Послу́шайте** „Hören Sie" wird benutzt, wenn die Personen sich siezen oder man mehrere Personen anspricht („ihr").

❼ Für mich gehen die Kinder über alles (vor allem).

Для .... дети ....

Решение второго задания: Пропущенные слова.

❶ будет тепло ❷ наоборот – холоднее ❸ поехать – тёплые края – никогда ❹ рассказывает – истории – трудно – говорит правду ❺ вспоминаю – дедушке – делается теплее ❻ добрый ❼ меня – прежде всего.

Sie bemerken immer wieder, daß der Satzbau im Russischen nicht unbedingt mit dem deutschen Satzbau übereinstimmt. Assimilieren Sie daher kurze Sätze und Wendungen immer im Ganzen, niemals einzelne Vokabeln.

Вторáя волнá: Повторúте одúннадцатый урóк!

47. Lektion

Und zögern Sie nicht lange!

1 – Hör [mal], Tanja, ich wollte dich längst fragen: Habt ihr einen Hund?

2 – Natürlich, sogar zwei – ein kleines weißes Bologneser-Hündchen (Schoßhündchen) und einen riesengroßen Hund,

3 in Wahrheit weiß ich [gar] nicht, welche Rasse es ist.

ANMERKUNGEN

② Ohne Bedeutungsunterschied können Sie fragen: **я хотéл спросúть тебЯ** oder **я хотéл спросúть у тебЯ** „ich wollte dich fragen“.

4 – Дело в том, что мой сын просит купить ему собаку, но у нас никогда не было даже кошки. ③

5 – Господи! Не надо раздумывать. Конечно же, покупайте. ④⑤⑥

6 Я считаю, для мальчика это просто необходимо. ⑦

7 – Но это лишние заботы. ⑧

8 За собакой надо ухаживать, наконец, гулять вовремя.

9 – Это же прекрасно! Помнишь, какая я была два года назад?

10 Хмурая, вечно усталая. А, теперь...

11 С семи до восьми я гуляю с моими собаками в парке. ⑨

12 Вечером с девяти до десяти, то же самое, и чувствую себя прекрасно.

13 – Но моя жена так любит порядок, а собака в доме?...

4 – Es ist so (Geschäft in dem), daß mein Sohn [darum] bittet, ihm einen Hund zu kaufen, aber wir hatten noch nicht einmal (sogar nie) eine Katze.

5 – Mein Gott (Götter)! Man soll nicht [lange] überlegen. Natürlich kauft (ihr) [einen].

6 Ich bin der Ansicht, [daß] es für einen Jungen einfach notwendig ist (unumgänglich).

7 – Aber das sind überflüssige Sorgen.

8 Um einen Hund muß man sich kümmern [und] schließlich rechtzeitig [mit ihm] spazieren gehen.

9 – Das ist wunderschön! Erinnerst du dich daran, wie ich vor zwei Jahren war?

10 Mürrisch, ständig müde. Und jetzt ...

11 Von sieben bis acht gehe ich mit meinen Hunden im Park spazieren.

12 Abends von neun bis zehn das gleiche, und ich fühle mich wunderbar.

13 – Aber meine Frau liebt Ordnung so sehr, und ein Hund im Haus? ...

ANMERKUNGEN

③ **не́ было** ist die Ihnen bekannte Vergangenheitsform, der wegen der Verneinung der Genitiv folgt: **ко́шки** von **ко́шка** „Katze". **У нас не́ было соба́ки** „Wir hatten keinen Hund".

④ **Го́споди!** und **Бо́же мой!** bedeutet dasselbe: „Mein Gott!".

⑤ Nach **не на́до** folgt ein Verb mit dem unvollendeten Aspekt. **Не на́до покупа́ть э́ту кни́гу** „Man soll dieses Buch nicht kaufen".

⑥ **Покупа́йте!** „Kauft!/Kaufen Sie!" ist eine Befehlsform im unvollendeten Aspekt mit auf die Zukunft gerichteter Bedeutung.

⑦ **что** „daß" ist hier nicht obligatorisch. Man könnte auch die Konstruktion **я счита́ю, что для ма́льчика ...** verwenden.

⑧ **забо́ты** sind „ernsthafte Sorgen". Dagegen sind **хло́поты** „kleine alltägliche Problemchen". **пробле́мы** sind „Probleme" (auch im Sinne von „Fragen").

⑨ Sie kennen schon die Präposition **с** + Instrumentalis zur Einführung eines begleitenden Elements: **с бра́том** „mit dem Bruder". Bei Zeitangaben verbindet sie sich mit dem Genitiv: **с семи́ до восьми́** „von sieben bis acht [Uhr]".

14 – А что собака? Собака, это милое, доброе животное.

15 Для ребёнка просто необходима собака, чтобы он был добрым и хорошим человеком. ⑩

16 – Всё! Ты меня убедила, завтра мы едем за собакой, ⑪

17 тем более, что сыну через пять дней будет десять лет. ⑫

Первое задание: Вы понимаете эти предложения?

❶ У вас есть собака? – Конечно, и не одна, а две. ❷ Правда, я больше люблю кошек, но что делать, жена и дети просто не могут жить без собаки. ❸ Я понимаю, за собакой надо ухаживать, гулять вовремя, даже когда на улице жарко или холодно, а нет всегда времени. ❹ Но что делать? ❺ Сыну будет одиннадцать лет, и он хочет только один подарок: собаку. ❻ И прекрасно! Не раздумывайте, покупайте. ❼ Вы меня убедили, завтра мы едем в зоомагазин и покупаем собачку или кошку.

Второе задание: Вставьте пропущенные слова!

❶ In einer Woche wird [mein] Sohn zwölf Jahre alt (sein).

. . . . сыну . . . . . двенадцать . . . .

❷ Ich [ge]denke, ihm einen Hund zu schenken.

. . . . ему собаку.

14 – Und was, ein Hund? Ein Hund, das ist ein liebes, gutes Tier.

15 Für ein Kind ist der Hund einfach notwendig, damit es ein guter und netter Mensch wird.

16 – Schluß (alles)! Du hast mich überzeugt, morgen werden wir den Hund (hinter Hund) abholen,

17 um so mehr, [als] daß [unser] Sohn in (durch) fünf Tagen zehn Jahre [alt] wird.

ANMERKUNGEN

⑩ Die finale Konjunktion **что́бы** „damit", die einen Zweck, einen Wunsch oder ein Verbot einleitet, ist immer durch ein Komma vom Hauptsatz zu trennen. Das Verb steht in der Vergangenheit.

⑪ **Мы е́дем за соба́кой** „Wir werden den Hund abholen" ist Ihnen aus der Konstruktion **я зае́ду за тобо́й** „ich werde dich abholen" bekannt. **за** verlangt den Instrumentalis.

⑫ **че́рез пять дней** „in fünf Tagen" ist eine Zeitangabe mit der Präposition **че́рез** + Akkusativ.

Решение первого задания: Вы поняли?

❶ Haben Sie einen Hund? – Natürlich, und nicht einen, sondern zwei. ❷ Es ist wahr (wahrhaftig), ich mag lieber Katzen, aber was [soll man] tun, [meine] Frau und [meine] Kinder können einfach nicht ohne Hund leben. ❸ Ich verstehe, um den Hund muß man sich kümmern, rechtzeitig spazieren gehen, sogar wenn es draußen (auf der Straße) heiß oder kalt ist und [wenn] nicht immer Zeit [dazu ist]. ❹ Aber was [soll man] machen? ❺ [Mein] Sohn wird elf Jahre [alt], und er will nur ein Geschenk: einen Hund. ❻ Und [das ist] wunderbar! Überlegen Sie nicht, kaufen Sie [einen]. ❼ Sie haben mich überzeugt, morgen werden wir ins Zoogeschäft fahren, und wir werden ein Hündchen oder eine Katze kaufen.

❸ Man soll nicht [so lange] überlegen.

Не . . . .

❹ Für ihn ist es einfach notwendig.

Для . . . . это просто . . . .

5 Du hast mich nicht überzeugt.

Ты .... не ....

6 Morgens gehe ich mit dem Hund spazieren, und ich fühle mich wunderbar.

.. .. я гуляю с .... и
.... прекрасно.

7 Ich hatte nie eine Katze.

У меня .... не .... кошки.

8 Sehr schade, es ist ein sehr nettes Tier.

...., это очень ....

9 Warum bist du so mürrisch?

Почему ты .... ?

▶ СОРОК ВОСЬМОЙ УРОК

ЛЮДОЕД И ПРИНЦЕССА ИЛИ ВСЁ НАОБОРОТ

1 Вот как это было:
Принцесса была – прекрасная,
Погода была – ужасная. ①②

2 Днём – во втором часу
Заблудилась принцесса – в лесу. ③④⑤

ANMERKUNGEN

① **Вот как э́то бы́ло** „Nun wie es war" benutzt man, wenn man einem Freund etwas erzählt. Ein Äquivalent dazu ist: **Как э́то произошлó** „Wie es passierte".

② Wegen der Vergangenheitsform des Verbs, **былá**, muß das Adjektiv im Instrumentalis stehen: **Погóда былá ужáсной** „Das Wetter war schrecklich".

⑩ Ich bin einfach müde, ich arbeitete von neun Uhr morgens bis zehn Uhr abends.

Я просто . . . . . , работал с . . . . . .
. . . . до десяти . . . .

Решение второго задания: Пропущенные слова.

❶ Через неделю – будет – лет ❷ Думаю подарить ❸ надо раздумывать ❹ него – необходимо ❺ меня – убедил ❻ По утрам – собакой – чувствую себя ❼ никогда – было ❽ Очень жаль – милое животное ❾ такой хмурый ❿ устал – девяти утра – вечера.

Втора́я волна́: Повтори́те двена́дцатый уро́к!

48. Lektion

Menschenfresser und Prinzessin oder alles umgekehrt

1 Nun (hier) [sage ich dir,] wie es war:
Es war eine Prinzessin – wunderschöne,
Das Wetter war – schrecklich.
2 Tagsüber – kurz nach eins (in der zweiten Stunde)
Verlief sich die Prinzessin – im Wald.

ANMERKUNGEN

③ Auf die Frage: **Когда́ э́то бы́ло**? „Wann war es?“ kann man antworten: **во второ́м часу́** „[am Beginn] (in) der zweiten Stunde“. Gemeint ist die Zeit von etwa 13 Uhr 10 Uhr bis 13 Uhr 25 Uhr.

④ **Заблуди́лась** „sie verlief sich“ (bei Erwachsenen) ist dem Verb **потеря́ться** „sich verirren“ (Kinder, Tiere) sehr nah.

⑤ **В лесу́** „im Wald“: Der Präpositiv auf **-у** ist hier eine Ausnahme! Weitere Beispiele kommen im folgenden Satz vor: **Мы игра́ем в саду́ на снегу́** „Wir spielen im Garten im Schnee“.

3 Смотрит: Полянка – прекрасная,
На полянке – землянка – ужасная.
4 А в землянке – людоед
– Заходи-ка – на обед! ⑥⑦⑧
5 Он хватает нож, дело ясное. ⑨
6 Вдруг увидел, какая... прекрасная! ⑩
7 Людоеду сразу стало – худо. ⑪
8 „Уходи, – говорит, – отсюда. ⑫
9 Аппетит, – говорит, – ужасный.
10 Слишком вид, – говорит, –
прекрасный.“
11 И пошла потихоньку – принцесса,
Прямо к замку вышла из леса. ⑬⑭
12 Вот какая легенда ужасная!
13 Вот какая принцесса прекрасная!
14 А может быть, было всё наоборот???

Вдруг увидел, какая... прекрасная!

ANMERKUNGEN

⑥ Das Kompositum **людоéд** besteht aus **лю́ди** „Menschen“ und **есть** „essen“.

3 Sie schaut: Eine kleine Waldwiese – Schöne,
Auf der kleinen Waldwiese – eine Erdhütte –
Schreckliche.

4 Und in der Erdhütte – ein Menschenfresser
– Komm doch herein – zum Mittagessen!

5 Er faßt das Messer, die Sache (Geschäft) ist klar.

6 Plötzlich sah er, wie (welche) ... schön (schöne) sie ist!

7 Dem Menschenfresser wurde sofort – schlecht.

8 „Geh weg, – sagt er, – von hier.

9 Der Appetit, – sagt er, – ist groß (ungeheuerlicher).

10 Zu sehr das Aussehen, – sagt er, – wunderschön
(wunderschöner)."

11 Und [es] ging leise – die Prinzessin,
Direkt zum Schloß kam sie aus dem Wald heraus.

12 Was für eine schreckliche Legende!

13 Was für eine schöne Prinzessin!

14 Und kann es sein, daß alles umgekehrt war???

ANMERKUNGEN

⑦ **Заходи́-ка** „komm doch herein". Die Partikel **-ка** ist nur im familiären Kreis zu verwenden! Sie wird mit „doch, mal" übersetzt.

⑧ Das Verb **Заходи́-** kann ein Synonym für **входи́ть** „hereinkommen" und **приходи́ть** „ankommen" sein.

⑨ Anstatt **Всё я́сно** „Alles klar" benutzt man eine ironische Wendung mit der Konstruktion **Де́ло я́сное** „Die Sache (Geschäft) ist klar".

⑩ Nach **вдруг** „plötzlich" verwendet man ein vollendetes Aspektverb: **Он вдруг уви́дел, кака́я чуде́сная де́вушка** „Er sah plötzlich, was für ein wunderbares Mädchen [sie ist]".

⑪ **ху́до** ist ein Synonym für **пло́хо** „schlecht". Das Adjektiv **худо́й** bedeutet aber „mager, hager"!

⑫ **Уходи́** „Geh weg" ist der Imperativ von **уходи́ть**.

⑬ **пошла́** entsteht aus dem Präfix **по-** (Beginn einer Handlung) und der Vergangenheitsform von **идти́** „gehen".

⑭ **вы́шла** ist aus dem Präfix **вы-** (aus einem geschlossenen Raum ins Freie) und **идти́** „gehen" zusammengesetzt.

Первое задание: Вы понимаете эти предложения?

❶ Всё наоборот. ❷ Принцесса была ужасная, погода была прекрасная. ❸ Днём во втором часу заблудилась принцесса в лесу. ❹ Смотрит: Полянка ужасная, на полянке – землянка прекрасная. ❺ А в землянке – людоед „Заходи-ка на обед!“ ❻ Он хватает нож, дело ясное. ❼ Вдруг увидел, какая... ужасная! ❽ Людоеду сразу стало худо. ❾ „Уходи“, – говорит, – „отсюда“. ❿ „Аппетит“, – говорит, – „прекрасный“. ⓫ „Слишком вид“, – говорит, – „ужасный.“ ⓬ И пошла потихоньку принцесса, прямо к замку вышла из леса. ⓭ Вот какая легенда прекрасная! ⓮ Вот какая принцесса ужасная!

Второе задание: Вставьте пропущенные слова!

❶ Im Sommer war ich in Sibirien.

. . . . . я . . . . в . . . .

❷ Erzähl mir bitte, wie es war.

. . . . мне, пожалуйста, . . . это . . . . .

❸ Komm am Abend zu mir. – Gut, ich komme. Und wann?

. . . . вечером. – Хорошо, ... А когда?

❹ Kurz nach fünf (in der sechsten Stunde).

В . . . .

❺ Was ist passiert? Warum haben sie sich verspätet?

Что . . . . ? Почему вы . . . . ?

❻ Stellen Sie sich vor! Morgens sind wir spazieren gegangen, und wir haben uns verlaufen.

. . . . себе! Утром мы гуляли и . . . .

Решение первого задания: Вы поняли?

❶ Alles umgekehrt. ❷ Es war eine Prinzessin schreckliche, das Wetter war wunderschön. ❸ Tagsüber kurz nach eins (in der zweiten Stunde) verlief sich die Prinzessin im Wald. ❹ Sie schaut: Eine kleine Waldwiese schreckliche, auf der kleinen Waldwiese – eine Erdhütte schöne. ❺ Und in der Erdhütte – ein Menschenfresser „Komm doch herein zum Mittagessen!" ❻ Er faßt das Messer, die Sache ist klar. ❼ Plötzlich sah er, wie (welche) ... schrecklich (schreckliche) sie ist! ❽ Dem Menschenfresser wurde sofort schlecht. ❾ „Geh weg", – sagt er, – „von hier". ❿ „Der Appetit", – sagt er, – „ist groß (schöner)". ⓫ „Zu sehr das Aussehen", – sagt er, – „schrecklich (schrecklicher)." ⓬ Und [es] ging leise die Prinzessin, direkt zum Schloß kam sie aus dem Wald heraus. ⓭ Was für eine schöne Legende! ⓮ Was für eine schreckliche Prinzessin!

❼ Sie sehen wunderbar aus (wunderschönes Aussehen)!

У ... . вид!

❽ Ich erholte mich am (auf) Meer.

Я .... на море.

❾ Es ist kalt geworden, zieh eine warme Jacke an.

..... холодно, ... тёплую ....

❿ Danke, mir ist es warm.

Спасибо, ...

Решение второго задания: Пропущенные слова.

❶ Летом – была – Сибири ❷ Расскажи – как – было ❸ Заходи ко мне – приду ❹ шестом часу ❺ случилось – опоздали ❻ Представьте – заблудились ❼ вас – прекрасный ❽ отдыхала ❾ Стало – надень – куртку ❿ мне тепло.

Das Wesentliche der Basisgrammatik haben Sie sich bereits erarbeitet. Seit Lektion 36 geht es vor allem darum, das Gelernte zu festigen und Ihre Russischkenntnisse weiter in die Praxis umzusetzen. Ein Grund mehr, die „zweite Welle" nicht zu vernachlässigen!

Вторáя волнá: Повторúте тринáдцатый урóк!

СОРОК ДЕВЯТЫЙ УРОК

ПОВТОРЕНИЕ И ЗАМЕТКИ

1. Deklination der Adjektive mit hartem Konsonanten im Stamm

Die Adjektive mit hartem Konsonanten haben im Nominativ Singular die folgenden Endungen: männlich **-ый**:

чудéсн-ый „ein wunderbar-er“,

oder betont **-óй**:

больш-óй „ein groß-er“,

weiblich **-ая**:

чудéсн-ая „eine wunderbar-e“,

sächlich **-ое**:

чудéсн-ое „ein wunderbar-es“,

im Plural für alle Geschlechter **-ые**:

чудéсн-ые „wunderbar-e“.

Sie haben schon gemerkt, daß sich die Adjektive nach Geschlecht (Genus), Zahl (Numerus) und Fall (Kasus) verändern. Das Adjektiv stimmt mit dem zugehörigen Substantiv in Genus, Numerus und Kasus überein:

Singular

Nominativ

Männlich: **чудéсный день** „ein wunderschöner Tag“
Sächlich: **чудéсное у́тро** „ein wunderschöner Morgen“
Weiblich: **чудéсная погóда** „ein wunderschönes Wetter“

Genitiv

Männlich: **чудéсного дня** „eines wunderschönen Tages“
Sächlich: **чудéсного у́тра** „eines wunderschönen Morgens“
Weiblich: **чудéсной погóды** „eines wunderschönen Wetters“

Dativ

Männlich: **чудéсному дню** „einem wunderschönen Tag“
Sächlich: **чудéсному у́тру** „einem wunderschönen Morgen“
Weiblich: **чудéсной погóде** „einem wunderschönen Wetter“

49. Lektion

Akkusativ

Männlich: (unbelebt) **чудéсный день** „einen wunderschönen Tag“
Männlich: (belebt) **чудéсного гóстя** „einen wunderschönen Gast“
Sächlich: **чудéсное у́тро** „einen wunderschönen Morgen“
Weiblich: **чудéсную погóду** „ein wunderschönes Wetter“

Instrumentalis

Männlich: **чудéсным днём** „(mit) einem wunderschönen Tag“
Sächlich: **чудéсным у́тром** „(mit) einem wunderschönen Morgen“
Weiblich: **чудéсной погóдой** „(mit) einem wunderschönen Wetter“

Präpositiv

Männlich: **о чудéсном дне** „von einem wunderschönen Tag“
Sächlich: **о чудéсном у́тре** „von einem wunderschönen Morgen“
Weiblich: **о чудéсной погóде** „von einem wunderschönen Wetter“.

Plural

Nominativ:
чудéсные дéти „herrliche Kinder“

Genitiv:
чудéсных детéй „herrlicher Kinder“

Dativ:
чудéсным дéтям „herrlichen Kindern“

Akkusativ (belebt):
чудéсных детéй „herrliche Kinder“

Akkusativ (unbelebt):
чудéсные у́тра „herrliche Morgen“

Instrumentalis:
чудéсными детьми́ „(mit) herrlichen Kindern“

Präpositiv:
о чудéсных дéтях „von herrlichen Kindern“.

2. Deklination der Adjektive mit weichem Konsonanten im Stamm

Ein weiches Adjektiv hat vor der Geschlechtsendung einen weichen Konsonanten (**пь, бь, вь, мь, ть, дь, сь, зь, нь, ль, рь, кь, гь, хь, ч, щ**). Die Adjektive mit weichem Stammauslaut haben im Nominativ die folgenden Endungen:

männlich -**ий**: **зи́мн-ий** „ein winterlich-er",
weiblich **-яя**: **зи́мн-яя** „eine winterlich-e",
sächlich -**ее**: **зи́мн-ее** „ein winterlich-es",
Plural (alle Geschlechter) -**ие**: **зи́мн-ие** „winterlich-e".

In der folgenden Übersicht finden Sie alle Endungen der weichen Adjektive. Um Ihnen einen Vergleich zu zeigen, haben wir die Reihenfolge so festgelegt, daß Sie sich die identischen Formen (Genitiv Singular weiches Adjektiv männlich und sächlich, Dativ Singular weiches Adjektiv männlich und sächlich, Genitiv Singular weiches Adjektiv weiblich und Dativ Singular weiches Adjektiv weiblich, usw.) leichter merken können.

Nominativ
Männlich: **горя́чий лоб** „die heiße Stirn"
Sächlich: **си́нее мóре** „das blaue Meer"
Weiblich: **горя́чая водá** „das heiße Wasser"
Plural: **си́ние цветы́** „die blauen Blumen"

Genitiv
Männlich: **горя́чего лба** „der heißen Stirn"
Sächlich: **си́него мóря** „des blauen Meeres"
Weiblich: **горя́чей воды́** „des heißen Wassers"
Plural: **си́них цветóв** „der blauen Blumen"

Dativ
Männlich: **горя́чему лбу** „der heißen Stirn"
Sächlich: **си́нему мóрю** „dem blauen Meer"
Weiblich: **горя́чей водé** „dem heißen Wasser"
Plural: **си́ним цветáм** „den blauen Blumen"

Akkusativ
Männlich: **горя́чий лоб** „die heiße Stirn"
Sächlich: **си́нее мóре** „das blaue Meer"
Weiblich: **горя́чую вóду** „das heiße Wasser"
Plural: **си́ние цветы́** „die blauen Blumen"

Instrumentalis

Männlich: **горя́чим лбом** „mit heißer Stirn"
Sächlich: **си́ним мо́рем** „mit blauem Meer"
Weiblich: **горя́чей водо́й** „mit heißem Wasser"
Plural: **си́ними цвета́ми** „mit blauen Blumen"

Präpositiv

Männlich: **о горя́чем лбе** „von heißer Stirn"
Sächlich: **о си́нем мо́ре** „von blauem Meer"
Weiblich: **о горя́чей воде́** „von heißem Wasser"
Plural: **о си́них цвета́х** „von blauen Blumen".

3. Demonstrativpronomen э́то „dieses"

Damit Sie sich die verschiedenen Formen leichter einprägen, haben wir für Sie Beispielsätze für die einzelnen Kasusformen zusammengestellt:

Nominativ:
Что э́то? „Was ist das?"
Genitiv:
Вме́сто э́того он говори́т. „Statt dessen spricht er."
Dativ:
Я ра́да э́тому. „Ich bin froh darüber."
Akkusativ:
Я ви́жу э́то хорошо́. „Ich sehe es gut."
Instrumentalis:
Я дово́лен э́тим. „Ich bin zufrieden damit."
Präpositiv:
Мы говори́м ча́сто об э́том. „Wir sprechen oft davon/darüber."

4. Aspektgebrauch im Imperativ

Wir haben Ihnen schon gezeigt, wie Sie eine Befehlsform bilden. Jetzt wollen wir Ihnen zeigen, wie sich der Sinn des Imperativs in Abhängigkeit vom Aspekt ändert. Wenn wir das Verb **брать** (UV) „nehmen" als Beispiel untersuchen, sind die Imperativformen **бери́!** „nimm!" oder **бери́те!** „nehmen Sie!/nehmt!".

Der Satz: **Бери́, бери́, не бóйся!** „Nimm, nimm, hab keine Angst!“ impliziert eine Aufforderung, einen Anreiz, etwas zu tun. Das (vollendete!) Verb **взять** „nehmen“ dagegen hat die Imperativformen **возьми́!** „nimm!“, **возьми́те!** „nehmen Sie!/nehmt!“. Mit dem Satz: **Возьми́ э́ту кни́гу, э́то мой пода́рок** „Nimm dieses Buch, es ist mein Geschenk“ erteilen Sie jemandem einen Ratschlag, oder Sie sprechen eine Bitte aus. Weitere Beispiele aus den letzten sechs Lektionen sind:

просну́ться „wach werden“:

просни́сь! „wach auf!“, **просни́тесь!** „wachen Sie auf!/wacht auf!“;

послу́шать „hören“:

послу́шай! „hör!“, **послу́шайте!** „hören Sie!/hört!“;

рассказа́ть „erzählen“:

расскажи́! „erzähl!“, **расскажи́те!** „erzählen Sie!/erzählt!“.

5. Steigerung (Komparativ) der Adverbien

Die meisten Adverbien enden im Russischen auf -**о**. Der Komparativ hat dann die Endung -**ее**: **хóлодно** „kalt“ – **холоднéе** „kälter“;

прохла́дно „kühl“ – **прохладнéе** „kühler“;
теплó „warm“ – **теплée** „wärmer“;
си́льно „stark“– **си́льнее** „stärker“.

Wie immer gibt es auch hier Ausnahmen. Eine solche ist das Adverb **крéпко** „stark“, das seinen Komparativ nur mit einem -**е** und mit der Veränderung im Stammkonsonanten bildet: **крéпче** „stärker“.

Vor dem Vergleichswort **чем** „als“ schreibt man immer ein Komma. Darüber hinaus gibt es dieses Wort als Teil der Vergleichskonstruktion **Чем** (+ Komparativ) **...** , **тем** (+ Komparativ) **...** „Je ..., desto ...“.

6. Zeitangaben

Im folgenden finden Sie eine Übersicht über die einzelnen Monate. Die deutsche Präposition „im“ wird im Russischen mit der Präposition **в** + Präpositiv wiedergegeben. In der linken Spalte der folgenden Tabelle steht jeweils der Nominativ, in der rechten Spalte der Präpositiv.

янвáрь „Januar“ — **в январé** „im Januar“
феврáль „Februar“ — **в февралé** „im Februar“
март „März“ — **в мáрте** „im März“
aпрéль „April“ — **в апрéле** „im April“
май „Mai“ — **в мáе** „im Mai“
июнь „Juni“ — **в ию́не** „im Juni“
июль „Juli“ — **в ию́ле** „im Juli“
áвгуст „August“ — **в áвгусте** „im August“
сентя́брь „September“ — **в сентябрé** „im September“
октя́брь „Oktober“ — **в октябрé** „im Oktober“
ноя́брь „November“ — **в ноябрé** „im November“
декáбрь „Dezember“ — **в декабрé** „im Dezember“.

7. Angabe einer Zeitdauer

Die Angabe einer begrenzten Zeitdauer wird im allgemeinen im Akkusativ mit einer Präposition (**назáд** „vor“, **чéрез** „in“) oder ohne Präposition ausgedrückt.

Я былá в Москвé два гóда назáд. „Ich war vor zwei Jahren in Moskau.“
Чéрез три дня я éду в Москвý. „In drei Tagen fahre ich nach Moskau.“
Он жил в Ки́еве четы́ре гóда. „Er lebte vier Jahre [lang] in Kiew.“

Wenn man die deutsche Konstruktion „von ... bis“ ausdrücken möchte, benutzt man im Russischen zwei Präpositionen, die sich mit dem Genitiv verbinden: **с ... до ...**. Vergessen Sie nicht, daß die Zahlen dekliniert werden müssen:

Я обéдаю с чáса до двух. „Ich esse von eins bis zwei zu Mittag.“
С трёх до четырёх я гуля́ю в пáрке. „Von drei bis vier gehe ich im Park spazieren.“
С пяти́ до шести́ я ýжинаю. „Von fünf bis sechs esse ich zu Abend.“
С шести́ до семи́ я читáю газéту. „Von sechs bis sieben lese ich die Zeitung.“
С восьми́ до девяти́ я идý в гóсти. „Von acht bis neun gehe ich zu Besuch.“
С десяти́ до оди́ннадцати я читáю кни́гу. „Von zehn bis elf lese ich ein Buch.“
С двенáдцати до чáса я ложýсь спать. „Zwischen zwölf und ein Uhr (von zwölf bis eins) gehe ich schlafen.“

8. Uhrzeiten

Eine exakte Uhrzeit können Sie durch den Zusatz **ро́вно** „genau" ergänzen:

Я прие́ду ро́вно в два часа́. „Ich komme genau um zwei Uhr an."

Wenn Sie die genaue Uhrzeit nicht kennen, stellen Sie das Wort „Uhr" **часа́ в** vor die Zahlenangabe:

Я прие́ду часа́ в два. „Ich komme [ungefähr] um zwei Uhr an."

Auf die Frage **Когда́ (В кото́ром часу́) он прие́дет?** antworten Sie mit der Ordnungszahl der nächsten vollen Stunde:

12 Uhr 10:

Он прие́дет в пе́рвом часу́. „Er kommt kurz nach zwölf (in der ersten Stunde) an."

13 Uhr 15:

Он прие́дет во второ́м часу́. „Er kommt kurz nach eins (in der zweiten Stunde) an."

14 Uhr 20:

Он прие́дет в тре́тьем часу́. „Er kommt nach zwei (in der dritten Stunde) an."

15 Uhr 25:

Он прие́дет в четвёртом часу́. „Er kommt nach drei (in der vierten Stunde) an."

Auf die Frage **Кото́рый час?** „Wie spät es ist (wievielte Stunde)?" antworten Sie ebenfalls mit der Ordnungszahl der nächsten vollen Stunde:

Сейча́с пя́тый (шесто́й, седьмо́й, восьмо́й, девя́тый, деся́тый, оди́ннадцатый, двена́дцатый) час. „Es ist nach vier (fünf, sechs, sieben, acht, neun, zehn, elf)."

Im Russischen verwendet man nicht die „dreizehnte, vierzehnte ..." Stunde, sondern man differenziert nur mit dem Zusatz **дня** „des Tages" oder **но́чи** „der Nacht".

Zum Schluß finden Sie hier in einem Satz alle Möglichkeiten, die Uhrzeiten anzugeben.

Он придёт ро́вно в шесть, а она́ че́рез мину́т пятна́дцать, то есть в седьмо́м часу́. „Er kommt genau um sechs an, aber sie kommt in [ungefähr] fünfzehn Minuten, das ist kurz nach sechs (in der siebten Stunde)."

9. Verständnis-/Formulierungsübung

Wenn Sie sich noch in der passiven Phase befinden, sollten Sie die folgende Übung – ähnlich wie in den normalen Lektionen – wie eine Verständnisübung behandeln, d.h. Sie sollten versuchen, den Sinn der Sätze zu erfassen. Befinden Sie sich in der aktiven Phase, können Sie versuchen, die deutschen Sätze auf Russisch zu formulieren.

Вы понимаете эти предложения?

❶ Говорят, в молодости она была прекрасной. ❷ Она и сейчас красивая. ❸ Заходите ко мне, когда у вас будет время. ❹ Зайду обязательно. Но я не очень хорошо себя чувствую. ❺ На улице собачий холод. ❻ Какой чудесный костюм! Я хочу купить его. ❼ Покупайте! Не раздумывайте. Он вам идёт. ❽ Дорогая, проснись. Ты не забыла, что мы едем кататься на лыжах? ❾ Нет, нет. Я уже почти встала. ❿ Через полчаса я буду готова. ⓫ Скоро моему сыну будет десять лет. ⓬ Что ему подарить? ⓭ Купите собаку, чтобы он стал добрым человеком.

Вы поняли?

❶ Man sagt, [daß] sie in [ihrer] Jugend wunderschön war. ❷ Sie ist auch jetzt schön. ❸ Kommen Sie zu mir, wenn (wann) Sie Zeit haben werden. ❹ Ich komme bestimmt vorbei. Aber ich fühle mich nicht sehr gut. ❺ Draußen ist eine Hundekälte. ❻ Was für ein wunderbarer Anzug! Ich möchte ihn kaufen. ❼ Kaufen Sie! Überlegen Sie nicht. Er paßt Ihnen. ❽ Liebste (Liebe), wach auf. Hast du nicht vergessen, daß wir zum Skifahren fahren? ❾ Nein, nein. Ich bin schon fast aufgestanden. ❿ In einer halben Stunde werde ich fertig sein. ⓫ Bald wird mein Sohn zehn Jahre [alt] sein. ⓬ Was [soll man] ihm schenken? ⓭ Kaufen Sie einen Hund, damit er ein guter Mensch sein wird.

10. Lückentextübung

Второе задание: Вставьте пропущенные слова!

❶ Bist du das, Wadim? Es freut mich sehr, aber warum rufst du so früh (in solcher Frühe) an?

Это ты, Вадим? . . . очень . . . . , но что ты . . . . в . . . . ?

❷ Ich werde dich abholen, und wir werden spazieren gehen. Das Wetter ist einfach wunderbar.

Я . . . . и мы . . . . . . гулять. . . . . . . просто . . . .

❸ Man sagt, daß es in Moskau immer kalt ist.

. . . . , в Москве всегда . . . .

❹ Man soll nicht überlegen, komm morgen zum Mittagessen zu uns.

Не надо . . . . , заходи . нам . . . . . . завтра.

▶ ПЯТИДЕСЯТЫЙ УРОК

ДОБРО ПОЖАЛОВАТЬ!

1 – Добро пожаловать в Москву, господин Смит, наконец вы прилетели. ①②

2 Как долетели? ③

3 – Спасибо, всё в порядке.

ANMERKUNGEN

① So können Sie auch Ihre Gäste herzlich willkommen heißen: **Добрó пожáловать, гóсти дороги́е!**

5 Danke! Ich gedachte, zu Hause zu bleiben (sitzen), aber zu euch komme ich gerne.

Спасибо! Я думал ...., но к вам ....

Решение второго задания: Пропущенные слова.

1 Мне – приятно – звонишь – такую – рань 2 заеду за тобой – пойдём – Погода – чудесная 3 Говорят – холодно 4 раздумывать – к – на обед 5 сидеть дома – приду с удовольствием.

Inzwischen sind Sie so weit fortgeschritten, daß Sie vielleicht auch einem Film in russischer Originalfassung folgen könnten. In vielen Kinos gibt es hierzu die Gelegenheit. Auch auf dem Büchermarkt gibt es ein großes Angebot an russischer Literatur, darunter auch viele zweisprachig verfaßte Ausgaben. Sie können auch versuchen, russische Rundfunksendungen zu empfangen, und letztendlich bietet auch das Internet zahlreiche Zugangsmöglichkeiten zur russischen Sprache!

Вторáя волнá: Повторúте четы́рнадцатый урóк!

50. Lektion

Herzlich willkommen!

1 – Herzlich willkommen in Moskau, Herr Smith, Sie sind schließlich angekommen (zugeflogen).

2 Wie war der Flug (bis-geflogen)?

3 – Danke, alles in Ordnung.

ANMERKUNGEN

② Das zielgerichtete Bewegungsverb **летéть** (UV) „fliegen" erhält durch die Präfixe **при-** „ankommen" und **до-** „ein Ziel erreichen" einen neuen Sinn und den vollendeten Aspekt.

③ Die Frage **Как доéхали/долетéли?** „Wie sind Sie angekommen (mit dem Auto, Zug, Bus/Flugzeug)?" ist eine Höflichkeitsfloskel bei der Ankunft der Gäste.

4 Правда, были маленькие приключения.
5 Погода в Лондоне была нелётная, и мы вылетели с опозданием. ④⑤
6 – Но вы опоздали всего на час. ⑥
7 – На целый час, господин Григорьев. ⑦
8 Я собирался прилететь несколько дней назад, но виза не была готова. ⑧
9 – Приглашение мы послали вовремя на ваш факс.
10 – Кстати, господин Григорьев, огромное вам спасибо за приглашение и за предложение принять участие в вашем конгрессе. ⑨
11 – Ну что вы! Ваше участие в нём большая честь для нас.
12 А где, между прочим, ваши вещи?
13 – А вот чемодан и эта большая сумка.
14 И ещё портфель, здесь все мои бумаги.

4 Es ist wahr (Wahrheit), es war ein kleines Abenteuer (kleine Abenteuer).
5 Das Wetter in London war schlecht (nichtfliegendes), und wir starteten (flogen weg) mit Verspätung.
6 – Aber Sie verspäteten sich nur um (auf) [eine] Stunde.
7 – Um eine ganze Stunde, Herr Grigoriev.
8 Ich plante, einige Tage früher (vorher) anzukommen, aber das Visum war [noch] nicht fertig.
9 – Die Einladung haben wir rechtzeitig an Ihr Fax geschickt.
10 – Übrigens, Herr Grigoriev, vielen (riesigen) Dank für die Einladung und für das Angebot (Vorschlag nehmen Teil), an Ihrem Kongress teilzunehmen.
11 – Aber ich bitte Sie (aber was Sie)! Ihre Teilnahme daran (an ihm) ist eine große Ehre für uns.
12 Und wo sind übrigens (zwischen anderem) Ihre Sachen?
13 – (Und) hier sind ein Koffer und (dies) eine große Tasche.
14 Und noch die Aktentasche, darin (hier) sind alle meine Unterlagen (Papiere).

ANMERKUNGEN

④ Das Bewegungsverb **вылете́ть** (V) entsteht aus dem Präfix **вы-** „weg-" und dem Verb **лете́ть** (UV) „fliegen".

⑤ **с опозда́нием** „mit Verspätung" ist ein sächlicher Instrumentalis, den Sie aus **С удово́льствием** „gerne" kennen.

⑥ Sie wissen schon, daß eine Zeitdauer mit der Präposition **на** + Akkusativ ausgedrückt wird.

⑦ Falls Ihr Gesprächspartner Ihnen sagt: **Я ждал тебя́ (це́лый) час** „Ich habe eine (ganze) Stunde auf dich gewartet", so bedeutet dies, daß seine Geduld am Ende ist.

⑧ Erinnern Sie sich, daß nach **мно́го** „viel", **ма́ло** „wenig", **ско́лько** „wieviel", **не́сколько** „einige" der Genitiv im Plural folgt?

⑨ Die Präposition **за** „für" kann sich mit dem Akkusativ verbinden (**Спаси́бо за пода́рок** „Danke für das Geschenk") und ebenfalls mit dem Instrumentalis (**Я прие́ду за тобо́й** „Ich werde dich abholen").

15 – Кладите ваш багаж на тележку. ⑩
16 Машина нас ждёт у входа.
17 – Я рад, что я снова в Москве. Я люблю этот город. ⑪
18 – Мне, москвичу, это слышать вдвойне приятно.
19 – Вы слышали, по радио сообщили, что произвёл посадку самолёт из Парижа. ⑫
20 Может быть, прилетел месье Дюран? ⑬

Первое задание: Вы понимаете эти предложения?

❶ Добро пожаловать в наш город! Как долетели? ❷ Спасибо. Всё хорошо. Погода была прекрасная, и мы вылетели вовремя. ❸ Я приеду за вами во втором часу. Вы уже готовы? ❹ Я возьму с собой только чемодан и небольшую сумку. ❺ Не забудьте взять портфель. Там все наши бумаги. ❻ Спасибо вам большое за приглашение. ❼ К сожалению, мы прилетели с опозданием на день. ❽ Ну что вы! Конгресс только начинается. ❾ Ваше участие в конференции большая честь для нас. ❿ Я очень люблю ваш город и вашу страну и с удовольствием приехал сюда.

15 – Legen Sie Ihr Gepäck auf den Gepäckwagen.
16 Das Auto wartet vor dem Eingang auf uns.
17 – Ich bin froh, daß ich wieder in Moskau bin. Ich mag diese Stadt.
18 – Für mich (mir) [als] Moskauer ist es doppelt angenehm, dies zu hören.
19 – Haben Sie es gehört, im Lautsprecher (Radio) hat man mitgeteilt, daß das Flugzeug aus Paris landete (ausführte Landung Flugzeug aus Paris).
20 Kann es sein, [daß] Monsieur Durand angekommen ist?

ANMERKUNGEN

⑩ **Клади́те** „Legen Sie" ist der Imperativ von **класть** (UV)/**положи́ть** (V). Merken Sie sich gut die unterschiedlichen Verbformen der beiden Aspekte! Sie finden Sie in der Liste am Ende des Buches.

⑪ Man kann auch sagen: **Я люблю́ не тóлько э́тот гóрод, но и э́ту страну́** „Ich mag nicht nur diese Stadt, sondern auch dieses Land".

⑫ Am Flughafen hören Sie gewöhnlich: **Самолёт произвёл посáдку** „Das Flugzeug kam an/landete". Offiziell heißt es: **Самолёт приземли́лся** „Das Flugzeug kam auf der Erde an", das aus **при-** „ankommen" + **земля́** „Erde" entstand.

⑬ Die übernommenen Fremdwörter werden im Russischen phonetisch geschrieben: **месьé** „Monsieur", **мадáм** „Madam", **мадмуазéль** „Mademoiselle".

Решение первого задания: Вы поняли?

❶ Herzlich willkommen in unserer Stadt! Wie war Ihre Reise (wie sind Sie angekommen)? ❷ Danke. Alles ist in Ordnung (gut). Das Wetter war wunderschön, und wir starteten rechtzeitig. ❸ Ich werde Sie kurz nach eins (in der zweiten Stunde) abholen. Sind Sie schon bereit? ❹ Ich nehme nur den Koffer und eine kleine (nicht große) Tasche mit mir. ❺ Vergessen Sie nicht, die Aktentasche mitzunehmen. Darin (dort) sind alle unsere Unterlagen (Papiere). ❻ Vielen Dank für Ihre (Ihnen) Einladung. ❼ Leider sind wir mit (auf) einem Tag Verspätung angekommen. ❽ Aber ich bitte Sie! Der Kongress hat eben erst begonnen (nur beginnt). ❾ Ihre Teilnahme an der Konferenz ist eine große Ehre für uns. ❿ Ich mag Ihre Stadt und Ihr Land sehr, und ich komme (kam) gerne hierhin.

Второе задание: Вставьте пропущенные слова!

❶ Wann sind Sie in Moskau gelandet?

Когда вы .... в Москву?

❷ Wann sind Sie heute aus der Bibliothek (heraus)gekommen?

Когда вы ..... сегодня из библиотеки?

❸ Das Flugzeug nach Madrid startet in einer Stunde.

Самолёт в Мадрид .... через час.

❹ Ich freue mich, Sie zu sehen! Wie war Ihr Flug (sind Sie angekommen)?

Я рад видеть вас! Как вы .... ?

❺ Ist Ola zu Hause? – Nein, sie ist in die Schule (weg)gegangen.

Оля дома? – Нет, она .... в школу.

▶ ПЯТЬДЕСЯТ ПЕРВЫЙ УРОК

БАГАЖ ①

1 Дама сдавала в багаж:
Диван, чемодан, саквояж, ②③
2 Картину, корзину, картонку
И маленькую собачонку. ④

ANMERKUNGEN

① Dies ist der erste Teil eines Gedichts von Samuel Marchak (1887-1964), bekannter literarischer Übersetzer und Autor von Kindergeschichten. Dies ist jedoch nicht die offizielle Übersetzung, sondern eine Version, die zur besseren Nachvollziehbarkeit relativ nah am russischen Text ist.

⑥ Warte auf mich. Ich werde dich abholen.

Жди меня. Я ..... за тобой.

Решение второго задания: Пропущенные слова.

❶ прилетели ❷ вышли ❸ вылетает ❹ долетели ❺ ушла ❻ заеду.

Bestimmt haben Sie sich schon an die Arbeitsweise der „2. Welle" gewöhnt. Hören Sie sich ruhig immer wieder die Tonaufnahmen der ersten Lektionen an. Jetzt, wo Sie mehr verstehen, haben Sie ein noch besseres Ohr für den russischen Tonfall und die typischen Laute.

Вторáя волнá: Повторúте пятнáдцатый урóк!

51. Lektion

Das Gepäck

1 Eine Dame gab das Gepäck auf:
Ein Sofa, einen Koffer, eine Reisetasche,
2 Ein Bild, einen Korb, eine Pappschachtel
Und ein kleines Hündchen.

ANMERKUNGEN

② **сдавáла** von **сдавáть** (UV)/**сдал** von **сдать** (V) hat verschiedene Bedeutungen: **Я сдал кнúги в библиотéку** „Ich habe die Bücher in die Bibliothek zurückgebracht". **Он сдал дáчу** „Er hat das Sommerhaus vermietet".

③ **багáж** „Gepäck" wird immer im Singular verwendet.

④ **собачóнку** ist aus **собáка** „Hund" und dem weiblichen Suffix für die Verkleinerung **-онка** zusammengesetzt. Der Suffix **-онок** ist männlich: **медвежóнок** „Bärchen".

3 Выдали даме на станции
Четыре зелёных квитанции ⑤⑥
4 О том, что получен багаж:
Диван, чемодан, саквояж, ⑦⑧
5 Картина, корзина, картонка
И маленькая собачонка.
6 Вещи везут на перрон,
Кидают в открытый вагон. ⑨
7 Готово. Уложен багаж:
Диван, чемодан, саквояж, ⑩⑪
8 Картина, корзина, картонка
И маленькая собачонка.
9 Но только раздался звонок,
Удрал из вагона щенок. ⑫

ANMERKUNGEN

⑤ **вы́дали** setzt sich zusammen aus dem Präfix **вы-** „aus-“ und dem Verb **дать** „geben“. Das Aspektpaar ist **выдава́ть** (UV)/**вы́дать** (V).

3 Man gab der Dame auf dem Bahnhof
Vier grüne Quittungen
4 Darüber (über das), daß das Gepäck aufgenommen (bekommen) wurde:
Ein Sofa, ein Koffer, eine Reisetasche,
5 Ein Bild, ein Korb, eine Pappschachtel
Und ein kleines Hündchen.
6 Man fährt die Sachen auf den Bahnsteig,
Wirft [sie] in den offenen Waggon.
7 Fertig. Das Gepäck ist gestapelt:
Ein Sofa, ein Koffer, eine Reisetasche,
8 Ein Bild, ein Korb, eine Pappschachtel
Und ein kleines Hündchen.
9 Aber sobald (nur) die Pfeife (Klingel) ertönte,
Lief der Welpe aus dem Waggon (weg).

ANMERKUNGEN

⑥ Sie wissen schon, daß nach den Zahlen „2", „3", „4" das Nomen im Genitiv Singular steht. Das Adjektiv steht zwar auch im Genitiv, aber im Plural: **четы́ре зелёных квитáнции** „vier grüne Quittungen".

⑦ **О том** „darüber" ist der Präpositiv des sächlichen Pronomens **то** „das".

⑧ **полу́чен** ist die Kurzform des Partizip Perfekt Passiv (männlich) von **получи́ть** „bekommen" in der Rolle des Attributs. Die Langform wäre **полу́ченный**.

⑨ Zum zielgerichteten Bewegungsverb **везу́т** (einmalige Tatsache) von **везти́** „fahren" gibt es das nicht zielgerichtete Verb **вози́ть**: **Я вожу́ сы́на в шкóлу** „Ich fahre [regelmäßig meinen] Sohn in die Schule".

⑩ Die sächliche Kurzform des Adjektivs **готóвый** ist **готóво** „fertig".

⑪ **Улóжен** ist die Kurzform des Partizip Perfekt Passiv (männlich) von **уложи́ть** „stapeln, legen". Die Langform wäre: **улóженный багáж в маши́не** „das gestapelte Gepäck im Auto".

⑫ **раздáлся** von **раздáться** (V)/**раздавáться** (UV) „ertönen, erklingen" wird immer mit einem Nomen verwendet, das ein Geräusch beschreibt.

10 Хватились на станции Дно:
Потеряно место одно. ⑬⑭⑮⑯

11 (Продолжение следует)

Первое задание: Вы понимаете эти предложения?

❶ Где ты был? – В библиотеке. ❷ Сдавал книги, но библиотека сегодня не работает, и я книги не сдал. ❸ Куда ты собрался? – На вокзал. ❹ Видишь, везу вещи моего друга. ❺ Здесь были четыре зелёных книги. Ты их не видела? ❻ Дорогой мой, ты хватился поздно. Я давно их сдала в библиотеку. ❼ Расскажи мне о том, что ты делал вчера вечером. ❽ Я был в банке, получил деньги, а потом ездил в магазин.

Второе задание: Вставьте пропущенные слова!

In der Lückentextübung dieser Lektion finden Sie unter jedem Lückensatz jeweils das Aspektpaar des einzusetzenden Verbs. Wählen Sie das richtige Verb aus.

❶ Er legte die Bücher in den Schrank.

Он .... книги в шкаф. (положить/класть)

❷ Die Einladung haben wir an Ihre Faxnummer geschickt.

Приглашение мы .... на номер вашего факса. (посылать/послать)

❸ Ich habe alle Sachen in die Gepäck[aufbewahrung] gegeben.

Все вещи я .... в багаж. (сдавать/сдать)

❹ Erzähl mir (darüber), was du am Abend machen wirst.

.... мне о том, что ты будешь делать вечером. (рассказывать/рассказать)

10 Man bemerkte [plötzlich] auf dem Bahnhof [der Stadt] „Dno“:
Ein Gepäckstück ist verschwunden (verloren).

11 (Fortsetzung folgt)

ANMERKUNGEN

⑬ Das Verb **хвати́ться** „[plötzlich] bemerken“ wird immer in der Vergangenheit benutzt: **На вокза́ле я хвати́лась: чемода́н мы забы́ли до́ма** „Am Bahnhof habe ich [plötzlich] bemerkt: Den Koffer haben wir zu Hause vergessen“.

⑭ **ста́нция** ist eher die „Haltestelle“, **вокза́л** das „Bahnhofsgebäude“.

⑮ **Дно** ist eine Ortschaft auf halbem Weg zwischen Moskau und St. Petersburg. Der Name bedeutet „Grund, Boden“.

⑯ Die letzte Kurzform des Partizip Perfekt Passiv (sächlich): **потéряно** von **потеря́ть** (V)/**теря́ть** (UV) „verlieren“.

Решение первого задания: Вы поняли?

❶ Wo warst du? – In der Bibliothek. ❷ Ich habe die Bücher abgeben wollen, aber die Bibliothek hat heute zu (arbeitet nicht), und ich habe die Bücher nicht zurückgegeben. ❸ Wo willst du [so plötzlich] hin? – Zum (auf) Bahnhof. ❹ Du siehst, ich fahre die Sachen meines Freundes. ❺ Hier waren vier grüne Bücher. Hast du sie nicht gesehen? ❻ Mein Lieber, du hast dich spät daran erinnert. Ich habe sie längst in der Bibliothek abgegeben. ❼ Erzähl mir (darüber), was du gestern abend gemacht hast. ❽ Ich war in der Bank, bekam Geld, und dann bin ich einkaufen gegangen (fuhr ich ins Geschäft).

❺ Den Koffer habe ich zu Hause vergessen.

Чемодан я ..... дома.
(забывать/забыть)

Решение второго задания: Пропущенные слова.

❶ положил ❷ послали ❸ сдал ❹ Расскажи ❺ забыл.

Втора́я волна́: Повтори́те шестна́дцатый уро́к!

▶ ПЯТЬДЕСЯТ ВТОРОЙ УРОК

БАГАЖ (ПРОДОЛЖЕНИЕ)

1 Вдруг видят: стоит у колёс
Огромный взъерошенный пёс. ①②
2 Поймали его – и в багаж,
Туда, где лежал саквояж, картина, ③④
3 Корзина, картонка,
Где прежде была собачонка.
4 Приехали в город Житомир.
5 Носильщик пятнадцатый номер
Везёт на тележке багаж: ⑤⑥⑦
6 Диван, чемодан, саквояж,
Картину, корзину, картонку,
А сзади ведут собачонку.
7 Собака как зарычит,
А дама как закричит: ⑧
8 – Отдайте мою собачонку! ⑨

ANMERKUNGEN

① Der Infinitiv von **стои́т** ist **стоя́ть** „stehen, stehenbleiben".

② Nach der Präposition **у** „bei" folgt der Genitiv: **у колёс** „bei den Rädern" ist der Genitiv Plural von **колёса** „Räder". Im Singular ist ein „Rad" **колесó**, „beim Rad" heißt **у колесá**.

③ **Поймáли** von **поймáть** (V)/**лови́ть** (UV) „fangen". **Я ловлю́ ры́бу** „Ich fische (fange Fisch)". **Я поймáл мнóго ры́бы** „Ich habe viele Fische gefangen (gefischt)".

52. Lektion

Das Gepäck (Fortsetzung)

1 Plötzlich sieht man: Es steht an (bei) den Rädern
Ein riesiger zerzauster Hund.
2 Man fing ihn ein – und [legte ihn] in den Gepäckwaggon,
Dorthin, wo (lag) die Reisetasche, das Bild,
3 Der Korb, die Pappschachtel [waren],
Wo vorher das Hündchen war.
4 Man kam in der Stadt Gitomir an.
5 Der Gepäckträger Nummer 15
Fährt auf dem Gepäckwagen das Gepäck:
6 Ein Sofa, ein Koffer, eine Reisetasche,
Ein Bild, einen Korb, eine Pappschachtel,
Und von hinten führt man das Hündchen.
7 Als (wie) der Hund plötzlich anfängt zu knurren,
(Und so) fängt die Dame zu schreien an:
8 – Geben Sie [mir] mein Hündchen zurück!

ANMERKUNGEN

④ Sie haben schon öfter gesehen, daß das Verb ausgelassen wird. Im Satzteil: **и в бага́ж** „und ins Gepäck" wird die expressive Handlung durch die Präposition **в** angedeutet: **и в го́ры!** „und ins Gebirge!".

⑤ **Носи́льщик** ist vom Bewegungsverb **носи́ть** (nicht zielgerichtete Tätigkeit) und **нести́** (zielgerichtet) „tragen" abgeleitet.

⑥ Das nächste Bewegungsverb ist **веду́т** von **вести́** (zielgerichtet) und **води́ть** (nicht zielgerichtet): „führen, spazieren gehen (mit dem Hund/Kind)".

⑦ Ein Diminutivum (Verkleinerungsform) ist **на теле́жке** „auf dem Wägelchen" von **теле́га** „Leiter-, Kastenwagen".

⑧ **зарычи́т** ist aus dem Präfix **за-** (Beginn einer Handlung) und dem Verb **рыча́ть** „knurren, bellen" zusammengesetzt.

⑨ Der Imperativ **Отда́йте!** „Geben Sie zurück!" entstand aus dem Verb **дать** „geben" mit dem Präfix **от-** „von".

9 – Позвольте, гражданка! На станции,
Согласно багажной квитанции,
От вас получили багаж! ⑩⑪⑫
10 Диван, чемодан, саквояж,
Картину, корзину, картонку,
И маленькую собачонку.
11 Однако за время пути
Собака могла подрасти! ⑬

Первое задание: Вы понимаете эти предложения?

❶ Вы не знаете, где мой портфель? Он лежал где-то здесь. ❷ Нет, я его не видел. ❸ Куда вы едете так рано? ❹ Везу, как всегда, дочку в школу. ❺ Позвольте вас спросить, вы уже получили багаж? ❻ Да, вот он на тележке. ❼ Ты любишь ловить рыбу? ❽ Конечно! Я вчера поймал такую огромную, что у меня руки болят. ❾ Говорят, ты каждое воскресенье ходишь в театр? ❿ Если бы жена меня не водила туда, я бы с удовольствием смотрел телевизор.

9 – Erlauben Sie, Bürgerin! Am Bahnhof,
Gemäß dem Gepäckschein (gepäcklichen Quittung),
Hat man von Ihnen das Gepäck bekommen!

10 Ein Sofa, einen Koffer, eine Reisetasche,
Ein Bild, einen Korb, eine Pappschachtel,
Und ein kleines Hündchen.

11 Jedoch, während (in der Zeit) der Reise,
Könnte (konnte) der Hund größer werden!

ANMERKUNGEN

⑩ **гражда́нка** „Bürgerin" wird nur in einer offiziellen Anrede seitens der Polizei oder der Beamten benutzt. Ein „Bürger" ist **граждани́н**, im Plural **гра́ждане**.

⑪ Eine weitere formelle Konstruktion ist **Согла́сно квита́нции** „gemäß der Quittung". Nach **согла́сно** folgt der Dativ: **согла́сно догово́ру** „gemäß der Vereinbarung".

⑫ Erinnern Sie sich noch daran, daß die Präposition **от** „von" einen Genitiv erfordert? **Я получи́л письмо́ от бра́та** „Ich habe einen Brief von [meinem] Bruder bekommen".

⑬ In der üblichen Konstruktion **за вре́мя** + Genitiv „während" wird das Nomen **вре́мя** „Zeit" nicht übersetzt. **За вре́мя рабо́ты в бюро́, он о́чень мно́го сде́лал** „Während der Arbeit im Büro hat er vieles getan".

Решение первого задания: Вы поняли?

❶ Wissen Sie nicht, wo meine Aktentasche ist? Sie lag irgendwo hier. ❷ Nein, ich habe sie nicht gesehen. ❸ Wo fahren Sie so früh hin? ❹ Ich fahre wie immer die Tochter (das Töchterchen) zur (in die) Schule. ❺ Erlauben Sie [mir], Sie zu fragen: Haben Sie schon [Ihr] Gepäck bekommen? ❻ Ja, es ist hier auf dem Gepäckwagen. ❼ Magst du fischen (fangen Fisch)? ❽ Natürlich! Ich habe gestern einen so riesigen [Fisch] gefangen, daß meine (bei mir) Hände weh tun. ❾ Man sagt, du gehst jeden Sonntag ins Theater? ❿ Wenn [meine] Frau mich nicht (dorthin) führen würde, würde ich gerne fernsehen.

Второе задание: Вставьте пропущенные слова!

❶ Hast du nicht mein Buch gesehen? – Es steht im Schrank.

Ты не видел мою книгу? – Она ..... в шкафу.

❷ Im Winter fahre ich ins Gebirge, und zum ersten Mal nehme (fahre) ich die Kinder dorthin [mit].

Зимой я ... в горы и впервые .... туда детей.

❸ Wo ist mein Anzug? – Er liegt schon lange im Koffer.

Где мой костюм? – Он давно уже ..... в чемодане.

▶ ПЯТЬДЕСЯТ ТРЕТИЙ УРОК

Я ХОТЕЛ БЫ ОСТАНОВИТЬСЯ В ГОСТИНИЦЕ

1 – Простите, у вас есть свободные номера?

2 Я хотел бы остановиться в вашей гостинице. ①②

3 – Боюсь, что я вас ничем не обрадую. ③④

ANMERKUNGEN

① Wir treffen hier wieder den russischen Konjunktiv an, der zum ersten Mal in L. 44 auftauchte: **я хотéл бы** „ich möchte (= würde gern)“, **она хотéла бы** „sie möchte (= würde gern)“, **онú хотéли бы** „sie möchten (= würden gern)“.

❹ Ihren Sohn fährt [Ihr] Mann in die Schule? – Nein, er geht schon allein dorthin.

Вашего сына в школу ..... муж? –
Нет, он уже ..... туда сам.

❺ Alle seine Dokumente trägt er mit sich.

Все свои документы он ..... с собой.

Решение второго задания: Пропущенные слова.

❶ стоит ❷ еду – везу ❸ лежит ❹ водит – ходит ❺ носит.

Вторáя волнá: Повторúте семнáдцатый урóк!

53. Lektion

Ich möchte im Hotel absteigen (bleiben)

1 – Entschuldigen Sie, haben Sie freie Hotelzimmer (Nummer)?
2 Ich möchte in Ihrem Hotel absteigen (bleiben).
3 – Ich fürchte, daß ich Ihnen diese Freude nicht machen kann (Sie mit nichts erfreue).

ANMERKUNGEN

② Das Verb **остановúться** „bleiben" verwendet man am häufigsten im Infinitiv oder in der Vergangenheit, sehr selten im Präsens: **Я остановúлся в гостúнице** „Ich blieb im Hotel."

③ **ничéм** „mit nichts" ist der Instrumentalis von **ничтó** „nichts". Sie haben nicht vergessen, daß Sie einen Satz mit doppelter Verneinung bilden müssen?

④ Das Verb **обрáдовать (когó? чем?)** „erfreuen" (wen? womit?) verlangt den Instrumentalis: **Онá обрáдовала менá успéхами** „Sie erfreute mich mit den Erfolgen".

4 Сейчас туристический сезон.

5 А вы не заказывали номер заранее? ⑤

6 – Да, заказывал, но гостиница оказалась слишком далеко от центра.

7 – Постараемся чем-нибудь вам помочь. ⑥

8 Мне кажется, вам повезло.

9 Есть очень хороший номер на одного на втором этаже.

10 – Да, но мне нужен номер на двоих. ⑦

11 Я приехал в Москву с женой.

12 – Это уже посложнее... хотя... одну минуточку. ⑧

13 Всё в порядке, есть номер на двоих на третьем этаже.

14 Правда, окна выходят на улицу.

15 – Это не важно. Днём мы в гостинице практически не будем, ⑨

16 а ночью, как я думаю, на улице не так шумно.

4 Jetzt ist Touristensaison.
5 (Und) haben Sie (nicht) ein Hotelzimmer im voraus reserviert?
6 – Doch (ja), ich hatte reserviert, aber das Hotel erwies sich als ziemlich weit vom Zentrum [entfernt].
7 – Wir werden uns bemühen, Ihnen mit irgend etwas zu helfen.
8 Mir scheint, [daß] Sie Glück haben.
9 Es gibt ein sehr gutes Einzelzimmer (Nummer auf einen) im (auf) ersten Stock.
10 – Ja, aber ich brauche ein Zimmer für zwei [Personen].
11 Ich bin mit [meiner] Frau nach Moskau gekommen.
12 – Das ist schon etwas komplizierter ... obwohl ... ein Moment (ein Minütchen).
13 Alles in Ordnung, es gibt ein Zimmer für zwei [Personen] im zweiten Stock.
14 Allerdings (wahr) gehen die Fenster zur Straße hinaus.
15 – Das ist nicht wichtig (ernst). Tagsüber werden wir praktisch nicht im Hotel sein,
16 und nachts ist es, wie ich denke, nicht so laut auf der Straße.

ANMERKUNGEN

⑤ **закáзывали** von **закáзывать** (UV)/**заказáть** (V) „reservieren“: **Вы не закáзывали билéты в теáтр?** „Haben Sie nicht die Eintrittskarten für das Theater reserviert?“. **Я просúл вас заказáть** „Ich bat Sie, zu reservieren“.

⑥ Das Verb **помóчь** „helfen“ erfordert den Instrumentalis: **чем-нибýдь** (von **что-нибýдь** „irgend etwas“). **Я помогý вам совéтом** „Ich helfe Ihnen mit einem Ratschlag“.

⑦ **на двоúх** „für (auf) zwei“ ist ein kollektives Zahlwort, abgeleitet von der Pluralform **двóе** „zwei“.

⑧ Der Ihnen schon bekannte Komparativ **посложнée** „etwas komplizierter“ entstand aus der Grundform **слóжно** „kompliziert“ und dem Präfix **по-** , das „ein bißchen“ bedeutet und der Aussage einen höflicheren Klang verleiht.

⑨ **Э́то не вáжно!** „Das ist nicht wichtig (ernst)!“ ist einer der beliebtesten Sätze, die Sie von Russen hören.

LEKTION 53

17 – Вы абсолютно правы.
18 Если вы согласны, то заполните, пожалуйста, вот этот бланк. ⑩
19 Кстати, сколько времени вы будете в Москве?
20 – Дней пять, не больше. ⑪
21 Мы ещё собираемся съездить в Санкт-Петербург. ⑫
22 – Вот ваши ключи. Ваш номер на третьем этаже, лифт перед вами.
23 Горничная на этаже вам покажет ваш номер.
24 – Огромное вам спасибо, я могу оплатить номер сейчас? ⑬
25 – Как вам угодно. Можете сейчас, можете потом.
26 Я думаю, вам у нас понравится.
27 Кстати, ресторан на первом этаже.
28 Там вы будете завтракать.
29 Всего вам доброго!

ANMERKUNGEN

⑩ Bedingungssätze werden mit der Konjunktion **éсли** „wenn" und **то** „dann" gebildet: **Éсли вы свобóдны вéчером, то приходи́те к нам** „Wenn Sie am Abend frei sind, dann kommen Sie zu uns".

17 – Sie haben vollkommen (absolut) recht.
18 Wenn Sie einverstanden sind, dann füllen Sie bitte dieses Formular hier aus.
19 Übrigens, wie lange (wie viel Zeit) werden Sie in Moskau [bleiben]?
20 – Ungefähr fünf Tage, nicht mehr.
21 Wir beabsichtigen noch, nach St. Petersburg zu fahren.
22 – Hier sind Ihre Schlüssel. Ihr Zimmer befindet sich im zweiten Stock, der Aufzug ist vor Ihnen.
23 Das Zimmermädchen in [Ihrem] Stock zeigt Ihnen Ihr Zimmer.
24 – Vielen Dank (Ihnen), kann ich das Zimmer jetzt bezahlen?
25 – Wie es Ihnen recht ist (wie Ihnen erwünscht). Sie können jetzt [oder auch] (Sie können) später (dann) [bezahlen].
26 Ich denke, es wird Ihnen bei uns gefallen.
27 Übrigens, das Restaurant ist im Erdgeschoß.
28 Dort werden Sie frühstücken.
29 Alles Gute (Ihnen)!

ANMERKUNGEN

⑪ Erinnern Sie sich noch an die Inversion bei den Zeitangaben, die darauf hinweist, daß es sich bei dem genannten Zeitpunkt nur um eine vage Angabe handelt? **Дней пять** „ungefähr fünf Tage“, **часо́в в пять** „ungefähr um fünf Uhr“.

⑫ Achten Sie gut auf das „harte Zeichen“ **ъ** in **съе́здить** „fahren“, das zwei Laute trennt. Das Präfix **с-** impliziert eine schnelle Hin- und Rückfahrt.

⑬ **Спаси́бо** „Danke“ kann man in verschiedenen Steigerungen ausdrücken: **большо́е спаси́бо** „vielen Dank“, **огро́мное спаси́бо** „riesigen Dank“, **грома́дное спаси́бо** „immensen Dank“, **преогро́мное спаси́бо** „übergroßen Dank“.

Первое задание: Вы понимаете эти предложения?

❶ Моя фамилия Гомес. Неделю назад я заказывал у вас номер. ❷ Да, да, ваш номер на четвёртом этаже. ❸ Заполните бланк, пожалуйста. ❹ Мне нужен номер на одного. ❺ К сожалению, вам не повезло. Свободных номеров нет. ❻ Где вы остановились? – В гостинице „Турист“. ❼ К сожалению, это далеко от центра. Правда, метро рядом. ❽ Я хотел бы оплатить мой номер сейчас. ❾ Пожалуйста, можете сейчас, можете завтра. ❿ Мы работаем днём и ночью. ⓫ Куда выходят окна моего номера? – На улицу, но улица не очень шумная. ⓬ И я думаю, вам там понравится. ⓭ Скажите, пожалуйста, где мы будем завтракать? ⓮ В кафе на втором этаже. ⓯ Я еду в Москву и собираюсь остановиться в семье. ⓰ Отличная идея! В прошлом году я жил в семье, и мне это очень понравилось.

Второе задание: Вставьте пропущенные слова!

❶ Ich würde [gern] für vier Tage nach Rußland fahren.

Я . . . . съездит на четыре . . . в . . . .

❷ Schauen Sie, der [Gepäck]träger fährt auf dem Gepäckwagen (Wägelchen) unser Gepäck.

Посмотрите, носильщик . . . . . на тележке . . . .

❸ Erlauben Sie, aber dies ist nicht mein Koffer.

Позвольте, ... не . . . .

❹ Und haben Sie ihn als (ins) Gepäck aufgegeben?

А вы . . . . в багаж?

Решение первого задания: Вы поняли?

❶ Mein Familienname ist Gomes. Vor einer Woche habe ich bei Ihnen ein Zimmer reserviert. ❷ Ja, ja, Ihr Zimmer befindet sich im 3. (4.) Stock. ❸ Füllen Sie bitte das Formular aus. ❹ Ich benötige ein Einzelzimmer. ❺ Leider haben Sie Pech (nicht Glück). Freie Zimmer gibt es nicht. ❻ Wo sind Sie abgestiegen (geblieben)? – Im Hotel „Tourist". ❼ Leider ist es weit vom Zentrum. Allerdings (wahr) ist die Metro in der Nähe. ❽ Ich würde [gern] mein Zimmer jetzt bezahlen. ❾ Bitte, sie können jetzt oder (sie können) morgen [bezahlen]. ❿ Wir (arbeiten) haben tagsüber und nachts geöffnet. ⓫ Wohin gehen die Fenster meines Zimmers? – Zur Straße, aber die Straße ist nicht sehr laut. ⓬ Und ich denke, es wird Ihnen hier (da) gefallen. ⓭ Sagen Sie bitte, wo werden wir frühstücken? ⓮ Im Café im ersten Stock. ⓯ Ich fahre nach Moskau, und ich beabsichtige, bei (in) einer Familie zu bleiben. ⓰ Eine ausgezeichnete Idee! Im vorigen Jahr lebte ich in einer Familie, und es hat mir sehr gefallen.

❺ Wir kamen am Bahnhof an [und] erinnerten uns plötzlich: Ein Gepäckstück ist verloren[gegangen].

Мы . . . . на . . . . . . , хватились, ... одно место.

❻ Wenn Sie schon Ihre Sachen bekommen haben, dann können wir ins Hotel fahren.

Если вы . . . . свои вещи, . . мы можем . . . . . в гостиницу.

Решение второго задания: Пропущенные слова.

❶ хотел бы – дня – Россию ❷ везёт – наш багаж ❸ но это – мой чемодан ❹ его сдавали ❺ приехали – вокзал – потеряно ❻ уже получили – то – ехать.

Allmählich nähern wir uns dem Endspurt. In den Lektionen tauchen vermehrt Redewendungen auf. Lernen Sie diese Wendungen immer als Ganzes. Sie können sie auch mit einem Textmarker farbig anstreichen.

Вторáя волнá: Повтори́те восемнáдцатый урóк!

▶ ПЯТЬДЕСЯТ ЧЕТВЁРТЫЙ УРОК

ДАВАЙ СХОДИМ В ТЕАТР

1 – Здравствуй, дорогой! Мы с тобой не виделись вечность, а надо бы повидаться, ①②

2 поболтать, или ты, как всегда, по уши в работе? ③④

3 – Работа не волк, как говорят, в лес не убежит,

4 а встретиться и пообщаться, действительно, нужно бы. ⑤⑥

5 – Так в чём дело? У меня есть два билета в театр на сегодня. Давай сходим. ⑦

6 – Ты не можешь жить без сюрпризов.

54. Lektion

Laß uns ins Theater gehen (gehen wir ins Theater)

1 – Hallo, Liebster (Lieber)! Wir haben uns eine Ewigkeit nicht gesehen, und man sollte sich sehen,
2 ein bißchen quatschen, oder [steckst du] wie immer bis [über beide] (zu) Ohren in der Arbeit?
3 – Die Arbeit (nicht Wolf), wie man sagt, läuft einem nicht davon (in den Wald),
4 und man sollte sich tatsächlich treffen und diskutieren.
5 – Also worum geht es? Ich habe zwei Eintrittskarten für heute ins Theater. Laß uns hingehen.
6 – Du kannst nicht ohne Überraschungen leben.

ANMERKUNGEN

① **ви́делись** von **ви́деться** „sich sehen" wird meistens in der Vergangenheit benutzt: **Мы давнó не ви́делись** „Wir haben uns lange nicht gesehen".

② Das Verb **повидáться** bedeutet auch „(sich) sehen", aber es wird nur unter Freunden im Sinne eines Wunsches verwendet: **Я хотéл бы с вáми повидáться** „Ich möchte/würde Sie [gern] sehen".

③ **поболтáть** „quatschen" verwenden Sie nur bei Personen, die Sie sehr gut kennen. **Давáй поболтáем немнóжко** „Laß uns ein bißchen quatschen".

④ **пó уши в рабóте** „bis über beide (zu) Ohren in der Arbeit" oder **пó уши в делáх** „bis über beide (zu) Ohren in Geschäften". **Ýши** „Ohren" ist der Akkusativ Plural von **ýхо** „Ohr".

⑤ **пообщáться** „diskutieren" ist in erster Linie ein Begriff aus dem Jargon der Jugendlichen.

⑥ **нýжно бы** oder **нáдо бы** bedeutet das gleiche: „man sollte" (Konjunktiv).

⑦ **сходи́ть** (V) „(hin- und zurück-)gehen" ist eine Ausnahme von der bekannten Regel: Das unbestimmte Bewegungsverb **ходи́ть** (UV) mit dem Präfix **с-** behält nicht seinen Aspekt, sondern wird zu einem vollendeten Verb! Ähnlich: **съéздить** (V) „hin- und zurückfahren".

7 А куда билеты и на что?
8 – О дорогой! Билеты я достал по великому блату. ⑧
9 Вернее, мне их подарили.
10 А пойдём мы с тобой во МХАТ и будем смотреть пьесу Вампилова „Утиная охота“. ⑨⑩⑪
11 – Я эту пьесу уже видел в Иркутске, но во МХАТ схожу с огромным удовольствием.
12 Говорят, постановка отличная.
13 – И постановка, и игра актёров. ⑫
14 Сегодня, главную роль исполняет молодой актёр, который мне очень нравится. ⑬
15 Во МХАТе всегда прекрасные артисты.
16 – Скажи, пожалуйста, а где наши места? В партере? ⑭

ANMERKUNGEN

⑧ **Достáл по блáту** „er kaufte [unter großen Schwierigkeiten] durch Beziehungen“.

⑨ Hier verleiht die Inversion (**пойдём мы**) der Aussage einen vertrauteren Klang.

7 Und [für welches Theater] (wohin) hast du die Eintrittskarten und [für welches Stück] (auf was)?

8 – Oh [mein] Lieber! Die Eintrittskarten habe ich durch gute (auf große) Beziehungen erhalten.

9 Genauer gesagt, man hat sie mir geschenkt.

10 Und wir werden (mit dir) ins MCHAT gehen, und wir werden das Stück „Die Entenjagd“ von Wampilov sehen.

11 – Ich habe dieses Stück schon in Irkutsk gesehen, aber ins MCHAT werde ich sehr gern (mit großem Vergnügen) gehen.

12 Man sagt, die Inszenierung sei ausgezeichnet.

13 – Sowohl die Inszenierung als auch das Spiel der Schauspieler.

14 Heute spielt die Hauptrolle ein junger Schauspieler, der mir sehr gefällt.

15 Im MCHAT gibt es immer wunderbare Künstler.

16 – Sag, bitte, wo sind unsere Plätze? Im Parkett?

ANMERKUNGEN

⑩ **МХАТ** ist die Abkürzung für **Москóвский Худóжественный Академи́ческий Теáтр** „Moskauer Künstlerisches Akademisches Theater“, das zu Beginn des letzten Jahrhunderts von dem berühmten Regisseur Constantin Stanislavskij gegründet und durch die Stücke von Tschechov und das Talent seiner Schauspieler berühmt wurde.

⑪ **Алексáндр Вампи́лов** (1937-1972) ist Autor psychologischer Dramen, die zu seinen Lebzeiten nicht aufgeführt wurden.

⑫ **актёр** ist der „Schauspieler“ im Theater und im Kino, **арти́ст** ist der „Theaterschauspieler, Sänger, Tänzer“, **худóжник** „Maler, Künstler“.

⑬ Das Relativpronomen **котóрый** „der“ wird nach Geschlecht und Zahl des Nomens dekliniert. Seine Deklination erfolgt nach dem Muster der harten Adjektive.

⑭ **мéсто** heißt „Platz“ oder auch „Theaterkarte“ .

17 – На этот раз мы будем сидеть на балконе. ⑮

18 Оттуда всё видно и слышно прекрасно. ⑯

19 – Спасибо тебе, я просто не знал, как убить вечер. ⑰

20 Да, кстати, а кто режиссёр спектакля?

21 – Я не знаю. Я хожу в театр от случая до случая.

22 В театре купим программу и всё узнаем. ⑱

23 Не забудь, спектакль начинается ровно в семь, и после звонка в зал нельзя входить. ⑲

24 – Я буду у входа за полчаса до начала спектакля. ⑳

25 Приходи пораньше. Забежим в буфет и выпьем по чашечке кофе. ㉑㉒

ANMERKUNGEN

⑮ Der Theaterwortschatz kommt größtenteils aus dem Französischen: **парте́р** „Parkett“, **балко́н** „Balkon“, **бельэта́ж** „erster Rang“, **ло́жа** „Loge“.

⑯ **ви́дно и слы́шно** „[es ist] zu sehen (sichtbar) und zu hören (hörbar)“ sind Prädikative, die von den Verben **ви́деть** „sehen“ und **слы́шать** „hören“ abgeleitet sind.

17 – Dieses Mal werden wir auf dem Balkon sitzen.
18 Von dort ist alles wunderbar zu sehen und zu hören.
19 – Danke dir, ich wußte einfach nicht, wie ich den Abend verbringen (töten) [soll].
20 Ja, übrigens, und wer ist der Regisseur des Stücks?
21 – Ich weiß [es] nicht. Ich gehe [nur] ab und zu ins Theater (von Fall bis Fall).
22 Im Theater kaufen wir das Programmheft, und [darin] werden wir alles erfahren (wissen).
23 Vergiß nicht, das Stück beginnt genau um sieben, und nach dem Klingeln darf man den Saal nicht mehr betreten.
24 – Ich werde eine halbe Stunde vor Beginn des Stückes am Eingang sein.
25 Komm etwas früher. Wir werden in den Buffet[raum] gehen (laufen) und werden jeder eine kleine Tasse (Täßchen) Kaffee (aus)trinken.

ANMERKUNGEN

⑰ Sie können statt **убúть вéчер** „den Abend verbringen (töten)“ auch sagen **убúть врéмя** „die Zeit verbringen (töten)“.

⑱ **знать** (UV)/**узнáть** (V) „wissen“. **Мы всё ужé знáем** „Wir wissen schon alles“. **Мы э́то узнáли вчерá** „Wir haben es gestern erfahren (gewußt)“.

⑲ Es gibt einen Sinnunterschied je nachdem, mit welchem Aspektverb **нельзя́** benutzt wird: **нельзя́ входúть** (UV) drückt ein Verbot aus: „man darf nicht eintreten“/**нельзя́ войтú** (V) beschreibt die Unmöglichkeit einer Handlung: „es ist nicht möglich, einzutreten“.

⑳ Die Zeitpräpositionen **за** + Akkusativ und **до** + Genitiv sind sehr geläufig: **Я прихожу́ в ую́тное бюрó за пятнáдцать минýт до начáла рабóты** „Ich komme ins gemütliche Büro 15 Minuten vor Beginn der Arbeit“.

㉑ **Забежúм в буфéт** heißt „wir gehen auf die Schnelle in den Buffet[raum]“; das Verb drückt aus, daß der Besuch nur von kurzer Dauer ist. **Зайдём в буфéт** bedeutet hingegen „ans Buffet gehen“ (ohne Hinweis auf die Dauer der Handlung).

㉒ **чáшечка** „Täßchen“ ist der Diminutiv (Verkleinerungsform) von **чáшка** „Tasse“, **стакáнчик** „Gläschen“ ist der von **стакáн** „Glas“: **стакáнчик чáя** „ein Gläschen Tee“.

Первое задание: Вы понимаете эти предложения?

❶ У вас есть билеты на вечер на сегодня? ❷ На сегодня, к сожалению, нет, но у нас есть билеты на пьесу „Ревизор" на завтра. ❸ Дайте мне, пожалуйста, два билета в партер. ❹ А вы не хотели бы взять билеты на бельэтаж? ❺ Есть ещё два свободных места, оттуда всё видно и слышно прекрасно. ❻ Вы не знаете, кто играет главную роль в спектакле? ❼ Нет, хотя окна моего дома выходят на театр, но я хожу в театр от случая к случаю. ❽ Давай забежим на минутку в кафе и что-нибудь выпьем. ❾ Я ужасно хочу пить. ❿ С удовольствием! Я знаю одно уютное кафе недалеко отсюда. ⓫ Сегодня у меня свободный вечер, давай сходим в кино. ⓬ В кинотеатре „Мир", идёт отличный французский фильм, но, говорят, трудно достать билеты.

Второе задание: Вставьте пропущенные слова!

❶ Hat dir der Film gefallen? – Ich habe ihn schon gesehen, aber auch heute habe ich [ihn] gern gesehen.

. . . . фильм? – Я . . . . . .
. . . . . , но и сегодня . . . . с
. . . .

❷ Mir gefällt der Schauspieler nicht sehr, der die Hauptrolle spielt, und dir?

. . . не очень . . . . актёр, который
. . . . роль, а тебе?

❸ Er ist noch ein sehr junger Künstler und spielt [erst] das erste Jahr im Theater.

Он . . . очень . . . . артист и
. . . . . . в театре . . . .

Решение первого задания: Вы поняли?

❶ Haben Sie Eintrittskarten für heute abend? ❷ Für heute leider nicht, aber wir haben Eintrittskarten für das Stück „Revisor" für morgen. ❸ Geben Sie mir bitte zwei Eintrittskarten für das (in) Parkett. ❹ (Und) würden Sie nicht [gern] Eintrittskarten für den ersten Rang nehmen? ❺ Es gibt noch zwei freie Plätze, von da ist alles wunderbar zu sehen (sichtbar) und zu hören (hörbar). ❻ Wissen Sie nicht, wer die Hauptrolle in dem Stück spielt? ❼ Nein, obwohl die Fenster meines Hauses auf das Theater gehen, gehe ich [nur] ab und zu (von Fall bis Fall) ins Theater. ❽ Lassen Sie uns für einen Moment (für Minütchen) ins Café gehen (laufen) und irgend etwas (aus)trinken. ❾ Ich habe (möchte) schrecklich[en] Durst (trinken). ❿ Gerne! Ich kenne ein gemütliches Café nicht weit von hier. ⓫ Heute habe ich einen freien Abend, laß uns ins Kino gehen. ⓬ Im Kino(theater) „Mir" läuft (geht) ein ausgezeichneter französischer Film, aber man sagt, es ist schwer, Eintrittskarten zu bekommen.

❹ Ich kam mit [meiner] Frau nach Moskau, und ich weiß einfach nicht, was ich machen [soll].

Я . . . . в . . . . . . с . . . . . и просто не . . . . , что . . . .

❺ Sie mag die Oper, und ich schaue lieber (bevorzuge ansehen) das Ballett.

Она . . . . . оперу, а я предпочитаю . . . . балет.

❻ Aber das ist kein Problem! Heute können Sie in (auf) die Oper ins Bolschoj [Theater] gehen, und morgen in den Kreml ins Ballett.

Но это . . . . ! Сегодня вы . . . . на оперу в Большой, а . . . . . . в Кремль . . . .

7 Vielen (großen) Dank (Ihnen) für die Eintrittskarten! Wir (mit Frau) waren schon eine Ewigkeit nicht [mehr] im Theater.

. . . . огромное . . . . ! Мы . . . . . . уже вечность . . . . . . в . . . .

ПЯТЬДЕСЯТ ПЯТЫЙ УРОК

ИРОНИЯ СУДЬБЫ ①

1 – Алло? Москва? Позовите, пожалуйста, Галю. Это Галя? ②

2 Женя уже ушёл на аэродром. ③

3 – Кто вы такая? ④

4 – Случайная знакомая.

5 – А как он оказался у вас в квартире?

6 – Сейчас я вам всё объясню. Женя вчера пошёл в баню...

7 Это у них традиция. Женя и его школьные друзья каждый год тридцать первого декабря ходят в баню. ⑤

ANMERKUNGEN

① Dies ist ein Auszug aus dem Film „Ironie des Schicksals“ (1975) von Eldar Riazanov. Zur Zeit des Films haben die Plattenbausiedlungen in allen russischen Vororten dieselben Straßennamen. Aufgrund einer Verwechslung findet sich der Held, Genja, obwohl er in Moskau wohnt, nun in der Wohnung von Nadja in Leningrad, in der diese mit Freunden ausgiebig das neue Jahr begossen hat. Der beschriebene Dialog ist das Telefonat zwischen Nadja und Galia, der Verlobten von Genja.

Решение второго задания: Пропущенные слова.

➊ Тебе понравился – его уже видел – смотрел – удовольствием ➋ Мне – нравится – исполняет главную ➌ ещё – молодой – играет – первый год ➍ приехал – Москву – женой – знаю – делать ➎ любит – смотреть ➏ не проблема – можете пойти – завтра – на балет ➐ Спасибо вам – за билеты – с женой – не были – театре.

Втора́я волна́: Повтори́те девятна́дцатый уро́к!

55. Lektion

Ironie des Schicksals

1 – Hallo? Moskau? Kann ich bitte Galja sprechen (rufen Sie bitte Galja)? Ist das Galja?

2 Genja ging schon zum Flughafen.

3 – Wer sind Sie [denn]?

4 – Eine zufällige Bekannte.

5 – Und wie gelangte er bei Ihnen in die Wohnung?

6 – Jetzt werde ich Ihnen alles erklären. Genja ist gestern in die Sauna gegangen ...

7 Es ist seine [ihre] Tradition. Genja und seine Schulkameraden gehen jedes Jahr am 31. Dezember in die Sauna.

ANMERKUNGEN

② **Позови́те** ist der Imperativ von **позва́ть** „rufen" und wird nur bei Telefonaten verwendet.

③ Heutzutage wird statt **аэродро́м** das Wort **аэропо́рт** benutzt.

④ **Кто вы така́я?** „Wer sind Sie?" ist keine freundliche Frage. Man sollte fragen: **Прости́те, а кто вы?** „Entschuldigen Sie, und wer sind Sie?".

⑤ Auf die Frage **Когда́** „Wann?" folgt die Antwort im Genitiv: **Пе́рвого декабря́** „am (den) ersten Dezember". Nach der Frage: **Како́е число́ сего́дня?** steht die Antwort im Nominativ: **пе́рвое декабря́** „erster Dezember".

8 – Откуда вы это знаете? Значит, вы знакомы много лет?

9 – Нет, мы познакомились несколько часов назад.

10 Вы поймите, мой адрес в Ленинграде такой же, как у него в Москве... ⑥

11 Он по ошибке попал в Ленинград и пришёл ко мне, как к себе домой. ⑦

12 – Я всё поняла. Вы даже знаете его московский адрес.

13 – Галя, Галя... Только не вешайте трубку.

14 Вы ничего не поняли... Ваш Женя добрый, славный... Он ни в чём не виноват... ⑧⑨

15 И я вам немного завидую... Вы знаете, он мне очень понравился... Простите его...

16 – Почему вы его защищаете? Вы замужем?

17 – Какое это имеет значение?

18 – Значит, не замужем... И он улетел в Ленинград, встречать с вами Новый год.

19 – Всё было не так.

20 – Сколько вам лет?

21 – Много.

22 – Последний шанс?

23 – Как вам не стыдно?

ANMERKUNGEN

⑥ Der Imperativ **поймите** ist abgeleitet von **понять** (V)/**понимать** (UV) „verstehen“.

8 – Woher wissen Sie das? Es scheint, Sie sind [seit] vielen Jahren Bekannte?
9 – Nein, wir haben uns vor einigen Stunden kennengelernt.
10 Verstehen Sie, meine Adresse in Leningrad ist dieselbe [wie] seine (bei ihm) in Moskau ...
11 Er kam aus Versehen (auf Fehler fiel) nach Leningrad und kam zu mir wie zu sich nach Hause.
12 – Ich habe alles verstanden. Sie wissen sogar seine Moskauer Adresse.
13 – Galja, Galja ... Legen (hängen) Sie nur nicht den Hörer auf.
14 Sie haben nichts verstanden ... Ihr Genja ist ein guter, feiner ... Er ist an nichts schuld ...
15 Und ich beneide Sie ein wenig ... Wissen Sie, er hat mir sehr gefallen ... Verzeihen Sie ihm ...
16 – Warum verteidigen Sie ihn? Sind Sie verheiratet?
17 – Welche Bedeutung hat das?
18 – Das heißt, nicht verheiratet ... Und er flog nach Leningrad, um mit Ihnen Neujahr zu feiern (begegnen).
19 – Das war nicht alles so.
20 – Wie alt sind Sie?
21 – Alt (viel).
22 – [Sie wollten eine] letzte Chance?
23 Schämen Sie sich nicht?

ANMERKUNGEN

⑦ **попа́л** ist abgeleitet von **попа́сть сюда́** „unerwartet da sein" und ist identisch mit **оказа́ться здесь**. Unterschiedlich ist nur der Gebrauch des Adverbs „hier"!

⑧ Das Verb **поня́ть** „verstehen" wechselt in der Vergangenheit die Betonung: **я всё поняла́, вы ничего́ не по́няли** „ich habe alles verstanden, Sie haben nichts verstanden".

⑨ Die Konstruktion ist **винова́т в** + Präpositiv bedeutet „schuld an".

24 – Это мне стыдно? Я у вас жениха не крала! ⑩

25 – Вы всё неправильно понимаете!

26 – Вы хищница! Но всё равно, у вас ничего не выйдет!

27 В последний момент он всё равно сбежит. ⑪

ANMERKUNGEN

⑩ **кра́ла** ist die Vergangenheitsform von **красть** (UV)/**укра́сть** (V) „stehlen".

Первое задание: Вы понимаете эти предложения?

❶ Вы часто бываете в кино? ❷ Раньше ходил часто, но в последнее время я по уши в делах и хожу в кино от случая к случаю. ❸ Вы не видели последний фильм режиссёра Лунгина? Говорят, очень неплохой. ❹ Я хотел пойти вчера, но недостал билеты. ❺ Откуда вы знаете этого человека? ❻ Я с ним знаком уже много лет. Это очень добрый и славный человек. ❼ Вы знаете, я вам немного завидую, у вас такой прекрасный жених. Вы давно с ним знакомы? ❽ Нет, мы познакомились несколько месяцев назад. ❾ Как вы здесь оказались? – О, я попал сюда по ошибке. ❿ Скажи, кто эта симпатичная девушка, которая была с тобой в театре? – Случайная знакомая.

24 – Ich mich schämen (dieses mir schamhaft)? Ich habe Ihnen nicht den Bräutigam gestohlen!
25 – Sie verstehen alles falsch!
26 – Sie Räuberin (Raubvogel)! Aber [es ist] alles egal (gleich), es wird Ihnen nichts gelingen!
27 Im letzten Augenblick wird er doch davonlaufen.

ANMERKUNGEN

⑪ **сбежи́т** kommt vom zielgerichteten Bewegungsverb **бежа́ть** „laufen" mit dem Präfix **с-** „hin- und zurück". Das nicht zielgerichtete Bewegungsverb ist **сбе́гать**.

Решение первого задания: Вы поняли?

❶ Sind Sie oft im Kino? ❷ Früher bin ich oft gegangen, aber in der letzten Zeit habe ich Arbeit bis [über beide] Ohren, und ich gehe [nur] ab und zu (von Fall bis Fall) ins Kino. ❸ Haben Sie nicht den letzten Film des Regisseurs Lungin gesehen? Man sagt, daß er sehr gut (nicht schlecht) ist. ❹ Ich wollte gestern gehen, aber ich bekam keine Eintrittskarten. ❺ Woher kennen Sie diese Person? ❻ Ich kenne ihn schon viele Jahre. Er (es) ist ein sehr guter und feiner Mensch. ❼ Wissen Sie, ich beneide Sie ein wenig, Sie haben so einen schönen Bräutigam. Kennen Sie sich schon lange? ❽ Nein, wir haben uns vor einigen Monaten kennengelernt. ❾ Wie gelangten Sie hierher? – Oh, ich kam aus Versehen hierher (auf Fehler). ❿ Sag mal, wer ist dieses sympathische Mädchen, das mit dir im Theater war? – Eine zufällige Bekannte.

Второе задание: Вставьте пропущенные слова!

1. Rufen Sie bitte Michail.

   . . . . , ... , Михаила.

2. Er ist vor einer halben Stunde hinausgegangen, aber er wird gleich (von Minute auf Minute) im Büro sein.

   Он . . . . . полчаса . . . . . , но . . . . будет в бюро.

3. Haben Sie Eintrittskarten für die Abendvorstellung?

   . . . . есть билеты . . . . спектакль?

4. Leider nur für den Vormittag (Morgen).

   . . . . , только . . . .

5. Sind in Ihrem Hotel Doppelzimmer [frei]?

   В . . . . есть номера . . . . ?

6. Ja, es gibt sowohl Doppel- als auch Einzelzimmer.

   Да, ... и на двоих и . . . .

7. Hat Ihnen dieses Stück gefallen?

   . . . . эта пьеса?

8. Das Stück [war] wunderschön, aber das Spiel der Schauspieler hat mir nicht gefallen.

   Пьеса . . . . , но . . . . не понравилась.

9. Entschuldigen Sie, sind Sie verheiratet?

   . . . . , вы . . . . ?

⑩ Ja, ich habe einen Mann und einen kleinen Sohn.

Да, ... есть муж и . . . .
. . . .

Решение второго задания: Пропущенные слова.

❶ Позовите – пожалуйста ❷ вышел – назад – с минуты на минуту ❸ У вас – на вечерний ❹ К сожалению – на утро ❺ вашей гостинице – на двоих ❻ есть – на одного ❼ Вам понравилась ❽ прекрасная – игра актёров мне ❾ Простите – замужем ❿ у меня – маленький сын.

Sauna

Die russische Sauna hat eine jahrhundertealte Tradition. Sie gleicht der finnischen Sauna, allerdings ist die Luft noch feuchter, was durch das Begießen glühend heißer Steine erreicht wird. Während der Saunagänge peitschen die Russen sich nach einer bestimmten Methode mit getrockneten Birkenzweigen, danach steigen Sie in eiskaltes Wasser. In Sibirien und im Ural werden hierzu Löcher in das Eis der Seen oder Flüsse geschlagen. Die Personen, die die Sauna verlassen, werden mit **С лёгким паром!** „Wir wünschen euch einen leichten Dampf (mit leichtem Dampf)!" gegrüßt. Nach der Sauna gibt es in der Regel ein gutes Essen mit „Kvass", einem säuerlichen, leicht gärenden Getränk aus Brot und Wasser, und geeistem Wodka, und der Tag endet mit einem starken Tee. Heutzutage spielen die Saunas in den Städten eher die Rolle von Clubs, die ausschließlich einem männlichen Publikum vorbehalten sind.

Втора́я волна́: Повтори́те двадца́тый уро́к!

▶ ПЯТЬДЕСЯТ ШЕСТОЙ УРОК

ПОВТОРЕНИЕ И ЗАМЕТКИ

1. Genitiv Plural der Nomen

Sie haben schon oft den Genitiv Plural angetroffen, vor allem nach Wörtern wie **нет** „nicht“, **мно́го** „viel“, **ма́ло** „wenig“, **ско́лько** „wie viel“, **не́сколько** „einige“.

Die Mehrheit der männlichen Substantive, die auf einen Konsonanten enden, erhält im Genitiv Plural die Endung -**ов**:

Singular	Nominativ Plural	Genitiv Plural
теа́тр	**теа́тры**	**теа́тров**
„[das] Theater“	„[die] Theater“	„[der] Theater“

Beispiel:

В го́роде мно́го теа́тров. „In der Stadt sind viele Theater.“

Eine Gruppe der männlichen Substantive, die im Nominativ Plural die Endung -**ья́** hat, bekommt im Genitiv Plural die Endung -**е́й**:

Singular	Nominativ Plural	Genitiv Plural
друг	**друзья́**	**друзе́й**
„[der] Freund“	„[die] Freunde“	„[der] Freunde“
сын	**сыновья́**	**сыновье́й**
„[der] Sohn“	„[die] Söhne“	„[der] Söhne“

Beispiele:

У неё нет друзье́й. „Sie hat keine Freunde.“
У него́ шесть сынове́й. „Er hat sechs Söhne.“

Alle männlichen und weiblichen Substantive, die mit dem weichen Zeichen (**ь**) enden, erhalten im Genitiv Plural ebenfalls die Endung -**е́й**:

Singular Männlich	Nominativ Plural	Genitiv Plural
учи́тель	**учителя́**	**учителе́й**
„[der] Lehrer“	„[die] Lehrer“	„[der] Lehrer“
пло́щадь	**пло́щади**	**площаде́й**
„[der] Platz“	„[die] Plätze“	„[der] Plätze“

Beispiele:

В шко́ле ма́ло учителе́й. „In der Schule gibt es wenig Lehrer.“

56. Lektion

В го́роде не́сколько площаде́й. „In der Stadt sind einige Plätze."

Weibliche Substantive, die im Nominativ Singular auf **-а** enden, haben im Genitiv Plural keine Endung:

Singular	Nominativ Plural	Genitiv Plural
газе́та	**газе́ты**	**газе́т**
„[die] Zeitung"	„[die] Zeitungen"	„[der] Zeitungen"

Beispiel:

До́ма нет газе́т. „Zu Hause gibt es keine Zeitungen."

2. Relativpronomen

Das Relativpronomen **кото́рый** „der" wird wie ein hartes Adjektiv dekliniert.

Singular Männlich:

актёр, кото́рый мне нра́вится „der Schauspieler, der mir gefällt";

Singular Weiblich:

актри́са, кото́рая мне нра́вится „die Schauspielerin, die mir gefällt";

Singular Sächlich:

кино́, кото́рое мне нра́вится „das Kino, das mir gefällt";

Plural:

актёры, кото́рые мне нра́вятся „die Schauspieler, die mir gefallen".

3. Zahlwörter

Nach der Zahl **оди́н**, **одна́**, **одно́** „eins" stehen das Adjektiv und das Nomen im Nominativ Singular:

Männlich:

оди́н большо́й чемода́н „ein großer Koffer";

Weiblich:

одна́ ма́ленькая корзи́нка „ein kleines Körbchen".

Nach den Zahlen **два**, **три**, **четы́ре** „2, 3, 4" steht das Adjektiv im Genitiv Plural und das Nomen im Genitiv Singular:

Männlich:

два, три, четы́ре больши́х чемода́на „zwei, drei, vier große Koffer";

Weiblich:

два, три, четы́ре ма́леньких корзи́ны „zwei, drei, vier kleine Körbe".

Ab der Zahl **пять** „5" steht sowohl das Adjektiv als auch das Nomen im Genitiv Plural:

Männlich:

пять больши́х музе́ев „fünf große Museen";

Weiblich:

шесть больши́х газе́т „sechs große Zeitungen".

4. Verben mit Präfixen

Sie haben zahlreiche Bewegungsverben mit Präfixen angetroffen. Beispiel: Das Präfix **до-** mit der Bedeutung „etwas erreichen":

дойти́ „zu Fuß erreichen":

Мы шли, шли и, наконе́ц, дошли́ до го́рода. „Wir gingen, gingen, und zum Schluß sind wir zur Stadt gekommen (haben wir die Stadt zu Fuß erreicht)."

дое́хать „mit einem Transportmittel erreichen":

Но́чью мы дое́хали до ме́ста встре́чи. „Nachts haben wir den Ort des Treffens erreicht."

долете́ть „mit dem Flugzeug erreichen":

Я ду́маю, вы долете́ли до Москвы́ во́ время „Ich denke, Sie sind rechtzeitig in Moskau gelandet".

Das Präfix **с-** impliziert eine schnelle Bewegung hin- und zurück.

Сходи́ть:

Сходи́, **пожа́луйста**, **в магази́н за хле́бом.** „Geh [schnell] bitte, [hol] das Brot im (in) Geschäft."

Съе́здить:

Я на три дня съе́здил на мо́ре. „Ich bin für drei Tage ans Meer gefahren."

Сбе́гать:

Подожди́ меня́, я сбе́гаю и узна́ю, что там случи́лось. „Warte auf mich, ich laufe [schnell] und erfahre, was dort passiert ist."

5. Konjugation der Bewegungsverben

Im folgenden präsentieren wir Ihnen die Zusammenfassung der neuen Bewegungsverben:

Zielgerichtetes Bewegungsverb **нести́** „tragen“:

я несу́ „ich trage“
ты несёшь „du trägst“
он несёт „er trägt“
мы несём „wir tragen“
вы несёте „Sie tragen/ihr tragt“
они́ несу́т „sie tragen“.

Nicht zielgerichtetes Bewegungsverb **носи́ть**“tragen“. Beachten Sie die wechselnde Betonung!

я ношу́ „ich trage“
ты но́сишь „du trägst“
он но́сит „er trägt“
мы но́сим „wir tragen“
вы но́сите „Sie tragen/ihr tragt“
они́ но́сят „sie tragen“.

Zielgerichtetes Bewegungsverb **вести́** „führen“:

я веду́ „ich führe“
ты ведёшь „du führst“
он ведёт „er führt“
мы ведём „wir führen“
вы ведёте „Sie führen/ihr führt“
они́ веду́т „sie führen“.

Nicht zielgerichtetes Bewegungsverb **води́ть**“führen“. Beachten Sie die wechselnde Betonung!

я вожу́ „ich führe“
ты во́дишь „du führst“
он во́дит „er führt“
мы во́дим „wir führen“
вы во́дите „Sie führen/ihr führt“
они́ во́дят „sie führen“.

Zielgerichtetes Bewegungsverb **везти́** „fahren“:

я везу́ „ich fahre“
ты везёшь „du fährst“
он везёт „er fährt“
мы везём „wir fahren“
вы везёте „Sie fahren/ihr fahrt“
они́ везу́т „sie fahren“.

Nicht zielgerichtetes Bewegungsverb **вози́ть** „fahren“. Beachten Sie die wechselnde Betonung!

я вожу́ „ich fahre“
ты во́зишь „du fährst“
он во́зит „er fährt“
мы во́зим „wir fahren“
вы во́зите „Sie fahren/ihr fahrt“
они́ во́зят „sie fahren“.

6. Konjugation weiterer wichtiger Verben

Interessant ist die Konjugation des Aspektpaares **класть** (UV)/**положи́ть** (V) „legen“:

класть (UV):
я кладу́ „ich lege“
ты кладёшь „du legst“
он кладёт „er legt“
мы кладём „wir legen“
вы кладёте „Sie legen/ihr legt“
они́ кладу́т „sie legen“
клади́! „Leg!“, **клади́те!** „Legen Sie!/Legt!“.

положи́ть (V):
я положу́ „ich lege“
ты поло́жишь „du legst“
он поло́жит „er legt“
мы поло́жим „wir legen“
вы поло́жите „Sie legen/ihr legt“
они́ поло́жат „sie legen“
положи́! „Leg!“, **положи́те!** „Legen Sie!/Legt!“.

Aspektpaar **сдава́ть** (UV)/**сдать** (V) „geben“:

сдава́ть (UV):
я сдаю́ „ich gebe“
ты сдаёшь „du gibst“
он сдаёт „er gibt“
мы сдаём „wir geben“
вы сдаёте „Sie geben/ihr gebt“
они́ сдаю́т „sie geben“.

сдать (V):
я сдам „ich gebe“
ты сдашь „du gibst“
он сдаст „er gibt“

мы сдади́м „wir geben"
вы сдади́те „Sie geben/ihr gebt"
они́ сдаду́т „sie geben".

7. Partizip Perfekt Passiv

Dieses Partizip wird nur von den Verben gebildet, die einen perfektiven (vollendeten) Aspekt haben und die nach einem Akkusativ verlangen. Vom Verb **получи́ть** „bekommen" lautet das Partizip **полу́ченный**. Die Langform des Partizips erhält dieselben Endungen wie ein Adjektiv:

Männlich:

полу́ченный бага́ж „das angekommene Gepäck".

Weiblich:

полу́ченная соба́ка „der geschenkte Hund".

Sächlich:

полу́ченное письмо́ „der angekommene Brief".

Plural:

полу́ченные брю́ки „die geschenkten Hosen".

Die Kurzform wird prädikativ gebraucht.

Männlich:

Бага́ж полу́чен. „Das Gepäck ist angekommen."

Weiblich:

Полу́чена соба́ка. „Der Hund ist geschenkt."

Sächlich:

Полу́чено письмо́. „Der Brief ist angekommen."

Plural:

Полу́чены брю́ки. „Die Hosen sind geschenkt."

8. Datum

Wenn Sie im Russischen das Datum angeben, verwenden Sie die sächliche Form des Zahlwortes im Nominativ, weil man an das Wort **число́** „Nummer, Datum" denkt:

Сего́дня пе́рвое ию́ня. „Heute ist der 1. Juni."

Aber nach der Frage mit **когда́** „wann?" verwenden Sie den Genitiv des Zahlwortes:

Мы е́дем на мо́ре пя́того ию́ля. „Wir fahren am 5. Juli ans Meer."

In beiden Beispielen steht der Monatsname im Genitiv!

9. Verständnis-/Formulierungsübung

Wenn Sie sich noch in der passiven Phase befinden, sollten Sie die folgende Übung – ähnlich wie in den normalen Lektionen – wie eine Verständnisübung behandeln, d.h. Sie sollten versuchen, den Sinn der Sätze zu erfassen. Befinden Sie sich in der aktiven Phase, so versuchen Sie, die deutschen Sätze auf Russisch zu formulieren.

Вы понимаете эти предложения?

❶ Алло! Это ты, Вадим? Сто лет мы с тобой не виделись! ❷ А надо бы повидаться, поболтать. ❸ Давай сходим куда-нибудь. ❹ Давай лучше съездим на дня два в Суздаль. ❺ Я могу заказать билеты на автобус на завтра. ❻ Добро пожаловать в наш город! Мы очень рады, что вы снова в Санкт Петербурге. Как вы доехали? ❼ Всё хорошо, спасибо. Это большая честь для меня получить ваше приглашение. ❽ Помоги нам советом. Что интересного идёт в театрах? ❾ Куда и на что пойти? ❿ Ну что ты, мой дорогой, я уже вечность не был в театре. ⓫ Я хотел бы заказать номер в вашей гостинице. ⓬ Скажите, это возможно сделать по телефону? – ⓭ Конечно! А что вам угодно? У нас есть прекрасные номера на двоих. ⓮ Окна номеров выходят в парк. Вам у нас очень понравится. ⓯ Вчера я смотрел прекрасный фильм. ⓰ Мне всё абсолютно понравилось: и игра актёров, и работа режиссёра. ⓱ Я вижу, ты часто ходишь в кино. Я тебе просто завидую. А у меня всё дела, дела.

Вы поняли?

❶ Hallo! Bist du es, Wadim? Seit langem (hundert Jahre) haben wir uns nicht gesehen! ❷ Man sollte sich ein bißchen sehen, quatschen. ❸ Laß uns irgendwohin gehen. ❹ Laß uns lieber [schnell] für ungefähr zwei Tage nach Susdal fahren. ❺ Ich kann die Fahrscheine (Tickets) für (auf) den Bus für morgen reservieren. ❻ Herzlich willkommen in unserer Stadt! Wir sind sehr froh, daß Sie wieder in St. Petersburg sind. Wie war Ihre Reise? ❼ Alles in Ordnung (gut), danke. Es ist eine große Ehre für mich, Ihre Einladung erhalten zu haben. ❽ Hilf uns mit [deinem] Ratschlag. Was läuft (geht) Interessantes in den Theatern? ❾ Wohin [werden wir gehen] und was [werden wir] sehen? ❿ Na hör mal, mein Liebster (Lieber), ich war schon eine Ewigkeit nicht im Theater. ⓫ Ich würde [gern] ein Zimmer in Ihrem Hotel reservieren. ⓬ Sagen Sie, ist es möglich, telefonisch (durch Telefon) zu reservieren (machen)? ⓭ Natürlich. Und was paßt Ihnen? Wir haben wunderschöne Doppelzimmer. ⓮ Die Zimmerfenster gehen auf den Park. Es wird Ihnen bei uns sehr gefallen. ⓯ Gestern habe ich einen wunderschönen Film gesehen. ⓰ Mir hat absolut alles gefallen: sowohl das Spiel der Schauspieler als auch die Arbeit des Regisseurs. ⓱ Ich sehe, du gehst oft ins Kino. Ich beneide dich einfach. Und ich bin so beschäftigt (alles Geschäfte, Geschäfte).

10. Lückentextübung

Второе задание: Вставьте пропущенные слова!

❶ Herzlich willkommen in unserer Stadt!

. . . .   в наш го́род!

❷ Vielen (riesengroßen) Dank für Ihre Einladung.

. . . .   спаси́бо вам   . .
. . . .

❸ [Gepäck]träger, nehmen Sie bitte dieses Gepäck. Hier sind fünf Stücke (Plätze).

Носи́льщик, ... , пожа́луйста, ... бага́ж. Здесь   . . . .

❹ Laß uns [schnell] ins Kino gehen. – Nein, besser werden wir ins Café gehen (laufen) und [ein bißchen] quatschen.

. . . . в кино. – Нет, ...
. . . . в кафе и . . . .

❺ Wir sollten uns sehen.

Нам надо . . . .

❻ Hier ist das Zimmer, das Sie reserviert haben. Ich denke, es wird Ihnen hier gefallen.

Вот номер, ... вы . . . . Я думаю, . . . здесь . . . .

▶ ПЯТЬДЕСЯТ СЕДЬМОЙ УРОК

В ПУТЬ, ДРУЗЬЯ!

1 – Друзья мои! Что это вы приуныли, головы повесили? ①

2 На улице такая красота! Тепло, солнечно.

3 Даже по радио обещали прекрасную погоду без перемен. ②

4 – Ты знаешь, мы оказались в глупом положении. Целый час ждём Михаила. ③

5 Он обещал нас повозить по городу, но сам как в воду канул. ④

ANMERKUNGEN

① Das Verb **приуныли** kommt vom umgangssprachlichen **приуны́ть** „traurig werden".

② Nach der Präposition **без** „ohne" folgt der Genitiv Plural von **переме́на** „(Ver-)Änderung": **переме́н** „(Ver-)Änderungen".

Решение второго задания: Пропущенные слова.

❶ Добро пожаловать ❷ Огромное – за приглашение ❸ возьмите – этот– пять мест ❹ Давай сходим– лучше забежим – поболтаем немного ❺ повидаться ❻ который – заказали – вам – понравится.

Втора́я волна́: Повтори́те два́дцать пе́рвый уро́к!

57. Lektion

Auf den Weg, Freunde!

1 – Meine Freunde! Warum (was) seid ihr traurig (geworden), [warum] habt ihr den Mut verloren (Köpfe hingen)?

2 Draußen (auf der Straße) ist es so schön (solche Schönheit)! Warm, sonnig.

3 Sogar im Radio sagte man wunderschönes Wetter ohne Veränderungen an.

4 – Weißt du, wir sind in eine dumme Situation geraten. Eine ganze Stunde [schon] warten wir auf Michail.

5 Er versprach, uns ein bißchen durch die Stadt zu fahren, aber [er] selbst ist spurlos verschwunden (selbst wie ins Wasser tropfte).

ANMERKUNGEN

③ **Мы оказа́лись в глу́пом положе́нии** „Wir sind in eine dumme Situation geraten" oder sogar: **Мы оказа́лись в дура́цком положе́нии** „Wir sind in eine idiotische Situation geraten".

④ Aus dem unbestimmten Bewegungsverb **возить** (UV) „fahren" entsteht durch das Präfix **по-** „ein bißchen" ein Verb mit dem vollendeten Aspekt.

6 – „Обещанного три года ждут“, говорят русские, но мы не станем этого делать. ⑤⑥

7 Быстро – спортивные костюмы, не забудьте плавки и за город, на Москву-реку.

8 – Что тебе пришло в голову?! Первый тёплый день в Москве, и сразу же купаться и загорать!

9 – Ну, ребята, с вами каши не сваришь! ⑦⑧

10 Хорошо, если вы такие неженки, я предлагаю пройтись по городу пешком, а гидом буду я.

11 Итак, ваши пожелания, господа?

12 – Я хотела бы побывать в Коломенском.

13 – А мне так хочется попасть в Ботанический сад. ⑨

14 Там уже лето – зелень, поют птицы, цветут деревья и цветы...

6 – „Auf das Versprochene wartet man drei Jahre“, sagen die Russen, aber wir werden das nicht machen.

7 Schnell – [eure] Sportkleidung, vergeßt nicht die Badeanzüge, und [ab] aufs Land, zur Moskwa (zum Moskau-Fluß).

8 – Was ist dir eingefallen (in den Kopf gekommen)?! Der erste warme Tag in Moskau, und [man soll] gleich baden und sich sonnen!

9 – Nun, Kinder, mit euch kann man sich nicht einigen (den Brei nicht kochen)!

10 Gut, wenn ihr so zimperlich seid (solche Zimperliche), schlage ich vor, zu Fuß durch die Stadt zu spazieren, und der Fremdeführer werde ich [sein].

11 Also (und so), eure Wünsche, [meine Damen und] Herren?

12 – Ich möchte [mich einige Zeit] in Kolomenskoje aufhalten.

13 – Und ich möchte so [gerne] in den Botanischen Garten gehen (gelangen).

14 Dort ist schon Sommer – das Grün (die Grüne), die Vögel singen, es blühen die Bäume und Blumen ...

ANMERKUNGEN

⑤ Die Russen sehen manchmal ihre Versprechen ziemlich locker. Merken Sie sich daher dieses Sprichwort: **Обе́щанного три го́да ждут** „Auf das Versprochene wartet man drei Jahre“.

⑥ **Мы не ста́нем э́того де́лать** oder **мы не бу́дем э́того де́лать** „Wir werden es nicht machen“. Das Verb **стать** „werden“, das literarischer und kategorischer ist, findet man neben dem Verb **быть** „sein“ zum Ausdruck des Futurs.

⑦ **ка́ша** „Brei“ ist ein traditionelles Gericht, das aus Wasser und Körnern gekocht wird. **Однока́шник** nennen sich die Studenten untereinander: „derjenige, der denselben Brei [wie die anderen] ißt“.

⑧ **свари́ть** (V)/**вари́ть** (UV) bildet ein Aspektpaar: „kochen“.

⑨ **мне хо́чется** „ich möchte“ ist weniger kategorisch als **я хочу́** „ich will“. **Мне хо́чется есть** „Ich habe Hunger“; **ему́ хо́чется спать** „er möchte schlafen“.

15 – А я мечтаю посетить какой-нибудь музей и осмотреть старую Москву. ⑩
16 – Вы смотрите, кто пришёл! Наш долгожданный Михаил. Ура!
17 На „Волге“ мы повсюду побываем.
18 Как говорят: „Всем сестрам по серьгам“. ⑪
19 Но прежде объясни, что с тобой случилось?
20 – Потом, потом! Время не терпит.
21 Машина у подъезда. В путь, друзья!

Первое задание: Вы понимаете эти предложения?

❶ Как вы оказались в этом месте? ❷ Мы не просто оказались в этом месте, а оказались в глупом положении. ❸ Я забыл адрес друга, а теперь мы не знаем, где его дом. ❹ Мне так хочется сходить в театр! ❺ Я уже вечность не был на балете. ❻ Так в чём дело? Я могу достать билеты. ❼ Если ты хочешь, я возьму билеты на завтра. ❽ Посмотри, какая на улице красота! Повсюду зелень, цветы. ❾ Пришла весна! Я предлагаю тебе пройтись по парку. ❿ Скажи, пожалуйста, где Аня. Обещала вечером прийти, а сама как в воду канула. ⓫ Я тоже беспокоюсь. Может быть, с ней что-нибудь случилось? ⓬ Я мечтаю посетить летом Санкт-Петербург, побывать в Москве и осмотреть Суздаль. ⓭ Если мы поедем летом в Россию, я обещаю тебе быть гидом. ⓮ Я побывал там в прошлом году.

15 – Und ich träume [davon], irgendein Museum zu besuchen und mir das alte Moskau anzusehen.
16 – Schaut, wer kommt (kam)! Unser lang erwarteter Michail. Hurra!
17 Mit dem (auf) „Wolga"[-Auto] werden wir überall hinfahren können (uns überall aufhalten).
18 Wie man sagt: „Jeder bekommt das, was er sich wünscht" (allen Schwestern jeweils (nach) die Ohrringe).
19 Aber vorher erkläre [uns]: Was ist mit dir passiert?
20 – Später, später (dann, dann)! Die Zeit geduldet sich nicht.
21 Das Auto ist vor dem Eingang. Auf den Weg, Freunde!

ANMERKUNGEN

⑩ **осмотре́ть** (V)/**осма́тривать** (UV) „ansehen, besichtigen". **Вчера́ мы осмотре́ли но́вый музе́й** „Gestern haben wir ein neues Museum besichtigt". **Тури́сты осма́тривают го́род** „Touristen besuchen (sehen sich an) die Stadt".

⑪ **сестра́м** „Schwestern" ist eine alte Form. Der moderne Ausdruck ist **сёстрам** vom Nominativ Plural **сёстры** „Schwester".

Решение первого задания: Вы поняли?

❶ Wie seid ihr in diesen Ort geraten? ❷ Wir sind nicht einfach hierhin gelangt, sondern wir sind in eine dumme Situation geraten. ❸ Ich habe die Adresse [meines] Freundes vergessen, und jetzt wissen wir nicht, wo sein Haus ist. ❹ Ich möchte so [gern] ins Theater gehen! ❺ Ich war schon eine Ewigkeit nicht mehr im Ballett. ❻ Also, worum geht es? Ich kann die Eintrittskarten besorgen. ❼ Wenn du willst, hole ich Eintrittskarten für morgen. ❽ Sieh, wie schön (welche Schönheit) es draußen ist! Überall ist es grün, gibt es Blumen. ❾ Der Frühling ist da (angekommen)! Ich schlage dir vor, im Park spazieren zu gehen. ❿ Sag bitte, wo Anja ist. Sie hat versprochen, am Abend zu kommen, aber sie ist verschwunden (selbst wie ins Wasser tropfte). ⓫ Ich bin auch besorgt. Kann es sein, daß mit ihr irgend etwas passiert ist? ⓬ Ich träume davon, im Sommer St. Petersburg zu besuchen, mich in Moskau aufzuhalten und Susdal zu besichtigen (anzuschauen). ⓭ Wenn wir im Sommer nach Rußland fahren werden, verspreche ich dir, Reiseführer zu sein. ⓮ Ich hielt mich dort im vorigen Jahr auf.

Второе задание: Вставьте пропущенные слова!

❶ An einem warmen Tag baden und sich sonnen ist angenehm.

В . . . . . . день . . . . и загорать.

❷ Gut, daß du gekommen bist! Mir war es langweilig ohne dich.

Хорошо, что ты . . . . . . ! Мне . . . . тебя.

❸ Ich möchte [gern] zu Fuß durch Moskau gehen und mich im Bolschoj-Theater aufhalten.

Я . . . . . бы . . . . по Москве . . . . . . и . . . . в Большом . . . .

❹ Erklär mir bitte: Was ist mit dir passiert? Warum hast du nicht angerufen?

. . . . мне, пожалуйста, что . . . . ? Почему ты не . . . . ?

❺ Unser Freund hat versprochen, uns durch die Stadt zu fahren und [uns] das alte Moskau zu zeigen.

Наш . . . . нас по . . . . . . и . . . . Москву.

▶ ПЯТЬДЕСЯТ ВОСЬМОЙ УРОК

ПРОГУЛКА ПО МОСКВЕ

1 – Эх! Какой русский не любит быстрой езды! ①

2 Пристегнитесь, друзья. Я прокачу вас с ветерком! ②③

ANMERKUNGEN

① Der Satz: **Како́й ру́сский не лы́бит бы́строй езды́!** „Welcher Russe liebt nicht die schnelle Fahrt?“ stammt aus dem unvollendeten Roman **Мёртвые ду́ши** „Die toten Seelen“ v. Nikolaj Gogol (1809-1852).

Решение второго задания: Пропущенные слова.

❶ тёплый – приятно купаться ❷ пришёл – было скучно без ❸ хотел – пройтись – пешком – побывать – театре ❹ Объясни – с тобой случилось – позвонил ❺ друг обещал повозить – городу – показать старую.

Museumsreservat „Kolomenskoje"
Dieses Museum besuchen die Moskauer gerne an Sonn- und Feiertagen; hier finden oft Volksmusik-Konzerte und -Festivals unter freiem Himmel statt. Die Museumsführer tragen das ganze Jahr über russische Volkstrachten. Im Winter kann man mit dem Schlitten direkt über die Stufen von der Himmelfahrts-Kathedrale, dem vielleicht erstaunlichsten Bauwerk der altrussischen Architektur, zur Moskwa hinunter fahren.
Ab dem 16. Jahrhundert lebten die Moskauer Zaren den Sommer über in Kolomenskoje, weit entfernt von der stickigen und staubigen Stadt. Hier verbrachte auch Zar Peter I. seine Kindesjahre. Die prunkvollen Zarenpaläste, ganz aus Holz erbaut, sind nicht mehr erhalten.
In Kolomenskoje wurde ein Museum der Holzbaukunst geschaffen. Hier sind das Häuschen Peters I. aus Archangelsk, das Heilige Tor aus dem Nikola-Karelski-Kloster sowie andere Bauten zu sehen. Ausländische Touristen besuchen Kolomenskoje selten, was zu bedauern ist. Denn hier können sie nicht nur das russische Altertum, sondern auch das russische Volk kennenlernen.

Втора́я волна́: Повтори́те два́дцать второ́й уро́к!

58. Lektion

Spaziergang durch Moskau

1 – Ach! Welcher Russe liebt nicht die schnelle Fahrt?
2 Schnallt euch an, Freunde. Ich werde euch mit dem Wind (Windchen) spazieren fahren!

ANMERKUNGEN

② Der Imperativ **пристегни́тесь!** ist abgeleitet von **пристегну́ться** „sich anschnallen".

③ **прокачу́** „ich werde spazieren fahren" hat den Infinitiv **прокатить** (V) „spazieren fahren".

3 – Миша, только без этого!
4 Слова Гоголя о русских, боюсь, не разделяют московские милиционеры.
5 – Не бойтесь! Авось нам повезёт, и мы побываем везде, где вашей душе будет угодно. ④⑤
6 – Это как раз тот случай, когда говорят, что русские долго запрягают, да быстро едут.
7 – Намёк ваш понял. А впрочем, куда нам спешить, весь день впереди.
8 Кстати, обратите внимание направо.
9 Это памятник Гоголю. Мы проезжаем по Гоголевскому бульвару.
10 – Мне помнится, сейчас откроется прекрасный вид на Кремль.
11 Я уже здесь дважды проезжал. ⑥⑦
12 – „Москва! Москва!... Люблю тебя, как сын, как русский, пламенно и нежно!“
13 Я всегда вспоминаю эти слова Лермонтова, когда смотрю на Кремль с Каменного моста.
14 – Жак, ты знаешь, за что я люблю тебя?
15 Ты просто энциклопедия русской классики, да и истории тоже.

ANMERKUNGEN

④ **Аво́сь** „vielleicht, hoffentlich“. **Аво́сь не опозда́ем** „Hoffentlich werden wir nicht zu spät kommen“.

3 – Mischa, nur nicht (ohne) das!
4 Die Worte Gogols über die Russen, fürchte ich, teilen die Moskauer Polizisten nicht.
5 – Habt keine Angst! Vielleicht werden wir Glück haben, und wir werden uns überall aufhalten, wo es euch gefällt (wo eurer Seele wird passen).
6 – Das ist gerade der Fall, wenn man sagt, daß die Russen lange anspannen, aber dann schnell losfahren.
7 – Ich habe eure Anspielung verstanden. (Und) übrigens, warum (wohin) [sollen wir] uns beeilen? Der ganze Tag liegt vor uns (vorn).
8 Übrigens, richtet [eure] Aufmerksamkeit nach rechts.
9 Das ist das Gogol-Denkmal (dem Gogol). Wir fahren auf dem Gogol-Boulevard.
10 – Ich erinnere mich, jetzt eröffnet sich ein wunderschöner Blick auf den Kreml.
11 Ich bin hier schon zweimal durchgefahren.
12 – „Moskau! Moskau! ... Ich liebe dich, wie ein Sohn, wie ein Russe, leidenschaftlich und zärtlich!".
13 Ich erinnere mich immer an diese Worte von Lermontov, wenn ich von der „Steinbrücke" aus auf den Kreml schaue.
14 – Jacques, weißt du, warum (für was) ich dich mag (liebe)?
15 Du bist einfach eine Enzyklopädie der russischen Klassik, und auch der Geschichte.

ANMERKUNGEN

⑤ Das Wort **душа́** „Seele" wird in vielen Wendungen benutzt: **э́тот челове́к мне по душе́** ist gleichbedeutend mit **Он мне симпати́чен** „Dieser Mensch ist mir sympathisch".

⑥ **два́жды** ist ein Äquivalent zu **два ра́за** „zweimal". Weil es sich hier um eine wiederholte Tätigkeit handelt, steht das Verb im unvollendeten Aspekt.

⑦ **проезжа́л** von **проезжа́ть** (UV)/**прое́хать** (V) „durchfahren".

16 Кстати, когда был основан Кремль? ⑧

17 – Вопрос для первоклассника.

18 В двенадцатом веке были построены его первые деревянные стены. ⑨⑩

19 А вот колокольня „Иван Великий“ была построена в начале шестнадцатого века.

20 – Миша, я вас прошу остановиться здесь.

21 Я хотела бы посмотреть этот книжный базар. ⑪⑫

22 – Я сделал бы это с удовольствием, но здесь стоянка запрещена. ⑬⑭

23 А впрочем, рискнём. Как там у вас, Жак, говорят?

24 – Кто не рискует, тот не пьёт шампанского. ⑮

16 Übrigens, wann wurde der Kreml erbaut (gegründet)?
17 – Das ist eine Frage für einen Erstklässler.
18 Im 12. Jahrhundert wurden seine ersten Holzwände gebaut.
19 Und hier der Glockenturm, „Iwan der Große“, wurde zu Beginn des 16. Jahrhunderts gebaut.
20 – Mischa, ich bitte Sie, hier anzuhalten.
21 Ich möchte diesen Bücherverkauf anschauen.
22 – Ich würde es gerne machen, aber hier ist Parken (Stehen) verboten.
23 (Und) jedoch, wir werden [es] riskieren. Wie sagt man dort bei euch, Jacques?
24 – Wer nicht riskiert, der hat nichts (nicht trinkt Champagner).

ANMERKUNGEN

⑧ **осно́ван** „gegründet“ ist die Kurzform des männlichen Partizips Perfekt Passiv von **основа́ть** (V)/**осно́вывать** (UV) „gründen“.

⑨ Die Präposition **в** „in“ bei Zeitangaben erfordert den Präpositiv: **В двена́дцатом ве́ке** „im 12. Jahrhundert“.

⑩ **постро́ены** „gebaut“ ist die Kurzform des Partizip Perfekt Passiv im Plural (männlich: **постро́ен**, weiblich **постро́ена**, sächlich **постро́ено**) von **постро́ить** (V)/**стро́ить** (UV) „bauen“.

⑪ Die Konjunktivform **Я хоте́ла бы** „ich möchte“ und die Rolle der Partikel **бы** werden wir in der folgenden Wiederholungslektion ausführlicher behandeln.

⑫ **база́р** ist ein Synonym für **ры́нок** „Markt“. Letzteres wird häufiger benutzt. **База́р** verwendet man in bestimmten Verbindungen: **кни́жный база́р**, **овощно́й база́р** „Bücherverkauf“, „Gemüsemarkt“.

⑬ **стоя́нка** „Stehen“ ist von **стоя́ть** (UV) „stehen“ abgeleitet. „Halteverbot“ heißt **остано́вка запрещена́**.

⑭ Die weibliche Kurzform des Partizip Perfekt Passiv **запрещена́** kommt von **запрети́ть** (V) „verbieten“.

⑮ **риску́ет** kommt von **рискова́ть** (UV) „riskieren“. Das vollendete Pendant ist **рискну́ть**.

Первое задание: Вы понимаете эти предложения?

❶ Давайте пройдёмся по Москве пешком. ❷ Нет, лучше я вас прокачу на машине. Так повсюду побываем. ❸ Если нам повезёт, мы побываем в Большом театре. ❹ Ну что ты! Я тоже бы хотела посмотреть балет в Большом, но так трудно достать билеты. ❺ Давай рискнём и поедем за город. ❻ Я знаю, на улице не очень тепло, но я не люблю сидеть дома. ❼ Я не против. Я тоже соскучилась по лесу. ❽ Скажите, пожалуйста, куда выходят окна нашего номера? ❾ Из вашего окна открывается прекрасный вид на Москву-реку. ❿ Я всегда вспоминаю Пушкина, когда вижу русскую зиму. ⓫ Да, зима любимое время года нашего поэта. ⓬ Миша, остановитесь, пожалуйста, здесь. ⓭ Я хотела бы попасть на этот рынок. ⓮ К сожалению, здесь остановка запрещена.

Второе задание: Вставьте пропущенные слова!

❶ Mischa, ich mag keine schnelle Fahrt. Warum [sollen] wir uns beeilen?

Миша, я не люблю .... Зачем ... . ?

❷ Richten Sie [Ihre] Aufmerksamkeit nach rechts. Jetzt eröffnet sich ein wunderschöner Blick auf die Moskauer Universität.

.... направо. Сейчас .... на московский университет.

❸ Wenn wir Glück haben, werden wir überall hinfahren.

Если ... . , мы ....

Решение первого задания: Вы поняли?

❶ Lassen Sie uns zu Fuß durch Moskau gehen. ❷ Nein, [es ist] besser, [wenn] ich sie mit (auf) dem Auto spazieren fahre. So werden wir überall hinfahren. ❸ Wenn wir Glück haben, werden wir ins Bolschoj-Theater gehen. ❹ Na hör mal! Ich möchte auch das Ballett im Bolschoj anschauen, aber es ist so schwer, Eintrittskarten zu bekommen. ❺ Laß es uns riskieren, und wir werden aufs Land fahren. ❻ Ich weiß, draußen ist es nicht sehr warm, aber ich mag nicht zu Hause sitzen. ❼ Ich bin nicht dagegen. Ich sehne mich auch nach dem Wald. ❽ Sagen Sie, bitte, wohin gehen die Fenster unseres Zimmers? ❾ Aus Ihrem Fenster öffnet sich ein wunderschöner Blick auf die Moskwa (Moskau-Fluß). ❿ Ich erinnere mich immer an Puschkin, wenn ich den russischen Winter sehe. ⓫ Ja, der Winter ist die Lieblingsjahreszeit (beliebte Jahreszeit) unseres Dichters. ⓬ Mischa, halten Sie bitte hier an. ⓭ Ich möchte auf diesen Markt gehen. ⓮ Leider ist hier Halteverbot.

❹ Das ist gerade der Fall, wenn [man] sich nicht beeilen [soll].

Это ... ... , когда не надо ....

❺ Ich bitte Sie, neben der Metrostation anzuhalten.

Я вас .... станции метро.

❻ Wann wurde Moskau gegründet?

Когда .... Москва?

❼ Schwer zu sagen, ich weiß es nicht genau.

.... , я ..... не знаю.

Wenn Sie sich in der aktiven Phase befinden, so werden Sie in der Kommunikation mit Russen bald merken, daß Ihr Wortschatz für die Verständigung in Alltagssituationen bereits ausreichend ist. Vergessen Sie jedoch nicht, sich bei den neuen Lektionen weiterhin vorerst ganz auf das Verstehen des Textes zu konzentrieren!

▶ ПЯТЬДЕСЯТ ДЕВЯТЫЙ УРОК

У МЕНЯ НОВОЕ УВЛЕЧЕНИЕ

1 – Мне очень знакомо ваше лицо. ①
2 Мне кажется, мы где-то встречались.
3 – И не однажды. Каждый раз, когда я приезжаю в Москву, я захожу в ваш магазин. ②
4 – А, да, припоминаю. ③
5 Последний раз вы интересовались русской живописью.
6 – И вы тогда мне не смогли предложить ничего интересного.
7 – Зато сейчас у нас книги на любой вкус.
8 Что вы хотели бы купить у нас в этот раз?
9 – Меня, как и прежде, интересуют русские художники,

ANMERKUNGEN

① **знако́мо** ist die sächliche Kurzform des Adjektivs **знако́мый** „bekannt". Die männliche Kurzform lautet **знако́м**, die weibliche **знако́ма** und der Plural **знако́мы**.

Решение второго задания: Пропущенные слова.

❶ быстрой езды – нам спешить ❷ Обратите внимание – откроется прекрасный вид ❸ нам повезёт – побываем везде ❹ как раз тот случай – спешить ❺ прошу остановиться около ❻ была основана ❼ Трудно сказать – точно.

Втора́я волна́: Повтори́те два́дцать тре́тий уро́к!

59. Lektion

Ich habe ein neues Interesse (Hobby)

1 – Ihr Gesicht [kommt] mir sehr bekannt [vor].
2 Mir scheint, [daß] wir uns irgendwo getroffen haben.
3 – Und nicht [nur] einmal. Jedes Mal, wenn ich nach Moskau komme (fahre), gehe ich in Ihr Geschäft.
4 – Ach ja, ich erinnere mich.
5 Das letzte Mal interessierten Sie sich für russische Malerei.
6 – Und Sie konnten mir damals nichts Interessantes anbieten.
7 – Dafür jetzt haben wir jetzt Bücher für jeden Geschmack.
8 Was möchten Sie dieses Mal kaufen?
9 – Ich interessiere mich, wie auch zuvor, für russische Maler,

ANMERKUNGEN

② **одна́жды** ist ein Synonym von **оди́н раз** „einmal". **Два́жды = два ра́за** „zweimal", **три́жды = три ра́за** „dreimal", **четы́режды = четы́ре ра́за** „viermal". Ab „fünf" heißt es nur: **Пять раз, шесть раз**...

③ **припомина́ю** von **припомина́ть** (UV)/**припо́мнить** (V) „sich erinnern" beschreibt die Bemühungen, sich an etwas zu erinnern und steht dem Verb **вспомина́ть** „sich erinnern" nahe.

10 но сейчас у меня появилось новое увлечение – русский театр.

11 – Нет проблем. Вот русская классика от восемнадцатого века до наших дней,

12 а вот пьесы последних лет. ④

13 – Дайте, пожалуйста, посмотреть этот сборник Вампилова.

14 Кстати, сколько это стоит?

15 – Совсем недорого по нынешним временам – сорок рублей. ⑤

16 – Ну, за такую книгу это не деньги. Я беру Вампилова.

17 А что интересного вы мне можете предложить из живописи?

18 – Всё, что хотите.

19 Вот совсем новенький альбом Нестерова и стоит сравнительно дёшево. ⑥

20 – Какое прекрасное издание!

21 У нас этот художник почти неизвестен, но его картины великолепны. ⑦

10 aber jetzt zeigte sich bei mir ein neues Interesse – russisches Theater.

11 – Kein Problem (Probleme). Hier ist die russische Klassik vom 18. Jahrhundert bis heute (unsere Tage),

12 und hier sind die Stücke der letzten Jahre.

13 – Geben Sie mir bitte diesen Sammelband Wampilows zum Anschauen (ansehen).

14 Übrigens, wieviel kostet er?

15 – Gar nicht teuer in unserer Zeit (auf jetzigen Zeiten) – 40 Rubel.

16 – Na, für so ein Buch ist das kein Geld (Gelder). Ich nehme Wampilow.

17 (Und) was können Sie mir Interessantes aus der Malerei anbieten?

18 – Alles, was Sie wollen.

19 Hier ist ein völlig neuer Bildband [über] Nesterow, und er kostet relativ wenig (billig).

20 – Was für eine schöne Ausgabe!

21 Bei uns ist der Maler fast unbekannt, aber seine Bilder sind großartig.

ANMERKUNGEN

④ **после́дних лет** „der letzten Jahre". **лет** ist der Genitiv Plural, im Singular heißt es **год** „Jahr": **пье́сы после́днего го́да** „Stücke des letzten Jahres".

⑤ **по ны́нешним времена́м** oder **в настоя́щее вре́мя** bedeutet dasselbe: „in der heutigen Zeit; aktuell", aber letzteres klingt offizieller. Beachten Sie, daß die beiden Konstruktionen nicht mit der gleichen Präposition gebildet werden.

⑥ **но́венький** von **но́вый** „neu" ist eine Verkleinerung, die schwer zu übersetzen ist, aber sie verleiht der Aussage etwas Zärtliches.

⑦ Gewiß haben Sie gleich die zwei adjektivischen Kurzformen **изве́стен** „bekannt" und **великоле́пны** „großartig" erkannt. Die Aussage wird hierdurch prägnanter und resoluter.

22 Как говорил Пушкин: „Здесь русский дух... Здесь Русью пахнет".

23 – Как интересно! Совсем недавно мы с вами говорили почти на пальцах,

24 а теперь вы цитируюте русские стихи и читаете пьесы по-русски.

25 – Всё дело в методе.

26 Я изучаю русский язык по системе „Ассимиль",

27 а главное, всегда интересовался вашей страной.

Первое задание: Вы понимаете эти предложения?

❶ Где я могу купить что-нибудь новое и интересное из поэзии? ❷ Я знаю один книжный магазин. Там книги на любой вкус. ❸ Мне сказали, что в последнее время у вас появилось новое увлечение. ❹ О, да! Я интересуюсь живописью и покупаю альбомы русских художников. ❺ Обратите внимание, какое великолепное издание Чехова. ❻ Да, но для меня это немного дорого. ❼ Сколько стоит сборник французской поэзии? ❽ Совсем недорого, тридцать рублей. Берите эту книгу, не раздумывайте. ❾ По нынешним временам это не деньги, зато книга просто прекрасная. ❿ В прошлый раз, когда мы приезжали в Москву, мы заходили в один великолепный магазин сувениров. ⓫ Но я забыла его адрес. ⓬ Я припоминаю. Этот магазин находится недалеко от метро „Парк культуры". ⓭ Давайте сходим туда после обеда.

22 Wie Puschkin sagte: „Hier ist der russische Geist ... Hier riecht es nach Rußland".
23 – Wie interessant! Vor gar nicht langer Zeit (langem) haben wir uns fast nur mit Händen und Füßen (auf Fingern) unterhalten (gesprochen),
24 aber jetzt zitieren Sie russische Verse, und Sie lesen Theaterstücke auf Russisch.
25 – Das Ganze (Sache) liegt in der Methode.
26 Ich lerne die russische Sprache nach der Methode (System) [von] „Assimil",
27 und [die] Hauptsache [ist] (hauptsächlich), ich habe mich immer für Ihr Land interessiert.

Решение первого задания: Вы поняли?

❶ Wo kann ich etwas Neues und Interessantes aus der Poesie kaufen? ❷ Ich kenne eine Buchhandlung. Dort gibt es Bücher für jeden Geschmack. ❸ Man sagte mir, daß sich bei Ihnen in der letzten Zeit ein neues Interesse gezeigt hat. ❹ Oh, ja! Ich interessiere mich für die Malerei, und ich kaufe Bildbände russischer Maler. ❺ Achten Sie darauf, was für eine großartige Ausgabe von Tschechow dies ist. ❻ Ja, aber für mich ist es ein wenig teuer. ❼ Wieviel kostet eine Gedichtsammlung der französischen Poesie? ❽ Gar nicht so teuer, 30 Rubel. Nehmen Sie dieses Buch, zögern (überlegen) Sie nicht. ❾ Für die heutige Zeit ist das kein Geld, dafür ist das Buch einfach wunderschön. ❿ Als wir letztes Mal nach Moskau gekommen (gefahren) sind, waren wir (kamen hinein) in einem großartigen Souvenirgeschäft. ⓫ Aber ich habe seine Adresse vergessen. ⓬ Ich erinnere mich. Dieses Geschäft befindet sich nicht weit von der Metro(station) „Park der Kultur". ⓭ Lassen Sie uns nach dem Mittagessen dorthin gehen.

Второе задание: Вставьте пропущенные слова!

1. Leider ist mir dieser Schriftsteller nicht sehr bekannt.

   К сожалению, этот писатель . . . не очень . . . .

2. Sie interessierte sich immer für russische Malerei.

   Она всегда . . . .

3. Ihr Gesicht [kommt] mir sehr bekannt [vor], aber ich erinnere mich nicht, wo ich Sie gesehen habe.

   Ваше . . . . очень . . . . , но я не . . . . . , где я . . . .

4. [Es tut mir] sehr leid, daß ich Ihnen nichts Interessantes anbieten kann.

   . . . . , что я не могу . . . . вам . . . .

▶ ШЕСТИДЕСЯТЫЙ УРОК

Я ПОШУТИЛ

1 – (Шаманов:) Валентина, ты замечательная девушка. ①

2 Всё у тебя на лице – все твои тайны.

3 Ты не уехала, потому что ты влюбилась... Разве нет? ②

ANMERKUNGEN

① Diese Lektion ist ein kurzer Auszug aus Alexander Wampilows Theaterstück „Letzten Sommer in Tschulimsk“, dessen Handlung in einer Kleinstadt in Sibirien spielt und in dem es um ein junges Mädchen geht, das sich in einen älteren Mann verliebt.

5 Ich schlage Ihnen vor, zu Fuß ins Hotel zu gehen.

Я . . . . вам . . . . до гостиницы.

6 Wenn ich nach Moskau fahre, gehe ich in dieses Museum.

Когда я . . . . в Москву, я . . . . . . в . . . . музей.

Решение второго задания: Пропущенные слова.

1 мне – известен 2 интересовалась русской живописью 3 лицо мне – знакомо – помню – вас видел 4 Очень жаль – предложить – ничего интересного 5 предлагаю – пройтись пешком 6 приезжаю – захожу – этот.

Втора́я волна́: Повтори́те два́дцать четвёртый уро́к!

60. Lektion

Ich habe gescherzt

1 – (Schamanow:) Walentina, du bist ein bemerkenswertes Mädchen.

2 Alles steht (bei dir) auf deinem Gesicht – all deine Geheimnisse.

3 Du bist nicht weggefahren, weil du dich verliebt hattest ... [Oder] vielleicht nicht?

ANMERKUNGEN

② **Валенти́на влюби́лась в Шама́нова** „Walentina verliebte sich in Schamanow“. **влюби́лась** von **влюби́ться** verbindet sich mit der Präposition **в** „in“+ Akkusativ.

4 А в кого, интересно? Не скажешь? Ну ещё бы! ③

5 Ах, Валентина, грустно мне на тебя смотреть.

6 Грустно, потому что меня уже никогда не полюбит такая девушка, как ты.

7 – (Валентина:) Неправда!

8 – (Ш.:) Что неправда? Кому же, интересно, я могу понравится?

9 Что-то не вижу желающих... Может, ты кого знаешь? ④⑤

10 – (В.:) Все знают... Кроме вас.

11 – (Ш.:) Вот как!

12 – (В.:) Вы один здесь такой:

13 ничего не видите... Вы слепой! Слепой – ясно вам?

14 (Пауза)

15 – (Ш.:) Ты это серьёзно?... Ты уверена, что... ⑥

16 – (В.:) Слепой... Но не глухой же вы, правда же?

17 – (Ш.:) Да нет, Валентина, не может этого быть... Ну вот ещё! ⑦

18 Нашла объект внимания.

19 Откровенно говоря, ничего хуже меня ты не могла придумать... ⑧⑨

ANMERKUNGEN

③ **Ну ещё бы!** ist ein Äquivalent zur Aussage: **Коне́чно, нет (не ска́жешь)** „Natürlich, nicht (sagst du es nicht)."

④ **Что́-то** kann mit „irgendwie" übersetzt werden: **Что́-то я не ви́дел давно́ Миха́йла** „Irgendwie habe ich Michail lange nicht gesehen".

4 Und in wen, [das ist] interessant? Du sagst es nicht? Natürlich nicht!
5 Ach, Walentina, es macht mich traurig (traurig mir), dich anzuschauen.
6 Traurig, weil mich (schon) niemals so ein Mädchen wie du lieb gewinnt.
7 – (Walentina:) Lüge!
8 – (Sch.:) Was ist Lüge? Für wen (wem) ist es denn interessant, [daß] ich [jemandem] gefallen kann?
9 Irgendwie sehe ich nicht [die], [die es] wünschen ... Kann [es] sein, [daß] du jemanden kennst?
10 – (W.:) Alle wissen es ... Außer Ihnen.
11 – (Sch.:) So so!
12 (W.:) Sie sind der einzige (eine) hier, [der] so [ist]:
13 Sie sehen nichts ... Sie sind blind! Blind – ist Ihnen das klar?
14 (Pause)
15 – (Sch.:) [Sagst] du das im Ernst? ... Bist du [dir] sicher, daß ...
16 – (W.:) Blind ... Aber taub sind Sie nicht, [nicht] wahr?
17 – (Sch.:) Nein, nein, Walentina, das kann doch nicht sein ... Und was noch!
18 Sie hat ein Objekt der Aufmerksamkeit gefunden.
19 Offen gesagt, etwas (nichts) Schlimmeres (schlechter) als mich konntest du dir nicht ausdenken ...

ANMERKUNGEN

⑤ **Мо́жет** ist eine Variante von **мо́жет быть** „es kann sein".

⑥ In einem Gespräch werden Sätze häufig abgekürzt. Der komplette Satz wäre: **Ты э́то серьёзно говори́шь?** „Sagst du das im Ernst?".

⑦ **Ну вот ещё!** „Und was noch!" drückt aus, daß der Sprecher nicht mit der Meinung des Gesprächspartners übereinstimmt.

⑧ **Открове́нно говоря́** „offen gesagt" oder **че́стно говоря́** „ehrlich gesagt". Der Infinitiv von **говоря́** ist **говори́ть** „sagen, sprechen".

⑨ **ху́же** „schlechter" ist der Komparativ von **плохо́й** „schlecht".

20 Ты славная девочка, ты прелесть, но то, что ты сейчас сказала, это ты выбрось из головы... ⑩

21 Забудь и никогда не вспоминай...

22 И вообще: ты ничего не говорила, а я ничего не слышал... Вот так.

23 – (В.:) Я не сказала бы никогда. Вы сами начали.

24 – (Ш.:) Я пошутил.

25 (Валентина быстро выходит.)

26 (Ш.:) Постой... Валентина! Ну вот... ⑪

27 Только этого мне и недоставало. ⑫

Первое задание: Вы понимаете эти предложения?

❶ Почему она такая грустная? Может, она влюбилась? ❷ Ты это серьёзно? Не может этого быть! ❸ Что случилось с тобой? Мне грустно смотреть на тебя. ❹ Всё очень просто. Я очень соскучился по дому. ❺ Мне очень знакомо её лицо. ❻ По-моему, мы где-то с ней встречались. ❼ Да это же Наташа. Ты её знаешь. ❽ Она славная девушка, просто прелесть. ❾ Я не слепой и не глухой, и вижу, что с тобой что-то случилось. ❿ Нет, я просто себя не очень хорошо чувствую. Наверное устала. ⓫ Ты знаешь, за что я люблю тебя? Всегда у тебя есть такие интересные увлечения. ⓬ Скажи, чем ты интересуешься в последнее время? ⓭ Сейчас я изучаю историю Сибири. Летом хочу поехать туда. ⓮ Я хочу купить собаку. Правда, хорошая собака стоит дорого. ⓯ Но у меня уже есть деньги. ⓰ Только этого нам и недоставало.

20 Du gutes Mädchen, du [mit deinem] Charme, aber das, was du jetzt gesagt hast, das schlag (wirf) dir aus dem Kopf ...
21 Vergiß, und erinnere dich nie ...
22 Und überhaupt: Du hast nichts gesagt, und ich habe nichts gehört ... (Nun) so.
23 – (W.:) Ich würde nie [etwas] sagen. Sie haben selbst angefangen.
24 – (Sch.:) Ich habe gescherzt.
25 (Walentina geht schnell hinaus.)
26 (Sch.:) Warte ... Walentina! (Na) hier ...
27 So etwas (nur dieses) hat mir noch (auch) gefehlt.

ANMERKUNGEN

⑩ Den Satz **Э́то ты вы́брось из головы́** „Schlag es dir aus dem Kopf" könnte man mit einem Verb umschreiben: **забу́дь** „vergiß".

⑪ **посто́й** „warte" ist der Imperativ von **постоя́ть**. Man könnte auch **подожди́** „warte" sagen.

⑫ Eine elegantere Konstruktion analog zu **То́лько э́того мне и недостава́ло** wäre: **то́лько э́того мне и не хвата́ло** „Nur dieses hat mir (noch) gefehlt."

Решение первого задания: Вы поняли?

❶ Warum ist sie so traurig? Kann es sein, daß sie sich verliebt hat? ❷ [Meinst] du das ernst? Das kann nicht sein! ❸ Was ist mit dir passiert? Mich macht es traurig, dich anzusehen. ❹ Alles ist sehr einfach. Ich sehne mich sehr nach Zuhause. ❺ Ihr Gesicht ist mir gut (sehr) bekannt. ❻ Meiner Meinung nach haben wir uns irgendwo getroffen. ❼ Das ist doch Natascha. Du kennst sie. ❽ Sie ist ein gutes Mädchen, einfach [mit] Charme. ❾ Ich bin nicht blind und nicht taub, und ich sehe, daß mit dir irgend etwas passiert ist. ❿ Nein, ich fühle mich einfach nicht sehr gut. Wahrscheinlich bin ich müde (ermüdete). ⓫ Weißt du, warum (wofür) ich dich liebe? Du hast immer solch interessante Leidenschaften. ⓬ Sag, wofür interessierst du dich in der letzten Zeit? ⓭ Jetzt studiere ich die Geschichte Sibiriens. Im Sommer will ich dorthin fahren. ⓮ Ich will einen Hund kaufen. Es ist wahr, ein guter Hund kostet viel (teuer). ⓯ Aber ich habe schon das Geld. ⓰ (Nur) das hat uns noch gefehlt.

Второе задание: Вставьте пропущенные слова!

❶ Das letzte Mal war ich vor einem Jahr in Moskau, aber wann ich dort das erste Mal war, daran erinnere ich mich nicht.

. . . . я был в Москве . . . . , а . . . . когда я был . . . уже не . . . . . .

❷ Dieser Anzug kostet sehr viel (teuer), aber dieser ist billig.

Этот костюм . . . . . очень . . . . . . , а тот . . . .

❸ Meine Schwester ist vor kurzem aus unserer Stadt weggezogen (weggefahren).

Моя сестра совсем . . . . из . . . .

❹ Hier darf man nicht rauchen, aber in der Halle kann man.

Здесь . . . . , а в холле . . . . . .

❺ Entschuldige, aber ich habe das nie gesagt.

. . . . . . , но я . . . . не говорил . . . . . .

► ШЕСТЬДЕСЯТ ПЕРВЫЙ УРОК

МАМА, ХОЧЕШЬ АНЕКДОТ?

1 – Ты знаешь, мой сынок сегодня прибежал из школы и с порога: ①

2 Мама, хочешь новый анекдот?

⑥ Sie ist so traurig. Was ist mit ihr passiert?

Она такая .... Что .... с ... ?

Решение второго задания: Пропущенные слова.

① Последний раз – год назад – первый раз – там – помню ② стоит – дорого – дёшево ③ недавно уехала – нашего города ④ нельзя курить – можно ⑤ Прости – никогда – этого ⑥ грустная – случилось – ней.

Втора́я волна́: Повтори́те два́дцать пя́тый уро́к!

61. Lektion

Mama, willst du einen Witz [hören]?

1 – Weißt du, heute lief mein Sohn (Söhnchen) aus der Schule [nach Hause], und von der Türschwelle aus [fragt er]:

2 Mama, willst du einen neuen Witz [hören]?

ANMERKUNGEN

① **мой сы́нок** „mein Söhnchen“, **моя́ до́ченька** „mein Töchterchen“ sind Verkleinerungsformen.

3 – Могу себе представить!
4 Какая-нибудь очередная гадость! ②
5 – Ты, как всегда, права.
6 Вот слушай: „Директор школы входит в класс и видит:
7 полкласса смеётся, а другая половина плачет. ③
8 – Ребята, вы почему смеётесь?
9 – Учитель наш из окна выпал!
10 – А вы что плачете?
11 – А мы этого не видели!“
12 – Вот видишь! Мы были другими, да и анекдоты были совсем незлыми, а добрыми. ④
13 – Не говори! Я до сих пор один помню:
14 „Мальчик спрашивает приятеля: Почему твой братик всё время плачет?
15 – Если бы у тебя не было зубов и не было волос, ⑤
16 если бы ты не умел ходить и не умел говорить, ты бы ещё не так рыдал!“
17 – А мой муж сам просто анекдот.
18 Он Серёжу всё ещё маленьким считает. ⑥

3 – Kann ich mir vorstellen!
4 [Wieder] irgend so eine ordentliche Gemeinheit!
5 – Du hast wie immer recht.
6 Nun hör zu: „Der Schulleiter geht in eine Klasse hinein und sieht:
7 Eine Klassenhälfte (Halbklasse) lacht, aber die andere Hälfte weint.
8 – Kinder, warum lacht ihr?
9 – Unser Lehrer ist aus dem Fenster gefallen!
10 – Und ihr, warum (was) weint ihr?
11 – (Und) wir haben es nicht gesehen!“
12 – Nun siehst du! Wir waren anders (andere), sogar (auch) die Witze waren überhaupt nicht böse (schlimm), sondern nett (gut).
13 – Sag das nicht! Ich erinnere mich bis jetzt an einen:
14 „Ein Junge fragt [seinen] Freund: Warum weint dein [kleiner] Bruder (Brüderchen) die ganze Zeit?
15 – Wenn du keine Zähne und keine Haare hättest,
16 wenn du nicht laufen und nicht sprechen könntest, dann würdest du [sogar noch mehr] (nicht so) schluchzen!“
17 – Und mein Mann ist einfach der Witz selbst.
18 Er hält Serjoga immer (alles) [für] ein kleines [Kind].

ANMERKUNGEN

② Zum russischen Wortschatz gehört auch **га́дость** „Gemeinheit“. **Кака́я га́дость э́тот фильм!** „Was für eine Gemeinheit dieser Film ist!“.

③ In **полкла́сса** „Klassenhälfte“ ist **пол-** „Halb-“ die Verkürzung von **полови́на** „Hälfte“. **полчаса́** „eine halbe Stunde“, **полкиломе́тра** „ein halber Kilometer“.

④ Erinnern Sie sich noch, daß nach dem Verb **быть** „sein“ in der Vergangenheit der Instrumentalis folgt? **Мы бы́ли други́ми, не злы́ми, а до́брыми** „Wir waren anders, nicht böse, sondern nett“.

⑤ Den Konjunktiv treffen wir immer wieder. Ein Kennzeichen ist die Partikel **бы**: **е́сли бы у тебя́ не́ было зубо́в** „wenn du keine Zähne hättest“.

⑥ Nach dem Verb **счита́ть** folgt der Instrumentalis: **Он счита́ет его́ ма́леньким** „Er hält ihn [für] klein“.

19 Как только на экране телевизора появляются почти раздетые девицы, он говорит: ⑦

20 – „Всё, Серёжа, пора спать, видишь, тёти уже разделись и тоже идут спать.“ ⑧

21 – А они понимают в сто раз больше, чем мы в их годы. ⑨

22 Вот и моего на уроке ботаники учительница спрашивает:

23 – „Миша, расскажи, как размножаются растения.“

24 – „Растения?“ – он отвечает, „вот о них я и ничего не знаю.“

Первое задание: Вы понимаете эти предложения?

❶ Почему ты плачешь, что с тобой случилось? ❷ Я хочу смотреть телевизор, а папа говорит, что мне пора спать. ❸ В наши годы мы были совсем другими, чем наши дети. ❹ Я думаю, ты неправа. Дети есть дети. Они все славные ребята. ❺ У моей доченьки нет зубов, нет волос, но она уже самая красивая девочка в мире. ❻ Я тебя хорошо понимаю, я сам когда-то был молодым отцом. ❼ Этой зимой я хочу поехать в Сибирь. ❽ Выбрось это из головы! Что-то я не вижу желающих ехать туда зимой. ❾ Мой сынок уже умеет ходить, умеет говорить. Он просто прелесть. ❿ Я тоже считаю его прекрасным мальчиком. ⓫ Я хочу купить книги о Москве. Что вы можете предложить? ⓬ У нас есть книги на любой вкус. ⓭ А если вы придёте через полчаса, привезут новые альбомы.

19 Sobald (wie nur) auf dem Fernsehbildschirm fast ausgezogene Mädchen erscheinen, sagt er:

20 – „Schluß (alles), Serjoga, es ist Zeit, schlafen zu gehen, die Damen (Tanten) haben sich schon ausgezogen und gehen auch schlafen."

21 – Aber sie verstehen (in) hundert mal mehr als wir in ihrem Alter (in ihren Jahren).

22 (Nun und) im Biologieunterricht fragt die Lehrerin meinen Sohn:

23 – „Mischa, erzähle, wie sich die Pflanzen fortpflanzen."

24 – „Pflanzen?" – sagt er, „über die weiß ich nichts."

ANMERKUNGEN

⑦ **деви́цы** ist ein Synonym für **де́вушки** „Mädchen" (Pl.).

⑧ Die „Damen" sind in der Kindersprache **тёти** „Tanten", und folglich sind „Herren" **дя́ди** „Onkel". **Э́то мне подари́ла кака́я-то тётя** „Das hat mir irgendeine Tante geschenkt".

⑨ **чем** ist die Vergleichspartikel „als". **Она́ краси́вее, чем я** oder **она́ краси́вее меня́** „Sie ist schöner als ich".

Решение первого задания: Вы поняли?

❶ Warum weinst du, was ist (mit dir) passiert? ❷ Ich will fernsehen, aber Papa sagt, daß es Zeit (für mich) ist, zu schlafen. ❸ In ihrem Alter (in unseren Jahren) waren wir ganz anders (andere) als unsere Kinder. ❹ Ich meine, du hast unrecht. Kinder sind Kinder. Sie alle sind gute Kinder. ❺ Mein Töchterchen hat keine Zähne, keine Haare, aber sie ist schon das schönste Mädchen auf (in) der Welt. ❻ Ich verstehe dich gut, ich selbst war irgendwann ein junger Vater. ❼ In diesem Winter will ich nach Sibirien fahren. ❽ Schlag (wirf) es [dir] aus dem Kopf! Irgendwie sehe ich niemanden, der sich wünscht, im Winter dorthin zu fahren. ❾ Mein Söhnchen kann schon laufen [und] (kann) sprechen. Er ist einfach reizend. ❿ Ich halte ihn auch für einen tollen (wunderschönen) Jungen. ⓫ Ich will Bücher über Moskau kaufen. Was können Sie [mir] zeigen (vorschlagen)? ⓬ Wir haben Bücher für jeden beliebigen Geschmack. ⓭ Und wenn Sie in einer halben Stunde [wieder]kommen, wird man neue Bilderbücher liefern.

Второе задание: Вставьте пропущенные слова!

❶ Als wir klein waren, sind wir jedes Jahr mit [unserer] Mutter ans Meer gefahren.

Когда мы были . . . . , мы . . . . . . год . . . . . . с . . . . . на . . . . .

❷ Was ist mit ihr passiert? Mal (bald) lacht sie, mal (bald) weint sie.

Что с . . . . ? То она . . . . , то она . . . .

❸ Kann es sein, daß sie sich verliebt hat? Aber in wen?

Может . . . . , она . . . . ? Но в . . . . ?

❹ Einigen wir uns so: Du hast nichts gesagt, ich habe nichts gehört.

. . . . . договоримся: ты . . . . . . не говорил, я ничего не . . . .

❺ Mir scheint, wir haben uns irgendwo getroffen. Ich erinnere mich.

. . . кажется, мы . . . - . . . .

▶ ШЕСТЬДЕСЯТ ВТОРОЙ УРОК

Я ОБОЖАЮ ЖИВОПИСЬ

1 – Я, откровенно говоря, не очень люблю музеи.

2 Когда бываю в незнакомых городах, предпочитаю гулять по городу, смотреть на людей... ①

⑥ Ich habe Sie in Moskau gesehen, als ich das letzte Mal dort war.

Я видел . . . в Москве, когда был там . . . . раз.

⑦ Geben Sie [mir] bitte (anschauen) diese Gedichtsammlung [von] Lermontow zum Anschauen.

. . . . . , пожалуйста, ... сборник Лермонтова.

⑧ Ich möchte dieses Buch kaufen.

Я хотел бы . . . .

Решение второго задания: Пропущенные слова.

❶ маленькими – каждый – ездили – мамой – море ❷ ней случилось – смеётся – плачет ❸ быть – влюбилась – кого ❹ Давай – ничего – слышал ❺ Мне – где-то встречались – Припоминаю ❻ вас – последний ❼ Дайте – посмотреть этот ❽ купить эту книгу.

Втора́я волна́: Повтори́те два́дцать шесто́й уро́к!

62. Lektion

Ich schwärme [für] die Malerei

1 – Ich, offen gesagt, mag Museen nicht so sehr.
2 Wenn ich mich in unbekannten Städten aufhalte, bevorzuge ich es, durch die Stadt spazieren zu gehen, (auf) die Menschen anzuschauen ...

ANMERKUNGEN

① **на люде́й** „auf die Menschen“ hat im Singular die Form **челове́к** „Mensch“ und im Plural **лю́ди** „Menschen, Leute“.

3 – А я обожаю посещать музеи, галереи...
4 И не обязательно очень известные.
5 – Но сегодня мы посмотрим необыкновенный музей.
6 А вот и она – Третьяковка! Друзья, перед вами Третьяковская галерея.
7 – Всю жизнь мечтал побывать здесь.
8 Но всё как-то не получалось. ②
9 То мне было некогда, то галерея была закрыта на реставрацию.
10 – Друзья, вы посмотрите лучше на это чудесное здание.
11 Оно стало красивее, чем было раньше.
12 – Катя, а когда и кем была основана галерея?
13 И почему она называется Третьяковка?
14 – Сама галерея была основана фабрикантом Третьяковым в тысяча восемьсот пятидесятом году, ③
15 а здание было построено через тридцать лет.
16 – Я читал, что Третьяков собрал около трёх тысяч картин, ④
17 а потом, кажется, в тысяча восемьсот девяносто втором году, подарил их городу Москве.

ANMERKUNGEN

② Diese im Russischen übliche Konstruktion hat im Deutschen einen anderen Aufbau: **Всё как-то не получа́лось** „Irgendwie ist nichts daraus geworden". Der Infinitiv lautet **получа́ться** (UV) „ein Ergebnis haben".

3 – Aber ich schwärme [dafür], Museen, Galerien zu besuchen ...
4 Und nicht unbedingt der sehr bekannten.
5 – Aber heute werden wir ein ungewöhnliches Museum besichtigen.
6 (Und) hier ist es (sie) auch – Tretjakows Galerie (Tretjakowka)! [Meine] Freunde, vor euch seht ihr Tretjakows Galerie.
7 – [Mein] ganzes Leben lang habe ich davon geträumt, hier zu sein.
8 Aber irgendwie [ist nichts daraus geworden] (alles irgendwie nicht gelang).
9 Entweder hatte ich keine Zeit, oder [die Galerie] war wegen (auf) Restaurierung geschlossen.
10 – Freunde, schaut euch lieber (auf) dieses wunderschöne Gebäude an.
11 Es ist schöner geworden als es früher war.
12 – Katja, (aber) wann wurde bzw. wer hat die Galerie gegründet?
13 Und warum heißt sie Tretjakowka?
14 – Die Galerie selbst wurde von dem Industriellen Tretjakow im Jahre 1850 gegründet,
15 aber das Gebäude wurde erst 30 Jahre später gebaut.
16 – Ich habe gelesen, daß Tretjakow ungefähr 3.000 Bilder gesammelt hatte,
17 und dann, scheint [mir], im Jahre 1892, schenkte [er] sie der Stadt Moskau.

ANMERKUNGEN

③ Auf die Frage **когда́?** „wann?“ bei Jahresangaben folgt die Präposition **в** „in“ mit dem Präpositiv bei der letzten Zahl und dem Jahr: **в ты́сяча восемьсо́т пятидеся́том году́** „im Jahre 1850“.

④ Hier treffen wir nach **о́коло** „ungefähr“ den Genitiv sowohl bei der Zahl als auch beim Nomen: **трёх ты́сяч карти́н, портре́тов** „3.000 Bilder, Portraits“.

18 – Друзья, минуточку внимания, перед вами, самое знаменитое полотно галереи...

19 „Иван Грозный и сын его Иван шестнадцатого ноября тысяча пятьсот восемьдесят первого года“. ⑤

20 – Если я не ошибаюсь, это Илья Репин.

21 Какой ужасный царь! России на царей не всегда везло.

22 Я хотел бы взглянуть на Левитана.

23 – А вот и твой любимый Левитан – друг Чехова, мастер русского пейзажа, Чайковский русской живописи.

24 Его картины не могут не нравиться.

25 – О! Остановитесь!

26 Это „Демон“, знаменитый, одинокий, лермонтовский Демон.

27 Я столько раз видел репродукции этого шедевра, и вот он передо мной.

28 Вы идите, а я постою здесь. Идите, идите.

29 „Печальный Демон, дух изгнания“. ⑥

30 – Друзья, давайте быстренько просмотрим другие залы, ⑦⑧

ANMERKUNGEN

⑤ Wenn die Jahresangabe ohne die Präposition **в** „in“ erfolgt, erscheinen das Datum (Tag, Monat), die letzte Zahl des Jahres und das Wort „Jahr“ **год** im Genitiv: **шестна́дцатого ноября́ ты́сяча пятьсо́т во́семьдесят пе́рвого го́да** „16.11.1581“.

18 – Freunde, ein Moment (Minütchen) der Aufmerksamkeit, vor euch [befindet sich] das bekannteste Gemälde der Galerie ...
19 „Iwan der Schreckliche und sein Sohn Iwan (am) 16. November 1581".
20 – Wenn ich mich nicht irre, ist es [von] Ilja Repin.
21 Was für ein schrecklicher Zar! Rußland hatte nicht immer Glück mit [seinen] Zaren.
22 Ich möchte Lewitan ansehen.
23 – (Und) hier ist dein geliebter Lewitan – Freund Tschechows, Meister der russischen Landschaft, Tschaikowski der russischen Malerei.
24 Seine Bilder [müssen einfach jedem] (nicht können nicht) gefallen.
25 – Oh! Bleibt stehen!
26 Das ist der „Dämon", der berühmte einsame lermontowsche Dämon.
27 Ich habe so oft Reproduktionen dieses Meisterstücks gesehen, und nun ist er vor mir.
28 Geht [weiter], und ich [bleibe] hier stehen. Geht, geht.
29 „Der traurige Dämon, der Geist der Vertreibung".
30 – Freunde, laßt uns schnell die anderen [Ausstellungs-] Räume ansehen (durchsehen),

ANMERKUNGEN

⑥ Es handelt sich um ein Zitat aus dem **„Де́мон"** „Dämon" von Lermontow.

⑦ **бы́стренько** ist ein umgangssprachliches Äquivalent von **бы́стро** „schnell".

⑧ **Просмо́трим** „wir sehen durch" kommt von **просмотре́ть** (V). **Я бы́стренько просмотре́л э́ту вы́ставку** „Ich habe [mir] schnell die Ausstellung angesehen (durchgesehen)".

31 а потом ещё придём сюда.
32 Как жаль, что у нас так мало знают русскую живопись!

Первое задание: Вы понимаете эти предложения?

❶ Я видел у вас дома много картин. Вы увлекаетесь живописью? ❷ Да, я собрал небольшую коллекцию современных русских художников. ❸ Вам понравилась наша экскурсия в Третьяковку? ❹ Конечно! Я всю жизнь мечтала побывать здесь. ❺ Я знаю, что вы не очень любите ходить в музей, но сегодня мы пойдём в один необыкновенный музей. ❻ Я уверен, что вы не предложите что-нибудь неинтересное. Я пойду с вами с удовольствием. ❼ Вы не знаете, когда был основан этот музей? ❽ В прошлом веке. А вот кем он был основан, не знаю. ❾ Если я не ошибаюсь, это картина Сурикова. ❿ Вы правы. Это его шедевр „Боярыня Морозова“. ⓫ Посмотрите на это полотно. Какая красивая и грустная женщина! ⓬ Я считаю этот портрет самым прекрасным в галерее.

Второе задание: Вставьте пропущенные слова!

❶ Im Sommer möchte ich ans Meer fahren, ich fürchte nur, daß [es] nicht gelingt.

. . . . . я хотел бы . . . . ,
только . . . . . , что не получится.

❷ Wann sind Sie geboren? – Im Jahre 1974.

. . . . . вы родились? – . тысяча
девятьсот семьдесят . . . .

31 Und dann werden wir noch einmal hierher kommen.
32 Wie schade, daß man bei uns die russische Malerei so wenig kennt!

Решение первого задания: Вы поняли?

❶ Ich habe bei Ihnen zu Hause viele Bilder gesehen. Interessieren Sie sich für die Malerei? ❷ Ja, ich habe eine kleine (nicht große) Sammlung der gegenwärtigen russischen Maler angelegt (gesammelt). ❸ Hat Ihnen unser Ausflug in die [Galerie] „Tretjakowka" gefallen? ❹ Natürlich! Ich habe [mein] ganzes Leben davon geträumt, hier zu sein. ❺ Ich weiß, daß Sie [es] nicht sehr mögen, ins Museum zu gehen, aber heute werden wir in ein außergewöhnliches Museum gehen. ❻ Ich bin [mir] sicher, daß Sie irgendetwas Interessantes (nicht irgendetwas Uninteressantes) vorschlagen. Ich werde gern mit Ihnen gehen. ❼ Wissen Sie (nicht), wann dieses Museum gegründet wurde? ❽ Im vorigen Jahrhundert. Aber (nun) wer (mit wem) es gegründet hat, weiß ich nicht. ❾ Wenn ich mich nicht irre, ist das ein Bild [von] Surikow. ❿ Sie haben recht. Es (dieses) ist sein Meisterstück, „Die Bojarin Morosow". ⓫ Schauen Sie sich dieses Gemälde an. Was für eine schöne und traurige Frau! ⓬ Ich halte dieses Portrait [für] das schönste in der Galerie.

❸ Wir sind ungefähr drei Stunden in (durch) Moskau spazieren gegangen.

Мы . . . . . . по Москве . . . . . трёх . . . .

❹ Freunde, laßt uns schnell zu Mittag essen, und wir werden uns eine neue Ausstellung ansehen.

Друзья, ... пообедаем и . . . . выставку.

❺ Ich habe [mein] ganzes Leben [davon] geträumt, in diesem wunderbaren Museum zu sein.

Я всю . . . . . мечтал . . . . в . . . . музее.

ШЕСТЬДЕСЯТ ТРЕТИЙ УРОК

ПОВТОРЕНИЕ И ЗАМЕТКИ

1. вре́мя „Zeit"

Das Nomen **вре́мя** „Zeit" ist sächlich und wird wie unten gezeigt dekliniert. Wir haben gleich auch ein Adjektiv dazu genommen. Die Verbindung **настоящее вре́мя** „die heutige Zeit" wird auch als Begriff in der Grammatik für das Präsens (Gegenwart) verwendet.

Singular:
Nominativ:
ны́нешнее (настоя́щее) вре́мя „die heutige Zeit"
Genitiv:
ны́нешнего (настоя́щего) вре́мени „der heutigen Zeit"
Dativ:
ны́нешнему (настоя́щему) вре́мени „der heutigen Zeit"
Akkusativ:
ны́нешнее (настоя́щее) вре́мя „die heutige Zeit"
Instrumentalis:
ны́нешним (настоя́щим) вре́менем „mit der heutigen Zeit"
Präpositiv:
о ны́нешнем (настоя́щем) вре́мени „von der heutigen Zeit".

Решение второго задания: Пропущенные слова.

❶ Летом – поехать на море– боюсь ❷ Когда – В – четвёртом году ❸ гуляли – около – часов ❹ давайте – быстренько – посмотрим – новую ❺ жизнь – побывать – этом чудесном.

Втора́я волна́: Повтори́те два́дцать седьмо́й уро́к!

63. Lektion

Plural:

Nominativ:

ны́нешние (настоя́щие) времена́ „die heutigen Zeiten"

Genitiv:

ны́нешних (настоя́щих) времён „der heutigen Zeiten"

Dativ:

ны́нешним (настоя́щим) времена́м „den heutigen Zeiten"

Akkusativ:

ны́нешние (настоя́щие) времена́ „die heutigen Zeiten"

Instrumentalis:

ны́нешними (настоя́щими) времена́ми „mit den heutigen Zeiten"

Präpositiv:

о ны́нешних (настоя́щих) времена́х „von den heutigen Zeiten".

2. Nomen лю́ди „Menschen"

Wie Sie schon wissen, hat das Nomen **челове́к** „Mensch" im Plural die Form **лю́ди** „Menschen". Die vollständige Deklination im Plural ist:

Nominativ:	**лю́ди** „die Menschen“
Genitiv:	**люде́й** „der Menschen“
Dativ:	**лю́дям** „den Menschen“
Akkusativ:	**люде́й** „die Menschen“
Instrumentalis:	**с людьми́** „mit den Menschen“
Präpositiv:	**о лю́дях** „von den Menschen“.

3. Komposita (Zusammengesetzte Wörter) mit „Halb-“

Das Nomen **полови́на** „Hälfte“ wird in zusammengesetzten Wörtern (Komposita) zu **пол-** „Halb-“, wobei das zweite Nomen im Genitiv steht: **полчаса́** „halbe Stunde“, **полкиломе́тра** „halber Kilometer“, **полдня́** „halber Tag“, **полно́чи** „halbe Nacht“.

Мы гуля́ли полно́чи. „Wir sind die halbe Nacht spazieren gegangen.“
Я жду тебя́ полдня́. „Ich warte [schon] den halben Tag auf dich.“

4. Jahreszahlen

In den letzten Lektionen haben Sie die Jahreszahlen kennengelernt. Wenn Sie sagen wollen: „im Jahre 1971“ reicht es, sich zu merken, daß nach der Präposition **в** „in“ alle Zahlen im Nominativ bleiben, bis auf die letzte Zahl, die im Präpositiv als Ordnungszahl steht: **в ты́сяча девятьсо́т семьдеся́т пе́рвом году́**, das wörtlich heißt: „in tausend neunhundert siebzig erstem Jahr“.

Sicherlich hilft Ihnen die Übersicht über die Ordnungszahlen, die Sie als letzte Zahl bei der Jahresangabe benötigen:

в пе́рвом году́ „im ersten Jahr“
во второ́м году́ „im zweiten Jahr“
в тре́тьем году́ „im dritten Jahr“
в четвёртом году́ „im vierten Jahr“
в пя́том году́ „im fünften Jahr“
в шесто́м году́ „im sechsten Jahr“
в седьмо́м году́ „im siebten Jahr“
в восьмо́м году́ „im achten Jahr“
в девя́том году́ „im neunten Jahr“.

Weitere Zahlen lassen sich leicht ableiten, da sie als Adjektive dekliniert werden.

Die Zahlen **ты́сяча** „1.000“, **девятьсо́т** „900“und **восемьсо́т** „800“ sind Ihnen schon bekannt. Hier die übrigen Zahlen:

семьсо́т „700“
шестьсо́т „600“
пятьсо́т „500“
четыреста „400“
три́ста „300“
две́сти „200“
сто „100“.

5. Zahlen nach о́коло „ungefähr“

Sie wissen schon, daß Sie für Zahlenangaben nach **о́коло** den Genitiv verwenden müssen:

о́коло двух ты́сяч карти́н „ungefähr 2000 Bilder“
о́коло трёх ты́сяч карти́н „ ungefähr 3000 Bilder“
о́коло четырёх ты́сяч карти́н „ungefähr 4000 Bilder“
о́коло пяти́ ты́сяч карти́н „ungefähr 5000 Bilder“
о́коло шести́ ты́сяч карти́н „ungefähr 6000 Bilder“.

Auch diese Zahlen werden wie Adjektive dekliniert.

6. Konjunktiv

Im Russischen gibt es nur einen Konjunktiv. Er wird aus der Vergangenheitsform eines Verbs und der unveränderlichen Partikel **бы** gebildet.

Wenn wir zum Beispiel das Verb **мочь** „können“ nehmen, dann wissen wir, daß die Vergangenheitsformen **мог** „ich konnte“ (für einen Mann), **могла́** „ich konnte“ (für eine Frau), **могли́** „wir konnten“ (im Plural) lauten. Für die Konjunktivbildung fügen Sie der jeweiligen Personenform immer die Partikel **бы** hinzu:

Singular:

я мог/могла́ бы „ich könnte“
ты мог/могла́ бы „du könntest“
он мог бы „er könnte“
она́ могла́ бы „sie könnte“.

Plural:

мы могли́ бы „wir könnten“
вы могли́ бы „Sie könnten/ihr könntet“
они́ могли́ бы „sie könnten“.

Und noch ein Beispiel: **хоте́ть** „wollen"

Singular:

я хоте́л/хоте́ла бы „ich möchte"
ты хоте́л/хоте́ла бы „du möchtest"
он хоте́л бы „er möchte"
она́ хоте́ла бы „sie möchte".

Plural:

мы хоте́ли бы „wir möchten"
вы хоте́ли бы „Sie möchten/ihr möchtet"
они́ хоте́ли бы „sie möchten".

▶ ШЕСТЬДЕСЯТ ЧЕТВЁРТЫЙ УРОК

КТО ВЫ?

1 – Хотите, я узнаю, какой у вас характер. ①

2 Вернее, не я, а компьютер.

3 А я задам вам несколько вопросов. Вы готовы? ②

4 – Любопытно. Я никогда не задумывался об этом. Характер как характер. ③④

5 Особых проблем он мне никогда не доставлял.

6 Но всегда интересно, что о тебе скажут другие,

7 простите, что скажет ваш компьютер.

ANMERKUNGEN

① Wie wichtig die Betonung ist, sehen Sie im folgenden Beispiel: **узна́ю** kommt von **узна́ть** (V), und **узнаю́** kommt von **узнава́ть** (UV) „erfahren, wissen".

② **зада́м** ist die 1. Person Singular von **зада́ть** (V) „geben". **задаю́** wäre die entsprechende Form von **задава́ть** (UV) „geben".

Jetzt geht es langsam auf das Ende des Kurses zu. Noch sieben Lektionen, und Sie haben die letzte Lektion des Kurses erreicht, aber das ist noch nicht das Ende Ihres Russischstudiums mit Assimil! Wenn Sie sich noch in der passiven Phase befinden, müssen Sie ja die aktive Phase noch bis zum Ende des Kurses fortsetzen! Sie können sich also noch auf viele Stunden in Gesellschaft Ihres Kurses freuen!

Втора́я волна́: Повтори́те два́дцать восьмо́й уро́к!

64. Lektion

Wer sind Sie?

1 – [Wenn] Sie wollen, werde ich erfahren, was für einen Charakter Sie haben.
2 Genauer gesagt, nicht ich, sondern der Computer.
3 (Und) ich werde Ihnen ein paar Fragen stellen (geben). Sind Sie bereit?
4 – Interessant. Ich habe nie darüber nachgedacht. Charakter ist (wie) Charakter.
5 Besondere Probleme hat er mir nie (nicht) bereitet.
6 Aber es ist immer interessant, was die anderen über einen (dich) sagen,
7 entschuldigen Sie, was Ihr Computer sagt.

ANMERKUNGEN

③ Das Adverb **любопы́тно** „interessant, neugierig" können Sie auch als Adjektiv antreffen: **любопы́тный челове́к** „ein neugieriger Mensch".

④ **заду́мывался** „nachdenken" ist die Vergangenheitsform von **заду́мываться** (UV). Das andere Pendant dieses Aspektpaares ist **заду́маться** (V).

8 – Когда вы родились, в каком месяце, какого числа? ⑤

9 – Я родился в тысяча девятьсот шестьдесят четвёртом году, шестого мая.

10 – Что вы любите делать в свободное время?

11 Путешествовать или оставаться дома?

12 – Это зависит. Летом я предпочитаю путешествовать,

13 а зимой мне по душе сидеть дома.

14 Мне нравится что-нибудь читать, сидеть просто рядом с женой, с детьми. ⑥

15 – Кстати, а сколько у вас детей?

16 – Два мальчика и девочка – моя любимица.

17 Да вы её видели – прелесть девчонка, да и ребята пока меня только радуют.

18 – Что вы предпочитаете носить?

19 Одежду классического стиля или остромодные вещи?

20 – Пожалуй, сейчас я люблю спокойные тона, классические костюмы,

21 но иногда могу удивить друзей чем-нибудь оригинальным, ⑦

22 например, смелым сочетанием цветов рубашки и галстука. ⑧

ANMERKUNGEN

⑤ **Како́го числа́?** „An welchem Tag (welches Datums)?“ ist eine Frage im Genitiv, die auch eine Antwort im Genitiv verlangt: **пятого ма́я** „am 5. Mai“.

8 – Wann sind Sie geboren, in welchem Monat, [an] welchem Tag (Datum)?
9 – Ich bin im Jahre 1964, am 6. Mai geboren.
10 – Was machen Sie gern (mögen Sie machen) in Ihrer Freizeit?
11 Reisen oder zu Hause bleiben?
12 – Es kommt darauf an. Im Sommer bevorzuge ich zu reisen,
13 aber im Winter mag ich (mir nach Seele), zu Hause zu bleiben (sitzen).
14 Es gefällt mir, irgend etwas zu lesen, einfach bei (mit) der Frau, bei (mit) den Kindern zu bleiben (sitzen).
15 – Übrigens, (und) wie viele Kinder haben Sie?
16 – Zwei Jungen und [ein] Mädchen – [sie ist] mein Liebling.
17 Sie haben sie sogar gesehen – ein reizendes Mädchen, bis jetzt erfreuen mich die Kinder nur.
18 – Was ziehen Sie gern an (bevorzugen Sie zu tragen)?
19 Kleidung des klassischen Stils oder die aktuelle Mode (scharfmoderne Sachen)?
20 – Vielleicht mag ich jetzt ruhige [Farb]töne, klassische Anzüge,
21 aber manchmal kann ich die Freunde mit irgend etwas Originellem erstaunen,
22 zum Beispiel, mit einer mutigen Farbkombination von Hemd und Schlips.

ANMERKUNGEN

⑥ **Мне по душе́ сиде́ть до́ма** ist äquivalent zu **Мне нра́вится быть до́ма** „Mir gefällt es, zu Hause zu bleiben (sein)."

⑦ **удиви́ть друзе́й** „die Freunde erstaunen". Das Verbpaar **удиви́ть** (V)/**удивля́ть** (UV) erfordert den Instrumentalis.

⑧ **цвето́в** „der Farbtöne" ist der Genitiv Plural von **цвет** „Farbton", aber auch von „Blume". Der Unterschied zeigt sich im Nominativ Plural: **цвета́** „Farbtöne" und **цветы́** „Blumen".

23 – Вам нравится проводить время в кругу друзей?

24 Вы любите шумные вечеринки или отдаёте предпочтение тихим и солидным беседам? ⑨

25 – Мне что-то не очень нравится ваш вопросник.

26 Я люблю и то, и другое.

27 Всё зависит, как говорят, когда, где и с кем.

28 Правда, слишком шумные вечеринки не в моём вкусе.

29 – Давайте посмотрим, что у нас получилось.

30 Вы близки к „золотой середине". Человек вы осмотрительный. ⑩

31 Нельзя сказать, что вы склонны к приключениям. ⑪

32 Вы надёжная опора для семьи и друзей, но...

33 – Всё, всё! Хватит обо мне.

34 Пусть у меня останутся маленькие тайны.

23 – Gefällt es Ihnen, die Zeit im Kreise [Ihrer] Freunde zu verbringen?

24 Mögen Sie laute Partys, oder bevorzugen Sie (geben Sie Vorzug) ruhige und ernsthafte Diskussionen?

25 – Mir gefällt irgendwie Ihr Fragebogen nicht sehr.

26 Ich mag sowohl das eine als auch das andere.

27 Alles hängt davon ab, wie man sagt, wann, wo und mit wem.

28 Es ist wahr, daß zu laute Partys nicht (in) mein Geschmack sind.

29 – Lassen Sie uns sehen, was wir [als Ergebnis] bekamen.

30 Sie sind nah an (zu) „der goldenen Mitte". Sie sind ein vorsichtiger Mensch.

31 Man kann nicht sagen, daß Sie zu Abenteuern neigen.

32 Sie sind eine zuverlässige Stütze für [Ihre] Familie und [Ihre] Freunde, aber ...

33 – Genug (alles, alles)! Das reicht über mich.

34 Ich werde [doch wohl] kleine Geheimnisse haben (behalten) dürfen.

ANMERKUNGEN

⑨ In **Вы отдаёте предпочте́ние бесе́дам** „Sie geben Vorzug den Diskussionen" steht das Nomen im Dativ. In der verbalen Konstruktion **вы предпочита́ете бесе́ды** steht das Nomen im Akkusativ.

⑩ Erinnern Sie sich an die Kurzformen der Adjektive? **близки́** bedeutet „nah" im Plural, **бли́зок** ist männlich, **близка́** weiblich. **Э́тот челове́к мне бли́зок** „Dieser Mensch ist mir nah".

⑪ Vergleichen Sie diese Sätze: Einmal können Sie das Partizip verwenden: **вы скло́нны к приключе́ниям** „Sie neigen(d) zum Abenteuer" und einmal das Adjektiv: **лю́ди, скло́нные к приключе́ниям ей нра́вились** „Menschen, die zu Abenteuern neigen, gefielen ihr".

Первое задание: Вы понимаете эти предложения?

❶ Какой у него прекрасный характер! ❷ Этот человек мне тоже по душе. Я хотел бы с ним познакомиться. ❸ Я не люблю сидеть дома. ❹ Мне нравится путешествовать, знакомиться с новыми местами и с новыми людьми. ❺ В этом мы с вами близки. ❻ Моя дочь нам не доставляет проблем, а вот с сыном надо что-то делать. ❼ А мне ваш мальчик нравится. Он такой оригинал. С ним не скучно! ❽ Мне кажется, я себя хорошо знаю, но всегда любопытно, что о тебе скажут другие. ❾ А мне абсолютно всё равно, что обо мне говорят. ❿ Вы уже кончили вашу работу? Давайте посмотрим, что у вас получилось. ⓫ Вы предпочитаете её прочитать здесь или возьмёте домой? ⓬ Такое смелое сочетание цветов не в моём вкусе. ⓭ А я очень люблю остромодные вещи, хотя ношу всегда классические костюмы. ⓮ Я никогда не задумывался, какой костюм или какую рубашку мне купить. ⓯ Это прекрасно решает моя жена. ⓰ В нашей семье вопрос одежды решает каждый по своему вкусу.

Второе задание: Вставьте пропущенные слова!

❶ Ich gehe gern abends mit [meiner] Ehefrau und [meinen] Kindern spazieren.

Я люблю . . . . гулять с . . . . . и . . . .

❷ Unsere Kinder bereiteten uns nie besondere Probleme.

Наши дети . . . никогда не доставляли . . . .

Решение первого задания: Вы поняли?

❶ Was für einen wunderbaren (schönen) Charakter er hat! ❷ Dieser Mensch gefällt mir auch. Ich möchte ihn kennenlernen. ❸ Ich mag nicht zu Hause zu bleiben. ❹ Es gefällt mir zu reisen, neue Orte und neue Menschen kennenzulernen. ❺ Darin sind wir Ihnen ähnlich (wir mit Ihnen nah). ❻ Meine Tochter bereitet uns keine Probleme, aber mit [meinem] Sohn muß man nun etwas machen. ❼ Aber mir gefällt [Ihr] Junge. Er ist so ein Original. Mit ihm ist es nicht langweilig! ❽ Mir scheint, [daß] ich mich gut kenne, aber es ist immer interessant, was die anderen über einen (dich) sagen. ❾ Aber mir ist es absolut gleich, was man über mich sagt. ❿ Haben Sie schon Ihre Arbeit beendet? Lassen Sie uns schauen, was [es] bei Ihnen ergab. ⓫ Möchten Sie (Sie bevorzugen) sie hier lesen, oder nehmen Sie [sie] mit nach Hause? ⓬ Solch eine mutige Mischung der Farbtöne ist nicht nach (in) meinem Geschmack. ⓭ Aber ich mag modische Sachen sehr, obwohl ich immer klassische Anzüge trage. ⓮ Ich habe nie überlegt, was für einen Anzug oder was für ein Hemd ich mir kaufen [soll]. ⓯ Das löst wunderbar meine [Ehe]Frau. ⓰ In unserer Familie löst jeder nach seinem Geschmack das Problem der Kleidung.

❸ Ich bevorzuge einfache Farbmischungen.

Я . . . . скромные . . . .

❹ Er [stand] (war) immer seinem Bruder nahe.

Он всегда был . . . .

❺ Es gefällt mir, [meine] Freizeit im Familienkreis zu verbringen.

Мне нравится . . . . время в кругу семьи.

⑥ Es scheint mir, [daß] laute Partys nicht nach seinem Geschmack sind.

. . . . , шумные вечеринки не . . . .

▶ ШЕСТЬДЕСЯТ ПЯТЫЙ УРОК

МОЦАРТ И САЛЬЕРИ (СЦЕНА II)

1 (Моцарт и Сальери за столом)
2 – (Сальери:) Чего ты сегодня пасмурен? ①
3 – (Моцарт:) Я? Нет!
4 – (С.:) Ты, верно, Моцарт, чем-нибудь расстроен? ②
5 Обед хороший, славное вино, а ты молчишь и хмуришься. ③
6 – (М.:) Признаться, мой Requiem меня тревожит. ④
7 – (С.:) А! Ты сочиняешь Requiem? Давно ли? ⑤
8 – (М.:) Давно, недели три. Но странный случай... Не сказывал тебе я? ⑥

ANMERKUNGEN

① **па́смурен** ist die Kurzform des Adjektivs **па́смурный** „mürrisch". **Сего́дня па́смурная пого́да** „Heute ist trübes Wetter" oder **Сего́дня па́смурно** „Heute ist es trüb".

② **Ты чем-нибу́дь расстро́ен?** „Hat dich irgend etwas verstimmt?" ist eine unter Freunden übliche Wendung. Die weibliche Kurzform ist **расстро́ена**, im Plural lautet die Form **расстро́ены**.

Решение второго задания: Пропущенные слова.

❶ по вечерам – женой – детьми ❷ нам – особых проблем ❸ предпочитаю – сочетания цветов ❹ близок своему брату ❺ проводить свободное ❻ Мне кажется – в его вкусе.

Втора́я волна́: Повтори́те два́дцать девя́тый уро́к!

65. Lektion

Mozart und Salieri
(Szene II)

1 (Mozart und Salieri am Tisch)
2 – (Salieri:) Warum bist du heute mürrisch?
3 – (Mozart:) Ich? Nein!
4 – (S.:) Es hat dich, Mozart, wohl irgend etwas verstimmt?
5 Das Mittagsessen ist gut, der Wein ist ausgezeichnet (ausgezeichneter Wein), aber du schweigst und schaust finster drein.
6 – (M.:) Offen gestanden, mein Requiem beunruhigt mich.
7 – (S.:) Ach! Du komponierst ein Requiem? Schon lange?
8 – (M.:) Lange, drei Wochen. Aber eine seltsame Begebenheit (Zufall) ... Habe ich es dir nicht gesagt?

ANMERKUNGEN

③ **хму́ришься** von **хму́риться** „finster, düster sein" benutzt man auch bei Wetterphänomenen: **Не́бо сего́дня хму́риться, бу́дет дождь** „Der Himmel ist heute bewölkt, es wird regnen".

④ In einem Gespräch können Sie sagen: **Призна́ться, меня́ трево́жит её здоро́вье** „Offen gestanden, ihre Gesundheit beunruhigt mich."

⑤ Erinnern Sie sich an die Fragepartikel **ли**, die nicht ins Deutsche übersetzt wird?

⑥ **ска́зывал** ist ein veraltetes Wort. Heute würde man sagen: **я тебе́ не говори́л?** „Habe ich es dir nicht gesagt?".

9 – (С.:) Нет.
10 – (М.:) Так слушай: недели три тому, пришёл я поздно домой. ⑦
11 Сказали мне, что заходил за мною кто-то. Отчего – не знаю. ⑧
12 Всю ночь я думал: кто бы это был?
13 И что ему во мне? Назавтра тот же зашёл и не застал опять меня. ⑨
14 На третий день играл я на полу с моим мальчишкой. ⑩⑪
15 Кликнули меня. Я вышел.
16 Человек, одетый в чёрном, учтиво поклонившись, заказал мне Requiem и скрылся. ⑫
17 Сел я тотчас и стал писать, и с той поры за мною не приходил мой чёрный человек.
18 А я и рад, мне было б жаль расстаться с моей работой, ⑬
19 хоть совсем готов уж Requiem. Но между тем, я...
20 – (С.:) Что?
21 – (М.:) Мне совестно признаться в этом...
22 – (С.:) В чём же?

ANMERKUNGEN

⑦ **Неде́ли три тому́** oder **неде́ли три наза́д** oder **неде́ли три тому́ наза́д** bedeutet dasselbe: „vor ungefähr drei Wochen", obwohl die erste Konstruktion die elegantere ist.

⑧ **за мно́ю** ist die literarische Variante zu **за мной** „bei mir".

⑨ **Что ему́ во мне?** heißt „Was [ist] ihm in mir?" und könnte mit **Что ему́ от меня́ ну́жно?** „Was will er von mir?" umschrieben werden.

9 – (S.:) Nein.
10 – (M.:) Also hör zu: Vor ungefähr drei Wochen kam ich spät nach Hause.
11 Man sagte mir, daß jemand bei mir vorbei gekommen ist. Weswegen – weiß ich nicht.
12 Die ganze Nacht habe ich überlegt: Wer könnte (wäre) es sein?
13 Und was will er (ihm) von (in) mir? Am nächsten Tag kam derselbe vorbei, und er hat mich wieder nicht erreicht.
14 Am dritten Tag habe ich mit meinem Söhnchen (Jungen) auf dem Boden gespielt.
15 Man hat mich gerufen. Ich ging hinaus.
16 Ein Mann, in Schwarz gekleidet, verbeugte sich höflich, gab mir ein Requiem in Auftrag und verschwand.
17 Sofort setzte ich mich und begann zu komponieren (schreiben), aber seitdem (seit der Zeit) kam mein schwarzer Mann nicht mehr zu mir.
18 Aber ich bin auch froh, es wäre [für mich] traurig, mich von meiner Arbeit zu trennen,
19 obwohl das Requiem schon ganz fertig ist. Aber inzwischen, ich ...
20 – (S.:) Was?
21 – (M.:) Es ist mir peinlich, es zu gestehen ...
22 – (S.:) Was denn?

ANMERKUNGEN

⑩ Den Präpositiv mit der Endung **-у́** haben wir nicht so oft angetroffen: **в саду́** „im Garten", **на углу́** „an der Ecke", **на полу́** „auf dem Boden".

⑪ **с мальчи́шкой** „mit dem Jungen" stammt von **ма́льчик** „Junge". Die Verkleinerung kann auch eine negative Bedeutung haben: **Како́й ты нехоро́ший мальчи́шка!** „Was für ein schlechter Junge du bist!".

⑫ **Поклони́вшись**, wörtlich „sich verbeugt habend", ist ein Adverbialpartizip (s. Lektion 70) vom Verb **поклони́ться** „sich verbeugen". Es wird aus der Vergangenheitsform **поклони́лся** „er verbeugte sich" mit dem Suffix **-вшись** gebildet.

⑬ **бы́ло б** „wäre". Die Partikel **бы** ist zu **б** verkürzt.

23 – (М.:) Мне день и ночь покоя не даёт мой чёрный человек.
24 За мною всюду как тень он гонится.
25 Вот и теперь, мне кажется, он с нами сам-третей сидит. ⑭
26 – (С.:) И, полно! Что за страх ребячий?
27 Рассей пустую думу. Бомарше говаривал мне: „Слушай, брат Сальери.
28 Как мысли чёрные к тебе придут, откупори шампанского бутылку, иль перечти „Женитьбу Фигаро“. ⑮

Первое задание: Вы понимаете эти предложения?

❶ Ты чем-нибудь расстроен? Что-нибудь случилось на работе? Скажи мне правду. ❷ Нет, у меня всё в порядке. ❸ Пожалуй, надо пойти погулять или сходить к кому-нибудь в гости. ❹ Скоро экзамен, а надо перечесть все книги, которые я взял в библиотеке. ❺ Я не понимаю, что за ребячий страх у тебя перед экзаменами. ❻ Всё будет, как всегда, хорошо. ❼ Ко мне заходил какой-то человек. Ты не знаешь, что ему было нужно? ❽ Не знаю. Он зашёл, но тебя не застал. Говорил, что позвонит вечером. ❾ Говорят, ты сочиняешь музыку. ❿ Признаться, я никому не говорил об этом. Это старое увлечение. ⓫ Давно ли вы приехали в Россию? ⓬ Нет, я приехал недели две тому назад. ⓭ Смотри, какое славное вино мне подарили друзья из Франции. Давай откупорим бутылку! ⓮ Ну что ж! На улице пасмурно. Сейчас я приготовлю хороший обед. ⓯ И мы останемся дома. Ты не против?

23 – (M.:) Tag und Nacht läßt mich mein schwarzer Mann nicht in Ruhe.
24 Er verfolgt mich überall wie ein Schatten.
25 Und (nun) auch jetzt, scheint es mir, [als ob] er mit uns [als] Dritter am Tisch säße (sitzt).
26 – (S.:) (Und) genug! Was [hast du] für eine kindliche Angst?
27 Vertreibe den dummen Gedanken. Beaumarchais sagte zu mir: „Hör zu, [mein] Bruder Salieri.
28 Sobald schwarze Gedanken zu dir kommen, öffne eine Flasche Champagner, oder lies „Figaros Hochzeit" (durch).

ANMERKUNGEN

⑭ **сам-тре́тей** „der Dritte" wird in seltenen Fällen für eine Person gebraucht, die zwar nicht anwesend ist, deren Anwesenheit man aber „fühlt".

⑮ **перечти́** „lies durch!" ist der Imperativ von **перече́сть** (V). Zum Aspektpaar gehört außerdem **перечи́тывать** (UV). Es gibt noch das Verb **перечита́ть** (V) mit dem Imperativ **перечита́й!**.

Решение первого задания: Вы поняли?

❶ Dich hat irgend etwas verstimmt? Ist etwas bei der Arbeit passiert? Sag mir die Wahrheit. ❷ Nein, bei mir ist alles in Ordnung. ❸ Ich sollte vielleicht spazieren gehen oder jemanden besuchen gehen. ❹ Bald ist die Prüfung, und [ich] muß alle Bücher durchlesen, die ich aus der Bibliothek ausgeliehen (genommen) habe. ❺ Ich verstehe nicht, was [für eine] kindliche Angst du vor den Prüfungen hast. ❻ Alles wird wie immer gut. ❼ Bei mir kam irgend jemand (irgendein Mensch) vorbei. Weißt du nicht, was er wollte? ❽ Ich weiß nicht. Er ist vorbeigekommen (gegangen), aber er hat dich nicht erreicht. Er sagte, daß er am Abend anruft. ❾ Man sagt, daß du Musik komponierst. ❿ Offen gestanden habe ich niemandem etwas darüber gesagt. Es ist ein altes Hobby. ⓫ Sind Sie [schon] lange in Rußland (angekommen)? ⓬ Nein, ich kam vor ungefähr zwei Wochen an. ⓭ Schau, was für einen ausgezeichneten Wein mir Freunde aus Frankreich geschenkt haben. Laß uns die Flaschen öffnen! ⓮ Na gut! Draußen ist es trüb. Ich werde jetzt ein gutes Mittagessen kochen. ⓯ Und wir werden zu Hause bleiben. Du bist nicht dagegen, [oder]?

Второе задание: Вставьте пропущенные слова!

❶ Papa, hältst du dich für einen mutigen Mann (Menschen)?

Папа, ты .... смелым ....?

❷ Natürlich, [mein] Sohn (Söhnchen).

......., сынок.

❸ Und fürchtest du [dich vor] nichts? – [Vor] nichts.

И ...... не ....? – Ничего.

❹ Dann schau, was mir meine Lehrerin geschrieben hat!

Тогда ...., что .... моя учительница!

❺ Mein Lieber, beabsichtigst du gerade heute angeln zu gehen (Fisch fangen)?

Милый мой, ты .... ловить рыбу ....?

❻ Am Freitag, den 13.?

В .... тринадцатого числа?

▶ ШЕСТЬДЕСЯТ ШЕСТОЙ УРОК

ИДИОТ ①

1 Генеральша позвонила: ②

2 – Позвать сюда Гаврилу Ардамоновича, он в кабинете.

ANMERKUNGEN

① Als mittlerweile fortgeschrittener Lerner und mit Hilfe unserer Erklärungen haben Sie bestimmt keine Schwierigkeiten, diesen Auszug aus dem Roman „Der Idiot“ von Fjodor Dostojewskij (1821-1881) zu verstehen.

⑦ Natürlich, es kann sein, daß der Fisch heute Pech haben wird!

Конечно, ... , хоть сегодня рыбе . .   . . !

Решение второго задания: Пропущенные слова.

❶ считаешь себя – человеком ❷ Конечно ❸ ничего – боишься ❹ посмотри – написала ❺ собираешься – именно сегодня ❻ пятницу ❼ может быть – не повезёт.

Втора́я волна́: Повтори́те тридца́тый уро́к!

66. Lektion

Der Idiot

1 Die Generalin klingelte:

2 – Man muß Gabriel Ardamonowitsch hierher rufen, er ist im Arbeitszimmer.

LEKTION 66

ANMERKUNGEN

② **Генера́льша** ist ein Wort, das man nicht mehr benutzt. Statt dessen sagt man: **жена́ генера́ла** „die Frau des Generals“.

3 А! – воскликнула она, увидев входящего Ганю – вот ещё идёт один брачный союз. ③④

4 Здравствуйте! Вы вступаете в брак? ⑤

5 – В брак? Как? В какой брак?

6 – Вы женитесь? спрашиваю я, если вы только лучше любите такое выражение?

7 – Н-нет... я н-нет, – солгал Гаврила Ардамонович, и краска стыда залила ему лицо...

8 – Нет? Вы сказали: нет? – настойчиво
допрашивала Лизавета Прокофьевна –
9 довольно, я буду помнить, что вы сегодня, в среду утром, на мой вопрос сказали мне „нет“.

10 Что у нас сегодня, среда? ⑥

11 – Кажется, среда, мама – ответила Аделаида.

12 – Никогда дней не знаю. Которое число? ⑦

13 – Двадцать седьмое, ответил Ганя.

14 – Прощайте, у вас, кажется, много занятий, а мне пора одеваться и ехать, возьмите ваш портрет. ⑧

ANMERKUNGEN

③ **уви́дев**, etwa „gesehen habend“, ist wieder ein Adverbialpartizip, das immer in dieser Form bleibt. Es ist abgeleitet von **увидеть** „sehen“.

④ Haben Sie in **входя́щего** „der hereinkommt“ den Genitiv in der Endung entdeckt? Es handelt sich um das Partizip Präsens Aktiv, **входя́щий** „hereinkommend“, von **входи́ть** „hereinkommen“.

3 Ach! – rief sie aus, als sie Ganja gesehen hatte, der hereinkommt – hier kommt (geht) noch eine Ehe.

4 Guten Tag! Sie gehen die Ehe ein?

5 – (In) Ehe? Wie? (In) Was für eine Ehe?

6 – Sie heiraten? frage ich, wenn Sie (nur) so einen Ausdruck lieber mögen?

7 – N-Nein ... ich nicht, – log Gabriel Ardamonowitsch, und die Schamesröte (Farbe der Scham) verbreitete (übergoß) sich auf seinem Gesicht ...

8 – Nein? Sie haben gesagt: „Nein"? – fragte beharrlich Lisaweta Prokofjewna –

9 genug, ich werde [daran] denken, daß Sie heute, Mittwoch morgen, auf meine Frage mit „nein" geantwortet haben.

10 Welchen [Tag] (was) haben wir heute, Mittwoch?

11 – Es scheint Mittwoch [zu sein], Mama – antwortete Adelaida.

12 – Ich weiß nie, welchen Tag wir haben. Den Wievielten [haben wir] (welche Zahl)?

13 – Den 27., antwortete Ganja.

14 – Verabschieden Sie sich, Sie haben, wie es scheint, viel zu tun (Beschäftigungen), (und) für mich [ist es] Zeit, mich anzuziehen und zu fahren, nehmen Sie Ihr Portrait.

ANMERKUNGEN

⑤ **Вы вступáете в брак?** „Sie gehen die Ehe ein?" ist eine veraltete Form der offiziellen Frage, die durch **Вы жéнитесь?** „Heiraten Sie?" bei Männern oder **Вы выхóдите зáмуж?** bei Frauen ersetzt wurde.

⑥ **Что у нас сегóдня?** oder **Какóй день сегóдня?** „Welcher Tag ist heute?" ist eine geläufige Frageform.

⑦ **Котóрое числó?** oder **Какóе сегóдня числó?** „Den wievielten [haben wir] heute?" können Sie sagen, wenn Sie nach einem Datum fragen.

⑧ Man könnte statt **у вас мнóго занятий** auch **у вас мнóго дел** „Sie haben viel zu tun" sagen. **занятий** ist der Genitiv Plural von **занятие**.

15 До свидания, князь, голубчик! Заходи почаще, а я к старухе Белоконской нарочно заеду о тебе сказать. ⑨

16 Генеральша вышла. Ганя взял со стола портрет и обратился к князю.

17 – Князь, я сейчас домой.

18 Если вы не переменили намерения жить у нас, то я вас доведу, а то вы и адреса не знаете.

19 – Постойте, князь – сказала Аглая – вы мне ещё в альбом напишите.

20 Папа сказал, что вы каллиграф. Я вам сейчас принесу...

21 И она вышла.

22 – До свидания, князь, и я ухожу – сказала Аделаида.

23 Она крепко пожала руку князю, приветливо и ласково улыбнулась ему и вышла. ⑩

24 На Ганю она не посмотрела.

25 – Это вы, это вы разболтали им, что я женюсь! – бормотал он полушёпотом... ⑪ ⑫

15 Auf Wiedersehen, Fürst, mein Lieber! Komm öfter vorbei, und ich werde absichtlich zu der Greisin Belokonskaja fahren [und ihr] über dich erzählen.
16 Die Generalin ist hinausgegangen. Ganja nahm das Portrait vom (aus) Tisch und wandte sich an den Fürsten.
17 – Fürst, ich gehe nach Hause.
18 Wenn Sie Ihre Absicht nicht geändert haben, bei uns zu leben, dann werde ich Sie führen, weil Sie ja (gar) die Adresse nicht kennen.
19 – Warten Sie, Fürst – sagte Aglaja – schreiben Sie mir noch ins Album.
20 [Mein] Vater hat gesagt, daß Sie Kalligraph sind. Ich bringe [es] Ihnen jetzt ...
21 (Und) sie ist hinausgegangen.
22 – Auf Wiedersehen, Fürst, auch ich gehe – sagte Adelaida.
23 Sie drückte dem Fürsten kräftig die Hand, lächelte ihn freundlich und zärtlich an und ging hinaus.
24 (Auf) Ganja hat sie nicht geschaut.
25 – Sie sind es, Sie haben es ihnen ausgeplaudert, daß ich heirate! – murmelte er flüsternd (mit Halbflüstern) ...

ANMERKUNGEN

⑨ **голу́бчик** „mein Lieber“ kommt von **го́лубь** „Taube“. Man verwendet es unabhängig vom Geschlecht: **до́ченька, голу́бчик, сде́лай э́то, пожа́луйста** „Töchterchen, meine Liebe, mach es bitte“.

⑩ Die Konstruktion **она́ пожа́ла ру́ку** „sie drückte die Hand“ erfordert den Dativ: **Он кре́пко пожа́л мне ру́ку** „Er drückte mir kräftig die Hand“.

⑪ **разболта́ли** „ausplauderten“ kommt von **болта́ть** „plaudern“, das Sie auch in **болтуни́шка** „Plauderer“ finden. Zu einem Erwachsenen würde man eher sagen: **болту́н.**

⑫ **полушёпотом** ist ein Instrumentalis, zusammengesetzt aus **полу́-** „halb-“ und **шёпот** „Flüstern“.

26 – бесстыдный вы болтунишка!

27 – Уверяю вас, что вы ошибаетесь – спокойно и вежливо отвечал князь.

Первое задание: Вы понимаете эти предложения?

❶ Сегодня вечером вы куда-нибудь уходите? ❷ Нет, я никуда не ухожу, посижу дома, поиграю со своим мальчишкой. ❸ Если вы не переменили намерения путешествовать с нами, мы заедем за вами в пятницу вечером. ❹ Признаться, я ещё не решила. Дайте мне подумать ещё день. ❺ Дорогая, я думаю, нам пора одеваться и ехать в гости, нас уже ждут. ❻ Прости, но я не могу решить какое платье мне сегодня надеть. ❼ Ах, вы, болтунишка! Вы разболтали все наши тайны. ❽ Уверяю вас, что это не так. Вы ошибаетесь! ❾ Заходите к нам почаще. Мы всегда рады гостям. ❿ К вам я всегда прихожу с удовольствием. ⓫ Странный случай! Весь день звоню домой, и никто не отвечает. ⓬ Обычное дело. У детей каникулы, и я не думаю, что они будут сидеть дома.

Второе задание: Вставьте пропущенные слова!

❶ Gestern kam ich spät nach Hause.

Вчера я . . . . . . домой . . . .

❷ [Meine] Frau hat gesagt, daß irgend jemand zu mir gekommen ist.

Жена сказала, что . . . . . кто-то . . . .

26 – Sie unverschämter Schwätzer (Plauderer)!
27 – Ich versichere Ihnen, daß Sie sich irren – antwortete ruhig und höflich der Fürst.

Решение первого задания: Вы поняли?

❶ Gehen Sie heute abend irgendwo hin? ❷ Nein, ich gehe nirgendwo hin, ich werde zu Hause bleiben (sitzen) [und] mit meinem [kleinen] Jungen spielen. ❸ Wenn Sie Ihre Absichten nicht geändert haben, mit uns zu reisen, werden wir Sie am Freitag abend abholen. ❹ Ich gebe zu, daß ich mich noch nicht entschieden habe. Geben Sie mir noch einen Tag zum Überlegen. ❺ Liebste, ich denke, es ist Zeit, daß wir uns anziehen und zu [unserem] Besuch fahren, sie warten schon auf uns. ❻ Entschuldige, aber ich kann nicht entscheiden, was für ein Kleid ich heute anziehen [soll]. ❼ Ach, Sie Schwätzer! Sie haben alle unsere Geheimnisse ausgeplaudert. ❽ Ich versichere Ihnen, daß es nicht so ist. Sie irren sich! ❾ Kommen Sie öfters bei (zu) uns vorbei. Wir freuen uns immer [über] Gäste. ❿ Zu Ihnen komme ich immer gern. ⓫ Ein seltsamer Zufall! Den ganzen Tag rufe ich zu Hause an, und keiner meldet sich (antwortet). ⓬ Das ist ganz normal (gewöhnliche Sache). Die Kinder haben Ferien, und ich glaube nicht, daß sie zu Hause sitzen werden.

❸ Es ist Zeit (mir Zeit), zur (auf) Arbeit zu gehen.

Мне . . . . идти на работу.

❹ Als die Generalin hinausgegangen ist, hat Ganja das Portrait genommen.

Когда генеральша . . . . . , Ганя . . . . портрет.

❺ Wissen Sie (nicht) die Adresse [vom] Geschäft? Lassen Sie mich Sie hinführen. Hier[lang ist es] nicht weit.

Вы не . . . . . . адрес . . . . ?
Давайте я . . . . Здесь
. . . .

❻ Heute fahre ich nach Moskau.

Сегодня я . . . . . . в . . . .

▶ ШЕСТЬДЕСЯТ СЕДЬМОЙ УРОК

ДАВАЙТЕ ОТДОХНЁМ

1 – Хотите анекдот?
2 – Надеюсь, новый, а не с бородой. ①
3 – Всё новое хорошо забытое старое.
4 Так вот, ученика спрашивает учитель анатомии:
5 – „Какие зубы появляются у человека в последнюю очередь?“ ②
6 – „Вставные, Иван Владимирович.“
7 – Кстати, на днях мне вставили два новых зуба. ③
8 Доктор уверял меня, что они будут как настоящие.

ANMERKUNGEN

① Das Gegenteil von **анекдо́т с бородо́й** „Witz mit Bart“ lautet **све́жий анекдо́т** „ein neuer (frischer) Witz“.

Решение второго задания: Пропущенные слова.

❶ пришёл – поздно ❷ ко мне – приходил ❸ пора ❹ вышла – взял ❺ знаете – магазина – вас доведу – недалеко ❻ уезжаю – Москву.

Vergessen Sie nicht, daß Sie bei Unklarheiten im grammatischen Anhang nachgucken können. Aber lernen Sie nicht auswendig. Lesen Sie nur das, was Sie interessiert, mehrfach durch.

Втора́я волна́: Повтори́те три́дцать пе́рвый уро́к!

67. Lektion

Erholen wir uns

1 – Wollt ihr einen Witz [hören]?
2 – Ich hoffe, einen neuen, und nicht einen uralten (mit Bart).
3 – Alles Neue [ist] gut vergessenes Altes.
4 Also, der Anatomielehrer fragt den Schüler:
5 – „Welche Zähne kommen (erscheinen) beim Menschen zuletzt (in letzter Linie)?“
6 – „Falsche Zähne (eingesetzte), Iwan Wladimirowitsch.“
7 – Übrigens, neulich (auf den Tagen) hat man mir zwei neue Zähne eingesetzt.
8 Der Arzt versicherte mir, daß sie wie echte sein würden.

ANMERKUNGEN

② Das Gegenteil von **В после́днюю о́чередь** „zuletzt (in letzter Linie)“ ist **В пе́рвую о́чередь мы сде́лаем де́ло, а отдохнём пото́м** „Zuerst (in erster Linie) arbeiten wir, und wir erholen uns danach“.

③ Merken Sie sich diesen sehr verbreiteten Ausdruck: **на днях** „neulich (auf den Tagen)“.

9 И представляете, он не ошибся, болят как самые настоящие. ④

10 – А вот я однажды спросил знакомого врача:

11 „Это правда, если я буду есть много морковки, то буду лучше видеть?“

12 – Я, кажется, знаю, что тебе ответил врач:

13 „А где вы видели кроликов в очках?“ ⑤

14 – Давайте я расскажу вам анекдот, который никто из вас, наверняка, не слышал. ⑥

15 „Одна дама у входа в кинотеатр дала деньги бедному слепому.

16 И каково же было её удивление, когда в зале рядом с собой она увидела „слепого“! ⑦

17 Впрочем, „слепой“ не растерялся:

18 „Простите, я правильно сел, этот автобус идёт на Курский вокзал?“ ⑧

19 – А теперь о ресторане. Вот самый последний.

20 Во всяком случае, я раньше его не слышал.

21 „Официант“, обратился клиент к официанту.

22 „У этой курицы одна нога короче другой!“ ⑨

ANMERKUNGEN

④ Erinnern Sie sich noch daran, daß **настоя́щий** auch „gegenwärtig, aktuell“ bedeutet?

9 Und stellt euch vor, er irrte sich nicht, sie schmerzen wie echte (die gegenwärtigsten).

10 – Und ich fragte einmal einen [mir] bekannten Arzt:

11 „Ist es wahr, [daß] ich, wenn ich viele Möhren esse(n werde), besser sehen werde?“

12 – Ich weiß vielleicht, was der Arzt dir geantwortet hat:

13 „Haben Sie [schon mal] einen Hasen (und wo Sie sahen Hasen) mit einer Brille (mit Brillen) gesehen?“

14 – Laßt mich einen Witz erzählen, den bestimmt keiner von euch gehört hat.

15 „Eine Dame gab am Kinoeingang einem armen Blinden Geld.

16 Aber wie erstaunt war sie (welches war ihr Erstaunen), als sie im Saal neben sich den „Blinden“ sah!

17 Übrigens, der „Blinde“ verlor seine Fassung nicht:

18 „Entschuldigen Sie, irre ich mich nicht (ich richtig mich setzte), fährt (geht) dieser Bus zum (auf) Bahnhof von Kurskij?“

19 – Aber jetzt über das Restaurant. Nun den letzten [Witz].

20 Jedenfalls habe ich ihn vorher [noch] nicht gehört.

21 „Kellner“, wandte sich der Gast an den Kellner.

22 „Bei diesem Huhn ist ein Bein kürzer als das andere!“

ANMERKUNGEN

⑤ **кро́ликов** „Hasen“ ist der Akkusativ Plural. Bei Tieren ist diese Form mit dem Genitiv identisch: **В саду́ мно́го кро́ликов** „Im Garten sind viele Hasen“.

⑥ **наверняка́** ist eine umgangsprachliche Form für **наве́рное** „bestimmt“.

⑦ **каково́** „welches“ ist ein neutrales Fragepronomen. Die männliche Form ist **како́в** „welcher“, die weibliche **какова́** „welche“, im Plural lautet die Form **каковы́** „welche“.

⑧ **непра́вильно сел в авто́бус, и уе́хал не туда́, куда́ мне ну́жно бы́ло** „Ich habe mich im Bus geirrt, und ich fuhr nicht dorthin, wo ich hin sollte“.

⑨ Der Komparativ **коро́че** „kürzer“ ist abgeleitet von **коро́ткий** „kurz“. **Э́та доро́га коро́ткая, а э́та коро́че** „Dieser Weg ist kurz, aber dieser ist kürzer“.

23 – „А вы что, с ней собираетесь танцевать?“
24 – Всё, друзья, вы меня насмешили.
25 С утра я был расстроен, а сейчас всё хорошо.
26 Пора идти работать. Всего хорошего!

Первое задание: Вы понимаете эти предложения?

❶ Последнее время меня тревожили мои глаза. ❷ И я не ошибся, всё дело в очках. ❸ Вот видишь, надо было давно сходить к врачу. ❹ У него есть маленькая слабость. Он любит рассказывать анекдоты с бородой. ❺ Это нестрашно. Просто у него добрый характер, и он хочет, чтобы всем было хорошо. ❻ Ты меня расстраиваешь. Обещал вымыть посуду и ничего не сделал. ❼ Если я обещал, то сделаю. Подожди минуточку. ❽ Вы знаете мой адрес? Не знаете? Так запишите. ❾ А ещё лучше возьмите мою визитную карточку с телефоном. ❿ Спасибо, ваш телефон у меня есть. Я обязательно позвоню вам, а потом и заеду. ⓫ Какой у нас день сегодня? Пятница? Хорошо! Завтра отдохнём. ⓬ Кстати, а что ты собираешься делать в субботу?

23 – „Na und? Beabsichtigen Sie, mit ihm zu tanzen?“
24 – Genug, Freunde, ihr habt mich zum Lachen gebracht.
25 Seit heute morgen war ich verstimmt, aber jetzt ist alles in Ordnung.
26 Es ist Zeit, arbeiten zu gehen. Alles Gute!

Решение первого задания: Вы поняли?

❶ In der letzten Zeit beunruhigten mich meine Augen. ❷ (Und) ich habe mich nicht geirrt, alles liegt an (in) der Brille(n). ❸ Na siehst du, du hättest [schon] lange zum Arzt gehen sollen. ❹ Er hat eine kleine Schwäche. Er erzählt gerne (liebt erzählen) uralte Witze. ❺ Das ist nicht schlimm (schrecklich). Er hat einfach einen guten Charakter, und er will, daß es allen gut [geht]. ❻ Du verstimmst mich. Du hast versprochen, das Geschirr abzuwaschen, und du hast nichts gemacht. ❼ Wenn ich [es] versprochen habe, dann werde ich [es] machen. Warte einen Augenblick (Minütchen). ❽ Kennen (wissen) Sie meine Adresse? Wissen Sie sie nicht? Dann schreiben Sie sie auf. ❾ Oder (und) noch besser: Nehmen Sie meine Visitenkarte mit der Telefonnummer (Telefon). ❿ Danke, Ihre Telefonnummer (Telefon) habe ich. Ich werde Sie bestimmt anrufen und dann vorbeikommen. ⓫ Was für einen Tag haben wir heute? Freitag? Gut! Morgen werden wir uns erholen. ⓬ Übrigens, was beabsichtigst du am Samstag zu machen?

Второе задание: Вставьте пропущенные слова!

❶ Am Eingang des Konservatoriums habe ich meine Freunde gesehen.

У . . . . . в консерваторию я . . . . . . моих . . . .

❷ Sie erstaunte sehr, als sie neben sich einen unbekannten Menschen sah.

Она очень удивилась, когда рядом с . . . . . увидела . . . .

❸ Meine Mutter freute sich immer [über] Gäste.

Моя мама всегда была рада . . . .

❹ Sie hatte für sie immer irgend etwas Leckeres vorbereitet.

У . . . для . . . было всегда готово что-нибудь . . . .

❺ Der Arzt versicherte meiner Schwester, daß bei ihr alles in Ordnung (gut) sei(n wird).

Доктор уверял . . . . , что у . . . всё будет хорошо.

ШЕСТЬДЕСЯТ ВОСЬМОЙ УРОК

НАТАША ①

1 Комната князя Андрея была в среднем этаже,

2 в комнатах над ним тоже жили и не спали.

⑥ Wir sollen unsere Angelegenheiten nicht vergessen.

Мы не должны забывать о ....

⑦ Die Kinder werden mit euch im Auto [mit]fahren, aber ich werde mit [meinem] Mann mit (auf) dem Bus fahren.

С .... поедут в ...... дети, а я поеду с ..... на ....

Решение второго задания: Пропущенные слова.

① входа – увидел – друзей ② собой – незнакомого человека ③ гостям ④ неё – них – вкусное ⑤ мою сестру – неё ⑥ наших делах ⑦ вами – машине – мужем – автобусе.

Sie können den Lernerfolg noch steigern, wenn Sie mit der Sprache und den Texten spielen. Lesen sie laut, als würden Sie die Texte auf der Bühne vortragen, bilden Sie eigene Sätze, und hören Sie immer wieder die Tonaufnahmen an. Wenn Ihnen etwas unklar ist, versuchen Sie, es anhand des grammatischen Anhangs zu klären.

Втора́я волна́: Повтори́те три́дцать второ́й уро́к!

68. Lektion

Natascha

1 Das Zimmer des Fürsten Andrej war im ersten (mittleren) Stockwerk,

2 in den Zimmern über ihm waren sie [noch wach] (lebten) und schliefen nicht.

ANMERKUNGEN

① Und wieder ein Auszug aus der russischen Literatur, diesmal eine Szene aus „Krieg und Frieden“ von Leo Nikolajewitsch Tolstoj (1828-1910).

3 Он услыхал сверху женский говор. ②③④

4 – Только ещё один раз, сказал женский голос, который сейчас узнал князь Андрей.

5 – Да когда же ты спать будешь? отвечал другой голос.

6 – Я не буду, я не могу спать, что ж мне делать!

7 Ну, последний раз...

8 Два женских голоса запели какую-то музыкальную фразу...

9 – Ах, какая прелесть! Ну, теперь спать, и конец.

10 – Ты спи, а я не могу, отвечал первый голос, приблизившийся к окну. ⑤

11 Она, видимо, совсем высунулась в окно,

12 потому что слышно было шуршание её платья и даже дыхание...

13 – Соня! Соня! послышался опять первый голос. ⑥

3 Er hörte von oben eine Frauenstimme.

4 – Nur noch einmal, sagte die Frauenstimme, die der Fürst Andrej jetzt erkannte.

5 – Aber (also) wann wirst du schlafen? antwortete die zweite Stimme.

6 – Ich werde nicht [schlafen], ich kann nicht schlafen, was [soll] ich (mir) tun?

7 Also (aber), ein letztes Mal ...

8 Zwei Frauenstimmen sangen irgend eine Melodie (musikalische Phrase) ...

9 – Ach, wie reizend! Aber jetzt schlafen, und Schluß.

10 – Schlaf du, aber ich kann nicht, antwortete die erste Stimme, [die] sich dem (zu) Fenster genähert hatte.

11 Sie hatte sich offensichtlich ganz aus dem Fenster hinausgelehnt,

12 da man das Rascheln ihres Kleides und sogar [ihren] Atem hörte ...

13 – Sonja! Sonja! hörte man (war zu hören) wieder die erste Stimme.

ANMERKUNGEN

② **Он услыха́л** ist ein Äquivalent zu **он услы́шал** „er hörte“.

③ Das Adverb **све́рху** „von oben“ antwortet auf die Frage **отку́да?** „woher?“, **наве́рх** „nach oben“ antwortet auf **куда́?** „wohin?“, **наверху́** „oben“ verbindet sich mit **где?** „wo?“.

④ **го́вор** kann auch „Dialekt“ bedeuten.

⑤ **приближи́вшийся** ist ein Partizip Perfekt Aktiv, bei dem die Endung **-л** des Verbs **прибли́зился** „sich nähern“ durch das Suffix **-вший** ersetzt wurde.

⑥ **го́лос послы́шался** „man hörte die Stimme“ ist eine unpersönliche Konstruktion, die meistens in der Vergangenheit benutzt wird: **пе́сня послы́шалась** „man hörte das Lied“ und **голоса́ послы́шались** „man hörte die Stimmen“.

14 – Ну, как можно спать! Да ты посмотри, что за прелесть! Ах, какая прелесть!

15 Да проснись же, Соня, сказала она почти со слезами в голосе.

16 – Ведь эдакой прелестной ночи никогда не бывало. ⑦

17 Соня неохотно что-то отвечала.

18 – Нет, ты посмотри, что за луна! Ах, какая прелесть!

19 Ты поди сюда. Душенька, голубушка, поди сюда. ⑧⑨

20 Ну, видишь? Так вот бы села на корточки... и полетела бы. Вот так!

21 – Полно, ты упадёшь.

22 Послышалась борьба и недовольный голос Сони:

23 – Уже второй час.

24 – Ах, ты только всё портишь мне, ну, иди, иди.

25 Опять всё замолкло, но князь Андрей знал, что она всё ещё сидит тут, ⑩

26 он слышал иногда тихое шевеление, иногда вздохи.

27 – Ах, Боже мой! Боже мой! Что ж это такое! вдруг вскрикнула она. ⑪

28 Спать так спать – и захлопнула окно. ⑫

ANMERKUNGEN

⑦ **э́дакой** ist ein veraltetes Wort. Heute würde man **тако́й** „solcher" sagen.

⑧ **Ты поди́** oder **ты иди́** „geh", hier „komm", ist veraltet, aber es wird unter Freunden benutzt.

14 – Aber wie kann man schlafen? Nun schau [doch], wie reizend! Ach, wie reizend!
15 Wach [doch] auf, Sonja, sagte sie fast mit Tränen in der Stimme.
16 – So eine reizende Nacht gab es (doch) [noch] nie.
17 Sonja antwortete widerwillig irgend etwas.
18 – Nein, schau mal, was für ein Mond! Ach, wie reizend!
19 Komm hierher. [Mein] Herzchen (Seelchen), [meine] kleine Taube, komm hierher.
20 Na, siehst du? Ich würde in die Hocke gehen ... und würde wegfliegen. Genau so!
21 – Genug, du wirst [hinunter]fallen.
22 Man hörte einen Kampf und die unzufriedene Stimme von Sonja:
23 – Es ist schon nach ein Uhr (die zweite Stunde).
24 – Ach, du verdirbst mir nur alles, nun, geh, geh.
25 Wieder wurde alles still, aber Fürst Andrej wußte, daß sie immer noch dort saß (sitzt),
26 er hörte manchmal eine leise Bewegung, manchmal ein Seufzen.
27 – „Ach, mein Gott! Mein Gott! Was ist das nun! rief sie plötzlich aus.
28 [Wenn man] schlafen [muß], dann (wie) schlafen [wir eben] – und sie schlug das Fenster zu.

ANMERKUNGEN

⑨ **Дýшенька** von **душá** „Seele“ und **голýбушка** von **гóлубь** „Taube“ sind verniedlichende Beschreibungen für Frauen.

⑩ **всё замóлкло** oder **всё вокрýг стáло тúхо** „Alles rundherum wurde still“.

⑪ **вскрúкнула** ist von **крúкнуть** (V) „schreien, rufen“ abgeleitet und hat hier das Präfix **вс-** „aus-“. **Кричáть** (UV) „schreien, rufen“ vervollständigt das Verbpaar.

⑫ **захлóпнула** stammt von **захлóпнуть** (V), das mit **захлóпывать** (UV) „zuschlagen“ ein Aspektpaar bildet.

Первое задание: Вы понимаете эти предложения?

❶ Какая ночь сегодня! Просто удивительно, ну как спать в такую ночь! ❷ Давай ещё пройдёмся. Ты согласен? ❸ Что за луна в Италии! Я нигде такой не видел. ❹ А я видел на юге России, когда путешествовал там в прошлом году. ❺ Ты неохотно отвечаешь на мои вопросы, но я хочу спросить тебя, чем ты недоволен. ❻ Уверяю тебя, ты ошибаешься. Мне просто ужасно захотелось спать. ❼ У меня никогда не бывало такой прекрасной встречи. Я вас благодарю за всё. ❽ Ах, Боже мой, за что вы меня благодарите? ❾ Я сделал то, что должен был сделать для вас уже давно. ❿ Проснись, уже утро. На улице пасмурно, но так тепло. ⓫ Я знал, что нам сегодня повезёт с погодой. ⓬ Давай быстро оденемся и в лес.

Второе задание: Вставьте пропущенные слова!

❶ In der Wohnung über seinem Zimmer schliefen sie nicht.

В . . . . , над . . . . не спали.

❷ Von oben hörte er eine angenehme Frauenstimme.

. . . . . . он . . . . приятный . . . . голос.

❸ So eine schöne Nacht gab es in unserer Stadt schon lange nicht.

Такой . . . . давно не бывало в нашем . . . .

❹ Ihm tat es leid, sich von seiner Arbeit zu verabschieden.

Ему было . . . . расстаться со . . . .

Решение первого задания: Вы поняли?

❶ Was für eine Nacht heute! Einfach erstaunlich, wie man in einer solchen Nacht schlafen [soll]! ❷ Laß uns noch spazieren gehen. Bist du einverstanden? ❸ Was für ein Mond in Italien ist! Ich habe solch [einen Mond] nirgendwo gesehen. ❹ Aber ich habe in Südrußland [so einen] gesehen, als ich im vorigen Jahr dorthin gereist bin. ❺ Du antwortest widerwillig auf meine Fragen, aber ich will dich fragen, womit du unzufrieden bist. ❻ Ich versichere dir, du irrst dich. Ich muß einfach dringend (ungeheuerlich) schlafen. ❼ Ich hatte nie so ein schönes Treffen. Ich bedanke mich für alles. ❽ Ach, mein Gott, wofür bedanken Sie sich? ❾ Ich habe das gemacht, was ich schon lange für Sie machen sollte. ❿ Wach auf, es ist schon Morgen. Draußen ist es trüb, aber so warm. ⓫ Ich wußte, daß wir heute Glück mit dem Wetter haben. ⓬ Laß uns uns schnell anziehen und in den Wald [gehen].

❺ Wie lächerlich! Er geht hinter ihr her wie ein Schatten. Wo sie [hingeht], dorthin [geht] auch er.

Как смешно! Он ходит за . . . как тень. Куда она, ... и он.

❻ Ich rate dir, dieses alte Buch durchzulesen, und du wirst darin (dort) die Antworten auf deine Fragen finden.

Я советую . . . . , перечитай . . . . и ты найдёшь . . . ответы на . . . .

❼ Es war ein sympathischer Mann im schwarzen Anzug und mit (in) einer Brille (Brillen).

Это был симпатичный мужчина в . . . . и в . . . .

Решение второго задания: Пропущенные слова.

❶ квартире – его комнатой ❷ Сверху – услышал – женский ❸ прекрасной ночи – городе ❹ жаль – своей работой ❺ ней – туда ❻ тебе – эту старую книгу – там – твои вопросы ❼ чёрном костюме – очках.

Втора́я волна́: Повтори́те три́дцать тре́тий уро́к!

▶ ШЕСТЬДЕСЯТ ДЕВЯТЫЙ УРОК

ДАМА С СОБАЧКОЙ ①

1 ... И в эту минуту он вдруг вспомнил, как тогда вечером на станции, проводив Анну Сергеевну, ②

2 говорил себе, что всё кончилось, и они уже никогда не увидятся. ③

3 Но как ещё далеко было до конца!...

4 – Как вы меня испугали! – сказала она, тяжело дыша, всё ещё бледная, ④

5 о, как вы меня испугали! Я едва жива. Зачем вы приехали? Зачем? ⑤

6 – Но поймите, Анна, поймите... – проговорил он вполголоса... ⑥

ANMERKUNGEN

① Dies ist ein Auszug aus einer Novelle von Anton Tschechow (1860-1904). Die Sprache Tschechows wird als eine der schönsten der russischen Literatur angesehen. Betrachten wir ihre Eigenarten hier nun etwas genauer ...

69. Lektion

Die Dame mit dem Hündchen

1 ... Aber in diesem Moment (Minute) erinnerte er sich plötzlich [daran], wie er damals an dem Abend auf dem Bahnhof, [als er] Anna Sergejewna hinbrachte,
2 sich sagte, daß alles vorbei sei (beendet), und sie sich (schon) niemals wiedertreffen (wiedersehen) würden.
3 Aber wie weit war es [noch bis] zum Ende! ...
4 – Wie haben Sie mich erschreckt! – sagte sie, schwer atmend, immer noch bleich,
5 oh, wie haben Sie mich erschreckt! Ich lebe kaum [noch] (lebendig)! Warum sind Sie gekommen? Warum?
6 Aber verstehen Sie [doch], Anna, verstehen Sie ... – sagte er halblaut ...

ANMERKUNGEN

② **проводи́в А́нну** „Anna zum Bahnhof gebracht habend" ist ein Adverbialpartizip der Vergangenheit (s. L. 70). Im Gespräch würde man diese Wendung folgendermaßen umschreiben: **когда́ он проводи́л её** „als er sie [zum Bahnhof] brachte".

③ **уви́дятся** von **уви́деться** „sich treffen" wird mit der Präposition **с** „mit" und dem Instrumentalis gebildet. **Я уви́жусь с тобо́й** „Ich werde dich treffen".

④ **дыша́** ist das Adverbialpartizip der Gegenwart von **дыша́ть** „atmen", das ins Deutsche mit dem Partizip Präsens zu übersetzen ist: „atmend" (vgl. Lektion 70).

⑤ Erinnern Sie sich noch an die Kurzformen der Adjektive? Die Kurzform **жива́** bedeutet hier „lebendig" im Sinne von „nicht tot" und ist die weibliche Form von **жива́я** „lebhaft, munter".

⑥ Der Imperativ von **поня́ть** (V) „verstehen" ist **пойми́те!** „Verstehen Sie!".

7 Умоляю вас, поймите.
8 Она глядела на него со страхом, с мольбой, с любовью,
9 чтобы покрепче задержать в памяти его черты. ⑦
10 – Я так страдаю! продолжала она –
11 я всё время думаю только о вас, я жила мыслями о вас. ⑧
12 И мне хотелось забыть, забыть, но зачем, зачем вы приехали?
13 Повыше, на площадке два гимназиста курили и смотрели вниз, но Гурову было всё равно...
14 Он стал целовать её лицо, щёки, руки.
15 – Что вы делаете, что вы делаете! говорила она в ужасе – мы с вами обезумели.
16 Уезжайте сегодня же, уезжайте сейчас... Сюда идут.
17 По лестнице снизу вверх кто-то шёл.
18 – Вы должны уехать... – продолжала Анна Сергеевна шёпотом – ⑨
19 Слышите, Дмитрий Дмитрич? Я приеду к вам в Москву.
20 Я никогда не была счастлива, я теперь несчастна и никогда не буду счастлива, никогда! ⑩

ANMERKUNGEN

⑦ Der Komparativ **кре́пче** „stärker" mit dem Präfix **по-** ist Ihnen schon bekannt. Man könnte auch sagen **бо́лее кре́пкий**, wörtlich „mehr stark".

7 Ich flehe Sie an, verstehen Sie.
8 Sie sah ihn ängstlich (mit Angst) an, mit Flehen, mit Liebe,
9 um seine [Gesichts]züge stärker in [ihrem] Gedächtnis einzuprägen.
10 – Ich leide so sehr! fuhr sie fort. –
11 Die ganze Zeit denke ich nur an (über) Sie, ich lebte nur [durch] die Gedanken an (über) Sie.
12 Und ich wollte vergessen, vergessen, aber warum, warum sind Sie gekommen?
13 [Etwas] höher, auf dem [Sport]platz, rauchten zwei Gymnasiasten und schauten nach unten, aber Gurow war alles gleich ...
14 Er begann, ihr Gesicht, [ihre] Wangen, [ihre] Hände zu küssen.
15 – Was machen Sie, was machen Sie? sagte sie mit (im) Entsetzen – wir haben den Verstand verloren.
16 Fahren Sie heute ab, fahren Sie jetzt ab ... Sie kommen hierher.
17 Jemand kam (ging) die Treppe hinauf (von unten nach oben).
18 – Sie müssen abfahren ... – fuhr Anna Sergejewna flüsternd fort –
19 Hören Sie, Dmitrij Dmitritsch? Ich werde zu Ihnen nach Moskau fahren.
20 Ich war nie glücklich, jetzt bin ich unglücklich, und nie werde ich glücklich sein, nie!

ANMERKUNGEN

⑧ **жила́ мы́слями** ist eine Konstruktion des Verbs **жить** + Instrumentalis „von bzw. dank etwas Bestimmten leben".

⑨ **шёпотом** ist der Instrumentalis von **шёпот** „Flüstern". Das Gegenteil wäre: **Он говорил гро́мки́м го́лосом** „Er sprach laut (mit lauter Stimme)".

⑩ **сча́стлива** ist auch die weibliche Kurzform des Adjektivs, das in attributiver Stellung am Ende des Satzes steht.

21 Не заставляйте же меня страдать ещё больше!

22 Клянусь, я приеду в Москву. А теперь расстанемся! ⑪

23 Мой милый, добрый, дорогой мой, расстанемся!

24 Она пожала ему руку и стала спускаться вниз...

25 и по глазам её было видно, что она в самом деле не была счастлива. ⑫

Первое задание: Вы понимаете эти предложения?

❶ Поймите меня правильно. Мне грустно с вами расстаться. ❷ Но что поделаешь, надо уезжать. ❸ Уезжайте, но я к вам обязательно приеду. ❹ Я думаю, что всё уже кончилось. ❺ Да, как говорят, всё хорошо, что хорошо кончается. ❻ Вы в самом деле решили уехать? ❼ Очень жаль, но это так. Я была счастлива здесь и никогда не забуду ваш город. ❽ Почему вы говорите вполголоса? Дети ещё не спят. ❾ На работе я иногда кричу, так что дома хочется поговорить тихо. ❿ Вы меня так испугали. Я едва жива от ужаса. ⓫ Простите, это была маленькая шутка. ⓬ Теперь я понимаю, что эта шутка не очень умная. Ещё раз извините меня. ⓭ Он уверяет меня, что ничего не знал об этом странном случае. ⓮ Боюсь, что это не так. ⓯ Все его тайны на лице написаны. ⓰ Летом я перечитал „Идиота“ Достоевского, а теперь увлекаюсь Чеховым. ⓱ Мне нравятся его милые и добрые герои, но они так несчастливы.

21 Zwingen Sie mich nicht, noch mehr zu leiden!
22 Ich schwöre, ich werde nach Moskau fahren. Aber jetzt werden wir uns verabschieden!
23 Mein Lieber, [mein] Guter, Lieber mein, wir werden uns verabschieden!
24 Sie drückte ihm die Hand und begann, nach unten zu gehen ...
25 und in (auf) ihren Augen war zu sehen (sichtbar), daß sie wirklich nicht glücklich war.

ANMERKUNGEN

⑪ **расста́немся** „verabschieden, trennen wir uns" hat den Infinitiv **расста́ться**. Vorsicht mit der Konjugation: **я расста́нусь** „ich verabschiede mich", **ты расста́нешься** „du verabschiedest dich".

⑫ Die Präposition **по** „auf" verlangt den Dativ.

Решение первого задания: Вы поняли?

❶ Verstehen Sie mich richtig. Es ist traurig [für] mich, mich von Ihnen zu verabschieden. ❷ Aber was kann man machen? Ich muß abfahren. ❸ Fahren Sie ab, aber ich werde sicherlich zu Ihnen kommen (fahren). ❹ Ich denke, daß alles schon vorbei ist (beendet). ❺ Ja, wie man sagt: Ende gut, alles gut (was gut endet). ❻ Haben Sie sich tatsächlich entschieden, wegzufahren? ❼ [Es tut mir] sehr leid, aber es ist so. Ich war sehr glücklich hier, und niemals werde ich Ihre Stadt vergessen. ❽ Warum sprechen Sie leise (halblaut)? Die Kinder schlafen noch nicht. ❾ Bei der Arbeit schreie ich manchmal, also möchte ich zu Hause leise sprechen. ❿ Sie haben mich so erschreckt. Ich bin kaum [noch] lebendig vor Schreck. ⓫ Entschuldigen Sie, das war ein kleiner Witz. ⓬ Jetzt verstehe ich, daß dieser Witz nicht sehr klug war. Noch einmal, entschuldigen Sie mich. ⓭ Er versichert mir, daß er nichts von diesem seltsamen Zufall wusste. ⓮ Ich fürchte, daß es nicht so war. ⓯ All seine Geheimnisse [stehen] auf [seinem] Gesicht geschrieben. ⓰ Im Sommer habe ich „Der Idiot" [von] Dostojewskij gelesen, und jetzt interessiere ich mich für Tschechow. ⓱ Mir gefallen seine netten und guten Helden, aber sie sind so unglücklich.

Второе задание: Вставьте пропущенные слова!

1. Man sagt, [daß] du geheiratet hast? – Ja, vor kurzem.

   Говорят, ты .... ? – Да, совсем ....

2. Und warum hast du das gemacht?

   И зачем ты ... . ?

3. Mir hat es nicht gefallen, im Café zu Mittag und zu Abend zu essen.

   ... не .... обедать и .... в кафе.

4. Na, und jetzt? – Aber jetzt gefällt es [mir].

   Ну, а ...... ? – А теперь ....

5. Alle Mädchen sind nicht normal.

   ... . ненормальные.

СЕМИДЕСЯТЫЙ УРОК

ПОВТОРЕНИЕ И ЗАМЕТКИ

1. Konjugationsformen wichtiger Verben

Wir wollen noch einmal auf einige Verben eingehen, bei denen Sie sich gut die Konjugationsformen merken sollten:

задава́ть (UV) „geben":

я задаю́ „ich gebe"	**мы задаём** „wir geben"
ты задаёшь „du gibst"	**вы задаёте** „ihr gebt"
он/она́ задаёт „er, sie gibt"	**они́ задаю́т** „sie geben".

зада́ть (V) „geben":

я зада́м „ich gebe"	**мы задади́м** „wir geben"
ты зада́шь"du gibst"	**вы задади́те** „ihr gibt"
он/она́ зада́ст „er, sie gibt"	**они́ зададу́т** „sie geben".

❻ Warum denkst du so? – Sie wollen nicht heiraten.

. . . . . . ты так . . . . ? – Не хотят

. . . .

❼ Woher weißt du das?

. . . . . . ты это знаешь?

❽ Ich habe [es] allen vorgeschlagen, aber keine einzige stimmte zu.

Я всем . . . . , но ни одна не

. . . .

Решение второго задания: Пропущенные слова.

❶ женился – недавно ❷ это сделал ❸ Мне – нравилось – ужинать ❹ теперь – нравится ❺ Все девушки ❻ Почему – думаешь – выходить замуж ❼ Откуда ❽ предлагал – согласилась.

Втора́я волна́: Повтори́те три́дцать четвёртый уро́к!

70. Lektion

па́дать (UV) „fallen“:

я па́даю „ich falle“	**мы па́даем** „wir fallen“
ты па́даешь „du fällst“	**вы па́даете** „ihr fällt“
он/она́ па́дает „er/sie fällt“	**они́ па́дают** „sie fallen“.

упа́сть (V) „fallen“:

я упаду́ „ich falle“	**мы упадём** „wir fallen“
ты упадёшь „du fällst“	**вы упадёте** „ihr fällt“
он/она́ упадёт „er/sie fällt“	**они́ упаду́т** „sie fallen“.

2. Partizipien

Partizipien sind Verbformen, die die Merkmale eines Adjektivs haben. Die richtige Übersetzung der Partizipien ist für das Lesen russischer Texte von großer Bedeutung. In den vorherigen Lektionen haben Sie folgende Formen angetroffen:

a) Partizip Präsens Aktiv: **входя́щий** „hereinkommend, der hereinkommt“ (Lektion 66). Diese Form ist abgeleitet von der 3. Person Plural Präsens (**вхо́дят** „sie kommen herein“) des Verbs **входи́ть** „hereinkommen“. Dabei wird die Endung **-т** durch **-щий** ersetzt. Da das Partizip die Merkmale eines Adjektivs trägt, ändert sich die Endung, wenn es sich um eine Frau handelt: **входя́щая** „hereinkommend, die hereinkommt“. Ebenso wie Adjektive werden auch die Partizipien dekliniert.

b) Partizip Perfekt Aktiv: **прибли́зившийся** „die sich genähert hat“ (Lektion 68). Diese Form wird gebildet auf der Grundlage der 3. Person Singular Präteritum (**приблизи́лся** „sie näherte sich“) des Verbs **приблизи́ться** „sich nähern“. Die Endung **-л** wird durch **-вший** ersetzt, und das Verb behält durch die Endung **-ся** , die zuletzt angehängt wird, seinen reflexiven Charakter. Das Partizip wird meistens mit einem Relativsatz ins Deutsche übersetzt.

3. Adverbialpartizipien

Adverbialpartizipien sind Verbformen, die – wie Adverbien – in ihrer Form unveränderlich sind. Mit dem Verb gemeinsam haben sie den Aspekt. Sie stehen im Aktiv. Für die russischen Adverbialpartizipien gibt es im Deutschen keine Entsprechungen.

▶ СЕМЬДЕСЯТ ПЕРВЫЙ УРОК

ЗНАКОМИТЬСЯ ЛЕГКО, ДА РАССТАВАТЬСЯ ТРУДНО ①

1 – Ах! Как быстро пробежало время! ②

2 Вот и пришла пора расставаться.

3 – И не говорите! Не пробежало время, а пролетело.

ANMERKUNGEN

① Im Russischen findet man in Redewendungen und Sprichwörtern oft Verben auf **-ся**.

In ihrer Funktion sind sie etwa mit dem Partizip Präsens zu vergleichen. Im Russischen gibt es zwei Adverbialpartizipien:

a) Das unvollendete Adverbialpartizip **дыша́** „atmend" (Lektion 69) ist vom Präsensstamm der 3. Person Plural (**дыша́т** „sie atmen") abgeleitet. Das Suffix **-а** tritt nur nach den Lauten **ж**, **ч**, **ш** und **щ** auf. Ansonsten fügt man das Suffix **-я** an: **чита́я** „lesend".

b) Das vollendete Adverbialpartizip **уви́дев** „gesehen habend" (Lektion 66) wird vom Stamm des Präteritums mit den Suffixen **-в** und **-вши** gebildet, die nach dem Weglassen des Suffixes **-л** nur nach einem Vokal auftreten.

Bei einem reflexiven Verb, z. B. **поклони́ться** „sich verbeugen" (Lektion 65), wird die Vergangenheitsform (**поклони́лся** „er verbeugte sich") mit dem Suffix **-вшись** benutzt: **поклони́вшись** „sich verbeugt habend".

Die nächste und letzte Lektion des Kurses ist zwar dem Thema „Abschied" gewidmet. Aber ganz so ernst brauchen Sie dies nicht zu nehmen. Denn Sie werden doch bestimmt Ihre Russischkenntnisse weiter ausbauen wollen, oder nicht?

Втора́я волна́: Повтори́те три́дцать пя́тый уро́к!

71. Lektion

Sich kennenzulernen, ist leicht, aber sich zu trennen, ist schwer

1 – Ach! Wie schnell die Zeit vergangen ist!
2 Es ist (kam) nun Zeit, sich zu verabschieden.
3 – (Und) was Sie nicht sagen! Die Zeit verging nicht, sondern sie flog.

ANMERKUNGEN

② Die möglichen Verbverbindungen mit **вре́мя** „Zeit" sind **идёт**, **бежи́т**, **лети́т**, **мчи́тся** „[die Zeit] vergeht, läuft, fliegt, eilt dahin".

4 – Помните, как в старой песне поётся: ③
5 „Люди добрые, поверьте, расставание хуже смерти“.
6 – И эту песню вспоминаю, и романс старинный припоминается: ④
7 „Не уезжай ты, мой голубчик, печальна жизнь мне без тебя...
8 – ... дай на прощание обещанье, что не забудешь ты меня“.
9 – Я не забуду вас, и вы меня не забывайте.
10 Надеюсь мы скоро увидимся. ⑤
11 – Гора с горой не сходится, а человек с человеком всегда сойдётся. ⑥
12 – Я тоже так считаю и не прощаюсь с вами, а говорю „до свидания“. ⑦
13 – До скорого. Милости просим к нам ещё раз. ⑧
14 – И вы к нам заезжайте. Мы будем всегда рады вам.
15 – И дайте о себе знать, как только вернётесь домой.

ANMERKUNGEN

③ In der Wendung **в пе́сни поётся** „in dem Lied singt man“ taucht die 3. Person Singular auf, die oft bei unpersönlichen Konstruktionen verwendet wird: **Э́та кни́га чита́ется с интере́сом** „Dieses Buch liest man mit Interesse“.

④ Der lyrische Stil der Aussage wird durch die Verwendung von **припомина́ется** „es fällt ein“ anstelle von **я припомина́ю** „ich erinnere“ unterstrichen.

4 – Erinnern Sie sich daran, wie man in dem alten Lied singt:
5 „Gute Menschen, glaubt, der Abschied ist schlimmer als der Tod".
6 – Ich erinnere mich an dieses Lied, aber auch eine uralte Romanze fällt [mir wieder] ein:
7 „Fahre nicht weg, mein Lieber (kleine Taube), traurig ist das Leben [für] mich ohne dich ...
8 – ... gib zum Abschied das Versprechen, daß du mich nicht vergißt".
9 – Ich werde Sie nicht vergessen, und Sie vergessen mich auch nicht.
10 Ich hoffe, wir werden uns bald [wieder]sehen.
11 – Der Berg trifft nicht den Berg, aber der Mensch wird immer den Menschen treffen.
12 – Ich denke (rechne) auch so, und ich werde mich nicht von (mit) Ihnen verabschieden, sondern ich sage „Auf Wiedersehen".
13 – Bis bald (frühes). Herzlich willkommen (Gnade wir bitten) bei (zu) uns noch einmal.
14 – Kommen (fahren) auch Sie bei uns vorbei. Wir werden uns immer über [Ihren Besuch] (Sie) freuen.
15 – Und geben Sie Bescheid (über sich kennen), sobald (wie nur) Sie nach Hause zurückgekehrt sind.

ANMERKUNGEN

⑤ **Мы ско́ро уви́димся** „Wir werden uns bald [wieder]sehen" oder **Мы ско́ро встре́тимся** „Wir werden uns bald [wieder] treffen" sind Phrasen, die man häufig beim Abschied benutzt.

⑥ Zur Wiederholung der Aspektpaare dient dieses Beispiel: **схо́дится** (UV)/**сойдётся** (V) „sie treffen sich".

⑦ Die Russen verwenden nicht gerne den Ausdruck **проща́й**; er steht für einen längeren oder sogar endgültigen Abschied. Statt dessen verabschiedet man sich mit **до свида́ния** oder **До встре́чи**.

⑧ **Ми́лости про́сим** ist ein literarisches und veraltetes Äquivalent zum gängigen **Добро́ пожа́ловать!** „Herzlich willkommen!".

16 – Да, я вам позвоню сразу же, а вы нам пишите.

17 – Ну всё... Долгие проводы лишние слёзы, как говорят.

18 Дайте я вас обниму на прощание. ⑨

19 – Счастливо вам оставаться и всего доброго.

20 – А вам счастливого пути, и будьте здоровы и счастливы.

21 – Я тоже желаю вам счастья и всего самого хорошего. ⑩

22 – Ну с Богом, и не поминайте нас лихом.

23 – До встречи, и всем вашим привет! ⑪

24 – Обязательно передам. Целую вас!

25 И давайте споём песню, которую русские обязательно поют, расставаясь.

26 „Веселья час и боль разлуки Готов делить с тобой всегда,

27 Давай пожмём друг другу руки и в дальний путь на долгие года.“

16 – Ja, ich werde Sie gleich anrufen, und Sie schreiben uns.
17 – Also, [das ist] alles ... Lange Abschiede sind unnötige Tränen, wie man sagt.
18 Lassen (geben) Sie [mich] Sie zum Abschied umarmen.
19 – Seien (bleiben) Sie glücklich, und alles Gute.
20 – Und Ihnen eine gute (glückliche) Reise, und seien Sie gesund und glücklich.
21 – Ich wünsche Ihnen auch Glück und alles Beste.
22 – Also auf Wiedersehen (mit Gott), und erinnern Sie sich an uns nicht im Bösen.
23 – Auf Wiedersehen (bis Treffen), und grüßen Sie alle (allen Ihren Gruß)!
24 – Bestimmt werde ich [den Gruß] übermitteln. Ich küsse Sie!
25 Und lassen Sie uns ein Lied singen, das die Russen jedesmal (bestimmt) beim Abschied singen.
26 „Die Stunde der Freude und den Schmerz der Trennung bin ich bereit, immer mit dir zu teilen,
27 Laß uns einander die Hände drücken (und) für (in) die weite Reise auf lange Jahre."

ANMERKUNGEN

⑨ Die Konstruktion **Да́йте я вас обниму́** „Lassen (geben) Sie [mich] Sie umarmen" wird auch hier verwendet: **да́йте я пожму́ вам ру́ку** „Lassen Sie [mich Ihre] Hand drücken".

⑩ Es handelt sich hierbei um einen allgemeinen und sehr gängigen Abschiedsglückwunsch.

⑪ Statt **Всем ва́шим приве́т** „Allen Ihren Gruß" könnte man auch aufzählen, wer gegrüßt werden soll: **приве́т жене́, му́жу, друзья́м, де́тям** „Gruß [an Ihre] Frau, [Ihren] Mann, [Ihre] Freunde, [Ihre] Kinder".

Первое задание: Вы понимаете эти предложения?

❶ Как быстро время летит! – И не говорите! ❷ Ничего нет хуже расставания. – Я тоже так думаю. ❸ Я никогда не забуду, что вы для меня сделали! ❹ Ну что вы! Я сделал то, что должен был сделать. ❺ Надеюсь, мы вскоро встретимся! ❻ Конечно, может быть, в этом году. ❼ Я не прощаюсь с вами. – И я говорю „до свидания". ❽ Пишите нам, не забывайте нас! ❾ Я вам напишу, как только вернусь домой.

Второе задание: Вставьте пропущенные слова!

❶ Es ist Zeit, uns zu verabschieden. Lassen Sie mich Sie umarmen.

Нам . . . . я вас . . . .

❷ Es ging (war) mir sehr gut bei (mit) Ihnen und [es tut mir] sehr leid, mich [von Ihnen] verabschieden [zu müssen].

. . . . хорошо с . . . . и очень . . . .

❸ Rufen Sie uns an, wenn Sie in unsere Stadt zurückkehren.

. . . . нам, когда . . . . в . . . .

❹ Ich hoffe, wir werden uns in diesem Jahr sehen.

. . . . , мы . . . . в . . . .

❺ Wenn Sie in Moskau sein werden, kommen Sie bei uns vorbei.

Когда . . . . . . в Москве, ... к . . . .

❻ Wir freuen uns immer über Sie.

Мы . . . всегда . . . . .

Решение первого задания: Вы поняли?

❶ Wie schnell die Zeit fliegt! – (Und) was Sie nicht sagen! ❷ Nichts ist schlimmer [als] der Abschied. – Ich denke auch so. ❸ Ich werde nie vergessen, was Sie für mich getan haben! ❹ Aber, aber! Ich habe das getan, was ich tun mußte. ❺ Ich hoffe, wir werden uns bald treffen! ❻ Selbstverständlich, vielleicht (es kann sein) in diesem Jahr. ❼ Ich verabschiede mich nicht von Ihnen. – Und ich sage „Auf Wiedersehen". ❽ Schreiben Sie uns, vergessen Sie uns nicht! ❾ Ich werde Ihnen schreiben, sobald ich nach Hause zurückkehre.

❼ Ich wünsche Ihnen Gesundheit und Glück.

Я . . . . . вам . . . . и . . . .

Решение второго задания: Пропущенные слова.

❶ пора прощаться – Дайте – обниму ❷ Мне было – вами – жаль расставаться ❸ Позвоните – вернётесь – наш город ❹ Надеюсь – увидимся – этом году ❺ будете – заходите – нам ❻ вам – рады ❼ желаю – здоровья – счастья.

In dieser Lektion haben Sie gemerkt: Die Zeit ist gekommen, Abschied zu nehmen, und Sie haben eine Fülle von Abschiedsfloskeln kennengelernt. Sie werden also, wenn Sie sich einmal von russischen Freunden verabschieden müssen, eine breite Palette von Wendungen für diese Situation parat haben.
Was „Russisch ohne Mühe heute" angeht, so ist der Abschied jedoch noch etwas verfrüht, denn Sie müssen ja – wenn Sie sich noch in der passiven Phase befinden – die aktive Phase noch bis zum Ende des Kurses fortsetzen! Die Wiederholung ist besonders wichtig, denn wenn das Gelernte nicht gefestigt wird, ist bald alles vergessen, und die Arbeit war umsonst.
Aber auch wenn Sie sich am Ende der aktiven Phase befinden, können Sie Ihr Russischstudium fortsetzen: Literatur, Rundfunk, Fernsehen und Internet sowie viele andere Medien bieten Ihnen die Gelegenheit dazu, und auf Reisen zu unseren russischen Nachbarn werden Sie bestimmt viel Lob und Anerkennung für die erworbenen Russischkenntnisse ernten!

Втора́я волна́: Повтори́те три́дцать шесто́й уро́к!

GRAMMATISCHER ANHANG

INHALT

NOMEN

Allgemeines

In der russischen Sprache gibt es keine Artikel („der, die das" bzw. „ein, eine") vor den Substantiven (Hauptwörtern). Das Russische kennt drei Geschlechter: männlich (Maskulinum), weiblich (Femininum) und sächlich (Neutrum), die man bei Substantiven, Adjektiven (Eigenschaftswörtern) und Pronomen (Fürwörtern) an der Endung erkennt. Die Substantive und Adjektive können im Nominativ Singular (Einzahl) auf einem harten Konsonanten (**п**, **б**, **в**, **м**, **т**, **д**, **с**, **з**, **н**, **л**, **р**, **к**, **г**, **х**, **ц**, **ш**, **ж**) oder auf einem weichen Konsonanten (**пь**, **бь**, **вь**, **мь**, **ть**, **дь**, **сь**, **зь**, **нь**, **ль**, **рь**, **кь**, **гь**, **хь**, **ч**, **щ**) enden; damit gehören sie entweder zum „weichen" oder „harten" Deklinationstyp.

Die Substantive, Adjektive, Pronomen und Numeralien (Zahlwörter) werden dekliniert, d.h., nach Geschlecht (Numerus), Zahl (Singular (Einzahl), Plural (Mehrzahl) und grammatischem Fall (Kasus) verändert. Es gibt die folgenden grammatischen Fälle:

1. **Nominativ**: Er antwortet auf die Frage „wer/was?" und wird immer ohne Präposition benutzt.
2. **Genitiv**: Er antwortet auf die Frage „wessen?" und wird immer nach einer Verneinung benutzt.
3. **Dativ**: Er antwortet auf die Frage „wem/was?"
4. **Akkusativ**: Er antwortet auf die Frage „wen/was"? ohne oder mit Präposition
5. **Instrumentalis**: Er antwortet auf die Frage „womit/wodurch/mit welchem Mittel/wann/mit wem/was?")
6. **Präpositiv (Lokativ)**: Er steht nur nach Präpositionen und antwortet auf die Frage „wo"?

Substantiv

Wie oben bereits erwähnt, gibt es in der russischen Sprache keine Artikel. Das grammatische Geschlecht eines Substantivs erkennt man an seiner Endung.

	Harter Typ	**Weicher Typ**
Nominativ Singular männlich	harter Konsonant	**-й**, **-ь**
Nominativ Singular weiblich	**-а**	**-я**, **-ь**
Nominativ Singular sächlich	**-о**	**-е**, **-мя**

Die Endung **-ь** kommt sowohl bei männlichen als auch bei weiblichen Substantiven vor. Für das Geschlecht des Substantivs ist es wichtig zu wissen, daß männliche Substantive im Genitiv Singular die Endung **-я** und weibliche die Endung **-и** erhalten.
Merken Sie sich auf jeden Fall, daß es Substantive mit der Endung **-а** und **-я** gibt, die wie weibliche Substantive dekliniert werden, aber männlich sind, z.B. **э́тот ю́ноша** „dieser Junge", **мой па́па** „mein Papa", **твой до́брый дя́дя** „dein guter Onkel".

Eine wichtige Beobachtung: Man muß bei den Nomen die belebten (Lebewesen) von den unbelebten (Sachen) unterscheiden. Dabei gibt es Fälle, in denen bestimmte Formen identisch sind, und zwar die folgenden:

Belebte Maskulina:	Akkusativ Singular/Plural = Genitiv;
belebte Feminina:	Akkusativ Plural = Genitiv;
unbelebte Maskulina:	Akkusativ Singular/Plural = Nominativ;
unbelebte Feminina:	Akkusativ Plural = Nominativ.

Männliche Deklination

● **Harter Typ – harter Konsonant**

	Singular		**Plural**	
	Unbelebt	**Belebt**	**Unbelebt**	**Belebt**
Nom.	стол „Tisch"	студе́нт „Student"	стол-ы́	студе́нт-ы
Gen.	стол-а́	студе́нт-а	стол-о́в	студе́нт-ов
Dativ	стол-у́	студе́нт-у	стол-а́м	студе́нт-ам
Akk.	стол	студе́нт-а	стол-ы́	студе́нт-ов
Instr.	стол-о́м	студе́нт-ом	стол-а́ми	студе́нт-ами
Präp.	о стол-е́	о студе́нт-е	о стол-а́х	о студе́нт-ах

Männliche Substantive, die auf einem der Konsonanten **ж**, **ш**, **щ** oder **ч** enden, haben im Genitiv Plural die Endung **-ей**: Beispiel: **ключ** „Schlüssel" – **ключ-е́й**.

● **Weicher Typ auf -й**

	Singular		Plural	
	Unbelebt	**Belebt**	**Unbelebt**	**Belebt**
Nom.	**музе́-й** „Museum“	**геро́-й** „Held“	**музе́-и**	**геро́-и**
Gen.	**музе́-я**	**геро́-я**	**музе́-ев**	**геро́-ев**
Dativ	**музе́-ю**	**геро́-ю**	**музе́-ям**	**геро́-ям**
Akk.	**музе́-й**	**геро́-я**	**музе́-и**	**геро́-ев**
Instr.	**музе́-ем**	**геро́-ем**	**музе́-ями**	**геро́-ями**
Präp.	**о музе́-е**	**о геро́-е**	**о музе́-ях**	**о геро́-ях**

Die männlichen Nomen auf **-ий** erhalten im Präpositiv Singular die Endung **-ии**: Beispiel: **ге́ний** „Genie“ – **о ге́нии**.

● **Weicher Typ auf -ь**

	Singular		Plural	
	Unbelebt	**Belebt**	**Unbelebt**	**Belebt**
Nom.	**дви́гател-ь** „Motor“	**писа́тел-ь** „Schriftsteller“	**дви́гател-и**	**писа́тел-и**
Gen.	**дви́гател-я**	**писа́тел-я**	**дви́гател-ей**	**писа́тел-ей**
Dativ	**дви́гател-ю**	**писа́тел-ю**	**дви́гател-ям**	**писа́тел-ям**
Akk.	**дви́гател-ь**	**писа́тел-я**	**дви́гател-и**	**писа́тел-ей**
Instr.	**дви́гател-ем**	**писа́тел-ем**	**дви́гател-ями**	**писа́тел-ями**
Präp.	**о дви́гател-е**	**о писа́тел-е**	**о дви́гател-ях**	**о писа́тел-ях**

Weibliche Deklination

● **Harter Typ auf -а**

	Singular		Plural	
	Unbelebt	**Belebt**	**Unbelebt**	**Belebt**
Nom.	**ко́мнат-а** „Zimmer“	**коро́в-а** „Kuh“	**ко́мнат-ы**	**коро́в-ы**
Gen.	**ко́мнат-ы**	**коро́в-ы**	**ко́мнат**	**коро́в**
Dativ	**ко́мнат-е**	**коро́в-е**	**ко́мнат-ам**	**коро́в-ам**
Akk.	**ко́мнат-у**	**коро́в-у**	**ко́мнат-ы**	**коро́в**
Instr.	**ко́мнат-ой** **(-ою)**	**коро́в-ой** **(-ою)**	**ко́мнат-ами**	**коро́в-ами**
Präp.	**о ко́мнат-е**	**о коро́в-е**	**о ко́мнат-ах**	**о коро́в-ах**

● **Weicher Typ auf -я**

	Singular		Plural	
	Unbelebt	**Belebt**	**Unbelebt**	**Belebt**
Nom.	**бу́р-я** „Gewitter“	**ня́н-я** „Kinderfrau“	**бу́р-и**	**ня́н-и**
Gen.	**бу́р-и**	**ня́н-и**	**бу́р-ь**	**ня́н-ь**
Dativ	**бу́р-е**	**ня́н-е**	**бу́р-ям**	**ня́н-ям**
Akk.	**бу́р-ю**	**ня́н-ю**	**бу́р-и**	**ня́н-ь**
Instr.	**бу́р-ей**	**ня́н-ей**	**бу́р-ями**	**ня́н-ями**
Präp.	**о бу́р-е**	**о ня́н-е**	**о бу́р-ях**	**о ня́н-ях**

Weibliche Substantive auf **-ия** erhalten im Dativ und Präpositiv im Singular die Endung **-ии** und im Genitiv Plural **-ий**: Beispiel: **ли́ния** „Linie“ – **ли́нии** – **ли́ний**.

● **Weicher Typ auf -ь**

	Singular		Plural	
	Unbelebt	**Belebt**	**Unbelebt**	**Belebt**
Nom.	**кост-ь** „Knochen“	**ло́шад-ь** „Pferd“	**ко́ст-и**	**ло́шад-и**
Gen.	**ко́ст-и**	**ло́шад-и**	**кост-е́й**	**лошад-е́й**
Dativ	**ко́ст-и**	**ло́шад-и**	**кост-я́м**	**лошад-я́м**
Akk.	**кост-ь**	**ло́шад-ь**	**ко́ст-и**	**лошад-е́й**
Instr.	**ко́ст-ью**	**ло́шад-ью**	**кост-я́ми**	**лошад-я́ми**
Präp.	**о ко́ст-и**	**о ло́шад-и**	**о кост-я́х**	**о лошад-я́х**

Sächliche Deklination

● **Harter Typ auf -о**

	Singular	Plural
Nom.	**де́л-о** „Sache“	**дел-а́**
Gen.	**де́л-а**	**дел**
Dativ	**де́л-у**	**дел-а́м**
Akk.	**де́л-о**	**дел-а́**
Instr.	**де́л-ом**	**дел-а́ми**
Präp.	**о де́л-е**	**о дел-а́х**

Sächliche Substantive auf **-це** „verlieren“ das **-е** im Genitiv Plural (sog. „Schwundvokal“). Beispiel: **се́рдце** „Herz“– **серде́ц**.

● Weicher Typ auf -е und -мя

	Singular		Plural	
Nom.	**мо́р-е** „Meer"	**и́м-я** „Name"	**мор-я́**	**имен-а́**
Gen.	**мо́р-я**	**и́мен-и**	**мор-е́й**	**имён**
Dativ	**мо́р-ю**	**и́мен-и**	**мор-я́м**	**имен-а́м**
Akk.	**мо́р-е**	**и́м-я**	**мор-я́**	**имен-а́**
Instr.	**мо́р-ем**	**и́мен-ем**	**мор-я́ми**	**имен-а́ми**
Präp.	**о мо́р-е**	**об и́мен-и**	**о мор-я́х**	**об имен-а́х**

Sächliche Nomen auf **-ие** haben im Präpositiv Singular die Endung **-ии** und im Genitiv Plural die Endung **-ий**: Beispiel: **зда́ние** „Gebäude" – **о зда́нии – зда́ний.**
Eine Ausnahme bildet das Nomen **пла́тье** „Kleid", dessen Form im Genitiv Plural **пла́тьев** lautet.

Sonderfälle

1. Nach **-к**, **-г**, **-х**, **-ж**, **-ч**, **-ш** und **-щ** darf statt **-ы**, **-ю** und **-я** nur **-и**, **-у** und **-а** geschrieben werden. Beispiele: **му́ха** „Fliege" hat im Genitiv die Form **му́хи**, **кни́га** „Buch" lautet im Genitiv, im Nominativ Plural und im Akkusativ **кни́ги**, analog dazu: **рука́** „Hand" – **ру́ки**, **нож** „Messer" im Plural **ножи́**, **ночь** „Nacht" im Nominativ Plural **но́чи**, im Dativ **ноча́м**.

2. Wenn sich die Betonung im Instrumentalis auf die Endung verschiebt, ändert sich die unbetonte Endung **-ем** bei Maskulina und Neutra zu **-ём** (**гвоздь** „Nagel" – **гвоздём**), bei Feminina von **-ей** zu **-ёй** (**земля́** „Erde, Land" – **землёй**) (beachten Sie, daß der Buchstabe **ё** heute in der Schriftsprache nicht mehr verwendet wird; vgl. auch Kurseinleitung).
Identische Fälle gibt es im Nominativ Plural der weiblichen Substantive (**жена́** „Frau" – **жёны**, **звезда́** „Stern" – **звёзды**) und der sächlichen Substantive (**село́** „Dorf" – **сёла**, **о́зеро** „See" – **озёра**).

3. Ein unbetontes **-о-** in der männlichen Endung des Instrumentalis ändert sich nach den Konsonanten **-ж**, **-ч**, **-ш**, **-щ** und **-ц** zu **-е-**: **това́рищ** „Kollege" – **това́рищем**, **Са́ша** „Sascha" – **Са́шей**. Die regulären Beispiele für das betonte **-о-** sind: **каранда́ш** „Bleistift" – **карандашо́м**, **душа́** „Seele" – **душо́й**.

Dies zeigt sich auch beim Genitiv Plural nach **-ц**: Die Endung mit dem betonten **-о-** (**продаве́ц** „Verkäufer" – **продавцо́в**) ändert sich zu **-е-**, wenn die Betonung auf dem Stamm liegt (**иностра́нец** „Ausländer" – **иностра́нцев**).
Das erklärt auch, warum im Wort **се́рдце** „Herz" nach **-ц** ein **-е** folgt und im Wort **лицо́** „Gesicht" ein **-о**.

4. Die männlichen Substantive enden im Genitiv Singular auf **-а** bzw. **я**, wenn sie jedoch eine partitive Bedeutung haben, d.h. sich nur auf einen Teil einer Sache beziehen, ändert sich diese Endung zu **-у** bzw. **-ю**: **чай** „Tee" – **ча́я** – **ча́шка ча́ю**, wörtlich „Tasse des Tees", **са́хар** „Zucker" – **са́хара** – **кусо́к са́хару** „Stück des Zuckers", **таба́к** – **таба́ка** – **па́чка табаку́** „Päckchen des Tabaks".

5. Auch der männliche Präpositiv hat nach den Präpositionen **в** „in" und **на** „auf" die Endungen **-у** bzw. **-ю**: **в лесу́** „im Wald", **в саду́** „im Garten", **в году́** „im Jahre", **в Крыму́** „auf der Krim", **на носу́** „auf der Nase", **на льду** „auf dem Eis", **на Дону́** „am Don", **на краю́** „am Rand".

6. Wenn sich vor dem Endkonsonanten des männlichen Substantivs ein **-о** bzw. **-е** befindet, verschwindet dieses in allen anderen Kasusformen, weswegen man diese Vokale „Schwundvokale" nennt: **оте́ц** „Vater", **отца́**, **отцу́**, **отцо́м**, **об отце́**, **отцы́**, **отцо́в**; **рот** „Mund" – **рта**, **лёд** „Eis" – **льда**, **цвето́к** „Blümchen" – **цветка́**.

7. Zahlreiche harte Maskulina bilden die Pluralform nicht mit **-ы**, sondern mit betontem **-а**: **бе́рег** „Ufer" – **берега́**, **лес** „Wald" – **леса́**, **ве́чер** „Abend" – **вечера́**, **го́род** „Stadt" – **города́**, **снег** „Schnee" – **снега́**, **глаз** „Auge" – **глаза́**, **хо́лод** „Kälte" – **холода́**, **дом** „Haus" – **дома́**, **до́ктор** „Doktor" – **доктора́**, **дире́ктор** „Direktor" – **директора́**, **профе́ссор** „Professor" – **профессора́**.

Bestimmte weiche Maskulina erhalten statt einem **-и** ein **-я**: **край** „Rand" – **края́**, **учи́тель** „Lehrer" – **учителя́**.

8. Einige männliche Substantive mit harter oder weichen Endung und sächliche Substantive, die auf **-о** enden, haben eine unregelmäßige Pluralendung auf **-ья** und im Genitiv Plural entweder die Endung **-ев** oder **-ей**: **брат** „Bruder" – **бра́тья** – **бра́тьев**, **друг** „Freund" – **друзья́** – **друзе́й**, **де́рево** „Baum; Holz" – **дере́вья** – **дере́вьев**, **клок** „Strähne" – **кло́чья** – **кло́чьев**, **князь** „Fürst" –

князья́ – **князе́й**, **крыло́** „Flügel“ – **кры́лья** – **кры́льев**, **лист** „Blatt“ – **ли́стья** – **ли́стьев**, **муж** „Ehemann“ – **мужья́** – **муже́й**, **перо́** „Feder“ – **пе́рья** – **пе́рьев**, **стул** „Stuhl“ – **сту́лья** – **сту́льев**, **сук** „Ast“ – **су́чья** – **су́чьев**, **сын** „Sohn“ – **сыновья́** – **сынове́й**.

9. Männliche Substantive auf **-а́нин** (**-я́нин**) erhalten im Nominativ Plural die Endung **-е** und im Genitiv Plural keine Endung (Nullendung): **крестья́нин** „Bauer“ – **крестья́не** – **крестья́н**, **христиани́н** „Christ“ – **христиа́не** – **христиа́н**, **дворяни́н** „Adliger“ – **дворя́не** – **дворя́н**, **горожани́н** „Städter“ – **горожа́не** – **горожа́н**.

Aber Achtung bei den folgenden Wörtern: **господи́н** „Herr“ – **господа́** – **госпо́д**, **хозя́ин** „(Haus)herr, Besitzer“ – **хозя́ева** – **хозя́ев**.

10. Gewisse männliche harte Nomen bekommen im Genitiv Plural keine Endung (Nullendung): **раз** „Mal“ – **раз**, **во́лос** „Haar“ – **воло́с**, **глаз** „Auge“ – **глаз**, **сапо́г** „Stiefel“ – **сапо́г**, **солда́т** „Soldat“ – **солда́т**.

11. Männliche belebte Nomen, die Tierkinder bezeichnen, enden im Nominativ Singular auf **-ёнок** (**-о́нок**), im Nominativ Plural erhalten sie die Endung **-я́та** (**-а́та**): **ребёнок** „Kind“ – **ребя́та**, **цыплёнок** „Küken“ – **цыпля́та**, **ягнёнок** „Lamm“ – **ягня́та**, **телёнок** „Kalb“ – **теля́та**, **волчо́нок** „Wolfsjunges“ – **волча́та**, **медвежо́нок** „Bärenjunges“ – **медвежа́та**, **жеребёнок** „Fohlen“ – **жеребя́та**.

12. Bei einigen männlichen Nomen mit der Endung **-ей** im Nominativ schiebt sich in allen anderen Fällen **-ь** vor die jeweilige Kasusendung. Das **-е** ist ein Schwundvokal. **солове́й** „Nachtigall“ – **соловья́** – **соловьи́**, **руче́й** „Bach“ – **ручья́** – **ручьи́**, **мураве́й** „Ameise“ – **муравья́** – **муравьи́**, **воробе́й** „Spatz“ – **воробья́** – **воробьи́**. Aber nicht bei **злоде́й** „Übeltäter, Verbrecher“ – **злоде́я**.

13. Manche männliche Nomen haben im Plural zwei Formen und verschiedene Bedeutungen: **лист** – **ли́стья** „Baumblätter“, **листы́** „Papierbögen“; **о́браз** – **о́бразы** „Bilder; Gestalten“, **образа́** „Heiligenbilder, Ikonen“; **хлеб** – **хле́бы** „Brote“, **хлеба́** „Getreide; Nahrung“; **цвет** – **цветы́** „Blumen“, **цвета́** „Farben“.

14. Wenn im weiblichen Nomen vor der Endung im Nominativ Singular zwei Konsonanten auftreten, wird im Genitiv Plural zwischen diese ein **-е-** oder **-о-** eingeschoben: **земля́** „Erde, Land" – **земе́ль**, **овца́** „Schaf" – **ове́ц**, **ко́шка** „Katze" – **ко́шек**.

Weibliche Nomen auf **-ь**, die im Nominativ ein eingeschobenes **-о-** haben, behalten dieses nur im Nominativ, Akkusativ und Instrumentalis:

Nom.	**рожь** „Roggen"	**любо́вь** „Liebe"
Gen.	**ржи**	**любви́**
Dativ	**ржи**	**любви́**
Akk.	**рожь**	**любо́вь**
Instr.	**ро́жью**	**любо́вью**
Präp.	**о ржи**	**о любви́**

15. Weibliche Nomen, die auf die Konsonantengruppe **-ня** enden, erhalten im Genitiv Plural statt der regulären Endung **-нь** nur **-н**: **ба́шня** „Turm" – **ба́шен**. Ausnahme: **дере́вня** „Dorf" – **дереве́нь**; **ку́хня** „Küche" – **ку́хонь**.

16. Weibliche Nomen mit der betonten Endung **-ья́** im Nominativ Singular verlieren das **-ь** im Genitiv Plural vor der Endung **-е́й**: **семья́** „Familie" – **семе́й**, **статья́** „Artikel; Studie" – **стате́й**, **скамья́** „Bank" – **скаме́й**, **свинья́** „Schwein" – **свине́й**.

17. Bei einigen sächlichen Nomen auf **-о** oder **-е** im Nominativ Singular erscheinen diese Vokale als bewegliche Vokale im Genitiv Plural: **се́рдце** „Herz" – **серде́ц**, **окно́** „Fenster" – **о́кон**.

18. Sächliche Nomen auf **-ко** erhalten im Nominativ Plural die Endung **-ки**: **я́блоко** „Apfel" – **я́блоки**. Ausnahmen: **о́блако** „Wolke" – **облака́**, **во́йско** „Heer" – **войска́**.

19. Folgende neutrale Nomen haben einen unregelmäßigen Plural: **о́ко** „Auge" – **о́чи**, **у́хо** „Ohr" – **у́ши**, **плечо́** „Schulter" – **пле́чи**, **коле́но** „Knie" – **коле́ни**, **не́бо** „Himmel" – **небеса́**, **чу́до** „Wunder" – **чудеса́**.

20. Eine besondere Deklination haben die Nomen **мать** „Mutter" und **дочь** „Tochter". **Дитя́** ist eine literarische Form für **ребёнок** „Kind".

Singular			
Nom.	**мат-ь** „Mutter"	**доч-ь** „Tochter"	**дит-я́** „Kind"
Gen.	**ма́тер-и**	**до́чер-и**	**дит-я́ти**
Dativ	**ма́тер-и**	**до́чер-и**	**дит-я́ти**
Akk.	**мат-ь**	**доч-ь**	**дит-я́**
Instr.	**ма́тер-ью**	**до́чер-ью**	**дит-я́теи**
Präp.	**о ма́тер-и**	**о до́чер-и**	**о дит-я́ти**
Plural			
Nom.	**ма́тер-и**	**до́чер-и**	**де́т-и**
Gen.	**матер-е́й**	**дочер-е́й**	**дет-е́й**
Dativ	**матер-я́м**	**дочер-я́м**	**де́т-ям**
Akk.	**матер-е́й**	**дочер-е́й**	**дет-е́й**
Instr.	**матер-я́ми**	**дочер-ьми́**	**дет-ьми́**
Präp.	**о матер-я́х**	**о дочер-я́х**	**о де́т-ях**

Das Nomen **челове́к** „Mensch" wird im Plural zu **лю́ди** und wie **де́ти** dekliniert. Aber nach einer Zahl oder nach Adverbien der Quantität (**не́сколько**, **ско́лько**) dekliniert man das Nomen **челове́к** auch im Plural ab dem Genitiv: **челове́к**, **челове́кам**, **челове́ками**.

Де́ти „Kinder" ist der Plural von **ребёнок** „Kind". **Ребёнок** hat den Plural **ребя́та**, das nicht nur „Kinder" bedeutet, sondern als Anrede im Sinne von „junge Leute" oder sogar „Jungen, Burschen" benutzt wird.

Verkleinerungs- und Vergrößerungsformen

Verkleinerungsformen, die ein bestimmtes Maß an Zärtlichkeit und Zuneigung zu der betreffenden Person oder Sache ausdrücken, werden in der russischen Sprache sehr häufig benutzt. Für jedes Geschlecht gibt es verschiedene Suffixe:

Geschlecht	Suffix	Beispiel
Maskulinum	**-ец**	**брат – бра́тец** „Bruder – Brüderchen"
	-ик	**дом – до́мик** „Haus – Häuschen"
	-ек, -ок	**дура́к – дурачо́к** „Dummkopf – Dummerchen"

Femininum	**-ка**	**ногá – нóжка** „Bein/Fuß – Beinchen/Füßchen"
	-ица	**часть – части́ца** „Teil – Teilchen"
	-очка	**де́ва – де́вочка** „junge Frau – Fräulein, Mädchen"
	-ечка	**ча́ша – ча́шечка** „Tasse – Tässchen"
	-енька	**ма́ма – ма́менька** „Mutter – Mutti"
	-ушка	**сторона́ – сторо́нушка** „Seite – Seitchen"
Neutrum	**-цо**	**письмо́ – письмецо́** „Brief – Briefchen"
	-ошко	**окно́ – око́шко** „Fenster – Fensterchen"
	-ышко	**гнездо́ – гнёздышко** „Nest – Nestchen"
	-юшко	**по́ле – по́люшко** „Feld – Feldchen"

Die Vergrößerungsformen lauten für das Maskulinum und das Neutrum **-ище** bzw. **-ина**: **дом – до́мище** oder **доми́на** „großes Haus"; **дитя́ – дети́на** „großes Kind". Beim Femininum lautet das Suffix **-ища**: **рука́ – ручи́ща** „große Hand".

PRONOMEN

Im Russischen unterscheidet man verschiedene Arten von Pronomen (Fürwörtern): Personalpronomen, Reflexivpronomen, Possessivpronomen, Demonstrativpronomen, Interrogativpronomen, Relativpronomen, Determinativpronomen, Indefinitpronomen und Negativpronomen. Alle werden dekliniert (gebeugt). Das Reflexivpronomen **себя́** „sich", das Possessivpronomen **свой** „sein eigener" und das Interrogativpronomen **чей** „wessen" stellen den Lerner vor einige Schwierigkeiten. Mit Ausnahme der Personalpronomen und der Interrogativpronomen **кто** „wer" und **что** „was" (und deren Ableitungen **кто́-то** „jemand", **никто́** „keiner, niemand" ...) können alle dargestellten Formen als Pronomen und als Adjektive fungieren.

Personalpronomen (persönliche Fürwörter)

	1. Pers. Sing.	**1. Pers. Pl.**	**2. Pers. Sing.**	**2. Pers. Pl.**
Nom.	**я** „ich"	**мы** „wir"	**ты** „du"	**вы** „ihr/Sie"
Gen.	**меня́**	**нас**	**тебя́**	**вас**
Dativ	**мне**	**нам**	**тебе́**	**вам**
Akk.	**меня́**	**нас**	**тебя́**	**вас**
Instr.	**мной (мно́ю)**	**на́ми**	**тобо́й (тобо́ю)**	**ва́ми**
Präp.	**обо мне**	**о нас**	**о тебе́**	**о вас**

	3. Person Sing. männlich/sächlich	weiblich	Plural (alle drei Geschlechter)
Nom.	**он** „er“/**оно́** „es“	**она́** „sie“	**они́** „sie“
Gen.	**его́**	**её**	**их**
Dativ	**ему́**	**ей**	**им**
Akk.	**его́**	**её**	**их**
Instr.	**им**	**ей** (**е́ю**)	**и́ми**
Präp.	**о нём**	**о ней**	**о них**

Die Deklinationsformen der 3. Person Singular und Plural werden nach Präpositionen um ein **н** erweitert: **у него́** „bei ihm“, **с ним** „mit ihm“, **к ней** „zu ihr“, **в неё** „in sie“, **на них** „auf sie“.

Reflexivpronomen (rückbezügliches Fürwort) себя́ „sich“

Nominativ	(kein)
Genitiv	**себя́**
Dativ	**себе́**
Akkusativ	**себя́**
Instrumentalis	**собо́й** (**собо́ю**)
Präpositiv	**о себе́**

себя́ kann sich auf alle drei Personen des Singulars und des Plurals beziehen: **я себе́ сказа́л** „ich sagte mir“, **ты себе́ сказа́л** „du sagtest dir“, **он себе́ ска́жет** „er sagt sich“, **мы себе́ ска́жем** „wir sagen uns“.
Das Reflexivpronomen hat keine Form für den Nominativ und kann nie das Subjekt eines Satzes sein. Dieses Pronomen ist in der Form **-ся**, **-сь** ein Teil des reflexiven Verbs: **дра́ться** „sich schlagen“, **мы́ться** „sich waschen“.

Possessivpronomen (besitzanzeigende Fürwörter)

мой, **моя́**, **моё**, **мои́** „mein, meine, mein, meine“
твой, **твоя́**, **твоё**, **твои́** „dein, deine, dein, deine“
свой, **своя́**, **своё**, **свои́** „sein, seine, sein, seine“
наш, **на́ша**, **на́ше**, **на́ши** „unser, unsere, unser, unsere“
ваш, **ва́ша**, **ва́ше**, **ва́ши** „ihr/Ihr, ihre/Ihre, ihr/Ihr, ihre/Ihre“

Das Possessivpronomen **свой** ist gleichzeitig ein reflexives Pronomen, das nur dann verwendet wird, wenn es den Bezug zur handelnden Person ausdrückt:

Я рабо́таю со свои́ми роди́телями. „Ich arbeite mit meinen Eltern."
Ты рабо́таешь со свои́ми бра́тьями. „Du arbeitest mit deinen Brüdern."
Он рабо́тает со свои́ми това́рищами. „Er arbeitet mit seinen Kollegen."

Die Genitivformen **его́** „sein", **её** „ihr", **их** „ihre" der Personalpronomen **он** „er", **она́** „sie", **оно́** „es", **они́** „sie" sind unveränderlich, sie werden nicht dekliniert, und vor Präpositionen erhalten sie kein **н**:

с его́ до́мом „mit seinem Haus";
её ла́мпа „ihre Lampe";
их де́ти „ihre Kinder".

	männlich/sächlich	weiblich	Plural
Nom.	**мой, моё**	**моя́**	**мои́**
Gen.	**моего́**	**мое́й**	**мои́х**
Dativ	**моему́**	**мое́й**	**мои́м**
Akk.	**мой (моего́), моё** (s.)	**мою́**	**мои́, мои́х**
Instr.	**мои́м**	**мое́й (мое́ю)**	**мои́ми**
Präp.	**о моём**	**о мое́й**	**о мои́х**

In der gleichen Weise werden auch **твой, твоя́, твоё, твои́** „dein, deine, dein, deine" und **свой, своя́, своё, свои́** „sein, seine, sein, seine" dekliniert.

Nom.	**наш, на́ше**	**на́ша**	**на́ши**
Gen.	**на́шего**	**на́шей**	**на́ших**
Dativ	**на́шему**	**на́шей**	**на́шим**
Akk.	**наш, на́шего, на́ше**	**на́шу**	**на́ши, на́ших**
Instr.	**на́шим**	**на́шей**	**на́шими**
Präp.	**о на́шем**	**о на́шей**	**о на́ших**

Auf die gleiche Weise werden **ваш, ва́ша, ва́ше, ва́ши** „ihr/Ihr, ihre/Ihre, ihr/Ihr, ihre/Ihre" dekliniert.

Demonstrativpronomen (hinweisende Fürwörter)

Zu den Demonstrativpronomen gehören: **э́тот** „dieser", **э́та** „diese", **э́то** „dieses", **э́ти** „diese"; **тот** „derjenige/jener", **та** „diejenige/jene", **то** „dasjenige/jenes", **те** „diejenigen/jene"; **тако́й** „solcher", **така́я**

„solche“, **тако́е** „solches“, **таки́е** „solche“; **тот же** „derselbe“, **та же** „dieselbe“, **то же** „dasselbe“, **те же** „dieselben“.

	männlich/sächlich	weiblich	Plural
Nom.	**э́тот; э́то**	**э́та**	**э́ти**
Gen.	**э́того**	**э́той**	**э́тих**
Dativ	**э́тому**	**э́той**	**э́тим**
Akk.	**э́тот э́того э́то**	**э́ту**	**э́ти, э́тих**
Instr.	**э́тим**	**э́той (э́тою)**	**э́тими**
Präp.	**об э́том**	**об э́той**	**об э́тих**
	männlich/sächlich	**weiblich**	**Plural**
Nom.	**тот; то**	**та**	**те**
Gen.	**того́**	**той**	**тех**
Dativ	**тому́**	**той**	**тем**
Akk.	**тот; того́; то**	**ту**	**те, тех**
Instr.	**тем**	**той (то́ю)**	**те́ми**
Präp.	**о том**	**о той**	**о тех**

Тако́й „solcher“ wird wie ein langes Adjektiv dekliniert.

Das Demonstrativpronomen „dieser“ wird in der heutigen Sprache in feststehenden Ausdrücken verwendet: **сейча́с** „jetzt“, **сию́ мину́ту** „sofort“, **ни то ни сё** „weder dies noch das“, **при сём прилага́ю** „anbei lege [ich]“.

Relativpronomen (bezügliche Fürwörter)

Das Relativpronomen **кото́рый** „der“, **кото́рая** „die“, **кото́рое** „das“, **кото́рые** „die“ fragt nach der Identität einer Person oder eines Gegenstandes. Es kann auch – mit der Bedeutung „welcher?“ – als Interrogativpronomen (Fragepronomen) benutzt werden.

Das Relativpronomen **како́й**, **кака́я**, **како́е**, **каки́е** „wie, welcher, welche, welches, welche“ weist auf eine Qualität hin. Es wird auch als Interrogativpronomen verwendet und bedeutet dann „was für ein/eine, welcher, welche, welches, welche?“.

како́й, **кака́я**, **како́е**, **каки́е** werden wie lange Adjektive dekliniert.

Interrogativpronomen (Fragewörter)

Das Fragepronomen **кто** „wer?" fragt nur nach einer Person, **что** „was?" nach Sachen. Beide haben keine Pluralform.

Nom.	**кто**	**что**
Gen.	**кого́**	**чего́**
Dativ	**кому́**	**чему́**
Akk.	**кого́**	**что**
Instr.	**кем**	**чем**
Präp.	**о ком**	**о чём**

Beachten Sie, daß der Ausdruck **что за** + Nominativ: „welche [Eigenschaft, Art]" bedeutet.

Die Pronomen **чей**, **чья**, **чьё**, **чьи** werden als Interrogativpronomen im Sinne von „wessen, wem zugehörig" verwendet oder auch als das Relativpronomen „deren, dessen" anstelle der Genitivform des Relativpronomens **кото́рый** „der".

	männlich/sächlich	weiblich	Plural
Nom.	**чей, чьё**	**чья**	**чьи**
Gen.	**чьего́**	**чьей**	**чьих**
Dativ	**чьему́**	**чьей**	**чьим**
Akk.	**чей, чьего́, чьё**	**чью**	**чьи, чьих**
Instr.	**чьим**	**чьей, чье́ю**	**чьи́ми**
Präp.	**о чьём**	**о чьей**	**о чьих**

Determinativpronomen (Demonstrativpronomen mit besonders hervorhebender, auswählender Funktion)

сам, **сама́**, **само́**, **са́ми** „selbst, selber";
са́мый „derselbe", **са́мая** „dieselbe", **са́мое** „dasselbe", **са́мые** in Verbindung mit **тот же са́мый** „dieselben";
весь/всё, **вся**, **все** „alle, ganz, sämtlich";
ка́ждый „jeder", **ка́ждая** „jede", **ка́ждое** „jedes", **ка́ждые** „jede";
вся́кий „jeder beliebige", **вся́кая** „jede beliebige", **вся́кое** „jedes beliebige", **вся́кие** „alle beliebigen";
оди́н, **одно́**, **одна́**, **одни́** „allein";
друго́й „der andere", **друга́я** „die andere", **друго́е** „das andere", **други́е** „die anderen".

	männlich/sächlich	weiblich	Plural
Nom.	**сам, само́**	**сама́**	**са́ми**
Gen.	**самого́**	**само́й**	**сами́х**
Dativ	**самому́**	**само́й**	**сами́м**
Akk.	**самого́, само́**	**самоё**	**сами́х**
Instr.	**сами́м**	**само́й, само́ю**	**сами́ми**
Präp.	**о само́м**	**о само́й**	**о сами́х**

Ähnlich werden auch **ка́ждый** „jeder", **вся́кий** „jeder beliebige", **друго́й** „der andere" dekliniert.

	männlich/sächlich	weiblich	Plural
Nom.	**весь, всё**	**вся**	**все**
Gen.	**всего́**	**всей**	**всех**
Dativ	**всему́**	**всей**	**всем**
Akk.	**весь, всего́; всё**	**всю**	**все, всех**
Instr.	**всем**	**всей, все́ю**	**все́ми**
Präp.	**обо всём**	**обо всей**	**обо всех**

Die sächliche Form **всё** wird wie ein Adverb, **всё вре́мя**, benutzt, mit der Bedeutung „immer":

Он всё рабо́тает. „Er arbeitet immer."

Es wird auch als Konjunktion oder Adverb verwendet: **всё-таки** „trotzdem; doch".
Das Pronomen **весь** hat auch den Sinn des Adjektivs **це́лый** „ganzer":

Он весь/це́лый день рабо́тал. „Er arbeitete den ganzen Tag."

Wie das Determinativpronomen **сам**, **само́**, **сама́**, **са́ми** „selbst, selber" wird das Pronomen **оди́н**, **одно́**, **одна́**, **одни́** „allein" dekliniert, das auch das Zahlwort „eins" ist.

	männlich/sächlich	weiblich	Plural
Nom.	**оди́н, одно́**	**одна́**	**одни́**
Gen.	**одного́**	**одно́й**	**одни́х**
Dativ	**одному́**	**одно́й**	**одни́м**
Akk.	**оди́н, одного́, одно́**	**одну́**	**одни́, одни́х**
Instr.	**одни́м**	**одно́й, одно́ю**	**одни́ми**
Präp.	**об одно́м**	**об одно́й**	**об одни́х**

Indefinitpronomen (unbestimmte Fürwörter)

Sie werden mit Hilfe von Präfixen (Vorsilben) oder Suffixen (Nachsilben) auf der Grundlage der Interrogativpronomen gebildet:

1. **не-**: **не́который** „ein gewisser", **не́которая** „eine gewisse", **не́которое** „ein gewisses", **не́которые** „einige, manche";
2. **ко́е-**: **ко́е-кто́** „mancher", **ко́е-что́** „einiges", **ко́е-како́й** „einige";
3. **-то**: **кто́-то** „jemand", **что́-то** „irgend etwas", **како́й-то** „irgendein";
4. **-нибудь**: **кто́-нибудь** „irgend jemand", **что́-нибудь** „irgend etwas", **како́й-нибудь** „irgendein";
5. **-либо**: **кто́-либо** „irgend jemand", **что́-либо** „irgend etwas", **како́й-либо** „irgendein".

Diese Pronomen haben dieselben Präfixe wie die Adverbien: **не́сколько** „etwas", **ко́е-где** „stellenweise", **где́-то** „irgendwo", **где́-нибудь** „irgendwo", **где́-либо** „irgendwo". Die Pronomen werden wie ihre präfix- bzw. suffixlosen Entsprechungen dekliniert.

Zu speziellen Ausdrücken zählen: **по-мо́ему** „meiner Meinung nach", **по-тво́ему** „deiner Meinung nach", **по-сво́ему** „seiner Meinung nach", **по-на́шему** „unserer Meinung nach", **по-ва́шему** „Ihrer Meinung nach".

Negativpronomen (verneinende Fürwörter)

Sie werden mit dem Präfix **ни-** gebildet. Dekliniert wird nur der Teil des Wortes nach dem Präfix:

> **никто́** „keiner/niemand"; **ничто́** „nichts"; **никако́й** „kein", **никака́я** „keine", **никако́е** „kein", **никаки́е** „keine"; **ни оди́н** „nicht ein einziger", **ни одно́** „nicht ein einziges", **ни одна́** „nicht eine einzige"; **ниче́й**, **ничья́**, **ничьё**, **ничьи́** „niemandem [zugehörig]".

In einem Satz, in dem ein mit **ни** gebildetes Negativpronomen vorkommt, muß das Verb verneint werden:

> **Никто́ не приходи́л.** „Keiner/niemand kam."
> **Никто́ ничего́ не зна́ет.** „Keiner/niemand weiß etwas."

Bei einer Präposition wird **ни** abgetrennt und tritt vor die Präposition:

Он ни к кому́ не хо́дит. „Er geht zu keinem/niemandem."
Я ни с кем не встреча́юсь. „Ich treffe mich mit keinem/niemandem".

Auch die Adverbien werden mit dem Präfix **ни** gebildet: **ниско́лько** „nicht im geringsten", **нигде́** „nirgends", **никогда́** „niemals".

Es gibt eine bestimmte Gruppe von Negativpronomen (zu denen jedoch nicht die mit dem Präfix **ни** gehören), die keinen Nominativ haben:

Ему́ не́кого люби́ть. „Er hat keinen zum Lieben."
Мне не о чём говори́ть. „Ich habe nichts zum Erzählen."
Мне не́когда есть. „Ich habe keine Zeit zum Essen."
Мне не́где жить. „Ich habe nirgends [einen Platz] zum Leben".

ADJEKTIV

In der russischen Grammatik werden drei Gruppen von Adjektiven (Eigenschaftswörtern) unterschieden:

- Qualitätsadjektive: **до́брый** „gut", **бе́лый** „weiß", **большо́й** „groß"
- Beziehungsadjektive (Possessivadjektive) mit zwei Untergruppen: **отцо́вский** „väterlich", **ру́сский** „russisch", **пти́чий** „Vogel-" ; **Пе́тин** „dem Peter gehörend", **отцо́в** „dem Vater gehörend";
- relative Adjektive, die Materialien, Orte oder Zeitangaben beschreiben: **деревя́нный** „aus Holz", **золото́й** „aus Gold, golden", **шерстяно́й** „aus Wolle", **зде́шний** „hiesig", **всегда́шний** „ständig".

Die Qualitätsadjektive können neben den Langformen auch Kurzformen haben. Die Beziehungsadjektive verfügen nur über Langformen. Die Langformen können im Satz attributiv (d.h. als Beifügung) und prädikativ (d.h. zur Satzaussage gehörend) gebraucht werden. Das Adjektiv stimmt mit dem dazugehörigen Substantiv in Genus (Geschlecht), Numerus (Zahl) und Kasus (Fall) überein. Die Kurzformen werden nur prädikativ gebraucht, und sie sind nicht deklinierbar.

Adjektivendungen

	Singular		Plural	
Stammauslaut	hart	weich	hart	weich
männlich	**-ый, -о́й**	**-ий**	**-ые**	**-ие**
weiblich	**-ая**	**-яя**	**-ые**	**-ие**
sächlich	**-ое**	**-ее**	**-ые**	**-ие**

Aus orthographischen Gründen werden auch nach den Konsonanten, die hart ausgesprochen werden (**г**, **к**, **х**, **ж**, **ш**) und nach den weich ausgesprochenen Konsonanten **ч** und **щ** anstelle von **ы**, **ю** und **я** die Buchstaben **и**, **у**, **а** geschrieben.

Deklination der Adjektive mit hartem Stammauslaut

Beispiel: **бе́дн-ый/-ое** „arm"

	Singular männl./sächl.	weiblich	Plural (alle Geschlechter)
Nom.	**бе́дн-ый/-ое**	**бе́дн-ая**	**бе́дн-ые**
Gen.	**бе́дн-ого**	**бе́дн-ой**	**бе́дн-ых**
Dativ	**бе́дн-ому**	**бе́дн-ой**	**бе́дн-ым**
Akk.	**бе́дн-ый/ -ое/-ого**	**бе́дн-ую**	**бе́дн-ые/-ых**
Instr.	**бе́дн-ым**	**бе́дн-ой**	**бе́дн-ыми**
Präp.	**о бе́дн-ом**	**о бе́дн-ой**	**о бе́дн-ых**

Deklination der Adjektive mit weichem Stammauslaut

Beispiel: **си́н-ий/-ее** „(dunkel)blau"

	Singular männl./sächl.	weiblich	Plural (alle Geschlechter)
Nom.	**си́н-ий/-ее**	**си́н-яя**	**си́н-ие**
Gen.	**си́н-его**	**си́н-ей**	**си́н-их**
Dativ	**си́н-ему**	**си́н-ей**	**си́н-им**
Akk.	**си́н-ий/-ее/-его**	**си́н-юю**	**си́н-ие/-их**
Instr.	**си́н-им**	**си́н-ей**	**си́н-ими**
Präp.	**о си́н-ем**	**о си́н-ей**	**о си́н-их**

Deklination der Adjektive mit Stammauslaut auf г, к, х, ж, ш, ч, щ

Beispiel: **го́рьк-ий/-ое** „bitter“

	Singular männl./sächl.	**weiblich**	**Plural (alle Geschlechter)**
Nom.	**го́рьк-ий/-ое**	**го́рьк-ая**	**го́рьк-ие**
Gen.	**го́рьк-ого**	**го́рьк-ой**	**го́рьк-их**
Dativ	**го́рьк-ому**	**го́рьк-ой**	**го́рьк-им**
Akk.	**го́рьк-ий/ -ое/-ого**	**го́рьк-ую**	**го́рьк-ие/-их**
Instr.	**го́рьк-им**	**го́рьк-ой**	**го́рьк-ими**
Präp.	**о го́рьк-ом**	**о го́рьк-ой**	**о го́рьк-их**

Beispiel: **све́ж-ий/-ее** „frisch“

	Singular männl./sächl.	**weiblich**	**Plural (alle Geschlechter)**
Nom.	**све́ж-ий/-ее**	**све́ж-ая**	**све́ж-ие**
Gen.	**све́ж-его**	**све́ж-ей**	**све́ж-их**
Dativ	**све́ж-ему**	**све́ж-ей**	**све́ж-им**
Akk.	**све́ж-ий/ -ее/-его**	**све́ж-ую**	**све́ж-ие/-их**
Instr.	**све́ж-им**	**све́ж-ей**	**све́ж-ими**
Präp.	**о све́ж-ем**	**о све́ж-ей**	**о све́ж-их**

Adjektive mit einem der Stammkonsonanten **г**, **к**, **х**, **ж**, **ш**, **ч** oder **щ** erhalten statt **-ы-** die Endung mit **-и-**. Bei Adjektiven, deren Stamm auf einen der Konsonanten **ж**, **ш**, **ч**, **щ** oder **ц** auslautet, wird das unbetonte **о** in den deklinierten Formen zu **е**.

Ein männliches Adjektiv im Nominativ mit der Endung **-ой** erhält in allen anderen Kasusformen die Endungen, die für ein Adjektiv mit hartem Auslaut typisch sind.

Spezieller Fall der Beziehungsadjektive (Possessivadjektive) auf -ий

Beispiel: **пти́ч-ий/-ье** „Vogel-“

	Singular männl./sächl.	 weiblich	Plural (alle Geschlechter)
Nom.	пти́ч-ий/-ье	пти́ч-ья	пти́ч-ьи
Gen.	пти́ч-ьего	пти́ч-ьей	пти́ч-ьих
Dativ	пти́ч-ьему	пти́ч-ьей	пти́ч-ьим
Akk.	пти́ч-ий/-ье/ -ьего	пти́ч-ью	пти́ч-ьи/-ьих
Instr.	пти́ч-ьим	пти́ч-ьей	пти́ч-ьими
Präp.	о пти́ч-ьем	о пти́ч-ьей	о пти́ч-ьих

Possessivadjektive auf -ов oder -ин

Beispiel: **Пе́тин/-о** „Peters [dem Peter gehörend]“

	Singular männl./sächl.	 weiblich	Plural (alle Geschlechter)
Nom.	Пе́тин/-о	Пе́тин-а	Пе́тин-ы
Gen.	Пе́тин-а	Пе́тин-ой	Пе́тин-ых
Dativ	Пе́тин-у	Пе́тин-ой	Пе́тин-ым
Akk.	Пе́тин/-о/-а	Пе́тин-у	Пе́тин-ы/-ых
Instr.	Пе́тин-ым	Пе́тин-ой	Пе́тин-ыми
Präp.	о Пе́тин-ом	о Пе́тин-ой	Пе́тин-ых

Kurzformen der Adjektive

Sie werden gebildet, indem man von den Langformen die Endungen abtrennt.

Trennt man von den männlichen Formen die Endungen (**-ый**,**-ой**, **-ий**) ab, so entstehen die Kurzformen **добр**, **прост**, **синь**. Streicht man von den weiblichen Langformendungen **-я** wegfällt, entsteht **добра́**, **проста́**, **синя́**. Bei den sächlichen Formen entfällt die Langformendung **-е**: **добро́**, **просто́**, **си́не**. Auch die Langform des Plurals der Adjektive verliert das **-е**: **добры́**, **просты́**, **си́ни**.

Nur in der Kurzform der *männlichen* Adjektive kann ein flüchtiges **-о** oder **-е** erscheinen:

споко́йный „ruhig, still“ – **споко́ен** (männlich), **споко́йна** (weiblich);
бо́йкий „lebhaft“ – **бо́ек** (männlich), **бойка́** (weiblich);
кра́сный „rot“ – **кра́сен** (männlich), **красна́** (weiblich).

Attribut

Die Langform des Adjektivs verwendet man im Nominativ, wenn es sich um ein dauerhaftes Charakteristikum handelt:

Он краси́вый. „Er ist schön.“
Он больно́й. „Er ist krank“.

Wenn man die Qualität in einem bestimmten Zeitraum unterstreicht, benutzt man die Kurzform des Adjektivs:

Он краси́в. „Er [ist in dem Moment, in dem ich spreche,] schön.“
Он бо́лен. „Er [ist vielleicht normalerweise gesund, aber jetzt] krank“.

Für ein Adjektiv ist die kurze Form in der modernen Sprache selten.

Man hat die Wahl vor allem zwischen der langen Form im Nominativ (**Он был тогда́ бога́тый** „Er war damals reich“, **когда́ я бу́ду ста́рый** „wenn ich alt werde“) und der langen Form im Instrumentalis. Der Instrumentalis wird benutzt, wenn das Attribut keinen Zustand oder keine permanente Eigenschaft ausdrückt und man diesen zeitlich begrenzten Charakter unterstreichen will:

Вы недо́лго бы́ли несча́стным. „Sie waren nicht lange unglücklich.“

Nach bestimmten Verben ist der Instrumentalis obligatorisch:

стать (V)/**станови́ться** (UV) „werden“: **Он стано́вится больши́м.** „Er wird groß.“
каза́ться (V)/**показа́ться** (UV) „erscheinen“: **Де́вочка ка́жется больно́й.** „Das Mädchen scheint krank zu sein.“
оказа́ться (V)/**ока́зываться** (UV): **Он оказа́лся врачо́м.** „Er ist Arzt geworden.“

Steigerung der Adjektive

Komparativ (1. Steigerungsstufe)

Im Komparativ haben die Adverbien die gleiche Form wie die Adjektive.

1. Der Komparativ von Adjektiven wird durch die Zusammensetzung **бо́лее** „mehr“ mit dem Adjektiv in dem mit dem Nomen übereinstimmenden Kasus gebildet. **бо́лее** „mehr“ ist ein Adverb und deswegen unveränderlich. Diese Formbildung nennt sich „analytisch“ (zusammensetzend). Ein Vergleich kann mit Hilfe von **чем** „als“ ausgedrückt werden; vor **чем** wird immer ein Komma geschrieben!

Wird das Adjektiv als Attribut verwendet, bildet man den Komparativ analytisch:

> **Я разгова́риваю с бо́лее у́мным ребёнком, чем э́тот ма́льчик.** „Ich spreche mit einem klügeren Kind als dieser Junge [ist]“.

Ebenfalls benutzt man die analytische Bildung mit relativen Adjektiven und Possessivadjektiven, die keine synthetische Form (einfache Form, siehe unten) haben:

> **Э́тот го́род бо́лее ру́сский.** „Diese Stadt ist mehr russisch.“

2. Die synthetische Form bildet man von zahlreichen prädikativ gebrauchten Adjektiven mit der unveränderlichen Endung **-ее** nach dem Adjektivstamm: **у́мный – у́мнее** „klug“ – „klüger“, **дли́нный – дли́ннее** „lang“ – „länger“, **бе́дный – бе́днее** „arm“ – „ärmer“, **краси́вый – краси́вее** „schön“ – „schöner“.

Mitunter wird die Endung **-е** angefügt, wobei ein Konsonantenwechsel eintritt sowie bei manchen Adjektiven **-л-** (nach **б**, **в**, **м**, **п**, **ф**) eingeschoben wird.

бога́тый „reich“ – **бога́че**
твёрдый „hart“ – **твёрже**
просто́й „einfach“ – **про́ще**
то́лстый „dick“ – **то́лще**
ча́стый „oft“ – **ча́ще**
чи́стый „sauber“ – **чи́ще**

бли́зкий „nah" – **бли́же**
далёкий „weit" – **да́льше**
дорого́й „lieb; teuer" – **доро́же**
ти́хий „still" – **ти́ше**
жи́дкий „flüssig" - **жи́же**
коро́ткий „kurz" – **коро́че**
кре́пкий „stark" – **кре́пче**
лёгкий „leicht" – **ле́гче**
ре́дкий „selten" – **ре́же**
сла́дкий „süß" – **сла́ще**
стро́гий „streng" – **стро́же**
то́нкий „dünn" – **то́ньше**
у́зкий „eng" – **у́же**
широ́кий „breit" – **ши́ре**
глубо́кий „tief" – **глу́бже**
дешёвый „billig" – **деше́вле**

3. Es existieren acht Adjektive, die zwei Komparativformen bilden. Die eine Form mit **-ший** wird wie ein weiches Adjektiv dekliniert, die andere mit **-ше** bleibt unverändert:

большо́й „groß" – **бо́льший** – **бо́льше**
ма́ленький „klein" – **ме́ньший** – **ме́ньше**
высо́кий „hoch" – **вы́сший** – **вы́ше**
ни́зкий „niedrig" – **ни́зший** – **ни́же**
молодо́й „jung" – **мла́дший** – **моло́же**
ста́рый „alt" – **ста́рший** – **ста́рше**
хоро́ший „gut" – **лу́чший** – **лу́чше**
плохо́й „schlecht" – **ху́дший** – **ху́же**

Der Komparativ mit **-ший** hat die Tendenz, die Rolle des Superlativs zu übernehmen, besonders bei den Adjektiven **вы́сший** und **ни́зший**.

Der Komparativ wird verstärkt durch die Adverbien **гора́здо** „viel, bedeutend" und **значи́тельно** „bedeutend":

гора́здо глу́пее „viel dümmer",
значи́тельно вы́ше „bedeutend höher".

Dem deutschen „als" beim Komparativ entspricht **чем** mit dem Nominativ oder Genitiv des Vergleichswortes:

Он моло́же, чем я = Он моло́же меня́. „Er ist jünger als ich."
Ма́льчик вы́ше, чем де́вочка = Ма́льчик вы́ше де́вочки.
„Der Junge ist größer als das Mädchen."

Absoluter Superlativ

Der Superlativ wird gebildet:
1. durch Zusammensetzung mit **са́мый** und dem Adjektiv (Langform). **са́мый** ebenso wie das harte Adjektiv stimmt mit dem Bezugswort überein: **са́мый бы́стрый самолёт** „das schnellste Flugzeug"; **са́мая удо́бная кварти́ра** „die bequemste Wohnung", **са́мые но́вые маши́ны** „die neuesten Autos".
2. mit Hilfe der Suffixe **-ейший** (männlich), **-ейшая** (weiblich), **-ейшее** (sächlich), **-ейшие** (Plural für alle drei Geschlechter): **умне́йший ма́льчик** „der klügste Junge", **длинне́йшая у́лица** „die längste Straße", **краси́вейшее лицо́** „das schönste Gesicht", oder nach den Konsonanten **ж**, **ч**, **ш** und **щ** mit Hilfe der Suffixe **-айший**, **-айшая**, **-айшее**, **-айшие**: **высоча́йшее зда́ние** „das höchste Gebäude", **широча́йшая река́** „der breiteste Fluß".
3. mit dem Präfix **наи-** und der Form des Komparativs **-ший** oder des Superlativs **-ейший**: **наилу́чший учени́к** „der beste Schüler", **наиумне́йшая де́вочка** „das klügste Mädchen".

Relativer Superlativ

Der relative Superlativ wird gebildet:
1. durch die Umschreibung mit **о́чень** „sehr" und dem Adjektiv: **о́чень высо́кое зда́ние** „ein sehr hohes Gebäude".
2. mit dem Präfix **пре-**: **прехоро́шенькая де́вочка** „ein sehr gutes Mädchen", **превосхо́дный учени́к** „ein vortrefflicher Schüler", **прекра́сное лицо́** „ein wunderschönes Gesicht".

Verkleinerungen (Diminutive) von Adjektiven

Verkleinerungsformen werden gebildet mit Hilfe der Suffixe **-енький** (männlich), **-енькая** (weiblich), **-енькое** (sächlich), **-енькие** (Plural): **се́ренький** „ein bißchen grau", **ми́ленький** „nett", **бе́дненький** „ärmlich" oder der Suffixe **-ватый**, **-ватая**, **-ватое**, **-ватые**: **белова́тый** „weißlich", **глупова́тая** „ein bißchen dumm".

NUMERALIEN

	Grundzahlen		Ordnungszahlen
0	**ноль/нуль** (männlich)		
1	**оди́н**, **одна́**, **одно́**	1.	**пе́рвый, -ая, -ое, -ые**
2	**два** (männlich, sächlich), **две** (weiblich)	2.	**второ́й, -ая, -ое, -ы́е**
3	**три**	3.	**тре́тий, -ья, -ье, -ьи**
4	**четы́ре**	4.	**четвёртый, -ая, -ое, -ые**
5	**пять**	5.	**пя́тый, -ая, -ое, -ые**
6	**шесть**	6.	**шесто́й, -ая, -ое, -ые**
7	**семь**	7.	**седьмо́й, -ая, -ое, -ые**
8	**во́семь**	8.	**восьмо́й, -ая, -ое, -ые**
9	**де́вять**	9.	**девя́тый, -ая, -ое, -ые**
10	**де́сять**	10.	**деся́тый, -ая, -ое, -ые**
11	**оди́ннадцать**	11.	**оди́ннадцатый**
12	**двена́дцать**	12.	**двена́дцатый**
13	**трина́дцать**	13.	**трина́дцатый**
14	**четы́рнадцать**	14.	**четы́рнадцатый**
15	**пятна́дцать**	15.	**пятна́дцатый**
16	**шестна́дцать**	16.	**шестна́дцатый**
17	**семна́дцать**	17.	**семна́дцатый**
18	**восемна́дцать**	18.	**восемна́дцатый**
19	**девятна́дцать**	19.	**девятна́дцатый**
20	**два́дцать**	20.	**двадца́тый**
21	**два́дцать оди́н**	21.	**два́дцать пе́рвый**
22	**два́дцать два**	22.	**два́дцать второ́й**
30	**три́дцать**	30.	**тридца́тый**
40	**со́рок**	40.	**сороково́й**
50	**пятьдеся́т**	50.	**пятидеся́тый**
60	**шестьдеся́т**	60.	**шестидеся́тый**
70	**се́мьдесят**	70.	**семидеся́тый**
80	**во́семьдесят**	80.	**восьмидеся́тый**
90	**девяно́сто**	90.	**девяно́стый**
100	**сто**	100.	**со́тый**
101	**сто оди́н**	101.	**сто пе́рвый**
150	**сто пятьдеся́т** oder **полтора́ста**	150.	**сто пятидеся́тый**
200	**две́сти**	200.	**двухсо́тый**
300	**три́ста**	300.	**трёхсо́тый**
400	**четы́реста**	400.	**четырёхсо́тый**
500	**пятьсо́т**	500.	**пятисо́тый**

600	**шестьсо́т**	600.	**шестисо́тый**
700	**семьсо́т**	700.	**семисо́тый**
800	**восемьсо́т**	800.	**восьмисо́тый**
900	**девятьсо́т**	900.	**девятисо́тый**
1.000	**ты́сяча**	1.000.	**ты́сячный**
1.100	**ты́сяча сто**	1.100.	**ты́сяча со́тый**
2.000	**две ты́сячи**	2.000.	**двухты́сячный**
5.000	**пять ты́сяч**	5.000.	**пятиты́сячный**
10.000	**де́сять ты́сяч**	10.000.	**десятиты́сячный**
100.000	**сто ты́сяч**	100.000.	**стоты́сячный**
1.000.000	**миллио́н**	1.000.000.	**миллио́нный**

Deklination der Grundzahlwörter

1. Die Zahlen **оди́н** (männlich), **одна́** (weiblich), **одно́** (sächlich), **одни́** (Plural) „ein, eine, ein, eine“ werden wie das Demonstrativpronomen **э́тот** (männlich), **э́та** (weiblich), **э́то** (sächlich), **э́ти** (Plural) „dieser, diese, dieses, diese“ dekliniert.

2. Neben der Zahl **два** (männlich, sächlich), **две** (weiblich) „2, zwei“ existiert auch **о́ба** (männlich, sächlich), **о́бе** (weiblich) „beide“, die eine ähnliche Deklination aufweisen:

	männlich/sächlich		**weiblich**	
Nom.	**два**	**о́ба**	**две**	**о́бе**
Gen.	**двух**	**обо́их**	**двух**	**обе́их**
Dativ	**двум**	**обо́им**	**двум**	**обе́им**
Akk.	**двух, два**	**обо́их, о́ба**	**двух, две**	**обе́их, о́бе**
Instr.	**двумя́**	**обо́ими**	**двумя́**	**обе́ими**
Präp.	**о двух**	**об обо́их**	**о двух**	**об обе́их**

3. Die Zahlen **три** „3, drei“ und **четы́ре** „4, vier“ haben eine spezielle Deklination:

Nom.	**три**	**четы́ре**
Gen.	**трёх**	**четырёх**
Dativ	**трём**	**четырём**
Akk.	**три, трёх**	**четы́ре, четырёх**
Instr.	**тремя́**	**четырьмя́**
Präp.	**о трёх**	**о четырёх**

4. Die Deklination der Zahlen **пять** „5, fünf" bis **два́дцать** „20, zwanzig" und **три́дцать** „30, dreißig" erfolgt nach dem Muster der weichen weiblichen Substantive mit der Endung **-ь**. Vorsicht bei der Zahl **во́семь** „8, acht":

Nom.	**пять**	**во́семь**
Gen.	**пяти́**	**во́сьми**
Dativ	**пяти́**	**восьми́**
Akk.	**пять**	**во́семь**
Instr.	**пятью́**	**восемью́/восьмью́**
Präp.	**о пяти́**	**о восьми́**

5. Die Zahlen **пятьдеся́т** „50, fünfzig", **шестьдеся́т** „60, sechzig", **се́мьдесят** „70, siebzig" und **во́семьдесят** „80, achtzig" werden auch wie die weichen weiblichen Substantive mit der Endung **-ь** dekliniert, nur mit der Besonderheit, daß sie in zwei Teile geteilt werden und jede Hälfte für sich dekliniert wird, jedoch werden die Teile zusammen geschrieben:

Nom.	**пятьдеся́т**
Gen.	**пяти́десяти́**
Dativ	**пяти́десяти́**
Akk.	**пятьдеся́т**
Instr.	**пятью́десятью́**
Präp.	**о пяти́десяти́**

6. Die zusammengesetzten Zahlen ab „20" werden einzeln geschrieben und einzeln dekliniert:

Nom.	**два́дцать оди́н**
Gen.	**двадцати́ одного́**
Dativ	**двадцати́ одному́**
Akk.	**два́дцать оди́н**
Instr.	**двадцатью́ одни́м**
Präp.	**двадцати́ одно́м**

7. Die Zahlen **со́рок** „40, vierzig", **девяно́сто** „90, neunzig" und **сто** „100, hundert" haben in allen Fällen außer im Nominativ und im Akkusativ die Endung **-а**: **сорока́**, **девяно́ста**, **ста**.

8. **ты́сяча** „1.000“ wird wie ein weibliches weiches Nomen dekliniert. Im Instrumentalis lautet die Form **ты́сячью**. **Миллио́н** „1.000.000“ ist ein hartes männliches Substantiv.

9. Die Hunderterzahlen **две́сти** „200“, **три́ста** „300“, **четы́реста** „400“ bis **девятьсо́т** „900“ werden in zwei Teilen dekliniert, aber zusammen geschrieben:

Nom. = Akk.	**две́сти**
Gen.	**двухсо́т**
Dativ	**двумста́м**
Instr.	**двумяста́ми**
Präp.	**о двухста́х**

10. Bei der Verbindung einer Zahl mit einem Substantiv (im Nominativ oder Akkusativ) steht das Substantiv nach der Zahl „1“ im Nominativ Singular:

> **Здесь стои́т оди́н дом.** „Hier steht ein Haus“.
> **Я ви́жу оди́н дом.** „Ich sehe ein Haus.“

Nach den Zahlen „2“, „3“ und „4“ steht das Substantiv im Genitiv Singular:

> **Я ви́жу два до́ма, три де́вочки.** „Ich sehe zwei Häuser, drei Mädchen.“

Nach den Zahlen ab „5“ steht das Substantiv im Genitiv Plural:

> **Я ви́жу пять домо́в и шесть де́вочек.** „Ich sehe fünf Häuser und sechs Mädchen.“

Bei zusammengesetzten Zahlen ist die letzte Zahl maßgebend für den verwendeten Kasus:

> **два́дцать два до́ма** „22 Häuser“;
> **со́рок три ма́льчика** „43 Jungen“.

Wenn das Substantiv in anderen Kasusformen (außer Nominativ und Akkusativ) steht, verhält sich die Zahl wie ein Adjektiv, d.h. sie wird im Genus und Numerus an das Substantiv angepaßt:

Я разгова́риваю с двумя́ ма́льчиками. „Ich spreche mit zwei Jungen".
Я ду́маю о четырёх сёстрах, о двадцати́ дома́х. „Ich denke an vier Schwestern, an zwanzig Häuser".

Оди́н „1" ist wie ein Adjektiv zu behandeln. Es paßt sich dem Substantiv an.

Deklination der Ordnungszahlwörter

Die Ordnungszahlen werden wie eine Langform des harten Adjektivs dekliniert. Die einzige Ausnahme ist **тре́тий**, **-ья**, **-ье**, **-ьи** „3.". Die Deklination folgt dem Possessivadjektiv **пти́чий** „dem Vogel gehörend".
In zusammengesetzten Ordnungszahlwörtern wird nur die letzte Ziffer durch das Ordnungszahlwort ausgedrückt und dekliniert: „357": **три́ста пятьдеся́т седьмо́й**, **-ая**, **-ое**, **-ые**.

Deklination der kollektiven Zahlwörter

Zu diesen Zahlwörtern gehören: **дво́е**, **тро́е**, **че́тверо**, **пя́теро**, **ше́стеро**, **се́меро**, **во́сьмеро**, **де́вятеро**, **де́сятеро**. Sie werden wie die Zahl **о́ба** „beide" dekliniert:

Nom.	**дво́е**	**пя́теро**
Gen.	**двои́х**	**пятеры́х**
Dativ	**двои́м**	**пятеры́м**
Akk.	**двои́х, дво́е**	**пятеры́х, пя́теро**
Instr.	**двои́ми**	**пятеры́ми**
Präp.	**о двои́х**	**о пятеры́х**

Andere Zahlwörter

1. **полови́на** „Hälfte", **че́тверть** „Viertel" dekliniert man wie ein Nomen.

2. **полтора́** „eineinhalb, anderthalb" ist der Nominativ und Akkusativ, in allen anderen Fällen gibt es nur die Form **полу́тора**. Ähnlich: **полтора́ста** „150" im Nominativ und Akkusativ, sonst: **полу́тораста**.

3. Wie ein Substantiv werden folgende Zahlen dekliniert: **ноль/нуль** (männlich) „0", alle anderen sind weiblich: **едини́ца** „die Eins (als

Schulnote oder Nummer einer Bus- oder Straßenbahnlinie)", **дво́йка** „die Zwei", **тро́йка** „die Drei", **четвёрка, пятёрка**...

4. Bei der Jahresangabe wird nur die letzte Ziffer durch das Ordnungszahlwort ausgedrückt und dekliniert: „1972": **ты́сяча девятьсо́т се́мьдесят второ́й год**.

5. Bei der Datumsangabe auf die Frage **когда́?** „wann?" stehen der Tag und der Monat im Genitiv: **тридца́того ма́рта**. Aber auf die Frage **Како́е сего́дня число́?** „Den Wievielten haben wir heute?" steht die Ordnungszahl in der sächlichen Form im Nominativ und der Monatsname im Genitiv: **Сего́дня восьмо́е апре́ля.** „Heute ist der 8. April."

VERB

Das russische Verb (Tätigkeitswort) konjugiert man in drei Tempusformen (Präsens (Gegenwart), Präteritum (einfache Vergangenheit), Futur (Zukunft)), drei Modi (Indikativ, Imperativ und Konjunktiv) und Partizipien (Partizip Präsens Aktiv und Passiv, Partizip Perfekt Aktiv und Passiv, Adverbialpartizipien). Eine Besonderheit bildet die „Aktionsart" des Verbs, der sog. „Aspekt", der einen Vorgang danach beschreibt, ob er vollendet ist oder nicht.

Aspekt

Die meisten russischen Verben kommen als Aspektpaare vor. Man unterscheidet den unvollendeten (imperfektiven, UV) und den vollendeten (perfektiven, V) Aspekt. Der unvollendete Aspekt drückt eine Handlung ohne Begrenzung aus. Ein solches Verb gibt die Dauer, den Verlauf, die Entwicklung bzw. die Wiederholung einer Handlung an. Es beschreibt Zustände und Vorgänge ohne Anfang und Ende. Es gibt niemals ein Ziel oder das Resultat einer Handlung wieder. Die unvollendeten Verben werden in Präsens, Futur und Präteritum verwendet.

Der vollendete Aspekt beschreibt eine Handlung, die begrenzt ist, die zu einem Resultat führt. Das Verb im vollendeten Aspekt beschreibt das Eintreten, die Vollendung, das Resultat bzw. die Einmaligkeit einer Handlung sowie die Aufeinanderfolge von Handlungen. Die vollendeten Verben haben keine Präsensformen; sie werden nur im Futur und im Präteritum verwendet.

Die Verben mit vollendetem Aspekt kann man am Präfix erkennen, das vor ein unvollendetes Verb gestellt wird.

UV	**V**
чита́ть „lesen“	**прочита́ть**
знать „kennen“	**узна́ть**
жале́ть „bedauern“	**пожале́ть**
идти́ „gehen“	**пойти́**
нести́ „tragen“	**понести́**

Vollendete Verben können ihren unvollendeten Aspektpartner durch Einschub von **-ва-** oder **-ыва-**; **-ива-** bilden:

UV	**V**
дава́ть „geben“	**дать**
расска́зывать „erzählen“	**рассказа́ть**

Vollendete Verben auf **-ить** bilden ihren unvollendeten Aspektpartner, indem das **-и-** durch **-я-** (oder **-а-**) ersetzt wird:

UV	**V**
встреча́ть „treffen“	**встре́тить**
реша́ть „lösen“	**реши́ть**

Einige Aspektpaare haben verschiedene Wortwurzeln:

UV	**V**
класть „legen“	**положи́ть**
брать „nehmen“	**взять**
говори́ть „sprechen“	**сказа́ть**

Verben der Bewegung

Verben der Bewegung bilden in der russischen Sprache eine besondere Gruppe. Wenn sie kein Präfix haben, sind sie unvollendet und werden in zwei Gruppen eingeteilt:
a) Verben der zielgerichteten Bewegung (bestimmt, eine Richtung);
b) Verben der nicht zielgerichteten Bewegung (unbestimmt, in mehrere Richtungen).

Zielgerichtete Bewegung	**Nicht zielgerichtete Bewegung**
„laufen"	
бежа́ть (я бегу́, он бежи́т)	бе́гать (я бе́гаю, бе́гает)
„transportieren"	
везти́ (я везу́, он везёт)	вози́ть (я вожу́, он во́зит)
„führen"	
вести́ (я веду́, он ведёт)	води́ть (я вожу́, он во́дит)
„treiben, jagen"	
гнать (я гоню́, он го́нит)	гоня́ть (я гоня́ю, он гоня́ет)
„gehen"	
идти́ (я иду́, он идёт)	ходи́ть (я хожу́, он хо́дит)
„fliegen"	
лете́ть (я лечу́, он лети́т)	лета́ть (я лета́ю, он лета́ет)
„tragen"	
нести́ (я несу́, он несёт)	носи́ть (я ношу́, он но́сит)
„schwimmen"	
плыть (я плыву́, он плывёт)	плава́ть (я плава́ю, он плава́ет)
„fahren"	
е́хать (я е́ду, он е́дет)	е́здить (я е́зжу, он е́здит)

Durch ein Präfix werden die Verben der zielgerichteten Bewegung vollendet, die der nicht zielgerichteten Bewegung bleiben unvollendet.

Konjugation

Hilfsverb быть „sein"

Im Russischen gibt es nur das eine Hilfsverb **быть** „sein". Es wird im Präsens nur benutzt, wenn ein bestimmter Umstand besonders hervorgehoben werden soll. Die russische Konstruktion **у** + Genitiv des Nomens oder Pronomens + (**есть**) + Nominativ entspricht dem deutschen Verb „haben":

У него́ есть брат. „Er hat einen Bruder".

Bei der Verneinung („nicht haben") folgt hinter **у** + Genitiv des Nomens oder Pronomens im Präsens das Wörtchen **нет**, in der Vergangenheit **не́ было**, in der Zukunft **не бу́дет**, immer gefolgt vom Genitiv:

У него́ нет/не́ было/не бу́дет газе́ты. „Er hat/hatte keine Zeitung/wird keine Zeitung haben".

Um den Besitz zu unterstreichen oder in Fragesätzen verwendet man **быть**:

Есть-ли у тебя́ де́ньги? „Hast du Geld?" – **Да, есть.** „Ja (, es sind)."

Konjugation von быть „sein"

Vergangenheit

Singular	Plural
1. **я был, была́**	**мы бы́ли**
2. **ты был, была́**	**вы бы́ли**
3. **он был, она́ была́, оно́ бы́ло**	**они́ бы́ли**

Futur (Zukunft)

Singular	Plural
1. **я бу́ду**	**мы бу́дем**
2. **ты бу́дешь**	**вы бу́дете**
3. **он, она́, оно́ бу́дет**	**они́ бу́дут**

Konjunktiv (Möglichkeitsform)
Die Partikel **бы** wird zu den Vergangenheitsformen gestellt: **был бы** „er wäre", **была́ бы** „sie wäre", **бы́ло бы** „es wäre"; **бы́ли бы** „wir/Sie/sie wären, ihr wäret".

Imperativ (Befehlsform)
Er lautet für die 2. Person Singular **будь!** „sei!" und für die 2. Person Plural **бу́дьте!** „seid!/Seien Sie!".

Partizipien
Das Partizip Präsens Aktiv („seiend") existiert nicht, das Partizip Perfekt Aktiv lautet **бы́вший** „gewesen [ehemalig]".

Adverbialpartizip
Adverbialpartizipien sind Verbformen, die wie Adverbien in ihrer Form unveränderlich sind. Mit dem Verb gemeinsam haben sie den Aspekt. Sie stehen im Aktiv. Für die russischen Adverbialpartizipien gibt es im Deutschen keine Entsprechungen. In ihrer Funktion sind sie etwa mit dem Partizip Präsens zu vergleichen. Das Adverbialpartizip von **быть** lautet **бу́дучи**.

Infinitiv (Grundform)

Die meisten russischen Verben enden auf **-ть**: **чита́ть** „lesen", **име́ть** „besitzen", **жить** „leben". Es gibt aber auch die Endungen **-чь** (**течь** „fließen", **мочь** „wollen") und **-ти́** (**идти́** „gehen", **нести́** „tragen").
Alle Formen der russischen Konjugation werden entweder vom Präsens oder vom Infinitiv abgeleitet. Vom Präsens stammt der Imperativ, das Partizip Präsens Aktiv und Passiv und das Adverbialpartizip der Gegenwart. Der Infinitiv wird für die Formen des zusammengesetzten Futurs der unvollendeten Verben, für die Vergangenheit, den Konjunktiv, das Partizip Perfekt Aktiv und Passiv und das Adverbialpartizip der Vergangenheit gebraucht.

1. und 2. Konjugationen

Um ein Verb richtig konjugieren zu können, muß man immer den Infinitiv kennen. Darüber hinaus sind die 1. und 2. Person Singular und die 3. Person Plural Präsens wichtig. Im Russischen gibt es zwei Konjugationen, die dieselben Personalendungen haben. Der Unterschied besteht jedoch darin, ob vor der Personalendung ein **-е-** (1. Konjugation oder e-Konjugation genannt) oder ein **-и-** (2. Konjugation oder i-Konjugation genannt) steht.
Beispielverben: **чита́ть** „lesen" (UV), **говори́ть** „sprechen" (UV)

1. Konjugation	**2. Konjugation**
Präsens	
я чита́-ю	**я говор-ю́**
ты чита́-ешь	**ты говор-и́шь**
он чита́-ет	**он говор-и́т**
мы чита́-ем	**мы говор-и́м**
вы чита́-ете	**вы говор-и́те**
они́ чита́-ют	**они говор-я́т**
Präteritum	
я чита́-л, -ла	**я говори́-л, -ла**
ты чита́-л, -ла	**ты говор-и́л, -ла**
он, она́, оно́ чита́-л, -ла, -ло	**он, она́, оно́ говори́-л, -ла, -ло**
мы чита́-ли	**мы говори́-ли**
вы чита́-ли	**вы говори́-ли**
они́ чита́-ли	**они́ говори́-ли**

Futur	
я бу́ду чита́ть	**я бу́ду говори́ть**
ты бу́дешь чита́ть	**ты бу́дешь говори́ть**
он бу́дет чита́ть	**он бу́дет говори́ть**
мы бу́дем чита́ть	**мы бу́дем говори́ть**
вы бу́дете чита́ть	**вы бу́дете говори́ть**
они́ бу́дут чита́ть	**они́ бу́дут говори́ть**
Konjunktiv	
я чита́л бы	**я говори́л бы**
ты чита́л бы	**ты говори́л бы**
он чита́л бы	**он говори́л бы**
мы чита́ли бы	**мы говори́ли бы**
вы чита́ли бы	**вы говори́ли бы**
они́ чита́ли бы	**они́ говори́ли бы**
Imperativ (Befehlsform)	
Singular: **чита́-й**	**говор-и́**
Plural: **чита́йте**	**говор-и́те**
Partizipien	
Präsens Aktiv: **чита́-ющий**	**говоря́-щий**
Perfekt Aktiv: **чита́-вший**	**говори́в-ший**
Präsens Passiv: **чита́-емый**	**говори́-мый**
(про)чи́тан-ный	**(про)говорён-ный**
Adverbialpartizip	
Präsens: **чита́-я**	**говор-я́**
Präteritum: (**про**)**чита́-в**	(**про**)**говори́-в**

Für die Bildung des Partizips Perfekt Passiv und für das Adverbialpartizip Präteritum verwendet man nur Verben mit vollendetem Aspekt, für das Partizip Perfekt Aktiv und Passiv und für das Adverbialpartizip Präsens die Verben mit unvollendetem Aspekt.

Die Endungen des Präsens sind folgende:

1. Konjugation	**2. Konjugation**
Singular	
1. **-у** nach Konsonant/**-ю** nach Vokal	**-ю** oder **-у** nach Zischlaut
2. **-ешь/-ёшь** endbetont	**-ишь**
3. **-ет/-ёт**	**-ит**

1. Konjugation	**2. Konjugation**
Plural	
1. **-ем/-ём**	**-им**
2. **-ете/-ёте**	**-ите**
3. **-ут** oder **-ют**	**-ят** oder **-ат** nach Zischlaut

Der Konsonantenwechsel betrifft in der 1. Konjugation alle Formen des Präsens. Bei einigen Verben der 2. Konjugation verändert sich nur in der 1. Person Präsens der Konsonant vor der Endung, oder es wird zusätzlich nach **б**, **в**, **м**, **ф** ein **л** eingeschoben. Gesetzmäßigkeiten des Konsonantenwechsels sind folgende: **г/д/з** > **ж**, **к/т** > **ч**, **с/х** > **ш**, **ск/ст** > **щ**.

Das Präteritum wird mit den Endungen **-л**, **-ла**, **-ло** im Singular und **-ли** im Plural gebildet, die statt der Infinitivendung verwendet werden.

Das Futur der unvollendeten Verben bildet man mit dem Hilfsverb **быть**, das im Futur in der jeweiligen Person zusammen mit dem Infinitiv des Verbs steht. Bei den vollendeten Verben ist die Futurform identisch mit dem Präsens.

Der Konjunktiv entsteht durch Anhängen der Partikel **бы** an die Formen des Präteritums.

Der Imperativ hat nur die beiden Formen der 2. Person Singular und Plural. Die Endungen werden statt der Endung der 3. Person Plural Präsens dem Stamm hinzugefügt:
– Nach einem Vokal lautet die Endung **-й** bzw. **-йте**: **чита́-й**; **чита́-йте**.
– Nach einem Konsonant lauten die Endungen, wenn die 1. Person Singular Präsens stammbetont ist: **бро́с-ь** bzw. **бро́сь-те**; **гото́вь** bzw. **гото́вьте**.
– Nach einem Konsonant lauten die Endungen, wenn die 1. Person Singular Präsens endbetont ist: **скаж-и́** bzw. **скажи́-те**; **сид-и́** bzw. **сиди́-те**.

Partizipien

Partizipien tauchen im Russischen in vier Formen auf:
Das Partizip Präsens Aktiv wird auf der Grundlage der 3. Person Plural Präsens gebildet, indem die Endung **-т** durch die folgenden Endungen ersetzt wird: **-щий**, **-щая**, **-щее**, **-щие**, da es sich um Verbalformen mit Merkmalen eines Adjektivs handelt:

они́ чита́ют – чита́ющий; они́ смо́трят – смотря́щий; они́ пи́шут – пи́шущий; они́ крича́т – крича́щий.

Auch das Partizip Perfekt Aktiv wird auf der Grundlage der 3. Person Plural gebildet, indem die Endung **-л** des Präteritums des Maskulinum Singular durch die Endungen **-вший**, **-вшая**, **-вшее**, **-вшие** ersetzt wird:

писа́л – писа́вший, жале́л – жале́вший, бил – би́вший.

Wenn es im Präteritum keine Endung **-л** gibt, wird die Endung **-вший** direkt angehängt:

нёс – нёсший. Die Sonderformen lauten **ше́дший** von **шёл** (**идти́**); **ве́дший** von **вёл** (**вести́**).

Das Partizip Präsens Passiv erhält die Endungen **-ый**, **-ая**, **-ое**, **-ые** zur 1. Person Plural Präsens:

мы уважа́ем – уважа́емый „einer, der respektiert wird"; **мы люби́м – люби́мый** „einer, der geliebt wird".

Das Partizip Perfekt Passiv wird durch Ersetzen der Infinitivendung durch **-нный**, **-нная**, **нное**, **-нные** oder **-тый**, **-тая**, **-тое**, **-тые** gebildet:

сказа́ть – ска́занный „gesagt", **посла́ть – по́сланный** „geschickt"; **уби́ть – уби́тый** „getötet", **поня́ть – по́нятый** „verstanden".

Weil die Partizipien wie Adjektive konjugiert und verwendet werden, haben sie auch Kurzformen:

Э́та рабо́та хорошо́ сде́лана. „Diese Arbeit ist gut gemacht."
Моё пла́тье прекра́сно сши́то. „Mein Kleid ist wunderbar genäht".

Im Russischen gibt es zwei Adverbialpartizipien, die nicht konjugiert sind. Das Adverbialpartizip Präsens erkennt man an der Endung **-я** (oder **-а** nach Zischlauten), die statt der Personalendung der 1. Person Singular Präsens auftritt:

я гуля́ю – гуля́я „spazierengehend";
я кричу́ – крича́ „schreiend";
я иду́ – идя́ „gehend";
я несу́ – неся́ „tragend".

Das Adverbialpartizip Präteritum wird mit der Endung **-в** anstelle der Präteritumsendung gebildet:

я встал – встав etwa „gestanden habend",
я погуля́л – погуля́в „gewandert seiend".

Negation (Verneinung)

Um eine Satzaussage zu verneinen, wird die Partikel **не** „nicht" vor das Verb gestellt:

Я не хочу́. „Ich will nicht."
Он не бу́дет игра́ть. „Er wird nicht spielen."

Folgt nach der Negation ein Nomen, muß dieses im Genitiv stehen:

Я беру́ кни́гу. „Ich nehme das Buch."
Я не беру́ кни́ги. „Ich nehme das Buch nicht."
У тебя́ есть де́ньги. „Du hast Geld."
У тебя́ нет де́нег. „Du hast kein Geld."

Folgt auf die Verneinung eine Person, muß hierfür die Akkusativform gewählt werden:

Я не люблю́ сестру́. „Ich mag die Schwester nicht."

Die Negation kann sich auch auf einen anderen Teil einer Satzaussage beziehen:

Не я приходи́л. „Nicht *ich* kam."

Fragebildung

Um eine Frage zu formulieren, wird die Partikel **ли** hinter das Verb oder hinter das Element gestellt, auf das die Frage abzielt:

Взял ли ты я́блоко? „Hast du den Apfel *genommen*?"
Я́блоко ли ты взял? „Hast du den *Apfel* genommen?"
Ты ли взял я́блоко? „Hast *du* den Apfel genommen?"

Reflexivverben (rückbezügliche Verben)

Die reflexive Partikel **ся** wird an alle Personalendungen angehängt. Endet die Verbform auf einem Vokal, wird die reflexive Partikel auf **-сь** reduziert: **мыть** „waschen": **мы́ться** „sich waschen", **я мо́юсь** „ich wasche mich"; **ты мо́ешься** „du wäschst dich"; **он мо́ется** „er wäscht sich", **мы мо́емся** „wir waschen uns"; **вы мо́етесь** „Sie waschen sich/ihr wascht euch", **они́ мо́ются** „sie waschen sich".

Passiv

Das Passiv wird durch die Endung **-ся** ausgedrückt. Wird der Handlungsträger genannt, so steht dieser im Instrumentalis:

Дом стро́ится отцо́м. „Das Haus wird vom Vater gebaut."

Das Passiv kann auch durch das Partizip Präsens oder Perfekt Passiv der Kurzform in Verbindung mit dem Verb **быть** „sein" gebildet werden:

Сын люби́м отцо́м. „Der Sohn wird vom Vater geliebt."
Да́ча была́ постро́ена мной. „Das Sommerhaus wurde von mir gebaut."
Ско́ро лес бу́дет вы́рублен крестья́нами. „Bald wird der Wald von den Bauern abgeholzt."

Es handelt sich um Formen der geschriebenen Sprache, die in der Umgangssprache eher durch aktive Formulierungen ersetzt werden. So würde man statt des passiven Satzes **Да́ча была́ постро́ена мной** eher sagen: **Я постро́ил да́чу** „Ich habe das Sommerhaus gebaut."

In der gesprochenen Sprache werden die Formen des Reflexivverbs oder unpersönliche Formen mit passivischer Bedeutung viel häufiger verwendet:
Кури́ть воспреща́ется. „Rauchen verboten."
Прода́ли э́тот дом. „Man hat das Haus verkauft."
Говоря́т, что ... „Man sagt, daß ...".

Zusammenfassender Überblick über die Konjugation im Präsens

1. Konjugation

Erste Variante: **-у**, **-ешь** (**-ёшь** mit Betonung), **-ут**

1. Endung **-ти**:
   Infinitiv: **нес-ти́** „tragen"; Präsens: **нес-у́, нес-ёшь, нес-у́т**.
   Infinitiv: **ид-ти́** „gehen"; Präsens: **ид-у́, ид-ёшь, ид-у́т**.
Endung **-ть**:
   Infinitiv: **лез-ть** „kriechen", Präsens: **ле́з-у, ле́з-ешь, ле́з-ут**.
Einige Verben haben vor der Infinitivendung **-ти** oder **-ть** ein **-с**: **вес-ти́** „führen", **крас-ть** „stehlen", **пас-ть** „fallen". Im Präsens verändert sich dieses **с** zu **д** oder **т**: **веду́, краду́, паду́**. Merken Sie sich: **сес-ть** „sich setzen" – **ся́д-у**. Das Verb **нес-ти́** „tragen" behält das **-с**: **нес-у́**.

2. Infinitiv **-чь** (für **к+ть** oder **ч+ть**): **мо-чь** „können" – **мог-у́, мо́ж-ешь, мо́г-ут**; **развле́-чь** „unterhalten" – **развле-ку́, развлеч-ёшь, развлек-у́т**.
Beachten Sie die Veränderung, wenn **к** vor **ё** oder **е** zu **ч** und **г** zu **ж** wird: **ле-чь** „sich (hin)legen" – **ля́г-у, ля́ж-ешь**; **же-чь** „brennen" – **жг-у, жж-ёшь**.

3. Verben auf **-ня-ть**, die alle den vollendeten Aspekt ausdrücken. Sie werden in zwei Gruppen eingeteilt:
a) Verben, deren Präfix auf einem Vokal endet: **по-ня́ть** „verstehen" – **по-йму́, по-йм-ёшь, по-йм-у́т**.
b) Verben, deren Präfix auf einem Konsonanten endet: **с-ня-ть** „herunternehmen" – **с-ним-у́, с-ни́м-ешь, с-ни́м-ут**. Andere Verben, die wir angetroffen haben, waren **заня́ть** „beschäftigen" – **займу́**; **подня́ть** „hochheben" – **подниму́**; **взять** „nehmen" – **возьм-у́, возьм-ёшь, возьм-у́т** und **приня́ть** „erhalten" – **прим-у́**.

4. Einige Verben auf **а-ть**:
Infinitiv: **нача́ть** „beginnen" – **начн-у́, начн-ёшь, начн-у́ т**; **жать** „drücken" – **жм-у, жм-ёшь, жм-ут**.

5. Verben auf **ере-ть**, die im Präsens beide **-е-** verlieren: **умере́ть** „sterben" – **умр-у́, умр-ёшь, умр-у́т**; **запере́ть** „abschließen" – **запр-у́, запр-ёшь, запр-у́т**.

6. Verben, bei denen im Präsens ein **-в-** eingeschoben wird: **жи-ть** „leben“ – **жив-у́**, **жив-ёшь**, **жив-у́т**; **плы-ть** „schwimmen; segeln“ – **плыв-у́**, **плыв-ёшь**, **плыв-у́т**.

7. Verben, die im Präsens das **-а-** verlieren: **жда-ть** „warten“ **- жд-у**, **жд-ёшь**, **жд-ут**; **рва-ть** „reißen“ – **рв-у**, **рв-ёшь**, **рв-ут**. Aber: **бра-ть** „nehmen“ – **бер-у́**, **бер-ёшь**, **бер-у́т**; **зва-ть** „nennen“ – **зов-у́**, **зов-ёшь**, **зов-у́т**.

Zweite Variante: **-ю**, **-ешь**, **-ют**

1. Im Infinitiv auf **-ать** kann es im Präsens zum Wegfall des Vokals **-а-** und/oder zur Veränderung des Stammkonsonanten kommen: **писа́ть** „schreiben“ – **пиш-у́**, **пи́ш-ешь**, **пи́ш-ут**. Zahlreiche Verben gehören dazu: **сказа́ть** „erzählen; sagen“ – **скаж-у́**, **ска́ж-ешь**, **ска́ж-ут**; **ре́зать** „schneiden“ – **ре́ж-у**; **пла́кать** „weinen“ – **пла́ч-у**; **иска́ть** „suchen“ – **ищ-у́**.

2. Bei Verben mit dem Infinitif auf **-ять** kann es im Präsens zum Wegfall des Vokals **-я-** kommen: **сме-я́ться** „lachen“ – **сме-ю́сь**, **сме-ёшься**, **сме-ю́тся**; **наде́-яться** „hoffen“ – **наде́-юсь**, **наде́-ешься**, **наде́-ются**.

3. Einige Verben auf **-ить** (und ihre Zusammensetzungen) ersetzen im Präsens das **-и-** durch ein **-ь-**: **бить** „schlagen“ – **бь-ю**, **бь-ёшь**; **лить** „gießen“ – **ль-ю**, **ль-ёшь**; **пить** „trinken“ – **пь-ю**, **пь-ёшь**.

Verben mit der Infinitivendung **-ыть** tauschen im Präsens den Vokal **-ы-** gegen ein **-о-**: **закры́ть** „schließen, zumachen“ – **закро́-ю**, **закро́-егпь**, **закро́-ют**; **умы́ться** „sich waschen“ – **умо́-юсь**, **умо́-ешься**, **умо́-ются**.

4. Bei Verben auf **-овать** und **-евать** wird **-ов-** im Präsens durch **-у-** und **-ев-** durch **-ю-** ersetzt: **сове́товать** „empfehlen“ – **сове́ту-ю**, **сове́ту-ешь**, **сове́ту-ют**; **про́бовать** „versuchen; kosten“ – **про́бу-ю**, **про́бу-ешь**.

5. Andere Verben auf **-ать**, **-ять**, **-еть**, **-уть** haben in der 1. Person Singular Präsens die Endungen **-аю**, **-яю**, **-ею**, **-ую**: **ду́маю** „ich überlege“, **гуля́ю** „ich spiele“, **уме́ю** „ich kann“, **ду́ю** „ich blase“.

2. Konjugation: ю, -ишь, -ят

Allgemein ändert sich der Stammkonsonant nur in der 1. Person Singular (und im Partizip Perfekt Passiv) gegenüber der 1. Konjugation, in der dieser Konsonantenwechsel in allen Präsensformen stattfindet, oder es wird zusätzlich nach **б**, **в**, **м**, **п**, und **ф** ein **-л-** eingeschoben: **проси́ть** „bitten" – **прош-у́**, **про́с-ишь**, **про́с-ят**; **ви́деть** „sehen" – **ви́ж-у**, **ви́д-ишь**, **ви́д-ят**.

1. Infinitiv auf **-ить** mit den oben beschriebenen Veränderungen: **води́ть** „führen" – **вож-у́**, **во́д-ишь**; **сади́ться** „sich hinsetzen" – **саж-у́сь**, **сад-и́шься**; **встре́тить** „treffen" – **встре́ч-у**, **встре́т-ишь**; **бро́сить** „werfen" – **бро́ш-у**, **бро́с-ишь**; **прости́ть** „verzeihen" – **прощ-у́**, **прост-и́шь**; **согласи́ться** „einverstanden sein" – **соглаш-у́сь**, **соглас-и́шься**; **купи́ть** „kaufen" – **купл-ю́**, **ку́п-ишь**; **люби́ть** „lieben" – **любл-ю́**, **лю́б-ишь**.

2. Verben mit der Endung **-ать** nach Zischlauten: **молча́ть** „schweigen" – **молч-у́**, **молч-и́шь**, **мо́лч-ат**; **держа́ть** „halten" – **держ-у́**, **де́рж-ишь**, **крич-а́ть** „schreien" – **крич-у́**, **крич-и́шь**; **слы́шать** „hören" – **слы́ш-у**, **слы́ш-ишь**; **лежа́ть** „liegen" – **леж-у́**.

3. Infinitiv auf **-еть**: **смотре́ть** „schauen" – **смотр-ю́**, **смо́тр-ишь**, **смо́тр-ят**; **лете́ть** „fliegen" – **леч-у́**, **лет-и́шь**; **боле́ть** „krank sein" – **бол-и́т**.

4. Infinitiv auf **-ять**: **боя́ться** „sich ängstigen" – **бо-ю́сь**, **бо-и́шься**, **бо-я́тся**; **стоя́ть** „stehen" – **сто-ю́**, **сто-и́шь.**

Verben auf -нуть
Sie haben im Präsens die Endungen **-ну**, **-нешь**, **-нут**: **кри́кнуть** „schreien" – **кри́кн-у**, **кри́кн-ешь**, **кри́кн-ут**; **га́снуть** „erlöschen" – **га́сн-у**, **га́сн-ет**.

Unregelmäßige Verben

Die folgende Tabelle umfaßt alle in diesem Kurs vorkommenden Aspektverben mit Hinweisen auf Besonderheiten und Übersetzung und außerdem alle unregelmäßigen Verben, die Sie in „Russisch ohne Mühe heute" kennengelernt haben.

Verbaspekt (UV)	Besonderheiten der Konjugation	Verbaspekt (V)	Besonderheiten der Konjugation	Übersetzung
быва́ть		Kein Aspektpartner		„sein, sich befinden“
вари́ть		свари́ть		„kochen“
ве́рить		пове́рить		„glauben“
вози́ть	я вожу́ „ich führe“, они́ во́дят „sie führen“	вести́	я веду́ „ich führe“, они́ веду́т „sie führen“	„führen“
вози́ть	я вожу́ „ich fahre“; мы во́зим „wir fahren“, они́ во́зят „sie fahren“	везти́	я везу́ „ich fahre“, мы везём „wir fahren“, они́ везу́т „sie fahren“	„fahren“
вспомина́ть		вспо́мнить		„sich erinnern/entsinnen“
встава́ть		встать		„aufstehen“
входи́ть		войти́		„eintreten“
выдава́ть		вы́дать		„ausgeben“
выходи́ть		вы́йти		„hinausgehen“
говори́ть		сказа́ть		„sprechen, sagen“
дава́ть	я даю́ „ich gebe“, ты даёшь „du gibst“	дать	я дам „ich gebe“, ты дашь „du gibst“, он даст „er gibt“, мы дади́м „wir geben“, вы дади́те „ihr gebt/Sie geben“, они даду́т „sie geben“	„geben“
ждать	я жду „ich warte“, ты ждёшь „du wartest“	подожда́ть		„warten“

Verbaspekt (UV)	Besonderheiten der Konjugation	Verbaspekt (V)	Besonderheiten der Konjugation	Übersetzung
жить	я живу́ „ich lebe“, ты живёшь „du lebst“	прожить		„leben“
забыва́ть		забы́ть	я забу́ду „ich vergesse“, ты забу́дешь „du vergißt“	„vergessen“
задава́ть	я задаю́ „ich gebe“	зада́ть	я зада́м „ich gebe“	„geben“
заду́мываться		заду́маться		„nachdenken“
зака́зывать		заказа́ть		„reservieren“
запрети́ть		запреща́ть		„verbieten“
захло́пывать		захло́пнуть		„zuschlagen“
звони́ть		позвони́ть		„anrufen“
знать		узна́ть		„wissen“
изуча́ть		изучи́ть		„erforschen“
класть	я кладу́ „ich lege“	положи́ть	я положу́ „ich lege“	„legen“
красть		укра́сть		„stehlen“
крича́ть		кри́кнуть		„schreien, rufen“
лете́ть	я лечу́ „ich fliege“, ты лети́шь „du fliegst“	лета́ть	я прилета́ю „ich fliege“, ты прилета́ешь „du fliegst“	„fliegen“
лечи́ть		вы́лечить		„heilen“
лови́ть	я ловлю́ „ich fange“, ты ло́вишь „du fängst“	пойма́ть	я пойма́ю „ich fange“, ты пойма́ешь „du fängst“	„fangen“

носи́ть	я ношу́ „ich trage“, мы но́сим „wir tragen“, они́ но́сят „sie tragen“	нести́	я несу́ „ich trage“, мы несём „wir tragen“, они́ несу́т „sie tragen“	„tragen“
осма́тривать		осмотре́ть	я осмотрю́ „ich besichtige“, ты осмо́тришь „du besichtigst“	„ansehen, besichtigen“
осно́вывать	я осно́вываю „ich gründe“, мы осно́вываем „wir gründen“, они́ осно́вывают „sie gründen“	основа́ть	я осну́ю „ich gründe“, мы осну́ем „wir gründen“, они́ осну́ют“sie gründen“	„gründen“
отвеча́ть		отве́тить	я отве́чу „ ich antworte“, ты отве́тишь „du antwortest“	„antworten“
ошиба́ться	я ошиба́юсь „ich irre mich“, ты ошиба́ешься „du irrst dich“	ошиби́ться	я ошибу́сь „ich irre mich“, ты ошибёшься „du irrst dich“	„sich irren“
перечи́тывать		перече́сть	я перечту́ „ich lese durch“ ты перечтёшь „du liest durch“	„durchlesen“
покупа́ть		купи́ть	я куплю́ „ich kaufe“, ты ку́пишь „du kaufst“	„kaufen“
помога́ть	я помога́ю „ich helfe“, ты помога́ешь „du hilfst“	помо́чь	я помогу́ „ich helfe“, ты помо́жешь „du hilfst“	„helfen“
понима́ть		поня́ть	я пойму́ „ich verstehe“, ты поймёшь „du verstehst“	„verstehen“
привыка́ть		привы́кнуть		„sich angewöhnen“
припомина́ть		припо́мнить		„sich erinnern“
проезжа́ть		прое́хать		„durchfahren“

Verbaspekt (UV)	Besonderheiten der Konjugation	Verbaspekt (V)	Besonderheiten der Konjugation	Übersetzung
прока́тывать		прокати́ть	я прокачу́ „ich fahre spazieren“, ты прока́тишь „du fährst spaz.“	„spazieren fahren“
просма́тривать		просмотре́ть	я просмотрю́ „ich sehe durch“, ты просмо́тришь „du siehst durch“	„durchsehen“
просыпа́ться	я просыпа́юсь „ich erwache“, ты просыпа́ешься „du erwachst“	просну́ться	я просну́сь „ich erwache“, ты проснёшься „du erwachst“	„erwachen“
раздава́ться		разда́ться		„ertönen, erklingen“
реша́ть	я реша́ю „ich löse“, ты реша́ешь „du löst“	реши́ть	я решу́ „ich löse“, ты реши́шь „du löst“	„lösen“
рискова́ть	я риску́ю „ich riskiere“, ты риску́ешь „du riskierst“	рискну́ть	я рискну́ „ich riskiere“, ты рискнёшь „du riskierst“	„riskieren, wagen“
сдава́ть	я сдаю́ „ich gebe“	сдать	я сдам „ich gebe“, ты сдашь „du gibst“, он сдаст „er gibt“, мы сдади́м „wir geben“, вы сдади́те „Sie geben/ihr gebt“, они́ сдаду́т „sie geben“	„(zurück)geben; vermieten“
смотре́ть		посмотре́ть		„anschauen“
спать		поспа́ть	я посплю „ich werde ein bißchen schlafen“	„schlafen“
спра́шивать	я спра́шиваю „ich frage“, ты спра́шиваешь „du fragst“	спроси́ть	я спрошу́ „ich frage“, ты спро́сишь „du fragst“	„fragen“

стоя́ть	**я стою́** „ich stehe“, **ты стои́шь** „du stehst“		kein Aspektpartner	„stehen“
стро́ить	**я стро́ю** „ich baue“, **ты стро́ишь** „du baust“	**постро́ить**		„bauen“
сходи́ться	**я схожу́сь** „ich treffe mich“, **ты схо́дишься** „du triffst dich“	**сойти́сь**		„sich treffen“
теря́ть		**потеря́ть**		„verlieren“
удивля́ть	**я удивля́ю** „ich erstaune“, **ты удивля́ешь** „du erstaunst“	**удиви́ть**	**я удивлю́** „ich erstaune“, **ты удиви́шь** „du erstaunst“	„erstaunen“
узнава́ть	**я узнаю́** „ich erfahre“	**узна́ть**	**я узна́ю** „ich erfahre“, **ты узна́ешь** „du erfährst“	„erfahren, wissen“
успева́ть	**я успева́ю** „ich schaffe“, **ты успева́ешь** „du schaffst“	**успе́ть**	**я успе́ю** „ich schaffe“, **ты успе́ешь** „du schaffst“	„schaffen“
уточня́ть	**я уточня́ю** „ich präzisiere“, **ты уточня́ешь** „du präzisierst“	**уточни́ть**	**я уточню́** „ich präzisiere“, **ты уточни́шь** „du präzisierst“	„präzisieren“
ходи́ть	**я хожу́** „ich gehe“, **ты хо́дишь** „du gehst“	**сходи́ть**		„gehen“
шути́ть	**я шучу́** „ich scherze“, **ты шу́тишь** „du scherzt“	**пошути́ть**		„scherzen“

1. **хоте́ть** „wollen" richtet sich im Singular nach der 1. Konjugation (**хоч-у́**, **хо́ч-ешь**, **хо́ч-ет**) und im Plural nach der 2. Konjugation (**хот-и́м**, **хот-и́те**, **хот-я́т**).
2. **есть** „essen": **ем**, **ешь**, **ест**, **еди́м**, **еди́те**, **едя́т**; Imperativ: **ешь**, **ешьте**.
3. **е́хать** „fahren": **е́д-у**, **е́д-ешь**, **е́д-ут** (1.Konjugation, 1. Variante)
4. **спать** „schlafen": **спл-ю**, **сп-ишь** (2. Konjugation)
5. **гнать** „treiben" – **гон-ю́**, **го́н-ишь** (2. Konjugation)
6. **ошиби́ться** „sich irren" – **ошиб-у́сь**, **ошиб-ёшься** (1. Konjugation, 1. Variante).
7. Das Verb **дать** „geben" mit seinen Komposita: **дам**, **дашь**, **даст**, **дади́м**, **дади́те**, **даду́т**; Imperativ: **дай**, **да́йте**.
8. Komposita auf **-деть** und das Verb **стать** „werden" mit seinen Komposita haben im Präsens ein **-н-** als Einschub: **стать ста́-н-у**, **ста́-н-ешь**; **встать** „aufstehen"; **перестать** „aufhören"; **оде́ться** „sich anziehen" – **оде́-н-усь**, **оде́-н-ешься**, **разде́ться** „ausziehen" – **разде́-н-усь**, **разде́-н-ешься**.
9. Eine Gruppe von Verben verliert im Präsens die Lautfolge **-ва-**: **дава́ть** „geben" – **да-ю́**, **да-ёшь**, **да-ю́т; встава́ть** „aufstehen" – **вста-ю́**, **вста-ёшь**, **вста-ю́т**; **узнава́ть** „erfahren" – **узна-ю́**, **узна-ёшь**, **узна-ю́т**. Die Silbe **-ва-** erscheint wieder im Imperativ, im Adverbialpartizip und im Partizip Präsens Passiv.

Anmerkungen zu den Vergangenheitsformen

Besondere Schwierigkeiten entstehen, wenn die Endung des Präteritums, **-л**, mit einem anderen Konsonanten zusammentrifft: Die Infinitivendung **-сть** fällt weg: **вести́** „führen" – **вёл**, **вела́**, **вело́**, **ве́ли**; **красть** „stehlen" – **крал**; **пасть** „fallen" – **пал**.

-л fällt bei den männlichen Formen nach folgenden Konsonanten weg: **с**, **з**, **р**, **г**, **к**, **х**, **п**, **б**: **нести́**, „tragen" – **нёс**, aber **несла́**, **несло́**, **несли́**; **везти́** „fahren" – **вёз**, aber **везла́**; **умере́ть** „sterben" – **у́мер**, **умерла́**, **у́мерло**, **у́мерли**; **мочь** „können" – **мог**, aber **могла́**, **могло́**, **могли́**; **развле́чься** „sich ablenken" – **развлёкся**, **развлекла́сь**, **развлекло́сь**, **развлекли́сь**; **исче́знуть** „verschwinden" – **исче́з**, aber **исче́зла**, **исче́зло**, **исче́зли**; **дости́гнуть** „erreichen" – **дости́г**, aber **дости́гла**.

Bedeutung der Verbpräfixe

от- „auf“: **откры́ть** „aufmachen“
раз- (**рас**) „Teilung“: **раздели́ть** „teilen“
в- „in“: **вхо́дить** „hereingehen“
за-: „Beginn einer Tätigkeit“: **запе́ть** „anfangen zu singen“/“Ende einer Handlung“: **закры́ть** „zumachen“
вы- „aus“: **вы́йти** „hinausgehen“
о- „um, herum“: **обойти́** „umgehen“
с- „von verschiedenen Seiten zu einem Ort kommen“: **сойти́** „treffen“
у- „weg“: **уйти́** „weggehen“.

PRÄPOSITIONEN

Die russischen Präpositionen (Verhältniswörter) verbinden sich mit allen Fällen außer mit dem Nominativ. Manche verlangen einen bestimmten Kasus, manche zwei oder sogar drei Kasus. Im folgenden die Übersicht der am häufigsten gebrauchten Präpositionen:

Präpositionen mit nur einem Kasus

Genitiv: без „ohne“; **близ** „nahe“; **для** „für“; **из** „aus“, **до** „nach, bis“; **от** „von“, **во́зле** „neben“, **о́коло** „neben; bei; an; ungefähr“, **по́дле** „neben“; **из-за** „wegen“; **кро́ме** „außer“; **по́сле** „danach“, **пре́жде** „früher als; vor“; **про́тив** „gegen, wider“; **ра́ди** „um ... willen“;
Dativ: к „zu“; **вопреки́** „trotz“;
Akkusativ: про „für; von“; **че́рез** „über“, **сквозь** „durch, hindurch“;
Instrumentalis: ме́жду „zwischen“; **над** „über“;
Präpositiv: при „an, bei“;

Präpositionen mit zwei Kasus

Akkusativ und Instrumentalis: за „hinter“; **пе́ред** „vor“; **под** „unter“. Beispiele:

> **Он сел за де́рево.** (Akk.) „Er setzte sich hinter den Baum.“
> **Он сиди́т за де́ревом.** (Instr.) „Er sitzt hinter dem Baum“.
> **Мяч покатился под но́ги.** (Akk.) „Der Ball kam ins Rollen [und rollte] unter die Füße.“

Под нога́ми (Instr.) **расстила́лась доли́на.** „Zu Füßen (unter den Füßen) breitete sich ein Tal aus."

Akkusativ und Präpositiv: в „in"; **на** „auf"; **о** „über; gegen". Beispiele:

Мяч попа́л в окно́. (Akk.) „Der Ball fiel ins Fenster."
В до́ме (Präp.) **беспоря́док.** „Im Haus herrscht Unordnung."
Я поста́вил цветы́ на стол. (Akk.) „Ich habe die Blumen auf den Tisch gestellt."
Кни́ги лежа́т на столе́. (Präp.) „Die Bücher liegen auf dem Tisch."
Таре́лка разби́лась об(о) пол. (Akk.) „Der Teller zerbrach am Boden."
Он говори́л о своём го́ре. (Präp.) „Er sprach über seinen Kummer."

Präpositionen mit drei Kasus

Genitiv, Akkusativ, Instrumentalis: с (**со**) „mit". Beispiele:

С горы́ спуска́лись солда́ты. (Gen.) „Die Soldaten kamen den Berg herunter."
Огуре́ц величино́й с дом. (Akk.) „Eine Gurke von der Größe eines Hauses."
Ло́шадь тя́нет воз с дрова́ми. (Instr.) „Ein Pferd zieht einen Wagen mit Holz."

Dativ, Akkusativ, Präpositiv: по „über; bis; nach". Beispiele:

По полу́ (Dat.) **пробежа́ла мышь.** „Auf dem Fußboden lief die Maus."
Я сыт по го́рло. (Akk.) „Ich bin bis zum Hals satt."
По оконча́нии (Präp.) **уро́ков ученики́ пошли́ домо́й.** „Nach dem Unterricht gingen die Schüler nach Hause."

ADVERBIEN

Das Adverb (Umstandswort) ist eine nähere Bestimmung zu einem Verb. Es kann von einem Nomen, Adjektiv oder Verb abgeleitet werden. Hier die häufigsten Adverbien:

Reine Adverbien

1. **ни-ни** „auf keinen Fall“, **не** „nicht“;
2. Adverbien der Art: **едва́** „kaum“; **как** „wie“, **так** „so“, **ина́че** „anders“;
3. Adverbien der Quantität: **о́чень** „sehr“, **то́лько** „nur“, **ско́лько** „wie viel“;
4. Lokaladverbien: **везде́** „überall“, **где** „wo“, **здесь** „hier“, **куда́** „wohin“, **нигде́** „nirgends“, **сюда́** „hierher“, **там** „dort“; **туда́** „da-, dorthin“; **тут** „hier“;
5. Zeitadverbien: **всегда́** „immer“, **ещё** „noch“; **иногда́** „manchmal“; **когда́** „wann“, **тепе́рь** „jetzt“; **тогда́** „damals“; **уже́** „schon“, **никогда́** „nie, niemals“, **не́когда** „ehemals“;

Abgeleitete Adverbien

1. Adverbien, die aus den Nomen im Instrumentalis entstehen: **круго́м** „ringsherum; völlig“; **ве́рхом** „oben“; **пешко́м** „zu Fuß“; **у́тром** „morgens“; **но́чью** „nachts“, **места́ми** „stellenweise“; **ша́гом** „im Schritt“;
2. Adverbien, die mit der sächlichen Kurzform des Adjektivs oder Partizip Passivs auf **-о** übereinstimmen: **ве́село** „lustig“; **хорошо́** „gut“; **пло́хо** „schlecht“; **тяжело́** „schwierig“, **тру́дно** „schwer“; **ма́ло** „wenig“, **мно́го** „viel“; **бо́льше** „mehr“, **по́здно** „spät“, **ра́но** „früh“, **смущённо** „verlegen“, **де́ланно** „gemacht“;
3. Adverbien, die von Verben abgeleitet sind: **зря** „unbedacht“, **мо́лча** „schweigend“, **не́хотя** „ungern“, **мол** „angeblich“, **мо́жет быть** „möglicherweise“;
4. Adverbien als Kompositum: **вообще́** „im allgemeinen“; **зате́м** „danach“; **давны́м-давно́** „seit sehr langer Zeit“; **наве́рно** „wahrscheinlich, sicher“; **наконе́ц** „schließlich“; **наедине́** „zu zweit“; **наизу́сть** „auswendig“; **накану́не** „Tags zuvor“; **сра́зу** „gleich“; **сно́ва** „von neuem“; **совсе́м** „völlig; ganz“; **сли́шком мно́го** „zu viel“; **сли́шком ма́ло** „zu wenig“.

KONJUNKTIONEN

Dies sind die häufigsten russischen Konjunktionen (Bindewörter):

а „aber"
да „und; aber doch"
да́бы „damit"
для того́, что́бы „damit"
же „aber, jedoch"
и „und"
и́бо „denn"
е́сли „wenn"
и́ли „oder"
ита́к „also, folglich"
как „so ... wie, als, seit"
ли́бо „oder"
лишь „wenn nur"
не то́лько ... но и „nicht nur, sondern auch"
ни ... ни „weder ... noch"
но „aber"
одна́ко „aber, jedoch"
потому́ что „weil"
так как „so, also, dann"
сле́довательно „folglich"
хотя́ „obwohl; jedoch"
хотя́ бы „wenn auch"
что „daß"
чем „als"
что́бы „damit"

STRUKTURWÖRTER DER RUSSISCHEN SPRACHE

Wort	Wortart (Verwendung)	Übersetzung
а	Konjunktion	aber, jedoch; und
а то	Adverb	sonst
без	Präposition (+ Gen.)	ohne
бо́лее	Adverb	mehr
бо́льше	Adverb	mehr, weiter
бы (б)	Partikel zur Konjunktivbildung	

в (во)	Präposition (+ Akk.); Richtungsangabe	in, nach
	Präposition (+ Präp.); Ortsangabe	in, auf, an
	Präposition (+ Akk. o. Präp.); Zeitangabe	während, um, an
ваш	Possessivpronomen (männlich)	euer
ведь	Konjunktion; Partikel	doch
весь	bestimmtes Pronomen	ganz
вот	Partikel	hier; sieh da
всё	Adverb	dauernd; immer; dennoch
где	Adverb	wo
да	Partikel	ja
да́же	Partikel	sogar
для	Präposition (+ Gen.)	für
до	Präposition (+ Gen.)	bis
до́лжен, должна́	Prädikat mit Infinitiv	müssen
его́	Possessivpronomen (männlich)	sein
её	Possessivpronomen (weiblich)	ihr
е́сли	Konjunktion	wenn, falls
есть	Verb	ist vorhanden
ещё	Adverb	noch
же (ж)	Partikel	doch, gerade
за	Präposition (+ Akk. od. Instr.)	hinter, über
	Präposition (+ Akk.)	an, für *etwas*
здесь	Adverb	hier
и	Konjunktion	und
из	Präposition (+ Gen.)	aus
и́ли	Konjunktion	oder
и́ли ... и́ли	Konjunktion	entweder ... oder
име́ть, име́ю, име́ешь	Verb	haben, besitzen
их	Possessivpronomen (Plural)	ihre

к (ко)	Präposition (+ Dat.)	zu, an
ка́ждый	Pronomen (männlich)	jeder
как	Adverb; Konjunktion	wie; als
како́й	Fragepronomen (männlich)	was für ein, welcher
когда́	Adverb; Konjunktion	wann, als; wenn
кото́рый	Frage- u. Relativpronomen (männlich)	welcher; der, welcher
кто	Frage- u. Relativpronomen	wer, der
ли	Partikel zur Fragebildung	
	Konjunktion	ob
лу́чше	Komparativ	besser
лу́чший	Komparativ u. Superlativ (männlich)	besserer; bester
ме́жду	Präposition (+ Instr.)	zwischen
мно́го	Adverb	viel
мо́жно	Prädikativ; Modalwort	(es ist) möglich, man kann
мой	Possessivpronomen (männlich)	mein
на	Präposition (+ Akk.); Richtungsangabe	in, auf, nach
	Präposition (+ Akk. u. Präp.); Zeitangabe	an, in, für
	Präposition (+ Präp.); Ortsangabe	in, auf, an
над (на́до)	Präposition (+ Instr.)	über
на́до	Prädikat	es ist nötig, man muß
наш	Possessivpronomen (männlich)	unser
не	Partikel	nicht
не́сколько	Zahlwort	einige, ein paar
нет	Partikel	nein
	Prädikat (unpersönlich)	(es) ist nicht vorhanden
ни	Partikel	nicht, kein (einziger)
ни ... ни	Konjunktion	weder ... noch

ничего́	Prädikat	macht nichts, ganz gleich
ничто́	Negativpronomen	nichts
но	Konjunktion	aber, sondern
ну	Interjektion (Ausruf)	los!, na!, nun
ну́жно	Prädikat	es ist notwendig
о (об)	Präposition (+ Präp.)	von, über
ой	Interjektion (Ausruf) zum Ausdruck von Schmerz, Schrecken, Verwunderung	
опя́ть	Adverb	wieder, aufs neue
от (ото)	Präposition (+ Gen.)	von, von ... her
о́чень	Adverb	sehr
пе́ред (пе́редо)	Präposition (+ Instr.)	vor
по	Präposition (+ Dat.)	über, durch, auf, an
под (подо)	Präposition (+ Akk. u. Instr.)	unter; bei
по́сле	Präposition (+ Gen.); Zeitangabe	nach
по́сле	Adverb	später, nachher
пото́м	Adverb	dann, darauf, danach
потому́ что	Konjunktion	weil, da
почему́	Adverb	warum, weshalb
почти́	Adverb	beinahe, fast
при	Präposition (+ Präp.)	bei, an
раз	Substantiv, Adverb	Mal; einmal, einst
с (со)	Präposition (+ Gen.)	von, von ... herab
	Präposition (+ Instr.)	mit
сам	Pronomen (männlich)	selbst
свой	Possessivpronomen (männlich)	sein, mein, dein, unser, euer, ihr (bezogen auf das Subjekt)

себя́	Reflexivpronomen, Akkusativ	sich, mich, uns, dich, euch
совсе́м	Adverb	ganz, vollkommen
так	Adverb	so
тако́й	Demonstrativpronomen (männlich)	solch ein
там	Adverb	dort
твой	Possessivpronomen (männlich)	dein
тепе́рь	Adverb	jetzt
то	Konjunktion	so, dann
тогда́	Adverb	dann, darauf, damals
то́же	Adverb	auch, ebenfalls
то́лько	Adverb	nur, bloß
тот	Demonstrativpronomen (männlich)	jener
тут	Adverb	hier
у	Präposition (+ Gen.)	bei, neben, an
уже́	Adverb	schon, bereits
хорошо́	Adverb	schön, gut
хотя́	Konjunktion	obgleich, obwohl
че́рез	Präposition (+ Akk.); Richtungsangabe	über, durch
	Präposition zur Zeitangabe	nach
что	Frage- u. Relativpronomen	was
	Konjunktion	daß
что́бы (чтоб)	Konjunktion	daß, damit; um ... zu
э́та	Demonstrativpronomen (weiblich)	diese
э́то	Demonstrativpronomen (sächlich)	dieses
э́то	Substantiv	das
э́тот	Demonstrativpronomen (männlich)	dieser

GRAMMATISCHER INDEX

Dieser grammatische Index enthält alle in den Wiederholungslektionen von „Russisch ohne Mühe heute" behandelten Grammatikthemen. Auf diese Weise können Sie sich auf die Schnelle Informationen über ein bestimmtes Thema heraussuchen. Ausführlichere Erklärungen finden Sie darüber hinaus im grammatischen Anhang.

WÖRTERVERZEICHNIS RUSSISCH-DEUTSCH

Im folgenden Wörterverzeichnis finden Sie in der Reihenfolge des kyrillischen Alphabets alle Wörter wieder, die Sie in den Lektionen von „Russisch ohne Mühe heute“ kennengelernt haben. Die Zahlen geben die Nummer der Lektion an, in der das entsprechende Wort zum ersten Mal auftauchte (GA = Grammatischer Anhang).

Beachten Sie, daß die angegebene deutsche Übersetzung den Sinn des Wortes im jeweiligen Lektionskontext wiedergibt und daß zahlreiche Wörter neben diesem Sinn noch weitere Bedeutungen haben können.

А

а 1 und, aber
абсолю́тно 9 absolut
аво́сь 58 vielleicht
авто́бус 67 Bus
а́дрес 26 Adresse
актёр 5 Schauspieler
алло́ 2 Hallo
альбо́м 66 Album
анато́мия 67 Anatomie
англи́йский 3 englisch
анекдо́т 61 Anekdote, Witz
аппети́т 17 Appetit
апте́ка 23 Apotheke
арти́ст 54 Schauspieler, Künstler
аспири́н 31 Aspirin
аэродро́м 55 Flugplatz

Б

ба́бушка 18 Großmutter, Oma
бага́ж 50 Gepäck
база́р 58 Markt
балко́н 54 Balkon
ба́ня 55 Bad, Sauna
бараба́н 12 Trommel
бассе́йн 33 Schwimmbad
бе́гать 26 laufen
бе́дный 20 arm
без 13 ohne
бе́лый 47 weiß
бере́чь 38 hüten, bewachen, schonen
бесе́да 64 Gespräch
беспоко́ить 33 beunruhigen
беспричи́нно 45 grundlos
бессты́дный 66 schamlos, unverschämt
библиоте́ка 10 Bibliothek
биле́т 54 Eintrittskarte, Fahrkarte
благодари́ть 34 danken
бланк 53 Vordruck, Formular
блат 54 Beziehungen, Vetternwirtschaft
бли́зкий 64 nahe
блонди́нка 9 Blondine
блю́до 16 Gericht
бог 33 Gott
бога́тый 26 reich

бо́лее (тем) 47 um so mehr
боле́знь 31 Krankheit
боле́ть 41 krank sein; schmerzen
боло́нка 47 Hündchen
болтуни́шка 66 Schwätzer
боль 70 Schmerz, Weh
больно́й 31 krank; Kranker
бо́льше 15 mehr
большо́й 1 groß
бормота́ть 66 murmeln, brummen
борода́ 67 Bart
борщ 16 Borschtsch (Suppe)
борьба́ 68 Kampf
бота́ника 61 Botanik
ботани́ческий 57 botanisch
боя́ться 26 sich fürchten
брак 66 Ehe
брат 2 Bruder
бра́чный 66 ehelich, hochzeitlich
бро́сить 33 aufhören; „hinschmeißen“
брю́ки 43 Hose
бульва́р 22 Boulevard
бума́га 50 Papier
бутербро́д 16 Butterbrot
буты́лка 65 Flasche
буфе́т 54 Büfett
бы 53 (Konjunktivpartikel)
быва́ть 34 vorkommen, geschehen, scheinen
бы́стренько 43 schnell
бы́стрый 58 schnell, rasch
бюро́ 37 Arbeitszimmer, Büro, Amt

В

в 6 in
ваго́н 51 (Eisenbahn-) Waggon
ва́жно 53 es ist sehr wichtig
варе́нье 34 Konfitüre
ваш 6 Ihr, euer
вверх 69 nach oben, hinauf
вдвойне́ 50 doppelt, zweifach
вдруг 51 plötzlich
ведь 15 doch, jedoch
ве́жливо 66 höflich
ве́жливый 34 höflich
везде́ 58 überall
везти́ 51, 63 fahren, bringen; Glück haben
век 58 Jahrhundert
вели́кий 54 groß
великоле́пный 29 prachtvoll, großartig
венча́ться 24 sich kirchlich trauen lassen
ве́рно 9 richtig, wahr
верну́ться 40 zurückkehren, -kommen
весна́ 44 Frühling
вести́ 52 führen
весь 12 ganz
весьма́ 41 sehr
ве́тер 44 Wind
ветеро́к 58 Brise
ве́чер 11 Abend
вечери́нка 64 Party
ве́чером 10 abends
ве́чно 47 ewig
ве́чность 54 Ewigkeit
ве́шать тру́бку 55 Telefonhörer auflegen

ве́щи 50 Sachen; Angelegenheiten
взгляну́ть 62 anblicken, betrachten
вздох 68 Seufzer
взъеро́шенный 52 zerzaust
взять 29 nehmen
вид 48 Aussehen; Anschein
ви́деть 9 sehen
ви́деться 54 sich sehen; sich treffen
ви́димо 68 anscheinend, augenscheinlich
ви́за 50 Visum
визи́т 36 Besuch
вино́ 17 Wein
винова́т 55 schuldig
вкус 9 Geschmack
влюби́ться 60 sich verlieben
вме́сте 38 zusammen
вме́сто 46 statt, anstelle
вниз 69 hinunter
внима́тельно 37 aufmerksam
во́время 38 rechtzeitig
вода́ 17 Wasser
во́дка 17 Wodka (Schnaps)
во́здух 45 Luft
во́зраст 41 Alter
вокза́л 67 Bahnhof
волк 54 Wolf
во́лосы 9 Haare
вообще́ 60 im allgemeinen; überhaupt
вопро́с 10 Frage
вопро́сник 64 Fragebogen
воскли́кнуть 65 ausrufen
воскресе́нье 25 Sonntag
вот 5 hier, da
впереди́ 58 vorn
вполго́лоса 69 halblaut
вполне́ 27 vollkommen, völlig
впро́чем 29 übrigens
врать 45 lügen
врач 31 Arzt
вре́мя 12 Zeit
все 8 alle
всё 4 alles
всегда́ 16 immer
всего́ 46 insgesamt, nur
всё ещё 68 immer noch
всё-таки 39 doch, trotzdem
вскри́кнуть 68 aufschreien
встава́ть 38 aufstehen
вста́вить 67 einsetzen
вставно́й зуб 67 falscher Zahn
встре́титься 37 sich treffen
встре́ча 2 Treffen
вступа́ть в брак 65 heiraten
всю́ду 65 überall
вся́кий 67 jeder beliebige
вто́рник 25 Dienstag
второ́й 16 zweiter
вход 40 Eingang
входи́ть 45 eintreten
вчера́ 19 gestern
вы 1 ihr, Sie
вы́брать 29 auswählen
вы́бросить 60 hinauswerfen
вы́дать 51 ausgeben
вы́йти за́муж 20 heiraten
вы́лететь 50 wegfliegen
вы́лечить 31 heilen
вы́нуть 13 herausnehmen
вы́пасть 61 herausfallen
вы́пить 54 austrinken
выраже́ние 66 Ausdruck
высо́кий 9 hoch
вы́сунуться 68 sich hinauslehnen
выходи́ть 53 (aus)gehen
выходно́й день 26 arbeitsfreier Tag

Г

га́дость 61 Gemeinheit
газе́та 6 Zeitung
галере́я 62 Galerie
га́лстук 29 Schlips; Halstuch
где? 2 wo?
где-нибудь 22 irgendwo
где-то 59 irgendwo
генера́льша 68 Frau des Generals
геро́ический 46 heldenhaft
гид 57 Fremden-, Stadtführer
гимнази́ст 69 Gymnasiast
гита́ра 12 Gitarre
гла́вное 9 hauptsächlich
глаз 9 Auge
глу́пый 57 dumm
глухо́й 60 taub
гляде́ть 69 schauen
гова́ривать 65 sagen
го́вор 68 Stimme; Dialekt
говори́ть 2 sagen, sprechen
год 19 Jahr
голова́ 30 Kopf
го́лос 68 Stimme
голубо́й 29 himmelblau
голу́бушка 68 meine Liebe
голу́бчик 66 mein Lieber, meine Liebe
гоня́ться 65 jagen, streben
гора́ 70 Berg
гора́здо 46 viel, bedeutend
го́рничная 53 Zimmermädchen
го́род 6 Stadt
горо́шек (в) 29 getupft
горя́чий 31 heiß
го́споди! 38 Mein Gott!
господи́н 36 Herr
гости́ница 40 Hotel
гость 25 Gast
гото́в 22 bereit, vorbereitet
гото́вить 16 vorbereiten
гра́дус 43 Grad
гражда́нка 52 Bürgerin
гриб 17 Pilz
гру́стно 60 traurig (Adv.)
гру́стный 12 traurig, trüb (Adj.)
гуля́ть 11 spazierengehen

Д

да 2 ja
дава́йте 3 lassen Sie uns ...
давле́ние 33 Druck
давно́ 22 längst, schon lange
да́же 45 sogar
далеко́ 44 weit
да́льний 70 fern, entlegen
да́ма 39 Dame
дать 17 geben
да́ча 40 Sommerhaus
два́жды 58 zweimal
дво́йка 41 Zwei (Schulnote)
деви́ца 61 Mädchen, Jungfrau
де́вочка 18 kleines Mädchen
де́вушка 5 erwachsenes Mädchen
де́душка 46 Großvater, Opa
действи́тельно 20 tatsächlich, wahrhaftig
дека́брь 55 Dezember
де́лать 4 machen
де́латься 46 werden; geschehen; entstehen

де́ло 1 Sache, Beschäftigung
делово́й 11 geschäftlich
день 1 Tag
де́ньги 59 Geld
де́рево 57 Baum; Holz
деревя́нный 58 aus Holz, hölzern
дета́ль 37 Detail
де́ти 8 Kinder
дёшево 59 billig
дива́н 51 Sofa
дире́ктор 36 Direktor
для 43 für
днём 10 tagsüber
до 1 bis; nach
до́брый 1 gut
довести́ 23 führen; bringen
дово́льно 65 ziemlich; genug
договори́ться 37 sich einigen
дождь 19 Regen
докла́д 25 Vortrag; Referat; Bericht
до́лго 58 lange
долгожда́нный 57 langerwartet
долете́ть 50 fliegen bis
до́лжен 11 man muß; man soll
дом 12 Haus
до́ма 2 zu Hause
домо́й 1 nach Hause
допра́шивать 66 vernehmen, verhören
дорога́я 29 liebe
дорого́й 30 lieber
доставля́ть пробле́мы 64 Probleme bereiten
доста́точно 27 genug
доста́ть 54 bekommen
дочь 8 Tochter
дрема́ть 43 schlummern
друг 2 Freund
друго́й 61 anderer
ду́ма 65 Gedanke
ду́мать 9 denken
дух 38 Geist
душ 38 Dusche
душа́ 58 Seele
ду́шенька 68 Herzchen
дыха́ние 68 Atem
дыша́ть 46 atmen

Е

едва́ 68 fast
езда́ 58 Fahrt
е́сли 18 wenn
есть 8 essen
есть 17 ist (dort)
е́хать 13 fahren
ещё 18 noch

Ж

жаль 41 bedauerlich, schade
жа́рко 44 heiß
ждать 36 warten
же 8 aber, jedoch
жела́ющий 60 Interessent
жена́ 8 Ehefrau
жена́т 8 verheiratet
жени́ться 9 heiraten
жени́х 55 Bräutigam
же́нский 68 weiblich
же́нщина 8 Frau
жив 69 lebend
жи́вопись 59 Malerei

живо́тное 47 Tier
жизнь 38 Leben
жить 6 leben
журна́л 36 Zeitschrift
журнали́ст 7 Journalist
журнали́стка 6 Journalistin

З

за 8 für
забежа́ть 54 kurz vorbeikommen
заблуди́ться 23 sich verirren
забо́та 47 Sorge
забы́тый 67 vergessen
забы́ть 19 vergessen
зави́довать 39 beneiden
зави́сеть 64 abhängen
за́втра 26 morgen
за́втрак 38 Frühstück
за́втракать 53 frühstücken
загора́ть 57 in der Sonne bräunen
зада́ть вопро́с 64 fragen
заде́рживать 24 aufhalten
заду́мываться 64 nachdenken
зае́хать 43 vorbeifahren
зака́зывать 53 bestellen
закрича́ть 52 aufschreien
закры́тый 62 geschlossen
зал 54 Saal
зали́ть 65 überfluten
замеча́тельный 20 großartig, bemerkenswert
за́мок 48 Schloß
замо́лкнуть 68 verstummen, still werden
за́мужем 8 verheiratet (Frau)
занима́ться 16 sich beschäftigen
заня́тие 66 Beschäftigung
заодно́ 22 gemeinsam; gleichzeitig
запе́ть 68 anfangen zu singen
запо́лнить 53 ausfüllen
запрещённый 58 verboten
за́просто 26 ungezwungen
запряга́ть 58 einspannen
зара́нее 53 im voraus, vorher
зарыча́ть 52 knurren
заря́дка 38 (Morgen-) Gymnastik
заставля́ть 30 zwingen
заста́ть 65 antreffen
засыпа́ть 32 einschlafen
зато́ 59 dafür
захло́пнуть 68 zuschlagen
заче́м? 38 warum?
защища́ть 55 verteidigen
звать 5 nennen
звони́ть 10 anrufen
звоно́к 51 Klingel
зда́ние 24 Gebäude
здесь 11 hier
здоро́вый 38 gesund
здра́вствуй 2 hallo
здра́вствуйте 7 hallo
зелёный 51 grün
зе́лень 57 Grün
земля́нка 48 Erdhütte
зи́мний 43 winterlich
зимо́й 43 im Winter
знако́мый 26 bekannt
знамени́тый 62 bekannt
знать 4 kennen
значе́ние 55 Bedeutung

зна́чит 4 also, folglich
золото́й 64 golden
зонт 19 (Sonnen)schirm
зуб 61 Zahn

И

и 4 und
игра́ 54 Spiel
игра́ть 12 spielen
идеа́льный 39 ideal
иде́я 10 Idee
идио́т 66 Idiot
идти́ 10 gehen
из 13 aus
изве́стно 45 bekannt; klar
изве́стный 5 bekannt, berühmt
извини́ть 11 entschuldigen, verzeihen
извини́ться 36 sich entschuldigen
изгна́ние 62 Vertreibung
изда́ние 59 Veröffentlichung; Auflage
изучи́ть 37 erlernen; untersuchen
и́менно 15 gerade, eben
и́мя 5 (Vor-)Name
инструме́нт 41 (Musik)Instrument
интере́сно 6 interessant (Adv.)
интере́сный 46 interessant (Adj.)
интересова́ться 59 sich interessieren
иро́ния 55 Ironie
испа́нец 3 Spanier
исполня́ть 54 spielen (Rolle)
испуга́ть 68 erschrecken
исто́рия 41 Geschichte
ита́к 37 also, folglich
италья́нский 4 italienisch

К

к zu
кабине́т 27 Arbeitszimmer
ка́ждый 32 jeder
каза́ться 9 scheinen
как? 1 wie?
каково́? 67 wie?
како́й? 1 was für ein, welcher?
како́й-нибу́дь 57 irgendein, -welcher
как то́лько 61 sobald
каллигра́ф 66 Kalligraph
кани́кулы 10 Ferien
ка́нуть 57 herabtropfen
карти́на 51 Bild
карто́нка 51 Pappschachtel
катало́г 36 Katalog
ката́ться на лы́жах 43 Ski fahren
ка́ша 57 Brei
кварти́ра 26 Wohnung
квита́нция 51 (Gepäck)schein
кида́ть 51 werfen
кино́ 10 Kino
класс 61 Klasse
кла́ссика 58 Klassik
класси́ческий 64 klassisch
класть 50 legen
клие́нт 67 Klient, Kunde
кли́кнуть 65 ausrufen

ключ 53 Schlüssel
кля́сться 69 schwören
кни́га 59 Buch
кни́жный 58 Buch-/Bücher-
князь 66 Fürst
когда́ 18 wann
когда́-нибудь 34 irgend-wann
ко́е-что 37 einiges
колесо́ 52 Rad
колле́га 37 Kollege
колоко́льня 58 Glockenturm
ко́мната 27 Zimmer
комплиме́нт 8 Kompliment
компью́тер 64 Computer
конгре́сс 50 Kongress
коне́ц 68 Ende
коне́чно 3 selbstverständlich
конкре́тно 44 konkret
консульта́ция 44 Beratung
конфере́нция 25 Konferenz
конфе́та 18 Bonbon
конце́рт 14 Konzert
ко́нчиться 68 enden
корзи́на 51 Korb
коридо́р 46 Flur
кори́чневый 29 braun
коро́ткий 44 kurz
ко́рточки на 68 in die Hocke gehen
костю́м 29 (Damen-) Kostüm; (Herren-)Anzug
котле́та 16 Klops
кото́рый 54 welcher
ко́фе 54 Kaffee
ко́шка 47 Katze
край 46 Region, Gebiet
краса́вица 43 schöne Frau
краси́вый 5 schön
кра́ска 66 Farbe
кра́сный 29 rot
красота́ 24 Schönheit
красть 55 stehlen
кремль 58 Kreml
кре́пкий 45 fest, stark
кре́пко 66 fest, stark
крича́ть 45 schreien
кро́лик 67 Kaninchen
кро́ме 60 außer
круг 64 Kreis, Ring
круго́м 34 ringsherum; völlig
кста́ти 5 apropos
кто? 2 wer?
кто́-нибудь 46 irgend jemand
кто́-то GA jemand
куда́? 1 wohin?
купа́ться 57 baden
купи́ть 19 kaufen
кури́ть 33 rauchen
ку́рица 67 Huhn
ку́ртка 43 Jacke
ку́хня 27 Küche

Л

ла́сково 67 freundlich
леге́нда 48 Legende
лёгкий 38 leicht
легко́ 9 leicht, einfach
лежа́ть 52 liegen
лень 32 Trägheit
лес 27 Wald
ле́стница 69 Treppe
ле́том 29 im Sommer
лечи́ть 31 heilen
лечь 31 sich hinlegen
ли (Fragepartikel)
лимона́д 34 Limonade
лифт 27 Aufzug
лицо́ 8 Gesicht
ли́чно 41 persönlich

ли́шний 11 überflüssig
лоб 31 Stirn
ложи́ться 18 sich hinlegen
лома́ть 30 zerbrechen
луна́ 68 Mond
лу́чше 26 besser
лы́жи 43 Ski
любе́зный 3 freundlich
люби́мец 64 Liebling
люби́мый 22 beliebt; Lieblings-
люби́ть 3 lieben, lieb haben
любо́вь 69 Liebe
любо́й 25 beliebig
любопы́тно 64 neugierig
людое́д 48 Menschenfresser

M

магази́н 20 Geschäft
магнитофо́н 41 Kassettenrecorder
ма́ксимум 44 Maximum
май 64 Mai
ма́ленький 9 klein
ма́ло 36 wenig
ма́льчик 20 Junge
ма́ма 8 Mutter
ма́стер 36 Meister
маши́на 16 Auto
ме́жду 29 zwischen
ме́жду про́чим 29 unter anderem
ме́сто 22 Platz
ме́сяц 64 Monat
ме́тод 59 Methode
метро́ 26 U-Bahn
мечта́ 27 Traum
мечта́ть 57 träumen
меша́ть 12 stören
милиционе́р 58 Polizist
ми́лый 47 lieb
мину́та 26 Minute
мно́го 16 viel
мо́да 29 Mode
мо́жет быть 11 es kann sein
мо́жно 44 es ist möglich
мой 5 mein
молоде́ц 10 Bursche; Prachtkerl
молодо́й 8 jung
молча́ть 65 schweigen
мольба́ 69 Flehen
моме́нт 55 Moment; Augenblick
мо́ре 45 Meer
морко́вка 67 Möhre
моро́з 43 Frost
москви́ч 43 Moskauer
моско́вский 55 Moskauer ...
мост 58 Brücke
муж 14 Ehemann
мужско́й 39 männlich
мужчи́на 8 Mann
музе́й 57 Museum
му́зыка 14 Musik
музыка́льный 68 musikalisch
мы 1 wir
мысль 65 Gedanke
мыть 20 waschen

H

на 9 auf
наве́рное 31 wahrscheinlich
наверняка́ 67 sicher
над 32 über
надёжная 64 zuverlässig

наде́ть 29 anziehen
наде́яться 67 hoffen
на́до 27 es ist notwendig
надо́лго 44 auf lange Zeit
наза́втра 65 am nächsten Tag
наза́д 27 zurück
называ́емый 45 genannt
называ́ться 62 heißen
найти́ 25 finden
наконе́ц 47 zum Schluß
намёк 58 Andeutung
наме́рение 66 Absicht
наоборо́т 9 umgekehrt
наполови́ну 15 halb
напра́во 58 rechts
напра́сно 44 vergeblich; umsonst
наприме́р 12 zum Beispiel
насмеши́ть 67 zum Lachen bringen
насто́йчиво 66 beharrlich
настоя́щий 67 gegenwärtig
настрое́ние 15 Laune
наступи́ть 45 beginnen
насчёт 43 hinsichtlich
нача́ло 54 Anfang
начина́ть 38 beginnen
не 9 nein, nicht
нева́жно 17 es spielt keine Rolle
неве́ста 9 Braut
невозмо́жно 46 es ist unmöglich
неда́вно 15 vor (seit) kurzem
недалеко́ 24 nicht weit
неда́ром 30 nicht umsonst
неде́ля 25 Woche
недово́льный 68 unzufrieden
недо́рого 59 preiswert
недостава́ть 60 fehlen
недоста́ток 39 Fehler, Mangel
не́женка 43 zimperlicher Mensch
не́жно 58 zart
незло́й 61 nicht böse
незнако́мый 34 unbekannt
неизве́стный 59 unbekannt, fremd
не́когда 13 keine Zeit haben
нелётная пого́да 50 kein Wetter zum Fliegen
нельзя́ 54 man darf nicht
немно́го 4 nicht viel
необходи́мо 47 es ist nötig
необыкнове́нный 62 ungewöhnlich
неожи́данный 44 unerwartet
неохо́тно 68 ungern
непло́хо 44 nicht schlecht
непра́вда 60 Unwahrheit, Lüge
непра́вильно 55 nicht richtig
не́сколько 31 einige, etwas
несча́стный 69 unglücklich
нет 1 nein
неудо́бно 40 unbequem
неуже́ли? 32 wirklich?
ни́же 46 niedriger; unter
никогда́ 26 niemals
никуда́ 24 nirgendwohin
ничего́ 10 nichts
но 4 aber
но́венький 59 neu
но́вость 44 Neuheit
но́вый 27 neu
нога́ 67 Fuß; Bein
но́мер 52 Nummer; (Hotel-) Zimmer

норма́льно 33 normal
носи́льщик 52 Gepäckträger
носи́ть 29 tragen
носки́ 43 Socken
ночь 18 Nacht
но́чью 12 nachts
ноя́брь 62 November
нра́виться 9 gefallen
ну 10 nun
ну́жно 31 notwendig
нуль 46 Null
ны́нешний 59 jetzig

О

о GA von, über
обе́д 38 Mittagessen
обезу́меть 69 verrückt werden
обеща́ние 70 Versprechen
обе́щанный 57 versprochen
обеща́ть 40 versprechen
обнима́ть 70 umarmen
обожа́ть 62 anbeten
обра́довать 53 erfreuen
о́браз 30 Art und Weise
обрати́ть внима́ние 24 Aufmerksamkeit richten auf
обрати́ться 31 sich wenden
обсуди́ть 37 besprechen
о́бувь 44 Schuhe
объе́кт 60 Objekt
объявля́ть 45 erklären
объясни́ть 45 erläutern
обы́чно 16 gewöhnlich
обяза́тельно 45 unbedingt
огро́мный 47 riesig
огу́рчик 31 (kleine) Gurke
одева́ться 29 sich anziehen
оде́жда 44 Bekleidung
оде́тый 65 angezogen
оди́н 19 eins
одино́кий 62 einsam
одна́жды 59 einmal
одна́ко 52 aber
озабо́ченный 30 besorgt
оказа́ться 53 sich erweisen als
окно́ 53 Fenster
он 6 er
она́ 3 sie
оплати́ть 53 bezahlen
опозда́ть 36 sich verspäten
опо́ра 64 Stütze
опя́ть 65 wieder
оригина́льный 64 original
орке́стр 24 Orchester
о́сенью 44 im Herbst
осмотре́ть 57 besichtigen
осмотри́тельный 64 vorsichtig
осно́ван 58 gegründet
осо́бый 64 besonders
остава́ться 64 bleiben
оста́вить 26 lassen
останови́ться 53 stehen bleiben
остано́вка 23 Haltestelle
остромо́дный 64 nach der neuesten Mode
остроу́мно 41 geistreich, witzig
отве́тить 41 antworten
отда́ть 52 zurückgeben
отда́ть предпочте́ние 64 den Vorzug geben
от GA von
отдохну́ть 30 sich erholen
оте́ц 8 Vater
открове́нно 60 offen
откры́тый 51 offen

откры́ться 58 sich öffnen
отли́чно 17 ausgezeichnet
отли́чный 27 ausgezeichnet
отсю́да 24 von hier
отту́да 54 von dort
официа́нт 67 Kellner, Ober
охо́та 54 Jagd
о́чень 3 sehr
очередно́й 61 folgend
о́чередь 67 Reihe
очки́ 67 Brille
ошиби́ться 41 sich irren
оши́бка 41 Fehler

П

па́лец 59 Finger; Zehe
па́мятник 22 Denkmal
па́мять 39 Gedächtnis
па́па 18 Papa
па́ра 44 Paar
парте́р 54 Parkett
па́смурный 65 trüb
па́уза 60 Pause
па́хнуть 59 duften
пейза́ж 62 Landschaft(sbild)
пельме́ни 16 Klößchen
первокла́ссник 58 Erstklässler
пе́рвый 16 der erste
пе́ред 22 vor
переда́ть 70 übergeben
переде́лать 25 umändern
переду́мать 40 nachdenken (Meinung ändern)
перее́хать 27 umziehen
переме́на 57 Veränderung
перемени́ть 66 verändern
переу́лок 34 Gasse
перечита́ть 65 wieder lesen
перро́н 51 Bahnsteig
пёс 47 Hund
пе́сня 70 Lied
петь 57 singen
пече́нье 34 Gebäck
пешко́м 23 zu Fuß
пиани́но 12 Piano, Klavier
пи́во 17 Bier
писа́ть 26 schreiben
пить 17 trinken
пла́вки 57 Badehose
пла́кать 61 weinen
пла́менно 58 leidenschaftlich
план 22 Plan
пла́тье 68 Kleid
плохо́й 15 schlecht
площа́дка 69 (Sport-)Platz
пло́щадь 22 Platz
по 3 nach, durch
поболта́ть 54 schwatzen
побыва́ть 57 besuchen
пове́рить 46 glauben
пове́сить го́лову 57 den Kopf hängen lassen
повида́ться 54 sich (wieder)sehen
повози́ть 57 eine Zeitlang herumfahren
повсю́ду 57 überall
поговори́ть 37 eine Zeitlang sprechen
пого́да 19 Wetter
под 27 unter
подари́ть 19 schenken
пода́рок 19 Geschenk
поднима́ться 27 steigen
подожда́ть 36 warten
подойти́ 24 herantreten
подрасти́ 52 heranwachsen
подру́га 5 Freundin

подходи́ть 40 passen (einverstanden sein)
подъе́зд 34 Eingang
пожа́ловать добро́ 50 herzlich willkommen
пожа́луй 64 möglicherweise
пожа́луйста 11 bitte
пожа́ть ру́ку 66 die Hand drücken
пожела́ние 57 Wunsch
позво́лить 36 erlauben
по́здно 31 spät
поздравля́ть 15 gratulieren
познако́миться 5 sich bekannt machen
пойма́ть 52 fangen
пойти́ 13 gehen
пока́! 4 Tschüß! Bis bald!
показа́ть 24 zeigen
поклоня́ться 65 sich verbeugen
поко́й 65 Ruhe
пол 65 Fußboden
полете́ть 68 fliegen
по́лно! 65 genug!
по́лностью 37 vollständig
полови́на 40 Hälfte, halb-
положе́ние 57 Lage
поло́ска 29 Streifen
полотно́ 62 Leinen (Stoff)
получи́ть 44 bekommen
получи́ться 62 geschehen
полчаса́ 43 halbe Stunde
поля́нка 48 Lichtung
понима́ть ли́хом (не) 70 sich im Guten erinnern
по́мнить 39 sich merken
помога́ть 20 helfen
понеде́льник 25 Montag
понима́ть 4 verstehen
поня́тно 11 verständlich
пообща́ться 54 diskutieren
попа́сть 23 geraten
попро́бовать 9 versuchen, probieren
пора́ 17 Zeit
пор (до сих) 61 bis jetzt
поро́г 61 Türschwelle
поро́да 47 Rasse
по́ртить 68 verderben
портре́т 66 Portrait
портфе́ль 50 Aktentasche
по-ру́сски 3 russisch
поря́док 43 Ordnung
поса́дка 50 Landung
по-семе́йному 26 familiär
посети́ть 57 besuchen
посла́ть 50 schicken
по́сле 16 (da)nach
после́дний 26 letzter
послеза́втра 44 übermorgen
послы́шаться 68 ertönen
посмотре́ть 22 schauen
поспа́ть 31 ein bißchen schlafen
постано́вка 54 Aufführung
постара́ться 53 versuchen
постоя́ть 60 ein bißchen stehenbleiben
постро́енный 58 gebaut
посу́да 20 Geschirr
поте́рянный 51 verloren
потихо́ньку 48 leise
пото́м 10 danach
потому́ что 60 weil
поу́жинать 22 zu Abend essen
почему́? 11 warum?
почти́ 15 fast
пошути́ть 60 scherzen
поэ́т 43 Dichter
поэ́тому 45 deswegen
появи́ться 59 erscheinen

прав 29 recht haben
пра́вда 4 Wahrheit; wahr
правди́вый 45 wahr(haftig)
пра́вильно 9 richtig
пра́здник 30 Fest
практи́чески 53 praktisch
предви́деть 41 voraussehen
предложе́ние 22 Vorschlag
предложи́ть 17 vorschlagen
предпочита́ть 62 bevorzugen
предпочте́ние 64 Vorzug
представи́тель 36 Vertreter
предста́вить 27 vorstellen
предста́виться 36 sich vorstellen
пре́жде 52 früher, vorher
прекра́сный 8 wunderschön
преле́стный 43 entzückend
пре́лесть 60 Anmut
при GA bei
прибежа́ть 61 herbeilaufen
приблизи́ться 68 sich nähern
приве́т 10 hallo
приве́тливо 66 freundlich
приве́тствовать 37 begrüßen
привы́кнуть 38 (sich) angewöhnen
приглаша́ть 7 einladen
приглаше́ние 50 Einladung
приду́мать 60 ausdenken
призна́ться 65 eingestehen, bekennen
прие́зд 34 Ankunft
приключе́ние 50 Abenteuer
прилете́ть 50 ankommen (mit dem Flugzeug)
приноси́ть 41 bringen
принце́сса 48 Prinzessin
при́нцип 37 Prinzip
приня́ть 50 erhalten
припомина́ть 59 erinnern
приса́живаться 36 sich hinsetzen
пристегну́ться 58 sich anschnallen
приуны́ть 57 traurig werden
приходи́ть 2 ankommen
прия́тель 61 Freund
прия́тно 5 angenehm
прия́тный 17 angenehm
пробежа́ть 70 schnell laufen
пробле́ма 30 Problem
проводи́ть 23, 64 begleiten
про́воды 70 Abschied
прогно́з 45 Vorhersage
проговори́ть 69 (aus-) sprechen
проголода́ться 17 hungrig werden
програ́мма 54 Programm
прогу́лка 24 Spaziergang
прогуля́ться 40 spazierengehen
продолжа́ть 69 fortsetzen
продолже́ние 45 Fortsetzung
проезжа́ть 58 durchfahren
прожи́ть 33 leben, sich aufhalten
произвести́ 50 durchführen
пройти́ 22 (durch)gehen
прокати́ть 58 spazierenfahren
пролете́ть 70 rennen (Zeit)
проси́ть 36 bitten
просну́ться 43 er-, aufwachen
проспе́кт 34 Prospekt
прости́ть 3 verzeihen

про́сто 20 einfach
простуди́ться 31 sich erkälten
про́тив 37 gegen
прохла́дно 19 kühl
про́чее (и) 16 und anderes mehr
про́шлый 33 vergangen
проща́йте! 66 Tschüß!
проща́ние 70 Abschied
пруд 13 Teich
пря́мо 23 direkt
пти́ца 10 Vogel
пу́говица 29 Knopf
пульс 33 Puls
пусто́й 65 leer
пусть 46 es soll; möge
пустяки́ 23 Kleinigkeiten
путеше́ствовать 64 reisen
путь 52 Weg
пье́са 54 Theaterstück
пя́тница 25 Freitag

Р

рабо́та 16 Arbeit
рабо́тать 6 arbeiten
равно́ 69 gleich
рад 26 froh
ра́ди 36 wegen, um ... willen
ра́дио 43 Radio
ра́довать 64 erfreuen
ра́дость 41 Freude
ра́достно 46 fröhlich
раз 33 Mal
разболта́ть 66 ausplaudern
ра́зве 60 etwa
разгово́р 39 Gespräch
разда́ться 51 ertönen
раздева́ться 45 ausziehen
разделя́ть 58 teilen
разде́тый 61 ausgezogen
разду́мывать 47 nachdenken
разлу́ка 70 Trennung, Abschied
размножа́ться 61 sich vermehren
ра́зный 46 verschieden
разреши́ть 36 erlauben
райо́н 27 Gebiet, Bezirk
ра́но 38 früh
рань в таку́ю 43 so früh
ра́ньше 27 früher
рассе́ять 65 zerstreuen
расска́зывать 46 erzählen
расстава́ние 70 Trennung
расста́ться 65 sich trennen
расстро́енный 65 verstimmt
расте́ние 61 Pflanze
ребёнок 47 Kind
режиссёр 6 Regisseur
река́ 57 Fluß
репети́ровать 24 proben
репроду́кция 62 Reproduktion
реставра́ция 62 Restaurierung
рестора́н 53 Restaurant
реша́ться 30 sich entscheiden
реши́ть 30 lösen
рискну́ть 58 riskieren
ро́вно 25 genau
роди́ться 64 geboren werden
рожде́ние 19 Geburt
ро́за 11 Rose
роль 54 Rolle
рома́нс 70 Romanze
руба́шка 29 Hemd

рубль 59 Rubel
рука́ 66 Hand, Arm
ру́сский 3 Russe, russisch
ры́ба 13 Fisch
рыда́ть 61 schluchzen
ря́дом 27 nebenan

С

с 3 mit
сад 57 Garten
сади́ться 23 sich setzen
саквоя́ж 51 Reisetasche
сала́т 17 Salat
сам 12 selbst, selber
самолёт 50 Flugzeug
са́мый 30 derselbe
сбежа́ть 55 fliehen
сбо́рник 59 Sammlung
сбы́ться 27 verwirklichen
свари́ть 57 kochen
све́рху 68 von oben
свида́ние 1 Wiedersehen
свобо́дный 10 frei
сдава́ть 51 aufgeben (Gepäck)
сего́дня 16 heute
сезо́н 53 Saison
сейча́с 19 jetzt
секре́т 19 Geheimnis
семья́ 8 Familie
серви́з 30 Service
се́рдце 33 Herz
середи́на 64 Mitte
се́рый 29 grau
серьга́ 57 Ohrring
серьёзно 60 ernst
сестра́ 8 Schwester
сза́ди 52 von hinten
Сиби́рь 44 Sibirien
сиби́рский 44 sibirisch
симпто́м 31 Symptom
си́ний 9 dunkelblau
ска́зка 44 Märchen
ска́зывать 65 erzählen
скло́нный 64 geneigt
ско́лько 17 wieviel
ско́ро 13 bald
скри́пка 12 Geige
скры́ться 65 verschwinden
ску́чно 57 langweilig
сла́бость 32 Schwäche
сла́ва 33 Ruhm
сла́вный 55 berühmt
сле́ва 24 (von) links
слёзы 68 Tränen
слепо́й 60 blind
сли́шком 43 zu viel
сло́во 58 Wort
слу́чай 32 Fall
случа́йный 55 zufällig
случи́ться 31 geschehen
слу́шать 12 hören
слы́шать 10 erfahren
сме́лый 64 tapfer
смерть 70 Tod
смех 31 Lachen
смея́ться 45 lachen
смуща́ть 37 beunruhigen
снача́ла 22 zuerst
снежо́к 43 leichter Schnee
сни́зу 69 von unten
снотво́рное 32 Schlafmittel
соба́ка 47 Hund
соба́чий 45 Hunde-
собачо́нка 52 kleiner Hund
собира́ться 40 beabsichtigen
собра́ть 62 sammeln
со́бственный 27 eigen
соверше́нно 29 vollkommen

со́вестно 65 peinlich
сове́т 12 Ratschlag
совеща́ние 36 Versammlung
совсе́м 23 völlig, ganz
согла́сен 26 einverstanden
согла́сно 52 entsprechend
сожале́нию (к) 5 leider
солга́ть 66 lügen
соли́дный 64 ernsthaft
со́лнечно 57 sonnig
со́лнце 43 Sonne
сомне́ние 37 Zweifel, Bedenken
сон 32 Schlaf, Traum
сообща́ть 45 mitteilen
сочета́ние 64 Verbindung, Kombination
сочиня́ть 65 komponieren
спа́льня 27 Schlafzimmer
спаси́бо 3 Danke
спать 18 schlafen
спекта́кль 54 Vorstellung
спеши́ть 23 sich beeilen
споко́йный 18 ruhig
спорт 32 Sport
спорти́вный 57 sportlich
спра́ва 24 (von) rechts
спра́шивать 39 fragen
спуска́ться 69 hinuntergehen
сравни́тельно 59 verhältnismäßig
сра́зу 16 gleich, sofort
среда́ 25 Mittwoch
сре́дний 68 mittel-
сре́дство 32 Mittel
сро́чно 31 eilig
ста́нция 51 Haltestelle
ста́рость 31 Alter
стару́ха 66 Greisin
ста́рый 27 alt
стать 31 werden
стена́ 58 Wand
стесня́ться 34 verlegen sein
стиль 64 Stil
стира́ть 20 abwaschen
стихи́ 59 Gedichte
сто 26 hundert
сто́ить 59 kosten
стол 17 Tisch
столо́вая 27 Eßzimmer
стоя́ть 52 stehen
страда́ть 12 leiden
страна́ 59 Staat
стра́нный 65 seltsam
страх 65 Angst
стра́шно 19 fürchterlich
стыд 66 Scham
сты́дно 10 schamhaft
суббо́та 25 Samstag
сувени́ры 22 Souvenirs
судьба́ 55 Schicksal
су́мка 50 Tasche
суп 16 Suppe
супру́га 39 Ehefrau
су́хо 44 trocken
ходи́ть 54 hin- und zurückgehen
сходи́ться 70 sich treffen
счастли́вый 27 glücklich
сча́стье 70 Glück
сча́стью (к) 30 zum Glück
счита́ть 47 halten für
съе́здить 53 hin- und zurückfahren
сын 8 Sohn
сюда́ 29 hierher
сюрпри́з 9 Überraschung

Т

табле́тка 31 Tablette
та́йна 60 Geheimnis
так 8 so
тако́й 12 solcher
там 13 dort
танцева́ть 67 tanzen
теа́тр 1 Theater
телеви́зор 38 Fernsehapparat
теле́жка 50 Gepäckwagen
те́ло 38 Körper
те́ма 39 Thema
температу́ра 31 Temperatur; Fieber
тепе́рь 27 jetzt
тепло́ 19 warm
тёплый 19 warm
терпе́ть 57 sich gedulden
тётя 61 Tante
ти́хий 64 still
това́рищ 9 Kamerad
тогда́ 69 damals
то́же 2 auch
то́лько 16 nur
тон 64 Ton
то́тчас 65 sofort
то́чный 36 pünktlich
тради́ция 55 Tradition
трево́жить 65 beunruhigen
тре́тий 11 dritter
тролле́йбус 23 Trolleybus
тру́бка 55 (Telefon-)Hörer
труд 13 Arbeit
тру́дно 56 schwer, schwierig
туда́ 22 dahin; dorthin
туристи́ческий 53 touristisch
тут hier, da
ту́фли 29 Schuhe
ты 2 du
ты́сяча 62 tausend

У

у 8 bei, an, neben
убега́ть 54 weglaufen
убеди́ть 47 überzeugen
уби́ть 54 töten
уве́ренный 60 sicher, fest überzeugt
уверя́ть 45 überzeugen, versichern
увлека́ться 32 sich begeistern
увлече́ние 59 Begeisterung, Leidenschaft
увы́ 10 o weh!
угада́ть 9 erraten
уго́дно 17 beliebig
у́гол 23 Ecke
угости́ть 34 bewirten
угоще́ние 34 Bewirtung
удиви́тельно 45 erstaunlich
удиви́ть 64 in Erstaunen versetzen; überraschen
удивле́ние 67 Verwunderung, Erstaunen
удово́льствие 3 Vergnügen
удра́ть 51 davonlaufen
уезжа́ть 25 weg-, abfahren
у́жас 69 Entsetzen
ужа́сный 39 entsetzlich, schrecklich
уже́ 4 schon
у́жин 22 Abendessen
узна́ть 68 erfahren
улете́ть 55 abfliegen
у́лица 19 Straße
уло́женный 51 aufgeräumt

улыбну́ться 66 lächeln
ум 30 Verstand
умере́ть 16 sterben
у́мница 18 kluger Mensch; artiges Kind
умоля́ть 69 beschwören, anflehen
университе́т 10 Universität
упа́сть 68 fallen
уро́к 61 Unterrichtsstunde
успева́ть 38 (etw. zeitlich) schaffen
успе́х 13 Erfolg
уста́лость 33 Müdigkeit
уста́лый 31 müde
уста́ть 24 müde werden, ermüden
уточни́ть 37 bestimmen
у́тро 10 Morgen
уха́живать 47 pflegen
у́хо 54 Ohr
уходи́ть 48 weggehen
уча́стие 50 Teilnahme
учени́к 67 Schüler
учи́тель 41 Lehrer
учи́тельница 41 Lehrerin
учи́ться 12 lernen
учти́во 65 höflich

Ф

фабрика́нт 62 Industrieller
факс 50 Fax
фами́лия Familienname
февра́ль 44 Februar
фигу́ра 8 Figur, Gestalt
фи́рма 36 Firma
фо́рма 27 Form
фотогра́фия 8 Fotografie
фра́за 26 Satz
францу́зский 4 französisch

Х

халва́ 34 Chalwa
хара́ктер 64 Charakter
хвата́ть 48 (er)greifen
хвати́ться 51 sich plötzlich entsinnen
хи́щница 55 Räuberin; Raubvogel
хму́рый 47 düster
ходи́ть 20 gehen
хозя́ин 45 Besitzer
холо́дный 38 kalt
хорошо́ 1 gut
хоте́ть 16 wollen
хотя́ 44 obwohl
худо́жник 59 Künstler, Maler
ху́же 60 schlimmer

Ц

царь 62 Zar
цвести́ 57 blühen
цвет 9 Farbe
цвето́к 57 Blümchen
целова́ть 10 küssen
це́лый 50 ganz
центр 27 Zentrum
це́рковь 24 Kirche
цити́ровать 59 zitieren

Ч

чай Tee
час 37 Stunde
ча́шечка 54 kleine Tasse
челове́к 20 Mensch

чем 15 als
чемода́н 50 Koffer
че́рез 47 durch
чёрный 9 schwarz
черта́ 69 (Gesichts-)Zug
че́стный 45 ehrlich
честь 50 Ehre
че́тверг 25 Donnerstag
число́ 64 Zahl, Datum
чита́ть 59 lesen
что? 3 was?
что́бы damit
что́-нибудь 39 irgend etwas
чу́вствовать 33 spüren
чуде́сный 8 wunderbar
чуть-чуть 26 ein bißchen

Ш

шаг 22 Schritt
шампа́нское 58 Champagne
шанс 55 Chance
шевеле́ние 68 Rauschen, Bewegung
шеде́вр 62 Meisterwerk, -stück
шёпот 69 Flüstern
шерстяно́й 43 aus Wolle
шко́ла 61 Schule
шко́льный 55 schulisch; Schul-
шу́ба 43 Pelzmantel
шу́мно 53 laut
шу́мный 64 laut
шурша́ние 68 Rascheln
шути́ть 18 scherzen

Щ

щёки 69 Wangen
щено́к 51 Welpe
щи 16 Kohlsuppe

Э

э́дакой 68 solcher
экра́н 61 Bildschirm
энциклопе́дия 58 Enzyklopädie
эскимо́ 34 Eis mit Schokoladenüberzug
эта́ж 27 Stockwerk
э́то 2 dieses

Ю

ю́ноша 19 Junge (Jüngling)

Я

я 1 ich
язы́к 3 Sprache
янва́рь 44 Januar
я́сно 41 klar (Adv.)
я́сный 48 klar (Adj.)

SCHREIBÜBUNGEN FÜR KYRILLISCH

Hier haben Sie noch einmal die Gelegenheit, das Schreiben der kyrillischen Buchstaben zu üben. Darüber hinaus sollten Sie sich ein Schreibheft mit passender Lineatur zulegen, um ausreichend Platz zu haben, auch ganze Wörter zu schreiben.

А А А

а а а

Б Б Б

Г

г

Д

а б в г д е ё ж з и й к л м н о п р с т у ф х ц ч ш щ ъ ы ь э ю я

g

ɛ

e

Ж

ж

З

զ

Ա

ա

К К К

к к к

Л Л

а б в г д е ё ж з и й к л м н о п р с т у ф х ц ч ш щ ъ ы ь э ю я

л л

М М М

м м м

Н

н

О

ο

Π

π

Р р р

п п п

С С

c

𝔪

m

У

у

ф

φ

ϰ

ϰ

Ц ц Ч

կ

Ա

ա

Щ

щ

ъ

ы

ь

э

э э э

Ю Ю Ю

ю ю ю ю

q q q q

q q q q

а б в г д е ё ж з и й к л м н о п р с т у ф х ц ч ш щ ъ ы ь э ю я